Diogenes Taschenbuch 24258

MARION GRÄFIN DÖNHOFF, geboren 1909 in Friedrichstein/ Ostpreußen, studierte in Frankfurt und Basel Volkswirtschaft und leitete den ostpreußischen Familienbesitz bis 1945. Nach ihrer Flucht in den Westen begann ihr Leben als Journalistin. Sie prägte die Wochenzeitung *Die Zeit* als Autorin, Chefredakteurin und Herausgeberin bis zu ihrem Tod 2002. Für ihre Tätigkeit ist sie mit zahlreichen Auszeichnungen geehrt worden, unter anderem mit dem Friedenspreis des Deutschen Buchhandels.

Marion Gräfin Dönhoff

Zeichen ihrer Zeit

Ein Lesebuch

*Herausgegeben
von Irene Brauer und
Friedrich Dönhoff*

Diogenes

Die Erstausgabe erschien 2012 im Diogenes Verlag
Covermotiv: Foto (Ausschnitt)
Copyright © Marion Dönhoff Stiftung

Die Nutzung dieses Werks für Text und Data Mining
im Sinne von § 44b UrhG behalten wir uns explizit vor

Veröffentlicht als Diogenes Taschenbuch, 2013
Alle Rechte vorbehalten
Copyright © 2012
Diogenes Verlag AG Zürich
info@diogenes.ch · www.diogenes.ch
In Fragen zur Produktsicherheit (GPSR):
truepages UG (haftungsbeschränkt)
Westermühlstraße 29, 80469 München
info@truepages.de
ASR/24/852/2
ISBN 978 3 257 24258 4

Inhaltsverzeichnis

Vorwort 15

Artikel aus der Wochenzeitung »Die Zeit«

Aus den vierziger Jahren

   Ritt gen Westen 23
   Die siebenwöchige Flucht zu Pferde

   Erziehung zum Menschen 27
   Der erste Schulbeginn nach dem Krieg – was Kinder
   jetzt lernen müssen

   Das »heimliche Deutschland« der Männer des 20. Juli 30
   Widerstand gegen Hitler

   Das »Friedenspotential« 35
   Ein großes Wort

   Ein Novum in der staatsrechtlichen Weltgeschichte 39
   Japan gibt ein Beispiel

   Arbeiten und nicht verzweifeln 42
   Zum Problem der Vertriebenen – was wird aus ihnen?

   Heimkehr ohne Heim 48
   Nach der Rückkehr aus der Gefangenschaft kehren
   viele Männer in eine fremde Welt zurück

Brief aus dem Nichts 52
Ein nachgesandter Feldpostbrief

Aus den fünfziger Jahren

Sie haben die Wahl: Visum oder Gefängnis 57
Eine Reise durch Europa

Für eine deutsche Nationalhymne 65
Ein Volk braucht identitätsbildende Symbole

Bücher auf dem Scheiterhaufen 68
Nachfahren des Dr. Goebbels in Amerika

Die Flammenzeichen rauchen 74
Der Aufstand vom 17. Juni gibt uns den Glauben an die Einheit wieder

Sechs Herrenmenschen 78
Kriegsverbrecher vor Gericht

Finis Germaniae 83
Der überhitzte Wahlkampf

Aus den sechziger Jahren

Des deutschen Michels Schlaf 87
Die Innen- und Außenpolitik stagniert

Quittung für den langen Schlaf 92
Der Bau der Berliner Mauer

Teure Potentaten 95
Eine Glosse

Auflehnung – warum? 97
Überlegungen zu den Studentenunruhen

Eine Lady gegen de Gaulle 99
*Die erstaunliche Lady Asquith nimmt kein Blatt
vor den Mund*

Brandfackeln des Hasses 104
Nach dem Mord an Martin Luther King

Aus den siebziger Jahren

Ein Kreuz auf Preußens Grab 111
*Zum deutsch-polnischen Vertrag über die
Oder-Neiße-Grenze*

Eine Weltmacht wird müde 117
Amerika kann nicht mehr

Griechische Reise 127
Günter Grass im Land der Junta

Polen – Ernüchterung nach Wende und Vertrag 129
Ein Lagebericht

Statt Karten 141
Verzicht auf Weihnachtskarten

Zurück zur Bescheidenheit 143
Die Energiekrise erzwingt einen neuen Lebensstil

Besser wäre, dass einer stürbe 149
Wie soll der Staat mit Terroristen umgehen?

Aus den achtziger Jahren

Was soll, was darf die Kirche? 155
Demonstration im Talar?

Die Deutschen – wer sind sie? 158
*Zwanzig Jahre nach dem Bau der Mauer beschwört
in Berlin eine Ausstellung Preußens Gloria*

Vom Irrsinn des Wettrüstens   166
Wenn die Abschreckung selbst zum Schrecken wird

Nicht für die Ewigkeit bestimmt   170
Die Geschichte wird über die Berliner Mauer hinweggehen

Erst kommt das Geld – dann die Moral   173
Demokratie in Gefahr

Am Ende aller Geschichte?   180
Die Niederlage des Marxismus bedeutet nicht den Triumph des Kapitalismus

Aus den neunziger Jahren

Wirklich ein gerechter Krieg?   187
Der Golfkonflikt – auch ein Konflikt zwischen Moral und Interesse

Ein dubioser Sieg   190
Lieber Drückeberger als Mittäter

Macht wird zu Ohnmacht   193
Das dialektische Gesetz

Der Alte Fritz und die neuen Zeiten   198
Ein wenig mehr von seinem Geist würde uns nicht schaden

Auch die Freiheit hat ihre Grenzen   205
Wenn die Gesellschaft ihren inneren Halt verliert

Die Freiheit gewählt   210
Nelson Mandela wird Präsident von Südafrika

Wer einigte Deutschland?   213
Eine Gespräch mit Michail Gorbatschow

Aus dem neuen Jahrtausend

   Was heißt eigentlich Ehre? 223
   Das Ehrenwort eines Ex-Kanzlers

   Leitkultur gibt es nicht 226
   Kontroverse um das Wort ›Leitkultur‹

   Die neue Hanse 229
   Zusammenschluss der Ostseeanreiner

   Armselige Welt 232
   Das gemeinsame Abendmahl von Katholiken und Protestanten

Reisereportagen

   Menschen im Abteil 237
   Deutschland

   Wolken, Wasser, neuer Kontinent 241
   Flug nach New York

   Der Effendi wünscht zu beten 246
   Von Jordanien in den Irak

   Ich würde eine Dattelpalme pflanzen 253
   Algerien

   Träumer, Weltverbesserer und Rationalisten 260
   Indien

   Die Khamas sind eine große Familie 267
   Betschuanaland

   In Polen wurden aus Romantikern Pragmatiker 285

   Prag und Budapest 293

Reise ins verschlossene Land –
oder: eine Fahrt für und mit Kant   300
Ostpreußen

Persönliches

Aus den Tagebuchaufzeichnungen   313

Aus den Briefen   323

Portraits

Satyanarayan Sinha   339
Der letzte große Abenteurer

Helmut Schmidt   368
Das Mögliche möglich machen

Fritz-Dietlof von der Schulenburg   394
Frondeur, Patriot, Verschwörer

George F. Kennan   407
Ein unbestechlicher Beobachter des Weltgeschehens

Reden

Vom Ethos des Widerstands   441
Rede an der Universität Oxford

Aus der Werkstatt der Zeit   456
Rede anlässlich der Verleihung des Heinrich-Heine-Preises

Die Mühe, achtzig Jahre alt zu werden,
hat sich doch gelohnt   468
Dank für die Feier des Geburtstages in der Kampnagelfabrik, Hamburg

Zwölf Thesen gegen die Maßlosigkeit   472
Ein Umdenken muss jetzt passieren

Zivilisiert den Kapitalismus!   478
Rede zur Verleihung des Erich-Kästner-Preises

Anhang

Zeittafel   487
Bibliographie   490
Quellenverzeichnis   491
Bildnachweise   493

Vorwort

Es war ein Zufall, der sie zu ihrem Beruf brachte. Marion Gräfin Dönhoff war sechsunddreißig Jahre alt, als sie nach dem Krieg, im März 1946, Redaktionsmitglied einer neu gegründeten Zeitung in Hamburg wurde. In den folgenden Jahrzehnten avancierte sie zur einflussreichsten Journalistin ihrer Zeit und zu einer moralischen Instanz in Deutschland.

Marion Hedda Huberta Ilse Gräfin Dönhoff kam am 2. Dezember 1909 als jüngstes von acht Kindern auf Schloss Friedrichstein in Ostpreußen zur Welt. Sie wuchs in der Gemeinschaft eines großen ländlichen Besitzes auf, in der Eltern und Geschwister ebenso ihre Aufgaben und Pflichten erfüllten wie Förster, Rittmeister, Kutscher, Kinderfrau, Köchin oder Hauslehrer.

Früh nutzte die Comtesse jede Gelegenheit, um die Welt zu sehen. Nach bestandenem Abitur reiste sie 1929 mit Freunden mehrere Wochen durch die Vereinigten Staaten von Amerika, von der Ost- bis zur Westküste und wieder zurück. 1930 verbrachte sie einige Monate auf der Farm ihres Bruders in Ostafrika. Mit ihrer Schwester durchquerte sie auf zwei abenteuerlichen Fahrten in einem Cabriolet ganz Europa von Königsberg bis auf den Balkan und zum Schwarzen Meer.

Gegen den Willen ihrer strengen Mutter, einer ehemaligen Palastdame der Kaiserin, nahm Marion Dönhoff als erste Frau in der Familiengeschichte ein Studium auf. Sie studierte Nationalökonomie, zunächst in Frankfurt am Main, dann in Basel, wo sie 1935 mit der Promotion abschloss. Anschließend übernahm sie in Ostpreußen zusammen mit ihrem ältesten Bruder Heinrich die Verwaltung des weitverzweigten landwirtschaftlichen Familienbesitzes. Die Geschwister gingen daran, den Betrieb zu modernisieren. Als ihr Bruder während des Kriegs bei einem Flugzeugabsturz ums Leben kam – für Marion Dönhoff einer der schwersten Schicksalsschläge ihres Lebens –, übernahm sie die volle Verantwortung für den Besitz. Am 27. Januar 1945, die Rote Armee rückte nach Ostpreußen vor, floh Marion Dönhoff auf ihrem Pferd Alarich Richtung Westen. Nach einem siebenwöchigen Ritt kam sie in Westfalen an, entwurzelt wie Millionen andere Flüchtlinge, die eine neue Existenz suchten.

Ihr »zweites Leben«, wie sie es später oft nannte, begann. Marion Dönhoff verfasste eine Denkschrift, ein »In Memoriam«, über die Hintergründe des fehlgeschlagenen Attentats auf Adolf Hitler am 20. Juli 1944, welches zu diesem Zeitpunkt noch nicht einmal zwölf Monate zurücklag. Marion Dönhoff war mit einigen der Attentäter seit ihrer Kindheit befreundet gewesen. Der Text, den sie in einer Auflage von 300 Exemplaren im Privatdruck herausbrachte, ist das erste veröffentlichte schriftliche Zeugnis über das Attentat. Kurz darauf meldete sich die Autorin bei den englischen Alliierten zu Wort. In englischer Sprache schrieb sie zwei Memoranden, in denen sie erklärte, wie es aus ihrer

Sicht zum Nationalsozialismus in Deutschland gekommen war und was für den Aufbau eines neuen Deutschlands getan werden müsse. Von Seiten der Alliierten kam keine Antwort. Aber zufällig geriet eines der Memoranden in die Hände von vier Männern, die in Hamburg an der Gründung einer Zeitung arbeiteten, mit dem Ziel, ein freies, unabhängiges, überregionales und politisches Blatt zu schaffen. Sie luden die Verfasserin zu einem Gespräch nach Hamburg ein.

Kurz darauf wurde Marion Dönhoff Redaktionsmitglied der neu gegründeten Wochenzeitung *Die Zeit*. Schon in der fünften Ausgabe des Blattes, am 5. März 1946, erschienen ihre ersten Artikel: »Totengedenken 1946« auf Seite eins und »Ritt gen Westen« im Feuilleton.

Ihr Weg führte Marion Dönhoff in kurzer Zeit an die Spitze des Blattes. »Sie ist die beherrschende, die geliebte und gefürchtete Person, die eigentliche Gestalterin des Blattes«, bemerkte schon 1947 der englische Presseoffizier Michael Thomas. Drei Jahre später übernahm die Journalistin die Leitung des politischen Ressorts der Zeitung.

In den fünfziger und sechziger Jahren unternahm Marion Dönhoff lange Reisen in den Nahen und Mittleren Osten, nach Indien und immer wieder durch Afrika. Von diesen Reisen berichtete sie in Reportagen für die *Zeit*.

Inzwischen war Hamburg zu ihrer zweiten Heimat geworden. Sie lebte mit ihrer Boxerhündin Basra in einem kleinen Haus mit Garten in einer kopfsteingepflasterten Seitenstraße in Blankenese. Hier, wo Ruhe herrschte, schrieb sie die meisten ihrer Artikel – nie auf einer Schreibmaschine, oft mit einem kleinen Bleistift. Ihre Handschrift hatte sich zeit ihres Lebens nicht verändert: auffallend klein, leicht nach rechts geneigt, sicher geführt. Gelegentlich schrieb sie noch am Abend nach einem langen Bürotag, in der Regel jedoch am Wochenende. Am nächsten Morgen fuhr sie im blauen Porsche entlang der Elbe in die Innenstadt und gab den Text einem Kollegen zu lesen.

1968 wurde Marion Dönhoff Chefredakteurin der *Zeit*. Sie war die erste Frau an der Spitze einer politischen Zeitung in Deutschland. Ihr großes Thema während der sechziger Jahre war die Versöhnung mit dem Osten. Weil sie die wichtigste publizistische Wegbereiterin der Ostpolitik Willy Brandts war, bat der Bundeskanzler sie, im Dezember 1970 bei der Unterzeichnung des Warschauer Vertrags in Polen anwesend zu sein. In letzter Minute sagte sie ab; auf den Abschluss des Vertrages anzustoßen, der den endgültigen Verzicht auf ihre ostpreußische Heimat bedeutete, fiel ihr doch zu schwer. Aber die Versöhnung mit Polen blieb eines ihrer wichtigsten Anliegen. Für ihr Engagement in der Ostpolitik erhielt sie 1971 den Friedenspreis des Deutschen Buchhandels.

Zwei Jahre später gab Marion Dönhoff die Chefredaktion der *Zeit* ab und wurde die alleinige Herausgeberin. Nach wie vor nahm sie Einfluss auf das redaktionelle Geschehen und die Gestaltung des Blattes. An ihrer journalistischen Tätigkeit änderte sich nichts. Sie schrieb weiterhin Leitartikel zu den großen Themen der Gegenwart.

Bereits nach dem Zusammenbruch des kommunistischen Systems Ende der achtziger Jahre warnte Marion Dönhoff vor der Gefahr eines ungezügelten Kapitalismus. In den neunziger Jahren war dies ein Hauptthema ihrer journalistischen Arbeit, neben dem zunehmenden Verlust der ethischen Werte und der Politikverdrossenheit. Um dem etwas entgegenzusetzen, rief die inzwischen Fünfundachtzigjährige die »Neue Mittwochsgesellschaft« ins Leben, eine Zusammenkunft von Persönlichkeiten aus Politik, Wirtschaft, Wissenschaft und Kultur, an der u. a. Helmut Schmidt, Richard von Weizsäcker, Antje Vollmer, Edzard Reuter, Wolf Lepenies teilnahmen. Der Kreis trifft sich bis heute regelmäßig.

Die Sorge um ihr Land, das Bewusstsein der eigenen Verantwortung und nicht zuletzt das durch ihre Herkunft geprägte Pflichtgefühl waren Antrieb für Marion Dönhoffs Denken und Handeln. Aber als Willy Brandt sie 1979 bat, für das Amt des Bundespräsidenten zu kandidieren, lehnte sie ab. Helmut Schmidt, seit 1984 Mitherausgeber der *Zeit,* sagt: »Marion Dönhoff wäre eine bedeutende Bundespräsidentin geworden, hätte ihr Lebensweg sie in dieses Amt geführt. Aber auch ohne Ämter und Titel gehört sie in die Reihe von Theodor Heuss und Gustav Heinemann und Richard von Weizsäcker. Sie alle haben für uns Deutsche mit persönlicher Autorität die Moral in der Politik vorgelebt. So auch Marion Dönhoff. Ihr Adel hat sich nicht aus ihrer Herkunft ergeben, sondern aus ihrem Willen und ihrer Haltung.«

Marion Dönhoff sagte gegen Ende ihres Lebens: »Ich wollte ursprünglich in die Wissenschaft – aber durch Zufall bin ich zu einer Zeitung gekommen. Und da ich auch immer schreiben wollte, bin ich sehr zufrieden.«

Geheiratet hat Marion Dönhoff nicht. »Wenn ich geheiratet hätte, hätte ich mein Leben so nicht führen können.«

Am 11. März 2002 starb Marion Dönhoff im Alter von 92 Jahren im Kreise der Familie.

Das Gesamtwerk Marion Gräfin Dönhoffs besteht aus über 2000 Artikeln, Reportagen und Glossen. Der Inhalt dieses Lesebuches bietet einen Querschnitt durch ihr Werk und wird von ihren großen Themen – Demokratie und Verantwortung, politischer Widerstand, Ostpolitik, Kapitalismus und Ethik – bestimmt. Da bereits die frühen Tagebuchaufzeichnungen der jugendlichen Marion Dönhoff die Ansätze für ihr späteres Werk erkennen lassen, wurde auch hier eine Auswahl getroffen und der vorliegenden Anthologie beigefügt.

Irene Brauer und Friedrich Dönhoff

Artikel aus der Wochenzeitung »Die Zeit«

Im März 1946 wird Marion Gräfin Dönhoff Redaktionsmitglied der neugegründeten Wochenzeitung *Die Zeit*. In »Ritt gen Westen« stellt sich die Autorin dem Leser vor.

Ritt gen Westen

20. März 1945: »Ankunft in V.« steht in meinem Notizbuch. Ein Jahr ist das nun schon her, seit ich in Vinsebeck, einem kleinen Ort in Westfalen, ankam, um dort mein braves Pferd, das mich treu und nimmermüde von Ostpreußen in den Westen getragen hat, in einem Gestüt bei Freunden einzustellen. Am 21. Januar hatten wir uns zusammen auf den Weg gemacht, spät am Abend durch einen von den Ereignissen schon fast überholten Räumungsbefehl alarmiert und von dem immer näher rückenden Lärm des Krieges zur Eile getrieben. In nächtlicher Dunkelheit die Wagen packen, die Scheunentore öffnen, das Vieh losbinden – das alles geschah wie im Traum und war das Werk weniger Stunden.

Und dann begann der große Auszug aus dem gelobten Land der Heimat, nicht wie zu Abrahams Zeiten mit der Verheißung »in ein Land, das ich dir zeigen werde«, sondern ohne Ziel und ohne Führung hinaus in die Nacht.

Aus allen Dörfern, von allen Straßen kommen sie zusammen: Wagen, Pferde, Fußgänger mit Handwagen, Hunderte, Tausende; unablässig strömen sie von Nord und Süd zur großen Ost-West-Straße und kriechen langsam dahin, Tag für Tag, so als sei der Schritt des Pferdes das Maß der Stunde und aller Zeiten. Fremd sind die Flieger am Himmel, fremd ist das Donnern der Geschütze und fremd das Lärmen der Panzerketten, die an uns vorüberrasseln. Schritt für Schritt geht es weiter durch die eisigen Schneestürme des Ostens. Die Nächte gehen dahin auf den Landstraßen, an Feuern oder in den Scheunen verlassener Höfe, und der dämmernde Morgen bringt immer das gleiche Bild. Kinder sterben, und Alte schließen die Augen, in denen angstvoll die Sorgen und das Leid von Generationen stehen.

Woche um Woche verrinnt. Hinter uns brandet das Meer der Kriegswellen, und vor uns reiht sich Wagen an Wagen in endloser Folge – es gibt nur noch den Rhythmus des Pferdeschrittes, so wie er unbeirrt durch die Jahrtausende gegangen ist. Ist es der Auszug der Kinder Israel, ist es ein Stück Völkerwanderung, oder ist es ein lebendiger Fluss, der gen Westen strömt, gewaltig anwachsend – »Bruder, nimm die Brüder mit«?

Aus allen Ländern und Provinzen, durch die der Fluss sich wälzt, streben sie ihm zu, neue Ströme von Wagen und Menschen. Die Dörfer bleiben verwaist zurück, in Pommern, in der Mark und in Mecklenburg, und der Zug wächst, und die Kette wird immer länger; längst fahren zwei und drei Fahrzeuge nebeneinander und sperren die ganze Breite der Straße. Aber was tut es, sie haben alle den gleichen Weg – gen Osten fährt keiner mehr. Nur die Gedanken gehen täglich dorthin zurück, all diese vielen herrenlosen Gedanken und Träume.

Niemand spricht, man sieht keine Tränen und hört nur das Knarren der allmählich trocken werdenden Räder.

Viele Marksteine der östlichen Geschichte standen an

dem endlosen Wege. Die Marienburg, das Schloss Varzin, die Festung Kolberg; Nogat, Weichsel, Oder und Elbe haben wir überquert, und allmählich, Eis und Schnee zurücklassend, ziehen wir mit dem aufblühenden Frühling durch das Schaumburger Land; und nun ist auch langsam der Strom der wandernden Flüchtlinge verebbt und irgendwo in neue Häfen und enge Stätten der Zuflucht eingemündet.

Ich bin schließlich ganz allein mit dem braven Fuchs bei Rinteln über die Weserbrücke geritten, vorbei an Barntrup, einem kleinen Städtchen, aus dessen Mitte ein schönes Renaissanceschloss emporsteigt. Vor mir liegt ein bewaldeter Höhenzug, und dahinter muss auch bald das Ziel unserer Reise zu finden sein. Wie die Slalomspur eines Skiläufers ist der Weg in großen Schleifen in den Buchenhang eingeschnitten, über dem schon ein leiser Schimmer von Grün liegt.

Wir steigen gemächlich bergan, es ist ein schöner Vorfrühlingstag, die Drosseln schlagen, und ein sanfter Wind treibt die Wolken über die warme Frühlingssonne.

Plötzlich, als wir in die letzte Kurve der Straße einbiegen, steht droben auf dem Kamm eine einsame Gestalt, wie ein Monument vor dem hellen Himmel.

Seltsam fremd in dieser Landschaft und doch auch wieder vertraut: das Bild eines alten Mannes, grau, verhungert, abgerissen in seiner Kleidung, auf dem Rücken einen Sack, der die letzte Habe birgt, in der Hand einen Stab – so steht er wie einer jener Hirten, die zu Homers Zeiten ihre Schafe weideten, und sieht mit weltverlorenem, zeitlosem Blick in die blaue Weite des Tals. Mir kommt das Bild des Rilkeschen Bettlers auf dem Pont Neuf in den Sinn:

Der blinde Mann, der auf der Brücke steht,
grau wie ein Markstein namenloser Reiche,
er ist vielleicht das Ding, das immer gleiche,
um das von fern die Sternenstunde geht.

Ich wage nicht, ihn zu stören, und grüße ihn nur, wie man ein Kreuz grüßt, das am Wege steht, voller Ehrfurcht und nicht Antwort heischend.

Und dann bietet sich mir ein unfaßliches Bild:

Den Berg herauf, uns entgegen, kommen sie gewandert, viele solcher Gestalten, manchmal zwei oder drei, die gemeinsam ziehen und das Los der Landstraße miteinander teilen, aber meist sind es Einzelne, durch den Krieg nicht nur der Habe und Zuflucht beraubt, sondern auch der tröstlichen Gesellschaft vertrauter Menschen. Grau, elend, abgehärmt sind ihre Gesichter, voller Spuren angsterfüllter Bunkernächte, aber aus ihren Augen ist die Furcht längst verschwunden, stumpfe Hoffnungslosigkeit ist eingezogen.

Ist das noch Deutschland, dieses Fleckchen Erde, auf dem sich Ost und West begegnen, ratlos, ohne Heimat und Ziel, zusammengetrieben wie flüchtendes Wild in einem Kessel? Ist dies das »tausendjährige Reich«: ein Bergeskamm mit ein paar zerlumpten Bettlern darauf? Ist das alles, was übrig blieb von einem Volk, das auszog, die Fleischtöpfe Europas zu erobern? Wie klar und deutlich ist die Antwort zu lesen: »Denn wir haben hier keine bleibende Statt, aber die zukünftige suchen wir.«

21. März 1946

Von einem normalen Alltag ist das zerstörte Deutschland noch weit entfernt. Millionen Menschen suchen eine neue Existenz, der Wiederaufbau des zerstörten Landes beginnt, es bilden sich erste Strukturen.

Erziehung zum Menschen

Gleich nach Ostern beginnt das neue Schuljahr. Seit Kriegsende ist dies der erste Ansatz zu einem geordneten Schulanfang. Die Schüler, die der Bombenkrieg aus den Städten getrieben und über das Land verstreut hatte, die Flüchtlinge aus den Ostgebieten, die vielen Jungen, die als Luftwaffenhelfer oder in HJ-Einheiten während der letzten grausigen Phase dieses Krieges auf irgendeinen militärischen Posten gestellt worden waren, sie alle werden jetzt nach einigen Monaten der Sammlung und vorbereitenden Arbeit erstmalig wieder in ihre entsprechenden Klassen eingeordnet.

Ostern 1946 ist für die Jugenderziehung von ganz besonderer Bedeutung: Zum ersten Mal seit vielen Jahren tritt ein Jahrgang deutscher Kinder über die Schwelle einer Volksschule, die, befreit von politischen Dogmen und dem Zwang nationalsozialistischer Weltanschauung, wieder zu lehren und zu wirken vermag – ein Jahrgang, hineingeboren in die Schrecken des Krieges.

Das Licht der Welt, die sie betraten, war der Fackelschein

brennender Städte, und die ersten Laute, die sie vernahmen, das Heulen der Sirenen, die Trümmer zusammengestürzter Häuser ihr Spielplatz, und die Heimat oft nur ein Märchen, das wie alle Märchen mit den Worten beginnt: Es war einmal. Sie haben den Frieden nicht gekannt, für sie war der Krieg kein Ausnahmezustand – welche Aufgabe, sie nun den Frieden zu lehren.

Der Nationalsozialismus hatte die Schule in den Dienst seiner Machenschaften eingespannt, im Vordergrund stand nicht der Stundenplan und nicht der Lehrbetrieb, der doch in langen Jahrzehnten den Grundstein gelegt hat für die Erfolge der deutschen Wissenschaft und den Fortschritt in allen technischen Gebieten, sondern im Vordergrund stand die Gesinnung. Man wird sich hüten müssen, im Kampf gegen das Gestrige nicht in den Fehler zu verfallen, die falsche Normierung künftig durch eine »richtige« ersetzen zu wollen. Wir haben viel gelernt in der Spanne, die zwei Weltkriege umfasst, und tiefere Einsichten getan, als es den Generationen vor uns in der kurzen Frist eines Menschenlebens möglich war. Wir kennen die begrenzte Gültigkeit objektiv gelernten Wissens, und wir kennen auch die Gefahren einer zweckgebundenen Ausrichtung der Erziehungsmethoden, was immer ihre Ideale auch sein mögen.

Wir beginnen heute von neuem. Wir wissen, dass vieles von dem, was vor 1933 gelehrt wurde, auch keinen Bestand mehr hat. Es kann sich heute nicht mehr darum handeln, durch Erziehung einen bestimmten Typus zu schaffen: den guten Staatsbürger, einen echten Deutschen, den wahren Demokraten, einen brauchbaren Wissenschaftler, Beamten oder Handwerker, sondern es wird sich darum handeln, wieder einen echten Menschen zu formen, und das ist freilich mit Hilfe der Schule allein nicht möglich, sondern nur im Verein mit dem Elternhaus und seiner Atmosphäre. Für die Schule aber bleibt darum die Aufgabe, neben einem fundierten positiven Wissen die Kinder zu bilden, wie der Künstler den Ton zum Bilde formt, dem jungen Menschen Bildung im weitesten Sinne zu geben, das heißt, ihn die Grundlagen der Werte zu lehren, die unsere abendländische Kultur ausmachen, um ihm wieder das Gefühl der Kontinuität des historischen Gewordenseins zu geben und ihm damit die Verantwortung und Verpflichtung zu zeigen, die daraus erwächst.

Diese Zeit konzessionierter Opposition gegen den Lehrer und die Schule als Institution hat einen unglaublichen Autoritätsverschleiß mit sich gebracht. Die Aufgabe, vor die die neuen Lehrer gestellt sind, ist darum nicht leicht und wahrscheinlich nur über das Beispiel der eigenen Persönlichkeit zu lösen. Noch nie ist die Jugend so nüchtern und illusionslos ins Leben gegangen, noch nie so früh vertraut gewesen mit Lügen und allen Listen bewusster Phraseologie. Die Lehrer, die in diesem Trümmerfeld geistiger Anarchie aufbauen sollen, sind selbst durch den Prozess der Einschmelzung aller Werte und Begriffe gegangen, dies wird es ihnen leichtmachen, ihre Schüler, die Gleiches erlebt haben, zu verstehen.

18. April 1946

Erst vierundzwanzig Monate sind seit dem gescheiterten Anschlag auf Hitler vergangen. Marion Dönhoff war mit mehreren der Attentäter vom 20. Juli 1944 seit ihrer Kindheit befreundet. Unmittelbar nach Kriegsende verfasst sie ein »In Memoriam«, in dem sie die Hintergründe, die zu der Tat führten, beschreibt und in einem Privatdruck veröffentlicht. Es ist weltweit das erste schriftliche Zeugnis über das historische Ereignis. Das Dokument dient als Grundlage für den folgenden Artikel, den Marion Dönhoff anlässlich des zweiten Jahrestages des Attentats schreibt.

Das »heimliche Deutschland« der Männer des 20. Juli

Das deutsche Volk hat in den zwölf Jahren der Hitler-Regierung alle Werte eingebüßt, die in Generationen geschaffen worden waren; es ist nicht nur um seine Zukunft betrogen worden, sondern auch um das Bewusstsein seiner Vergangenheit, um seine Erinnerungen – jene Urkräfte, aus denen alles neue Leben Gestalt gewinnt. Wenn wir zurückblicken und die Geschichte dieser Jahre überschauen, die für die Jüngeren unter uns das Leben ausmachten, dann war es Enttäuschung, Schuld, Verzweiflung, Ströme von Blut, die uns wie ein unüberwindliches Meer von dem Gestern trennen. Und doch hat es daneben noch etwas anderes gegeben, das viele von uns nicht kennen, weil Hitler dafür gesorgt hat, dass die Erkenntnis von diesem Besitz nicht in das Bewusstsein des Volkes einging. Das ist der Geist des »geheimen Deutschlands«.

In die Millionen geht die Zahl der Juden, Ausländer und diskreditierten Deutschen, die eingekerkert, gequält und liquidiert wurden. Hätte nicht einer von denen, die den vielen Widerstandsgruppen angehörten, den Mut finden können, Hitler zu beseitigen? Die Abwegigkeit dieser Vorstellung wird schon bei der Formulierung der Frage deutlich – es fehlte nicht an Mut, sondern einfach an der Möglichkeit, sie zur Tat werden zu lassen, denn fast unvorstellbar ist das undurchdringliche Netz von Sicherungsmaßnahmen, mit dem Hitler umgeben war. Hieraus folgt, dass man ebenso wenig, wie man an der ernsten Bereitschaft derjenigen Gruppen zweifeln kann, die trotz jahrelanger Opposition nie »zum Zuge« kamen, die Tat der Männer vom 20. Juli, die als Einzige wirklich handelten, nach dem Erfolg, also nach dem Nichtgelingen ihres Umsturzversuchs, beurteilen darf. Für die politische Geschichte mag entscheidend sein, dass das Attentat misslang. Für das deutsche Volk und seine geistige Geschichte ist wichtig, dass es diese Männer gegeben hat.

»Eine kleine Clique ehrgeiziger Offiziere« hatte Hitler sie genannt. Das Wort war so stark und das Bild so einprägsam, dass es gelang, mit dieser bewussten Fälschung die Vorstellung der Menschen, vielfach bis zum heutigen Tage, zu formen, sowohl in antifaschistischen wie auch – unter dem Begriff des »Verrats« – in reaktionären Kreisen. Die zehn Monate, die Hitler nach diesem Ereignis zur Vollendung seines Zerstörungswerkes noch blieben, genügten, alles zu vernichten und auszulöschen, was mit jenem Tag im Zusammenhang stand.

So hat das deutsche Volk nie erfahren, dass sich in jener Bewegung noch einmal die besten Männer aller Bevölkerungsschichten, die letzten positiven Kräfte eines völlig ausgebluteten Landes zusammengefunden hatten. Die Not der Stunde, die Verzweiflung über das Ausmaß an Verbrechen, Schuld und Unheil, die der Nationalsozialismus über Deutschland gebracht und weit hinaus in die Welt getragen hatte, führten diese Männer zu einer letzten großen Kraftanstrengung zusammen. Die führenden Persönlichkeiten der Gewerkschaften und der Sozialisten, Vertreter der beiden christlichen Kirchen und jene Offiziere der Wehrmacht, die das eigene Urteil und die Stimme des eigenen Gewissens über den blinden Gehorsam stellten, zahlreiche Vertreter des Adels und des Bürgertums, verantwortungsbewusste Beamte bis hinauf zum Minister und Botschafter, sie alle waren bereit, ihr Leben einzusetzen, um Deutschland von der Verbrecherbande zu befreien, die das Reich regierte. Jahrelang hatte man systematisch an den Plänen der politischen und kulturellen Reorganisation eines befreiten Deutschlands gearbeitet und jahrelang die Vorbereitung für den Umsturz und das Attentat immer wieder hinausschieben und alle Pläne entsprechend der jeweils neuen Situation immer wieder verändern müssen.

Alle Gedanken und Pläne zum Neuaufbau Deutschlands hatten eine gemeinsame Grundlage und stellten in allen Lebensbezirken die gleiche Forderung in den Mittelpunkt: die geistige Wandlung des Menschen, die Absage an den Materialismus und die Überwindung des Nihilismus als Lebensform. Der Mensch sollte wieder hineingestellt werden in eine Welt christlicher Ordnung, die im Metaphysischen ihre Wurzeln hat, er sollte wieder atmen können in der ganzen Weite des Raumes, die zwischen Himmel und Erde liegt, er sollte befreit werden von der Enge einer Welt, die sich selbst verabsolutiert, weil Blut und Rasse und Kausalitätsgesetz ihre letzten Weisheiten waren. Und eben damit waren diese Revolutionäre weit mehr als nur die Antipoden von Hitler und seinem unseligen System; ihr Kampf ist darum neben der aktuellen Bedeutung für das Zeitgeschehen unserer Tage auf einer höheren Ebene der Versuch gewesen, das 19. Jahrhundert geistig zu überwinden.

Die Vorstellung von diesem neuen Deutschland war geboren aus dem Gefühl höchster Verantwortung für das Schicksal des Volkes. Auch wer mit den skizzierten Ideen nicht übereinstimmt, wird die geistige Haltung spüren, die dahinter stand, und die ganze Verwirrung einer Zeit ermessen können, die solche Männer als ehrlose Verräter und Verbrecher hinrichtete. Eines der letzten Zeugnisse ihrer auch durch Kerker und Folterung unveränderten Gesinnung war ein Abschiedsgruß an die Freunde, geschrieben zwischen Verurteilung und Exekution – im Bunker des Volksgerichtshofes im Februar 1945. Sein Schluss lautet so:

»Ach Freunde, dass die Stunde nicht mehr schlug und der Tag nicht mehr aufging, da wir uns offen und frei gesellen durften, zu dem Wert, dem wir innerlich entgegen wuchsen. Bleibt dem stillen Befehl treu, der uns innerlich immer wieder rief. Behaltet dieses Volk lieb, das in seiner Seele so verlassen, so verraten und so hilflos geworden ist und im Grunde so einsam und ratlos, trotz all der marschierenden und deklamierenden Sicherheit. Wenn durch einen Menschen ein wenig mehr Liebe und Güte, ein wenig mehr Licht und Wahrheit in der Welt war, hat sein Leben seinen Sinn gehabt.«

18. Juli 1946

Im August 1946 bereist der renommierte Sozialpolitiker Lord William Beveridge zwei Wochen lang die britische Besatzungszone, wo 22 Millionen Menschen leben. Er konstatiert: »Fünfzehn Monate nach der Niederlage ist kaum eine Besserung zu spüren oder auch nur die geringste Aussicht, der langsamen Aushungerung und den unerträglichen Wohnverhältnissen zu entgehen. Am schlimmsten aber ist die Wohnungsnot. Ein ganz beträchtlicher Teil der Städte lebt unter Verhältnissen, die einfach erschütternd sind.«

Das »Friedenspotential«

Lord Beveridge hat nach Beendigung seiner Reise durch die britische Zone die dort gewonnenen Eindrücke zusammengefasst in der Feststellung: »Die Zeit für eine grundsätzlich neue Politik ist gekommen.« In einer Artikelfolge, die in der *Times* veröffentlicht wurde, spricht er von dem Friedenspotential, das die Grundlage aller wirtschaftspolitischen Erwägungen und Maßnahmen in Deutschland bilden müsse, und stellt damit dem Begriff des zu zerstörenden Kriegspotentials, das den Angelpunkt der Potsdamer Beschlüsse bildet, einen positiven Begriff gegenüber. Dieser Idee liegt die Erwägung zugrunde, dass, wenn es einen totalen Krieg gab, es auch einen totalen Frieden geben müsse.

»Friedenspotential«, das ist das erlösende Wort, das stark genug sein sollte, um eine neue Welt zu gestalten. Eine Welt, die nicht bestimmt wird durch eine nur allzu begreifliche Reaktion auf die entfesselten Leidenschaften und Grausamkeiten der hinter uns liegenden Zeit; und eine Wirtschaft, in der nicht der Argwohn die Frage diktiert: Kann diese oder jene Anlage unter irgendwelchen Umständen zu Rüstungszwecken missbraucht werden?, sondern wo die Problemstellung vielmehr lautet: Kann die Werft, auch wenn sie bisher Kriegsschiffe produzierte – und vermutlich hat das jede Werft im Laufe des totalen Krieges irgendwann einmal getan –, jetzt Fischkutter herstellen, oder kann die Fabrik, die bisher Panzer baute, in Zukunft landwirtschaftliche Traktoren erzeugen?

Mit wenigen charakteristischen Strichen entwirft der alte erfahrene Staatsmann seinem Volk ein Bild des heutigen Deutschlands, der vollkommenen Hoffnungslosigkeit, nicht der gegenwärtigen Situation gegenüber, sondern der Hoffnungslosigkeit in Permanenz: Die vielen heimatlosen Menschen, die zerschlagenen Städte und die daniederliegende Industrie, deren Restbestand wieder verkleinert wird durch Demontage und Zerstörung, der nahende Winter ohne Kohlen, mit unzureichender Ernährung, die Streichung aller Versorgungsrenten und die Beschlagnahme der letzten Wohnungen in einem Meer von Trümmern, die keine Ausweichmöglichkeiten mehr bieten. Er spricht von der Sprengung der Hamburger Werft, bei der unendlich viel wertvolles Material, das dem Frieden und einem neuen Aufbau hätte dienstbar gemacht werden können, vernichtet wurde, und von der Denazifizierung, die den Verbrecher ebenso trifft wie den hoch qualifizierten Arzt oder irgendeinen wissenschaftlichen

Spezialisten, der nun, anstatt ein Wohltäter seines Volkes zu sein, zur Untätigkeit verdammt ist und in hasserfüllte Opposition gerät.

Seine Forderungen zeugen von tiefem Verständnis: Freilassung der deutschen Kriegsgefangenen in England, bessere Versorgung Deutschlands mit Kohlen, Intensivierung der Industrie anstatt Beschränkung in der Produktionsquote, und vor allem dies: die Revision der Potsdamer Beschlüsse.

Sie sind untragbar, so sagt Beveridge, weil sie bisher nur in ihrem negativen Teil, also einseitig durchgeführt worden sind, ohne dass die Voraussetzung sämtlicher Beschlüsse, nämlich die ökonomische Einheit aller vier Zonen, je zur Realität geworden wäre. Darüber hinaus aber ist nach seiner Meinung eine Revision aus grundsätzlichen Erwägungen deswegen notwendig, weil die Politik von Potsdam eine »totalitäre« Politik gewesen sei, die mit den demokratischen Idealen von Toleranz und Gerechtigkeit, für die der Krieg geführt worden ist, unvereinbar wäre und die im Übrigen die Vereinbarungen der Atlantik-Charta zu einer »reinen Heuchelei« mache.

Wir stehen an einem Wendepunkt und empfinden mit dankbarer Hoffnung die neue Atmosphäre von Einsicht und Menschlichkeit, die in uns die vorbehaltlose und aufrichtige Bereitschaft erweckt, über manche Klippe und Enttäuschung hinweg unsere ganze Kraft einzusetzen, um in diesem Geist des Friedens das neue Deutschland aufzubauen. Gerade das deutsche Volk, das nur allzu leicht geneigt ist, einen einmal eingeschlagenen Weg grundsätzlich bis zu Ende gehen, auch wenn er geradewegs ins Verderben führt, bewundert die politische Freiheit und Unabhängigkeit des englischen Volkes, die es dazu befähigt, unter Umständen das Steuer um 180 Grad zu wenden, wenn sich der gesteuerte Kurs als falsch oder unzweckmäßig erwiesen hat.

Die neue Politik, die Lord Beveridge vorschwebt, ist mit der ganzen Weisheit einer tausendjährigen Geschichtserfahrung seines Volkes von Tschiang Kai-schek nach Beendigung des japanischen Krieges in klassischer Weise formuliert worden: »Der mit den Waffen errungene Frieden braucht nicht unbedingt der Anfang einer neuen Friedensära zu sein, die Entscheidung liegt darin, ob wir fähig sind, den Feind so geschickt und gütig zu führen, dass er von Herzen bereut und Friedensbefürworter wird wie wir. Dann können wir auf die Verwirklichung des Weltfriedens hoffen und das Endziel dieses Krieges erreichen.«

12. September 1946

Kann Frieden verordnet werden? Japan gibt mit einer Verfassungsänderung ein Beispiel.

Ein Novum in der staatsrechtlichen Weltgeschichte

Die Verwirrung in der Welt ist groß. Das Streben nach Sicherheit, das die geängstigten Menschen erfüllt, beschwört zugleich Argwohn und Misstrauen, die als stille Teilhaber bei allen Gesprächen und Konferenzen zugegen sind. Die Staaten, die über die Kodifizierung eines Strafrechts gegen den Angriffskrieg beraten, führen gleichzeitig die allgemeine Wehrpflicht ein, und die Mächte, die den Zweiten Weltkrieg führten, um damit endgültig für alle Zeiten den Krieg als Mittel der zwischenstaatlichen Auseinandersetzungen auszuschalten, sprechen bereits wieder von der Gefahr eines dritten Weltkrieges.

Während die Welt in dieser Weise weiter von dem Gespenst des Krieges beherrscht wird, hat das japanische Volk in einer selbstentworfenen, von Parlament und Kaiser bestätigten und durch den Militärgouverneur gebilligten Verfassung auf das Recht, Krieg zu führen, ausdrücklich verzichtet. Dieser Passus ist tatsächlich ein Novum in der staatsrechtlichen Geschichte aller Zeiten und Völker. Der Artikel 9 der Verfassung, die Kaiser Hirohito am Meijitag verkündete –

dem Geburtstag des Kaisers Mutsuito, der vor achtzig Jahren die Grundlagen des modernen japanischen Staates gelegt hat –, lautet: »Es wird grundsätzlich und für alle Zeiten darauf verzichtet, Krieg zu führen oder Drohungen und Gewalt anzuwenden, um Streitigkeiten mit anderen Nationen beizulegen. Die Unterhaltung von Land-, See- und Luftstreitkräften wie auch eines technischen Kriegspotentials wird niemals zugelassen werden.«

Es liegt nahe, mit Laetitia Buonaparte zu sagen »*pourvu que ça dure*« oder auch festzustellen, dass Japan gar nichts anderes übrigblieb, als aus der Not eine Tugend zu machen, und doch gehen solche Betrachtungen an der Hauptsache vorbei. Das Wesentliche ist eben, dass in einer Welt, in der es widerhallt von Drohungen und Gesprächen über Atombomben und Geheimwaffen, irgendwo an einer Stelle – und sei es auch an der schwächsten – der bewusste Verzicht auf Gewalt und der Mut zur militärischen Wehrlosigkeit aufgebracht wird. Selbst die Schweiz, deren Neutralität vertraglich festgelegt und anerkannt worden ist, verzichtet nicht darauf, eine Armee zur Sicherheit gegen Angriffskriege zu unterhalten.

Japan hat in einem Moment des vollkommenen Zusammenbruchs seiner politischen Existenz und der geistigen Grundlagen seiner Samurai-Tradition mit Bestürzung den Irrtum seines Ethos gewahrt, das – wie der alte Staatsmann Osaki formuliert hat – auf Blutvergießen und falschen Prämissen beruhte. Aus diesem Erwachen hat es den Elan gefunden, sein Schicksal auf einer höheren geistigen Ebene selbst zu gestalten. Es hat dies tun können dank der Großzügigkeit der Besatzungsmacht, die dem japanischen Staat seine

Kontinuität und ein weitgehendes Recht der Selbstbestimmung gewährte und damit die Kräfte zu einer geistigen Wandlung und Erneuerung freigegeben hat.

So scheint es, dass Japan die ausweglose Situation erspart bleibt, die aus dem Zusammenbruch von gestern und der mangelnden Aussicht auf ein besseres Morgen entsteht. »Wir sind von unbegrenztem Stolz und höchster Verantwortlichkeit erfüllt«, sagte der Ministerpräsident Yoshida, »weil wir durch unseren verfassungsmäßig verankerten Verzicht auf Kriegsführung beispielgebend für die Welt geworden sind.«

28. November 1946

1947 leben in Deutschland 55 Millionen Menschen. Unter ihnen sind zehn Millionen aus den Ostgebieten vertriebene Deutsche, knapp ein Fünftel der Gesamtbevölkerung. Das führt zu Unruhe und der Frage: Was wird aus den Vertriebenen?

Arbeiten und nicht verzweifeln

Nachdem soeben auf der Moskauer Konferenz das Thema Flüchtlingsverteilung in Deutschland angeschnitten worden ist und vor Jahresfrist im März 1946 ein internationales Flüchtlingsamt beim Wirtschafts- und Sozialrat der UNO gegründet wurde, wächst unsere Hoffnung, dass dieses Problem aus seiner zonalen Unlösbarkeit in einen weiteren Rahmen gespannt werden wird.

Eine Bevölkerungstransaktion des Ausmaßes, wie sie eben in Deutschland vor sich gegangen ist, ist im Rahmen der gegebenen Möglichkeiten überhaupt nicht zu bewältigen, und doch sind wir durch diese Erkenntnis nicht von der Verpflichtung entbunden, alle nur denkbaren Anstrengungen zur Selbsthilfe zu unternehmen.

Es sind jetzt genau zwei Jahre vergangen, seit die ersten Wellen des noch immer nicht versiegten Stroms der Vertriebenen die heutigen westlichen Zonen erreichten. Was ist nun in dieser Zeitspanne geleistet worden? Erstaunlich wenig, sofern wir die britische Zone betrachten, die im Vergleich zur amerikanischen in dieser Hinsicht außerordentlich rückständig ist. Viele Versprechungen sind den Vertriebenen vor den Wahlen von sämtlichen Parteien gemacht worden; zahlreiche Stellen und Referate innerhalb der Landesverwaltungen haben nominell den Auftrag, sich um die Vertriebenen zu kümmern, was sich nach Lage der Dinge in der Praxis zumeist dahingehend auswirkt, dass diese Stellen ihre Aufgabe darin sehen, die Einheimischen vor dem Ansturm der Vertriebenen zu schützen. Es gibt in der britischen Zone auch nicht einmal eine Erfassung nach Berufsgruppen. Es gibt darum noch immer wichtige Spezialisten, wie Feinmechaniker, Uhrmacher und Maschinenschlosser, die Kühe melken oder zur Waldarbeit eingesetzt sind.

Wenn diese beiden Jahre nicht vollkommen nutzlos verronnen sein sollen, dann muss jetzt an der Schwelle des dritten Jahres im Exil – und die Zeitrechnung der Vertriebenen richtet sich nicht nach dem Kalender, sondern nach dem Zeitpunkt der Vertreibung aus der Heimat – versucht werden, wenigstens aus den negativen Erfahrungen zu lernen, wie man es nicht machen soll.

Man muss einmal versuchen, das ganze Problem mit neuen Augen zu sehen und sich wunsch- und vorurteilslos über die derzeitige Situation und deren mutmaßliche Entwicklung klarzuwerden. Zunächst ist es falsch, die Vertriebenen grundsätzlich und von vornherein ausschließlich als Konsumenten und niemals als potentielle Produzenten anzusehen. Zweifellos ist durch die Zuwanderung aus dem Osten die Disproportion im Bevölkerungsaufbau, die der Krieg gezeitigt hat, noch verschärft worden; Überalterung, Erhöhung des Frauenüberschusses und Rückgang des Anteils der arbeitsfähigen Bevölkerung, aber wie viele brauchbare Arbeitskräfte gibt es andererseits unter den Vertriebenen – welche Summe von Können, Erfahrung und Geschick liegt da brach!

Das einzige Kapital, über das Deutschland noch verfügt, ist seine Arbeitskraft – jeder Mensch, der überhaupt arbeiten kann, ist ein Produktionsfaktor innerhalb der Volkswirtschaft; darum darf es nicht geschehen, dass die Intelligenz und die Arbeitskraft zahlloser Millionen nicht oder gar falsch ausgenutzt wird.

Deutschland wird zweifellos auf lange Sicht nur als kapitalintensiver hochindustrialisierter Staat leben und seinen Beitrag zur Weltwirtschaft leisten können, aber der Weg dahin ist weit und setzt eine lange wirtschaftliche Entwicklung frei von politischem Misstrauen voraus. Die Großindustrie ist heute weitgehend zerschlagen und damit auch die Forschungsinstitute der großen Konzerne, in denen ein wesentlicher Teil aller Erfindungen und Verbesserungen durchgeführt wurde; der Patentschutz ist aufgehoben, Rohmaterial nur in geringen Mengen vorhanden, es fehlt an Wohnraum, besonders in den bisherigen Industriezentren, kurz, alle Vorbedingungen einer konzentrierten Industrialisierung sind einstweilen nicht gegeben, selbst wenn die Beschränkungen des Industrieplanes aufgehoben werden sollten. Der zunächst vorgezeichnete Weg ist vielmehr der einer Entwicklung einer intensiven Klein- und Heimindustrie auf technischem und handwerklichem Gebiet. Sei es Textil- oder Ton- und Keramikindustrie, Pharmazeutik, Farben, Feinmechanik oder auch nur die Verwandlung von Halbfabrikaten in Fertigwaren.

In all diesen Bereichen kann auch ein Teil der Vertriebenen wieder zu Produzenten und nützlichen Mitgliedern der Volkswirtschaft werden.

Zwei grundsätzliche Veränderungen aber sind, wie uns die Vergangenheit zeigt, die Voraussetzung, dass das »Flüchtlingsproblem« erst einmal aus dem Zustand völliger Stagnation herauskommt: Erstens muss der Privatinitiative der Vertriebenen selber im Rahmen der alles erstickenden behördlichen Organisation mehr Raum gegeben werden. Die Unternehmerinitiative auch des tüchtigsten Handwerkers oder auch Kaufmanns zerbricht heute an Zuzugsgenehmigungen, den Konzessionsbeschränkungen der Kammern oder den Schutzbestimmungen des Groß- und Kleinhandels. Wenn es in einem Distrikt zehn Schuster gibt, dann wird, auch wenn drei davon untauglich sind, einem leistungsfähigen Vertriebenen die Konzession versagt, weil zahlenmäßig kein Bedürfnis vorliegt. Damit wird auf die Dauer nur erreicht, dass der einheimische Inhaber einer Konzession ein absolutes Monopol hat, das unter Umständen nur seine Unfähigkeit oder Faulheit schützt, ähnlich wie es beim Erbhof in der Landwirtschaft war.

Sicher sind die Rohstoffe und Werkstoffe knapp, und ihr Einsatz muss darum überwacht werden. Aber wie der »schwarze Markt« – auf den immer mehr Material aus den reglementierten Märkten abgewandert ist – zeigt, ist dieses Ziel mit derartigen Maßnahmen nur unvollkommen zu erreichen.

Und zweitens geht es nicht länger an, dass zwanzig Prozent der Bevölkerung ohne eigene Interessenvertretung auf das im allgemeinen Existenzkampf verlorengegangene soziale Empfinden der verschiedenen Länderverwaltungen angewiesen sind. Es wird immer ein frommer Wunsch bleiben zu meinen, dass die Vertriebenen sich heimisch fühlen, wenn sie nicht, wie in der amerikanischen Zone, unabhängigen Flüchtlingskommissaren unterstellt werden. Zugehörig zu dem Gastlande fühlt sich nur der, der Arbeit und damit ein Fortkommen hat oder der, sofern er nicht arbeiten kann, betreut wird. Die einheimische Verwaltung kann aber für beides keine Gewähr bieten, weil sie die tüchtigen Vertriebenen als Konkurrenz empfindet und die arbeitsunfähigen begreiflicherweise als Last.

Es ist darum keine gehässige Kritik, sondern eine sachliche Feststellung, wenn ein Überblick über das in der britischen Zone während der beiden vergangenen Jahre Geleistete ergibt, dass zwei oder drei Selbsthilfeorganisationen, ursprünglich aus der eigenen Initiative einiger Flüchtlinge entstanden, wesentlich mehr für ihre Leidensgenossen getan haben als der gesamte Verwaltungsapparat aller Länder der britischen Zone zusammen. Es gibt in Hamburg neben der Evangelischen Hilfsgemeinschaft e. V., deren Organisation und Tatkraft es zu danken ist, dass eine große Zahl von vertriebenen Familien zum Teil in geschlossenen Gruppen mit handwerklichen Erzeugnissen wieder ihr Brot verdienen, die »Vertretung ostdeutscher Betriebe bei der Handelskammer Hamburg« und die »Betreuungsstelle für das ostdeutsche Handwerk bei der Handwerkskammer Hamburg«, die beide ihre segensreiche Tätigkeit in der ganzen britischen Zone ausüben. Ähnlich wie sich diese beiden Institutionen auf fachlichem Gebiet mit Erfolg um die Wiedereingliederung der Vertriebenen in die westlichen Wirtschaften kümmern, müsste analog dem System der süddeutschen Länder der Verwaltung eine Vertriebenenvertretung koordiniert werden, die ihre Stütze in einer zentralen Zonenstelle hat.

20. März 1947

Nach Jahren von Krieg und Kriegsgefangenschaft ohne Verbindung zu Heimat und Familie kehren viele Männer, gezeichnet von Entbehrungen, Krankheit und Erschöpfung, in eine ihnen fremd gewordene Welt zurück.

Heimkehr ohne Heim

Gewiss, wir haben Fürsorgeorganisationen aller Art, Sozialversicherungen, Altersheime und Kindergärten geschaffen; wir haben das »durchschnittliche Lebensalter« von 45 auf 60 Jahre gesteigert, haben Armut und Reichtum, Glanz und Elend stufenweise einander angeglichen – je nach den Umständen; zuvor auf der Basis von »Glanz«, jetzt auf dem Niveau allgemein geteilten Elends. Unser Jahrhundert trägt alle Anzeichen eines sozialen Zeitalters. Und dennoch konnte es geschehen, dass nun schon zum zweiten Mal ein aus Russland zurückkehrender Kriegsgefangener, einer jener Unglücklichen, auf die das ganze Volk schmerzlich und ungeduldig wartet, keinen Platz in dieser organisierten Gemeinschaft fand und sich aus Verzweiflung das Leben nahm.

Sicherlich ist nie so viel gesorgt, erfasst und geplant worden, nie auf dem Umweg über die Steuern ein so hoher Anteil der Vermögen und Einkommen des Einzelnen zugunsten der Gesamtheit verwendet worden, und doch fehlt offenbar irgendetwas, denn wer wäre bereit, dieses soziale Zeitalter menschlich zu nennen? Es ist, als habe man die echte Menschlichkeit wegorganisiert, indem man sie in die Sphäre bürokratischer Organisation verlagert hat, wodurch der Mensch seiner natürlichen Aufgabe, seiner selbstverständlichen Qualität, menschlich zu sein, enthoben, ja fast könnte man sagen, beraubt worden ist.

Es war nur eine kurze Meldung, die durch die Presse ging: Ein Schlesier, der nach dreijähriger Gefangenschaft aus Russland zurückgekehrt ist, dessen Frau noch immer als Zwangsarbeiterin im Ural zurückgehalten wird und dessen Kinder erst jetzt aus den polnisch besetzten Gebieten ausgewiesen worden sind, hat Selbstmord begangen, weil seinen Angehörigen die Zuzugsgenehmigung nach Höxter, wo seine Eltern leben, verweigert wurde. Die Geschichte dieses Menschen, von dem wir nicht mehr wissen, als diese wenigen Zeilen besagen, könnte viele Seiten füllen. Ist es doch die Geschichte unserer Zeit. Alles wird in ihr deutlich, dieses Verlorensein des Einzelnen in einer erbarmungslosen Welt, die verzweiflungsvolle Einsamkeit des Heimatlosen und die ganze Hoffnungslosigkeit des Enttäuschten.

Wie unvorstellbar langsam mögen die Tage, Monate und Jahre der Gefangenschaft dahingegangen sein zwischen Hunger, Heimweh und Sorge um die Familie und ihr ungewisses Schicksal in der schlesischen Heimat. Und dann endlich der Tag der ersehnten Freiheit und die Rückkehr in ein Vaterland, das in ungezählten Träumen den Heimkehrenden mit warmer Liebe und Freude zu erwarten schien und das ihn schließlich doch nur als lästigen Fremdling empfing und ihn als Überzähligen von einer Behörde zur anderen abschob. Dort aber gibt es offenbar keine instinktive Hilfsbereitschaft, kein Mitleid mehr, denn an deren Stelle sind ja Anweisungen und Verordnungen getreten, hinter denen man sich verschanzen kann, wenn es schwierig wird, und schwierig ist heute natürlich die Unterbringung jedes Einzelnen. Verordnungen aber gibt es genug, jede Zone hat ihre eigenen, und jedes Land hat wiederum seine eigenen, und alle miteinander wachen sie ängstlich über ihre Sonderrechte, die ein Heer von Behörden-Funktionären hütet. Die Hauptsache ist, dass der Behördenapparat intakt bleibt, ob dabei ein paar Bürger langsam zugrunde gehen und in die äußerste Verzweiflung getrieben werden, das spielt keine Rolle.

Sicherlich, es hat immer Grausamkeiten gegeben, Blutrache, Inquisition, Krieg und Blutvergießen aus Hass und Leidenschaft geboren, aber der Tod eines Menschen, der sechs Jahre Krieg und drei Jahre russische Gefangenschaft überstanden hat, verursacht durch bürokratische Maßnahmen – gewissermaßen durch Gleichgültigkeit und Stumpfsinn –, das blieb offenbar unseren Tagen vorbehalten. Der Tod dieses »unbekannten Heimkehrers« trifft nicht nur eine Mutter, sondern Tausende von Müttern und Frauen, die alle noch auf ihre Angehörigen warten. Jeder, der heute auf den endlosen Landstraßen wandert, kann es sein: »Wer jetzt geht, irgendwo geht in der Welt, geht zu mir – wer jetzt stirbt, irgendwo stirbt in der Welt, sieht mich an.« Wahrhaftig, das ist es, und darum haben wir im Grunde alle teil an jedem solchem Versäumnis, denn daran liegt es: Wir haben dieses Gefühl nicht mehr, dass sie alle unsere Brüder sind, die Flüchtlinge und die Heimkehrer.

Es wäre allzu einfach und pharisäerhaft, kurzerhand den Behörden und der Bürokratie allein die Schuld zu geben.

Gäbe es noch ein lebendiges Gefühl für Menschlichkeit und Nächstenliebe in unserer Gemeinschaft, dann würden auch die Behörden sich dieser Atmosphäre nicht entziehen. Soziale Einrichtungen allein tun es freilich nicht. Auch heute gilt noch die uralte Weisheit: Wenn ich all' meine Habe den Armen gäbe – und wenn ich weissagen könnte und wüsste alle Geheimnisse und alle Erkenntnis und hätte der Liebe nicht, so wär mir's nichts nütze.

3. September 1948

Die Verhältnisse in Deutschland beginnen sich zu normalisieren. Im Jahr 1949 wird das Grundgesetz unterzeichnet, die Bundesrepublik beginnt sich zu etablieren.

Brief aus dem Nichts

Vor ein paar Tagen brachte mir der Postbote einen seltsamen Brief. Er lag auf meinem Schreibtisch, als ich abends nach Hause kam, und ehe ich ihn noch in die Hand genommen und den Poststempel mit dem überraschenden Datum 21.2.1945 näher betrachtet hatte, spürte ich diese eigenartige und schwer zu beschreibende Schrecksekunde, wie man sie wohl empfindet, wenn plötzlich im Dunkeln eine Gestalt auf einen zutritt. Es war ganz deutlich spürbar, irgendetwas Merkwürdiges, Gespensterhaftes war mit diesem Brief.

Er steckte in einem jener armseligen hellgrünen Briefumschläge, wie sie während der Kriegsjahre üblich waren, mit einem Feldpoststempel darauf und einem zweiten Stempel daneben, auf dem in rotem Druck zu lesen stand: »Weiterleitung durch Kriegsverhältnisse verhindert.« Ja, die deutsche Reichspost war immer eine gut funktionierende Behörde und hielt auf Ordnung. Und als sie schließlich in dem allgemeinen Chaos ihre Pflicht nicht mehr erfüllen konnte, weil die Heimat zum Schlachtfeld geworden und eine Beförderung nicht mehr möglich war, da drückte sie im Donner der feindlichen Geschütze wenigstens noch einen Stempel auf die Briefe, die ihren Adressaten nie mehr erreichen sollten: »Weiterleitung durch Kriegsverhältnisse verhindert« – gewissermaßen zu ihrer eigenen Entlastung tat sie das und triumphierte damit über das allgemeine Chaos.

Merkwürdig, wie so ein verspäteter, verblichener Feldpostbrief wie ein Zauberstab alles um sich herum verändert – Zeit und Raum schienen verwandelt, alles war mit einem Mal wieder da, so präsent, als sei es lebendige Gegenwart: jenes allmorgendliche fieberhafte Durchblättern der Post auf der Suche nach einem hellgrünen Feldpostbrief, die vielfältige, oft sich durch Wochen täglich wiederholende Enttäuschung und die beglückende Entspannung, wenn er dann schließlich eines Tages da war. Und dann sofort der angstvolle Blick auf das Datum des Poststempels und die sorgenerfüllte Berechnung: fünf Tage – vierzehn Tage – drei Wochen unterwegs, was konnte inzwischen alles geschehen sein?

»Varzin, Pommern, Februar 1945«, so begann der Brief. Varzin... wie viele Erinnerungen der preußischen Geschichte sind mit diesem Platz verbunden, der nach 1866 Bismarcks Heimat wurde. Für mich wird es immer die Erinnerung an den endgültigen Abschied von der Weite des Ostens sein, als ich an einem Spätnachmittag, Anfang Februar jenes Jahres, durch den leicht ansteigenden Park herauf ritt zum Schloss Varzin, um meinem müde gewordenen Pferd Erholung in einem richtigen Stall zu gönnen. Vierzehn Tage war es damals schon unterwegs, und das Futter war oft knapp gewesen. Pommern im Februar 1945... wie viele Bilder gewinnen wieder Umriss und Farbe! Wochenlang war ich mit dem unabsehbaren Millionenheer unbekannter und namenloser Flüchtlinge über die pommerschen Straßen gezogen, und viele der damaligen Gedanken wurden nun wieder lebendig bei der Lektüre dieses Briefes, der die letzte Phase der allgemeinen Auflösung im Osten schilderte.

Was ist Wirklichkeit, so fragt man sich wohl – jenes Chaos damals, in dem die Landstraße und der Wechsel von Tag und Nacht und das Gefühl des Preisgegebenseins die einzige Realität waren, oder das pseudobürgerliche Leben von heute, in dem vor jedem besseren Café wieder Palmentöpfe stehen? Nie würde es jenes verlogene bürgerliche Leben wieder geben – so hatte man damals gemeint, und fast lag eine gewisse Hoffnung in dem Gedanken, dass, wenn es nie mehr so sein würde, es doch die Möglichkeit gäbe, eine neue wesentlichere Welt aufzubauen, zusammen mit all jenen, die nicht nur am Rand des Abgrunds gewandelt waren, sondern die tief unten von seinem Grund heraufgeschaut hatten. Wie sollte es denn möglich sein, und wer könnte auch nur den Wunsch haben, noch einmal eine Welt zu restaurieren, die so vollkommen zu Bruch gegangen war? Es stimmte ja nichts mehr – die Kategorien nicht und die Wertung nicht und gar nichts. So dachte man damals, vor knapp fünf Jahren.

Und dann dachte man, dass es nun immer so sein würde, dass all diese Fremden, mit denen man des Wegs zog und bei denen man einkehrte, ehe sie wenige Tage später sich selbst aufmachen mussten, Brüder bleiben würden. Hatte nicht jeder, der noch etwas Wärmendes oder Essbares abzugeben hatte, mit dem, der fror oder Hunger hatte, geteilt? Niemand sagte damals »Sie« zum anderen – Seid ihr müde?

Wo kommt ihr her?, so lauteten die Fragen. Das war vor knapp fünf Jahren. Wer fragt heute noch: Seid ihr müde? Habt ihr Hunger? Und doch kommen sie noch immer gewandert, vom Osten her über die endlosen Straßen.

27. Oktober 1949

Marion Dönhoff ist schon als junger Mensch viel und weit gereist. Nach dem Krieg wird das Reisen Teil ihrer journalistischen Tätigkeit und schlägt sich in zahlreichen Reportagen nieder. Wie hier: nach einer Fahrt durch Belgien im Frühsommer 1950.

»Sie haben die Wahl: Visum oder Gefängnis«

Der dicke amerikanische Major, dem die Loire-Schlösser, die er eben bereist hatte, weit weniger gefielen als die Kunstbauten des bayerischen Ludwig, hatte mir gerade auseinandergesetzt, wie bedenklich die Autoritätsgläubigkeit der Deutschen sei. Das war im Abteil des Zuges, der eben Nordfrankreich durchratterte: Der Major kam von der Loire, ich aus Spanien, und beide wollten wir nach Deutschland. In Amerika, so meinte er, herrsche die Auffassung, dass beispielsweise ein Bürgermeister ausschließlich zum Benefiz seiner Untertanen da sei, und wenn er sich nicht dementsprechend verhalte, dann schicke man ihn weg und nähme einfach einen anderen. In Deutschland hingegen sei jede Amtspersönlichkeit gewissermaßen ein Selbstzweck, dem bereitwillig Verehrung gezollt würde. Er war ein sanfter und höflicher Mann, der Major, und darum stellte er dies nicht apodiktisch fest, sondern fragte zuvorkommend, warum dies wohl sei... Just in diesem Augenblick wurde unser Gespräch im Nordexpress jäh durch die Passkontrolle an der französisch-belgischen Grenze unterbrochen. Schade, dass der Major, dessen Papiere »in Ordnung« waren, von da ab meine nun beginnende Leidensgeschichte nicht mehr verfolgen konnte. Es war die Leidensgeschichte eines durch Westeuropa reisenden Deutschen. Hätte er sie miterlebt, so würde sich seine Frage gewissermaßen von selbst beantwortet haben.

Es begann also mit der Passkontrolle in Erquelinnes, wo der Beamte mit geübtem Auge sofort feststellte, dass zwar meine Einreise *nach* Spanien durch Österreich und Italien ordnungsgemäß erfolgt war, aber dass mir für die Heimreise *aus* Spanien durch Belgien das Transitvisum fehle. Wortlos steckte er den Pass ein und hastete davon, um, wie ich optimistisch meinte, einen Vorgesetzten um Rat anzugehen. Mit der Geduld und Gleichgültigkeit, die unsereinen die jahrelange Erfahrung im Umgang mit Bürokraten gelehrt hat, wartete ich und tröstete nebenbei auch eine lamentierende Amerikanerin deutscher Herkunft, die ihrem deutschen Pass treu geblieben war und die ebenfalls versäumt hatte, sich das belgische Visum zu besorgen. Sie reiste mit ihrer zwölfjährigen Tochter und wollte nach Hamburg.

Zuerst geschah gar nichts. Der Zug fuhr weiter, und ich fuhr mit. Wir reisten quer durch Belgien. Und erst an der belgisch-deutschen Grenze, in Herbesthal, erschien wieder ein Beamter, der erneut die Pässe zu sehen verlangte, und bei dieser Gelegenheit stellte sich dann heraus, dass sein Kollege, der in Erquelinnes ausgestiegen war, nach Beendigung der Revision mit unseren Pässen in Charleroi einfach ausgestiegen war und dass wir – die Amerikanerin und ich – in Lüttich und Namur bereits durch Lautsprecher mehrfach aufgefordert worden waren, den Zug zu verlassen. Höchst verdächtig, dass wir dieser Aufforderung nicht nachgekommen waren! Die Bahnpolizei machte bedenkliche Gesichter und nötigte uns auszusteigen. Dies also geschah im mitternächtlichen Herbesthal unweit Aachen. Am nächsten Morgen würde man telefonieren, die Pässe kommen lassen und sich schon irgendwie mit der *Sureté* einigen; so tröstete uns der freundliche dicke Hüter der belgischen Ordnung.

Am nächsten Morgen waren wieder andere Polizisten da, recht unfreundliche, die uns mitteilten, wir müssten nach Erquelinnes an die französische Grenze zurück, um die Pässe dort in Empfang zu nehmen. Das war ebenso leicht wie barsch gesagt, aber nur in neunstündiger Reise und mit dreimaligem Umsteigen auszuführen, denn der einzige durchgehende Eilzug war bereits weg. So geschah es denn, und abends um sieben trafen wir mit Kind und sechs Stück Gepäck wieder in Erquelinnes ein, wo wir hofften, eine Stunde später den Express in Richtung Nordosten wieder besteigen zu können. Erste Panne: Die Bahnpolizei hatte nicht im Bahnhof ihr Quartier, sondern war irgendwo außerhalb stationiert und zu Fuß nur in 30 bis 40 Minuten zu erreichen. Ein Telefongespräch förderte sodann die zweite Katastrophe zutage: Die belgische Polizei hatte die Pässe nach Jeumont auf die französische Seite der Grenze geschickt. Nun sollten wir passlos eine europäische Grenze passieren, weil Passkontrolleure dies so eingerichtet hatten – welch eine Köpenickiade!

Sogar die telefonisch verständigte Polizei sah ein, dass dies nicht zu machen sei, und holte die Pässe über die Grenze. Nach etwa einer Stunde erschienen mit zorngeröteten Gesichtern zwei Polizisten, die wie Feuerwehrkommandanten aus dem *Simplicissimus* des Jahrgangs 1912 aussahen, und stellten uns die Alternative, entweder zu Fuß über die französische Grenze zu gehen (ein Zug ging nicht mehr) oder – *séjour* im belgischen Gefängnis zu nehmen. So schulterten wir denn die Koffer, und während die beiden Kavaliere mürrisch und unbeschwert voranschritten, zogen die Amerikanerin, ihr Kind und ich ächzend der unbekannten, keineswegs rettenden Grenze entgegen. – Endlich der Schlagbaum! Sechs Franzosen saßen auf einer Bank und schauten interessiert zu, wie die Belgier, die finster dreinblickten, uns die Pässe aushändigten mit der liebenswürdigen Maßgabe, dass wir bei nochmaligem Betreten ihres Hoheitsgebietes sofort verhaftet würden... Wer könnte, wer müsste uns helfen? – Der belgische Konsul in Paris!

Es war neun Uhr abends. Der nächste Zug nach Paris führe am nächsten Morgen um 6 Uhr ab Jeumont – so erfuhren wir –, und bis zu diesem Bahnhof seien es fünf Kilometer! Die amerikanische Leidensgefährtin war mittlerweile trotz gelegentlicher Coca-Cola-Stimulans vollkommen zusammengebrochen und führte bewegte Klage über den schmählichen Empfang im heimatlichen Europa – was für ein Wiedersehen nach zwanzig Jahren!

Der einzige Trost war, dass die Franzosen herzlich Anteil an unserem Schicksal nahmen und dafür sorgten, dass Mutter und Tochter mit Gepäck von einem durchreisenden Auto zum Bahnhof Jeumont gefahren wurden. Ich versuchte mich derweil mit einigen Camels zu revanchieren, bekam aber einen Korb: »Ich kann die Amerikaner nicht leiden und darum rauche ich auch ihr Kraut nicht«, sagte einer der

Männer. Meine schüchterne Antwort: »Wenn ich Ihnen nun aber sage, dass ich Deutsche bin, würden Sie wahrscheinlich auch keine französische Zigarette nehmen«, löste eine heftige Diskussion im Kreise der Belegschaft über die Deutschen und die Amerikaner im Allgemeinen aus; eine Debatte, die dann einstimmig mit der Feststellung schloss, dass *tout de même* die Deutschen Europäer seien und fraglos vorzuziehen wären. Schließlich verbände uns doch vieles, und das nächste Mal würden wir bestimmt auf derselben Seite sein…

»Was verbindet uns eigentlich?« So habe ich mich oft in den folgenden Tagen nach endlosen Gesprächen auf französischen Bahnhöfen und Kleinbahnen besorgt gefragt, denn jedes Mal, wenn das Wort »Deutsch« fiel, folgte unweigerlich die gleiche Assoziation. Die Alten sagten: »Ja, damals, am Chemin des Dames!« Und die Jüngeren sprachen von Buchenwald und von Geiselerschießungen. Fast hätte man meinen können, dass es andere Erfahrungen zwischen diesen beiden Völkern nicht gegeben habe. Und wenn nicht jeder Einzelne dieser Franzosen, die ich sprach, trotz der Last der Erinnerungen immer wieder von einer wirklich beglückenden Menschlichkeit gewesen wäre, so müsste man alle Hoffnungen fahren lassen!

Doch verweilen wir bei jenem Schlagbaum, an dem diese Gespräche begannen. Hier war plötzlich ein Zivilist aufgetaucht, der am Zoll arbeitete und von den anderen kurzerhand als *Aviateur* bezeichnet wurde, weil er, wie sie später erzählten, im Krieg ein tapferer und mehrfach dekorierter Flieger gewesen war. Der hörte sich meine Geschichte an und beschloss, etwas Entscheidendes zu tun, nämlich meine vierzig DM zu wechseln; ich hatte seit sechsunddreißig Stunden nichts gegessen, weil die letzten Franken auf das Billett draufgegangen waren. Drei Mal ging er in die Stadt und versuchte sein Glück. Leider vergeblich. Ich kam ohne einen Franc nach Jeumont, traf die anderen wieder, doch als sich nun als nächste Enttäuschung herausstellte, dass der winzige Wartesaal mit zwölf finster dreinschauenden Marokkanern belegt war, tauchte plötzlich wieder der *Aviateur* als hilfreicher Engel auf. Diesmal hatte er seine Frau mitgebracht und lud uns ein, die Nacht in seiner Wohnung zu verbringen und erst einmal richtig zu essen. – Herrgott, dass es so etwas noch gibt! Eine solche Hilfsbereitschaft! – »Wissen Sie«, sagte er zu mir, »ich habe in zwei Kriegen je vier Jahre gegen die Deutschen gekämpft; ich habe es jetzt satt, es muss anders werden, aber wir können nicht auf die Politiker warten. Jeder muss von sich aus etwas für die Verständigung tun.« Derweil zogen wir durch das nächtliche Jeumont zu seinem kleinen Häuschen, wo die drei schlafenden Kinder so lange hin und her rangiert wurden, bis sie alle drei in einem Bett lagen und für uns zwei Schlafstellen frei wurden. Dort saßen wir zu dritt am Tisch und sprachen von Frankreich und Deutschland und Europa, und zum ersten Mal gewann dieser so vage Begriff einen menschlichen Inhalt.

Anderentags, als ich endlich gegen Mittag in Paris eingetroffen war und beim dortigen belgischen Konsul wegen der beiden vergessenen Durchreisegenehmigungen vorstellig wurde, war von dieser Atmosphäre nichts zu spüren. Wie eine wütende Bulldogge zeterte der Konsul über diese Nachlässigkeit. Immerhin erfüllte er an meinem Pass seine Pflicht, doch weigerte er sich, das Visum für die Amerikanerin zu geben, weil das vorgeschriebene Foto nicht zu beschaffen war und sie den Antrag nicht selber unterschreiben konnte, denn sie war in Jeumont geblieben. Er verlangte kurz und herrisch, sie müsse selbst nach Paris kommen. Alle meine Vorstellungen, sie habe kein Geld, dürfe auch nicht nach Frankreich einreisen, weil das französische Durchreisevisum abgelaufen sei, und nur er könne sie vor dem Schicksal bewahren, den Rest ihres Lebens an der Grenze zu verbringen, fruchtete nichts. Ein erneuter, verzweifelter Vorstoß am Nachmittag endete wieder ergebnislos. Es war die letzte Möglichkeit, denn eine halbe Stunde später ging mein Zug, in welchen nach unseren Abmachungen die unglücklichen Leidensgefährten in Jeumont zusteigen sollten – übrigens der gleiche, mit dem wir drei Tage zuvor Paris schon einmal verlassen hatten.

Was sollte aus der unglücklichen Frau werden, die kein Wort Französisch sprach, die Nerven vollkommen verloren hatte und allein ganz hilflos war? Es gab nur eine Möglichkeit: Das Kind, das für seinen amerikanischen Pass kein Visum brauchte, und das gesamte Gepäck nach Hamburg, dem Besuchsziel, mitzunehmen, damit die Mutter unbeschwert ihre Reise nach Paris antreten konnte. Wie aber dies alles während des Zweiminutenaufenthaltes in Jeumont zuwege bringen? Erschreckende Vorstellung. Immerhin, es klappte. Zwar weinte das Kind und wollte nicht mit, und die Mutter zerschlug in der Erregung die große Scheibe in der Bahnhofstür, hinter der das Gepäck stand, wofür der Bahnhofsvorsteher fluchend Barzahlung verlangte, während die gütige Gastgeberin vom Abend zuvor uns die Gepäckstücke in den fahrenden Zug nachwarf, aus dem alle Reisenden weit heraushängend diesem Spektakel zuschauten. Es war sehr schwierig, aber – es klappte. Und dann hatte ich zwölf Stunden Zeit, darüber nachzudenken, warum in aller Welt alle Menschen, die Macht haben, abscheulich sind, und hatte viel Zeit – denn das Kind war ein schweigsamer Reisegefährte – mich damit zu trösten, dass unter dem dichten Netz von Herrschsucht, Tücke und Bürokratie sich bei allen, die nichts als Menschen sind, eine rührende Bereitwilligkeit zur Hilfe und Verständigung gebildet hat...

15. Juni 1950

Konrad Adenauer, der erste Kanzler der Bundesrepublik, und der liberale Theodor Heuss, erster Bundespräsident der Republik, sind sich über die Frage einer neuen Nationalhymne uneinig. Heuss ist dafür, Adenauer dagegen. Der Präsident gibt schließlich nach, das Deutschlandlied wird wieder gesungen, allerdings nur die dritte Strophe.

Für eine deutsche Nationalhymne

»Jede Nation, und vor allem eine geschlagene, braucht ein Symbol, zu dem sie aufblicken kann«, hat Churchill in einer Rede in Dover gesagt. Er hat darauf hingewiesen, wie klug es gewesen sei, Kaiser Hirohito auf dem japanischen Thron zu lassen und seine Verurteilung abzulehnen. Diese Politik habe entschieden Japans Einstellung zum Westen beeinflusst, so meinte er. In diesem Zusammenhang hat Churchill festgestellt, dass Hitler in Deutschland wahrscheinlich nicht zur Macht gekommen wäre, wenn der Kaiser nach dem Ersten Weltkrieg unangetastet in seiner Stellung belassen worden wäre und die Deutschen jemanden gehabt hätten, zu dem sie hätten aufblicken können.

Wir haben mit Symbolik nicht mehr viel im Sinn, nachdem die Nazis wie in einer Alchimistenküche mit diabolischem Geschick symbolisches Brauchtum und Legenden zu allerlei verführerischen Rauschgetränken zusammenmischten. Mit unglaublicher Raffinesse haben sie ja der Volksseele ihre Geheimnisse abgelauscht, jedem Mythos nachgespürt und das geheimnisvolle Bedürfnis der Jugend nach Opfer, Einsatz, Bruderschaft und Ordensverband für ihre Zwecke ausgenutzt. Kein Wunder, dass eine unendliche Ernüchterung seither über die Deutschen kam! Die Jugend ist argwöhnisch geworden; sie ist immer zur Kritik bereit und realistisch bis zum Zynismus. Vielleicht ist das eine gesunde Reaktion.

Falsch aber wäre es, wenn die Regierenden nicht dafür sorgten, dass diese Reaktion in ihren Grenzen bliebe. Mit anderen Worten: Diejenigen, die das Pendel bedienen, sollten Sorge tragen, dass es nun nicht wieder ebenso weit in entgegengesetzter Richtung ausschlägt. Unsere entgötterte Zeit hat ohnehin so wenig Inspirierendes, dass man es sich nicht leisten kann, auch die natürlichen Symbole, deren jedes Volk bedarf, achtlos preiszugeben. Churchill hat mit vollem Recht gesagt, dass gerade eine geschlagene Nation ihre Symbole braucht.

Das vielleicht einfachste Symbol einer Nation ist neben der Fahne die Nationalhymne. Deutschland ist das einzige Land der Welt, das keine solche Hymne hat. Ausgerechnet das zweigeteilte Deutschland, das ein solches Symbol seiner historischen Einheit nötiger hätte als viele andere! In allen Situationen, in denen andere Völker, um etwas ganz Bestimmtes auszudrücken, ihre Nationalhymne anstimmen, entsteht bei uns peinliche Verlegenheit, und das Vakuum, das für unsere ganze heutige Existenz so typisch ist, wird erschreckend deutlich.

Und warum ist das so? Haben wir nicht eine sehr schöne Nationalhymne, die nicht einmal durch die Hitlerzeit kompromittiert ist, in der sie nur als Konzession an die »Reaktion« auch gesungen wurde? Ob man nun den ersten oder den dritten Vers singt, das ist wirklich ziemlich gleichgültig – auch bei Volksliedern und Chorälen wird ja der Text nicht auf die Waagschale gelegt. Es muss endlich eine deutsche Nationalhymne geben, die wirklich ein Symbol ist, und zwar ein Symbol für die historische Gemeinsamkeit von Ost- und Westdeutschland.

23. August 1951

Joseph McCarthy, Vorsitzender des Senats-Unterausschusses, betreibt in den Vereinigten Staaten in der Anfangsphase des Kalten Krieges auf eigene Initiative eine Anti-Kommunismus-Kampagne. Sein Ziel ist die Eliminierung des geistigen Eigentums »umstrittener Figuren, et cetera«.

Bücher auf dem Scheiterhaufen

Wieder werden Bibliotheken gesäubert, Bücher aus den Regalen gerissen und verbrannt oder ihre Autoren, Verbrechern gleich, hinter Schloss und Riegel verbracht. 20 Jahre nachdem Dr. Goebbels am 10. Mai 1933 im Beisein der Berliner Studentenschaft die »undeutsche, volksfremde, zersetzende Fäulnis-Literatur« den Flammen eines Scheiterhaufens übergab (Werke von Arnold und Stefan Zweig, Jakob Wassermann, Thomas Mann, Tucholsky waren dabei), werden heute in den 285 amerikanischen Bibliotheken, die es außerhalb der Vereinigten Staaten in der Welt gibt, entsprechend den Wünschen McCarthys, Bücher ausgemerzt: eingestampft, verbrannt, weggeschlossen...

Alle Bibliotheken und Amerika-Häuser, die dem USIS, dem *United States Information Service*, angehören, haben während der letzten Monate Geheimanweisungen des State Department bekommen, ihre Bestände von kommunistischer Literatur zu säubern. Sechzehn Autoren sind, wie Goebbels gesagt haben würde, gebrandmarkt worden. Im Übrigen heißt es recht vage, man möge alles »Material von umstrittenen Figuren, Kommunisten, *fellow travellers et cetera*« entfernen. Botschafter Conant hat zurücktelegrafiert: »Please define ›et cetera‹…«, bitte um Definition von »et cetera«! Diese Kritik ist ihm von Seiten McCarthys übel angekreidet worden. »Sie haben keine gute Arbeit in Deutschland geleistet«, attestierte der Vorsitzende des Senats-Untersuchungsausschusses, McCarthy, der die Behörden auf kommunistische Umtriebe überprüft, dem Botschafter.

Jenes »et cetera« ist denn auch sehr verschiedenartig interpretiert worden. Mancherorts wurden alle jene Werke mit Acht und Bann belegt, die Kritik an der amerikanischen Ostasien-Politik übten. Ferner fielen meist jene Autoren der Säuberung zum Opfer, die vor dem Untersuchungsausschuss des Kongresses die Aussage über etwaige frühere kommunistische Tätigkeit verweigert hatten. Darüber hinaus aber wurden in jedem Land willkürlich irgendwelche »Verdächtigen« ausgemerzt – jeder zog gewissermaßen seinen geistigen Erbfeind aus dem Bibliotheksverkehr. In Bombay hat der USIS die Werke des antikommunistischen Negerführers Walter White, Präsident der nationalen Vereinigung für die Weiterentwicklung der Farbigen, im Keller verschlossen. In Deutschland ereilte Sartre dasselbe Schicksal. Anderorts wurde die vorzügliche Stalin-Biographie von Isaac Deutscher weggeschlossen, aber auch einige Bücher der Nobelpreisträgerin Pearl S. Buck und die Detektivgeschichten von Dashiell Hammett. In Japan haben die Amerikaner die Werke von 24 Autoren und daneben mehrere hundert individuelle Bücher verbrannt. In Belgrad, wo seit langem alles, was nach

Kominform aussieht, auch in den US-Bibliotheken ängstlich und mit Bedacht ausgemerzt wurde, entsprachen die Buchbestände durchaus den neuen Maßstäben. Dennoch wurde, bevor die beiden Inquisitoren McCarthys, Roy Cohn und Gerhard Shine, dort eintrafen, einige Bücher als *out of date*, als überholt also, heraussortiert. Es traf Upton Sinclairs *Dragon's teeth*, mit dem er 1943 den Pulitzer-Preis bekommen hatte, und einige Werke des Schweden Gunnar Myrdal, Generalsekretär der ECE, der europäischen Wirtschaftskommission.

Damals, bei der Bücherverbrennung am 10. Mai 1933 in Berlin, hatte Goebbels emphatisch ausgerufen: »Das Alte liegt in den Flammen, es ist eine große, starke und symbolische Handlung, eine Handlung, die vor aller Welt dokumentieren soll: Hier sinkt die geistige Grundlage der November-Republik zu Boden. Aber aus diesen Trümmern wird sich siegreich erheben der Phönix eines neuen Geistes, eines Geistes, den wir tragen, den wir fördern und dem wir das entscheidende Gesicht geben und die entscheidenden Züge aufprägen.« Dass ein neuer Geist, der mit allen Traditionen bricht, sich schon oft als ein ebenso hässlicher wie lebensunfähiger Phönix zeigte, hat die Jünger des Dr. Goebbels nicht abschrecken können. Es ist kaum anzunehmen, dass McCarthy bessere Erfahrungen machen wird.

Allerdings sind ja glücklicherweise in Amerika neben McCarthy noch andere Kräfte am Werk. Präsident Eisenhower hat am 26. Juni in Los Angeles vor den Eiferern gewarnt und darauf hingewiesen, dass die Freiheit weder durch Gesetz verfügt noch durch Zensur hervorgebracht werden kann. »Wer immer handelt, als könne man mit Unterdrückung, Argwohn und Furcht die Freiheit verteidigen, der bekennt sich zu einer Lehre, die Amerika fremd ist.« Und eine Woche zuvor hatte er im Dartmouth College den Studenten warnend gesagt: »Ihr Anstandsgefühl sei Ihre einzige Zensur. Schließen Sie sich nicht denen an, die Bücher verbrennen. Glauben Sie ja nicht, dass Sie Fehler auslöschen können, indem Sie die Beweise, dass solche Fehler existieren, vernichten... Nur, wenn man den Kommunismus kennt, kann man ihn bekämpfen. Man muss es besser machen als er und nicht ihn verstecken... wir wollen nicht versuchen, die Gedanken unserer Mitmenschen zu verbergen. Auch sie gehören zu Amerika. Und wenn sie Ideen haben, die unseren eigenen widersprechen, dann haben diese Leute trotzdem ein Recht, auf *ihre* Weise zu denken. sie haben das Recht, ihre Ideen festzuhalten und sie auch an Plätzen auszusprechen, die anderen zugänglich sind.«

Das ist fürwahr eine mutige und einleuchtende Definition der geistigen Freiheit, die die meisten Menschen immer nur dann als gegeben ansehen, wenn ihre eigene Meinung sich durchsetzt, nötigenfalls durch Unterdrückung der Ansicht aller anderen. Zu allen Zeiten und in allen Regimen hat man versucht, mit mehr oder weniger unsanften Mitteln die Andersdenkenden zu unterdrücken. Jahrhundertelang hat die Inquisition Ketzer verfolgt, verurteilt, verbrannt... Charakteristisch für unsere Zeit ist nur die Tatsache, dass an die Stelle des Menschen oder mindestens neben ihn das Buch getreten ist.

In dem allgemeinen Säkularisierungsprozess, in dem das Recht, das nach Auffassung der Antike ebenso wie die Religion dem Willen der Götter entstammte, zu einer Funktion der Staatsmacht geworden ist und alle geistigen und ethischen Werte von den Marxisten kurzerhand als »ideologischer Überbau« bezeichnet werden, verliert eben der Mensch seine besondere Stellung. Wenn nämlich der Mensch seine Unsterblichkeit einbüßt und angeblich sein Bewusstsein ausschließlich von seiner wirtschaftlichen und soziologischen Situation bestimmt wird, dann genügt es vollkommen, sich um die äußere Ordnung der Dinge zu kümmern und die Staatsbürger durch Schulung, Umschulung und Umschulung der Umschulung für den jeweils gewünschten Zeitgeist zu präparieren. Wenn schließlich der Geist keine Realität mehr ist und es einen metaphysischen Bezug nicht mehr gibt, dann braucht man sich nur noch um die Pflege der jeweils geeigneten Ideologie zu bemühen…

Genau dann aber wird das Buch wichtiger als der Mensch, weil nämlich, wie Dostojewskij voraussah, mit dem Glauben an Gott auch der Glaube an die Menschen verlorengehen muss und an seine Stelle der Glaube an das System tritt. Denn die Menschen, die nach dieser säkularisierten Auffassung zwar rationale, aber keine geistigen Wesen mehr sind, sondern ausschließlich von ihren Trieben und materiellen Erwägungen bestimmt werden, gleichen den Raubtieren, die von den jeweils an der Macht befindlichen Dompteuren abgerichtet werden, durch Ringe zu springen oder auch Andersgläubige zu verschlingen. Eben deshalb ist das Lehrsystem der Dompteure – nämlich die Wiederholung des jeweiligen Stichwortes – so wichtig. Darum verbrannte Goebbels die Zeugnisse alles dessen, was er als störend empfand; darum rauben die Sowjets Kinder, um ihnen in Spezialschulen den geeigneten »ideologischen Überbau« zu verpassen und sie dann als »Heilsbringer« wieder auf ihre Völker loszulassen. Und – darum verfolgt McCarthy neuerdings das kommunistische Schrifttum mit seinem heiligen Spießerzorn (30'000 kommunistische Bücher hatten seine Beauftragten in den US-Bibliotheken festgestellt).

Gewiss, viele Amerikaner, sicher die Mehrzahl, glauben auch heute an die Eisenhowersche Definition der Freiheit, aber alle miteinander sind offenbar machtlos gegen den McCarthyismus, jene Erfindung eines Senators, der selber keinerlei Kompetenzen hat, es aber verstand, durch Erzeugung einer Art Kollektivpanik sich eine beherrschende Machtstellung zu verschaffen.

2. Juli 1953

Nach dem Volksaufstand am 17. Juni 1953 in der DDR fordert Marion Dönhoff in einem Leitartikel, dass dieser Tag zum Tag der Deutschen Einheit erklärt werden solle. Drei Wochen später wird aus dem Gedanken Realität.

Die Flammenzeichen rauchen

Als die Pariser am 14. Juli 1789 die Bastille erstürmten, wobei sie 98 Tote zu beklagen hatten und nur 7 Gefangene befreiten, ahnten sie nicht, dass dieser Tag zum Symbol für die Französische Revolution werden würde. Er wurde es, obgleich alle wesentlichen Ereignisse: die Erklärung der Menschenrechte, die Ausarbeitung der neuen Verfassung, die Abschaffung der Monarchie, zum Teil erst Jahre später erfolgten. Der 17. Juni 1953 wird einst und vielleicht nicht nur in die deutsche Geschichte eingehen als ein großer, ein symbolischer Tag. Er sollte bei uns jetzt schon zum Nationaltag des wiedervereinten Deutschland proklamiert werden. Denn an diesem 17. Juni hat sich etwas vollzogen, was wir alle für unmöglich hielten.

Hatte nicht schon Nietzsche gesagt: Wer aber erst gelernt hat, vor der Macht der Geschichte den Rücken zu krümmen und den Kopf zu beugen, der nickt zuletzt chinesenhaft-mechanisch sein ›Ja‹ zu jeder Macht ... und bewegt seine Glieder im Takt, in dem irgendeine Macht am Faden zieht.« Hatten wir nicht längst resigniert vor der Macht des totalitären Apparates, gegen den jede Auflehnung zwecklos sei? Hatten nicht viele jene Jugend für verloren angesehen, die im totalen Staat Hitlers geboren und im totalen Staat der SED herangewachsen war? Und nun?

Nun kam der 17. Juni. Am Morgen hatten ein paar Bauarbeiter in der Stalinallee in Berlin gegen die Erhöhung der Arbeitsnorm revoltiert. Spontan kam ein Protestmarsch zustande, ohne eigentliches Ziel zunächst und ohne jegliche Organisation. Hunderte stießen dazu, bald waren es Tausende, Zehntausende und mehr. Nach vierundzwanzig Stunden stand Ostberlin im offenen Aufruhr, ohne Waffen, mit Steinen und Stangen gingen die Arbeiter gegen die russischen Panzer vor. In Leipzig brannten die Leuna-Werke, in Magdeburg wurde das Zuchthaus gestürmt... Streik auf den Werften, Streik bei Zeiß-Jena, auf allen Bahnstrecken, in den Kohlen- und Uranbergwerken. Staatseigene Läden, Polizeistationen und Propagandabüros standen in Flammen. Die Volkspolizei ließ sich teilweise widerstandslos entwaffnen. Eine aus Magdeburg geflüchtete Arbeiterin berichtete über den Sturm der Magdeburger auf das Volkspolizeipräsidium. Die Volkspolizisten hätten die Tore geöffnet, ihre Waffen übergeben und die Uniformröcke ausgezogen. »Ich sah, wie Offiziere der Volkspolizei, die dem Vordringen der Arbeiter Widerstand entgegensetzten, aus den Fenstern des ersten Stocks geworfen und verprügelt wurden.«

Als Demonstration begann's und ist eine Revolution geworden! Die erste wirklich deutsche Revolution, ausgetragen von Arbeitern, die sich gegen das kommunistische Arbeiterparadies empörten, die unbewaffnet, mit bloßen Händen, der Volkspolizei und der Roten Armee gegenüberstanden und die jetzt den sowjetischen Funktionären ausgeliefert sind. Straße für Straße und Haus für Haus wird jetzt durchsucht nach Provokateuren und Personen, die sich nicht dort aufhalten, wo sie gemeldet sind. Allein in Ostberlin befanden sich nach dem Aufstand mehrere tausend Personen in Haft, zum Teil in Schulen, die provisorisch in Gefängnisse umgewandelt worden sind. Sehr viele ganz Junge sind dabei. In einer Liste von »überführten Provokateuren«, die das SED-Organ veröffentlichte, gehört die Mehrzahl den Jahrgängen von 1933 bis 1935 an. Das ist die Jugend, von der man uns glauben machen wollte, sie habe den Sinn für die Freiheit verloren.

Es ist Blut geflossen – vielleicht sehr viel Blut. Der Ausnahmezustand wurde verhängt, und dort, wo bisher die kommunistischen Bürgermeister herrschten, regieren wieder wie 1945 die Rotarmisten. Der Ostberliner Bürgermeister Ebert stellt fest: »Unsere sowjetischen Freunde haben durch ihr energisches und mit großer Umsicht geführtes Eingreifen uns und der Sache des Friedens einen großen Dienst geleistet.« Das ist die einzige Stimme aus dem Kreise der »deutschen« Regierungsfunktionäre, gegen der Aufstand sich in erster Linie richtete. Also eine Revolution, die zu nichts geführt hat?

Nein, so ist es nicht. Diese Revolution hat im Gegenteil ein sehr wichtiges Ergebnis gehabt. Das, was der britischen Diplomatie und den amerikanischen Bemühungen nicht gelungen war, das haben die Berliner Arbeiter fertiggebracht: sie haben am Vorabend der Vierer-Verhandlungen im Angesicht der ganzen Welt offenbar werden lassen, auf wie schwachen Füßen die Macht im Kreml und seiner Werkzeuge in Ostdeutschland (vermutlich in allen Volksdemokratien) steht.

Es ist deutlich geworden, dass dieses Gebiet, zu dessen Fürsprecher und Schutzpatron jene sich so gern aufwerfen, sie aus ganzem Herzen hasst und verachtet, ja, dass sie sich nicht einmal auf die Volkspolizei verlassen können. Es ist ferner offenbar geworden, dass mit dem richtigen Instinkt für die Schwächemomente des totalitären Regimes man selbst diesem schwere Schläge versetzen kann – ganz zu schweigen davon, dass dieses System in vollem Umfang: politisch, wirtschaftlich und psychologisch, Schiffbruch erlitten hat. Und schließlich ist für alle noch eines ganz eindeutig klargeworden, dass nämlich jetzt die Einheit Deutschlands die wichtigste Etappe in der weiteren politischen Entwicklung sein muss.

Jener 17. Juni hat ein Bild enthüllt, das nicht mehr wegzuwischen ist: die strahlenden Gesichter jener Deutschen, die seit Jahren in Sorge und Knechtschaft lebten und die plötzlich, wie in einem Rausch aufstanden, die fremden Plakate heruntergerissen, die roten Fahnen verbrannten, freie Wahlen zur Wiedervereinigung forderten... Und die nun wieder schweigend, von neuen Sorgen erfüllt, an ihre Arbeitsstätten wandern. Manch einem in der Bundesrepublik mag erst in diesen Tagen klar geworden sein, dass das, was dort drüben geschieht, uns alle angeht und nicht nur jene, die die Verhandlungen führen. Der 17. Juni hat unwiderlegbar bewiesen, dass die Einheit Deutschlands eine historische Notwendigkeit ist. Wir wissen jetzt, dass der Tag kommen wird, an dem Berlin wieder die deutsche Hauptstadt ist. Die ostdeutschen Arbeiter haben uns diesen Glauben wiedergegeben, und Glauben ist der höchste Grad der Gewissheit.

25. Juni 1953

Das Grauen hat ein Gesicht: Sechs ehemalige KZ-Lagerführer werden 1954 in Frankreich vor Gericht gestellt und zum Tode verurteilt. Mussten sie zu Verbrechern werden?, fragt Marion Dönhoff. Hatten sie nicht die Möglichkeit, zwischen Gut und Böse zu unterscheiden?

Sechs Herrenmenschen

In Metz sind sechs der angeklagten Lagerleiter und Funktionäre des KZ-Lagers Struthof (bei Straßburg) zum Tode verurteilt worden. Einer jener sechs Männer stand eines Tages während der Verhandlungen auf und sagte: »Wenn ich irgendetwas dafür tun kann, den Hass gegen die Deutschen zu besänftigen, so will ich gern dafür den Tod erleiden.« Der Präsident des Gerichtes entgegnete darauf: »Es stimmt nicht, dass Sie hier als Deutscher sind. Sie sind hier als Verbrecher. Reden Sie sich und anderen nicht ein, dass wir hier Deutschland den Prozess machen.« In der Tat sind die Verbrecher, die dort vor dem Metzer Tribunal wie Fernaufnahmen von einem fremden Mond und dessen grauenerregenden Kreaturen abliefen, so widerwärtig, dass niemand sich wünschen kann, mit ihnen identifiziert zu werden.

Eine lange Kette von Zeugen trat in Metz auf, Deutsche, Franzosen, Norweger, Belgier. Sie berichteten in immer neuen Abwandlungen von immer dem gleichen qualvollen Leben und Sterben, bei dem nur die Todesart variierte. Entweder:

Verhungern (neun Zehntel der Umgekommenen sind an Entbehrungen gestorben, ein Zehntel wurde gewaltsam umgebracht), Genickschuss, Gaskammer, erhängen am Galgen oder an einem der drei großen Fleischerhaken, die im Krematorium angebracht waren, aus dessen Schornstein bei »vollem Betrieb« die Flammen meterhoch schlugen. Aus »Zweckmäßigkeitsgründen« war an dieser Wärmequelle die Wasserheizung angeschlossen, so dass, wenn genügend Leute umgebracht worden waren, heiß geduscht werden konnte. Leben und Sterben unterschieden sich eben im Rahmen des KZ nur dadurch, dass sie verschiedene technische Probleme stellten.

Eines Tages sollte ein deutscher Zeuge namens Witke aus Hamburg aussagen. Es war ihm zunächst offenbar peinlich, seine Landsleute vor dem Gericht eines fremden Landes zu belasten, wie jene berichten, die im Gerichtssaal anwesend waren. Aber durch einen der Angeklagten und den Anblick der ehemaligen Folterknechte gereizt, stürzte er sich auf einen von ihnen. Es gab einen großen Tumult im Saal, der von der Polizei geschlichtet werden musste.

Am gleichen Tag sagte der Professor für Geschichte in Oslo, Tharson, über das Schicksal der 504 Norweger aus, die in Struthof interniert waren und von denen die Hälfte starb. Der belgische General de Woussen schilderte, wie er und einige 20 Kameraden nach der Ankunft in Struthof von SS-Leuten und Hunden umgeben vor dem Galgen stand und auf Einweisung in die Baracken warteten. Plötzlich wurde willkürlich einer der Häftlinge aus dem Haufen herausgegriffen und aufgehängt. »Das Gesicht des Unglücklichen war verzerrt von schrecklichen Grimassen, was der Belegschaft großes Vergnügen bereitete. Nach etwa sieben Minuten schaute Seuss (einer der jetzt Verurteilten) auf seine Armbanduhr und sagte, er ist krepiert, ihr könnt ihn abnehmen. Dann kam ein Mann in weißer Bluse, öffnete den Mund des Leichnams und brach die Goldzähne heraus.«

Und so reiht sich Aussage an Aussage. Nicht *ein* rachedurstiger Zeuge, viele Zeugen, die alle immer wieder beschreiben, wie jene sechs verurteilten Henkersknechte Männer schlugen, die die Anzahl der Schläge laut mitzählen mussten, bis sie ohnmächtig zusammenbrachen, Frauen lebend in die Feuerkammer des Krematoriums stießen und lästige Kinder erschossen.

Ein Häftling musste zur Strafe drei Tage und drei Nächte stehen, ein anderer wurde gefesselt in die pralle Sonne gelegt, und einer der Verurteilten urinierte ihm ins Gesicht. Professor Hirth, der Anatom der Straßburger Universität, schrieb eines Tages nach Berlin und bat um einige Judenschädel für seine Schädelsammlung. Daraufhin verfügte eine der Himmlerschen Stellen die Einweisung von 87 Juden nach Struthof. Sie wurden dort vergast und ihre Schädel Professor Hirth zugestellt.

Die meisten der Angeklagten sind ganz primitive Menschen, die ihre erste Ausrichtung und Ausbildung in den Totenkopfverbänden der ss bekamen. Einige haben seit 1933/34 zunächst als Wachmannschaften, dann als Lagerführer immer nur in der KZ-Atmosphäre gelebt. Viele haben, wie sich herausstellte, während des ganzen Krieges nie andere Kugeln pfeifen hören als die, mit denen sie ihre Opfer ins Jenseits beförderten, sie kannten nur die Denk- und Lebensweise des KZ, hielten die Vorstellung vom Herrenmenschen und dem auszumerzenden »Untermenschen« für die einzig echten Kategorien, und nach Jahr und Tag hatten sie schließlich den Häftlingen gegenüber nur noch die Reaktionen des Schlächters in einem Schlachthaus, der ja auch nicht mehr »empfindet«, dass er ein Tier tötet.

Einer der Verurteilten hielt seinen siebenjährigen Sohn dazu an, die Vorübermarschierenden mit Steinen zu bewerfen, damit er sich frühzeitig daran gewöhne, dass Häftlinge keine Menschen seien. Es war der Gleiche, der, wenn er in der rechten Laune war, irgendeinem Häftling seines Trupps die Mütze vom Kopf riss, sie weit wegwarf und dem Betreffenden dann befahl, sie sich wiederzuholen. Da das Verlassen von Reih und Glied als Fluchtversuch galt, erschoss er ihn dann befehlsgemäß.

Solche Leute, wie jene sechs Lagerführer und 43 weitere, die in Abwesenheit zum Tode verurteilt wurden, gibt es wahrscheinlich zu allen Zeiten. Aber dass aus solchen potentiellen Verbrechern nicht nur Gelegenheitsverbrecher werden, sondern dass man sie in die vermeintliche »Elite« als Führer eingliedert und ihnen unbeschränkte Macht gibt, das allerdings ist nur in totalitären Regimen möglich, die ihre eigene »Weltanschauung« an die Stelle ewig gültiger Gesetze setzen. Sind diese erst einmal preisgegeben, dann stellen sich rasch neue Vorstellungen ein über das, was lebenswert und todeswürdig ist.

Die Verurteilten haben immer wieder darauf hingewiesen, dass sie auf höheren Befehl gehandelt haben und dass sie selbst erschossen worden wären, wenn sie nicht, wie ihnen befohlen, gemordet, geschlagen und gefoltert hätten. Mag sein. Aber ist es wirklich so viel leichter, in Stalingrad zu sterben – was zweifellos jeder von ihnen, wäre er dort eingesetzt worden, ohne zu klagen, getan hätte –, als sein Leben zu lassen, um nicht zum Verbrecher zu werden? Denn die Möglichkeit zwischen Gut und Böse zu unterscheiden, die kann man den Menschen doch wohl nicht absprechen.

8. Juli 1954

Im aufgeheizten Wahlkampf 1957 kämpft Kanzler Konrad Adenauer mit dem Slogan »Keine Experimente« gegen eine Regierungsübernahme der SPD.

Finis Germaniae

Vielen ist der Zorn flammend rot ins Gesicht gestiegen beim Lesen dieser Worte des Kanzlers: »Wenn die SPD die Regierung übernimmt, so bedeutet das den Untergang Deutschlands« – wörtlich: den Untergang Deutschlands! *Finis Germaniae!*

Kann man sich vorstellen, dass Macmillan je sagen würde, Englands Untergang stehe bevor, wenn Gaitskell ihn ablöse? Gewiss würde in England ein Wechsel der Regierung nicht wie in Deutschland eine totale Veränderung der außenpolitischen Linie mit sich bringen; aber schließlich steht ja noch gar nicht fest, dass die SPD eine solche Veränderung tatsächlich durchführen würde. Während es also noch keineswegs sicher ist, dass die Opposition das Konzept der Außenpolitik verderben würde, lässt sich bereits mit Sicherheit sagen, dass der Regierungschef das Klima der Innenpolitik ruiniert hat. Man denke: So ruhige, besonnene Politiker wie Kaisen und Suhr (Bürgermeister von Bremen und West-Berlin) sagten das Essen beim Bundesrat ab, weil sie mit Adenauer nicht an einem Tisch sitzen wollten! Es heißt, Feldherren gewönnen ihre Schlachten meist, weil der Gegner Fehler mache, und nur selten, weil sie überlegen seien – auch im Wahlkampf hat diese Regel schon oft ihre Gültigkeit bewiesen.

11. Juli 1957

In den letzten Jahren der Adenauer-Ära scheint die Innen- und Außenpolitik zu stagnieren. Für Marion Dönhoff im Sommer 1961 Anlass für eine Reihe von Fragen und Gedanken.

Des Deutschen Michels Schlaf

Mit einem Unterton von Zweifel fragte kürzlich ein Amerikaner. »Nehmen die Deutschen in der Bundesrepublik wirklich Anteil an dem Schicksal der Berliner?« Was für eine Frage!

»Wieso meinen Sie ...«

»Nun, ich erlebte kürzlich, dass in einer großen Stadt Bayerns drei Wochen lang um Ferienplätze für Berliner Kinder geworben wurde. Erfolg: ein Platz! Meine Schlussfolgerung: Mit der Liebe zu den Brüdern kann es dann wohl nicht sehr weit her sein. – Und die Flüchtlinge«, fuhr er fort, »wer außer den offiziellen Stellen kümmert sich schon um sie, ja wer beschäftigt sich auch nur in Gedanken mit ihrem Schicksal?«

Leider hat dieser kritische Beobachter recht. Bei uns werden die Probleme von den Behörden erledigt. Der Bürger kümmert sich nur um sein eigenes Schicksal und Wohlergehen. Und die offiziellen Stellen, die Behörden, die Regierung tun alles, um den Bundesbürger ja nicht aus seinem geruhsamen Traumparadies aufzuschrecken. Wer nicht für Atomwaffen in deutscher Hand ist, wird zum Vaterlandsverräter gestempelt – aber Luftschutzbunker werden nicht gebaut, denn das würde die Wähler beunruhigen.

Die Opposition ist keineswegs besser. Sie ist kein Korrektiv, sondern auch nur ein Lautverstärker: Genau wie die Regierung erschöpft sie ihre Tätigkeit darin, im Publikum Antennen aufzustellen und das, was ihr da an Wünschen und Hoffnungen zugetragen wird, als ihr Programm per Lautsprecher wieder auszustrahlen. Die eigentlichen Regenten dieses Landes sind heute die demoskopischen Institute – wenn sie warnen, dann zittern die scheinbar so mächtigen Parteivorstände. Und die Gewerkschaften, die größte geschlossene Macht außerhalb des Parteiensystems, sind auch nicht anders. Walter Dirks beklagt in dem Beitrag, den wir in dieser Ausgabe veröffentlichen, dass sie keinerlei Ehrgeiz haben, die Zukunft sozialpolitisch zu gestalten, sondern dass es ihnen ausschließlich darum geht, die Gegenwart zu zementieren.

Niemand sage, das sei eben so in der Demokratie. Weder in England noch in der Schweiz, noch in den USA ist das so. Einen so kläglichen Gebrauch von der Demokratie machen nur wir. Auch in der Demokratie, nein, gerade in der Demokratie ist es die Aufgabe des Staatsmannes, den Bürger zu erziehen.

In den USA hat Präsident Kennedy vorige Woche in seiner großen Rede zur Lage in Berlin nach dem Mauerbau gesagt: »Ich bin mir der Tatsache wohl bewusst, dass viele amerikanische Familien die Last dieser Anforderungen tragen müssen. Für manche wird Studium und Karriere unterbrochen werden, man wird Ehemänner und Söhne abberufen, und die Einkommen werden in einigen Fällen weniger werden.

Aber dies sind Lasten, die getragen werden müssen, wenn die Freiheit verteidigt werden soll...«

Man kann sich nicht erinnern, ähnliche Wort in der Bundesrepublik gehört zu haben, obgleich die Berlin-Frage doch in erster Linie uns angeht. Das Bonner Echo auf jene Rede John F. Kennedys war Dank an die Amerikaner für ihre Festigkeit und das erleichterte Gefühl, wenn »die« ordentlich auftrumpfen, dann sind wir aller Sorgen enthoben, dann wird schon nichts passieren. So als habe die Funktion, stark und entschlossen zu sein, um alle Veränderungen zu verhindern, nicht längst ihren fiktiven Charakter enthüllt! Als wisse man noch immer nicht, dass die militärischen Maßnahmen des Westens nur die notwendige Begleitmusik für die kommenden politischen Verhandlungen sind.

Die Amerikaner, das ist ganz deutlich, richten sich auf Verhandlungen ein. Mit den Vorbereitungen ist in diesen Tagen in Paris schon begonnen worden. Und die Russen desgleichen, denn wenn sie wirklich die Absicht hätten, es auf eine militärische Kraftprobe ankommen zu lassen, dann hätten sie dies ganz sicherlich nicht sechs Monate vorher angekündigt. Worum es bei den Verhandlungen gehen wird, ist auch ganz klar, nämlich um:

– die Bestätigung der Oder-Neiße-Grenze,
– die Anerkennung der DDR,
– den Status von Berlin,
– den Verzicht auf nukleare Bewaffnung Deutschlands.

Vielleicht auch noch um einiges andere. Aber dies werden die Hauptpunkte sein, und niemand kann heute sagen, wie viele Konzessionen in jedem dieser Punkte gemacht werden müssen. Aber so viel ist sicher: Für viele wird es ein unsanftes Erwachen geben.

Man ist bei uns im Allgemeinen schnell zur Hand mit dem Argument, über diese Dinge dürfe nicht gesprochen werden, jede öffentliche Diskussion, jedes laute Nachdenken schwäche unsere Position. Und das ist bis zu einem gewissen Grade auch richtig – aber doch nur im Hinblick auf die Regierung. Es wäre traurig, wenn Abgeordnete und politische Kommentatoren ebenfalls schweigen müssten, denn das würde ja bedeuten, dass das Volk verdummt und seine Beteiligung nicht gewünscht wird. Wenn wir aber glauben, nur so den Kalten Krieg durchstehen zu können, dann wär's doch besser, auf Nummer sicher zu gehen und sich gleich der Diktatur zu verschreiben.

Es ist traurig: Während die großen Schicksalsfragen unserer Geschichte entschieden werden, schläft das Volk wie einst die Jünger in Gethsemane. Damals, so wird uns überliefert, hieß es: Der Geist ist willig, aber das Fleisch ist schwach. Heute freilich müsste es heißen, das Fleisch ist mächtig, aber der Geist ist schwach.

Sind wir wirklich unter den Trümmern des zusammenbrechenden Reiches übrig geblieben, um jetzt Bilanzen zu lesen und uns in einem Stück unserer Heimat – kann man das wirklich Heimat nennen? – häuslich einzurichten mit Stilmöbeln, Gartenzwergen und Volkswagen?

Sind wir wirklich ein so total geschichtsloses Volk geworden, dass keine Vision uns mehr aufzuschrecken vermag, auch nicht das Bild der verlorenen Ostgebiete und eines in zwei deutsche Staaten geteilten Landes? Zwei Staaten, die so wenig mehr miteinander zu tun haben wie Holland und

Belgien, die auch einst eine Einheit waren? Wir, ein Volk, zu dem die Geschichte so deutlich gesprochen hat!

Da haben die Deutschen in der Mitte Europas stellvertretend für die ganze Generation ein Stück aufgeführt, in dem Urheidentum sich mit moderner Wissenschaft und Technik zu einer schaurigen Verbindung paarten. Da stellten sie ein Bild des Menschen auf die Bühne, das den zuschauenden Völkern kalte Schauer über den Rücken hinunterjagte. Und als dann die Akteure selbst vom Hagel der Bomben zugedeckt wurden und in Strömen von Blut ertranken, als die Stille des Todes sich schließlich über Deutschland legte, da brachen die Sowjets von Osten herein und stillten ihre Gier und rafften an sich, was sie erreichen konnten.

Und die Nation wurde in zwei Teile geteilt, und der eine Teil wurde von den Siegern geknechtet und versklavt. Und der andere Teil, dem gaben die Sieger die Devise auf den Weg: Freie Bahn dem Tüchtigen. Und die Tüchtigen gelangten sehr weit auf ihrem Wege: Die Bankkonten schwollen an, die Konzentration in der Wirtschaft nahm zu, das Gesetz der großen Zahl beherrscht alles. Jedes Jahr wurden die Zahlen vom Vorjahr überboten: Die Wachstumsraten verdoppelten sich, die Zahl der Auslandsreisen verdreifachte sich, die Summe der Bücher auf der Frankfurter Messe vervierfachte sich, der Bierkonsum auf dem Oktoberfest verfünffachte sich …

Deutsche Geschichte der letzten 25 Jahre – niemand mehr denkt an sie. Und jetzt, was kommt jetzt? Wie viele Leute gibt es im Lande, die diese Frage am Schlafen hindert? Ach, sie alle schlafen vorzüglich!

4. August 1961

Es ist der 13. August 1961. Am frühen Sonntagmorgen hört Marion Dönhoff die Radionachrichten: In Berlin werde mit dem Bau einer Mauer quer durch die Stadt begonnen. Sofort klingelt Dönhoff ihren Kollegen Theo Sommer aus dem Bett, und beide fliegen mit der nächsten Maschine nach Berlin-Tempelhof.

Quittung für den langen Schlaf

Diesen 13. August wird man so bald nicht vergessen. Auch wer an diesem Tage nicht in Berlin war, wird diesen Sonntag vor Augen behalten, denn im Fernsehen konnte man ja miterleben, wie die Panzer am Potsdamer Platz und am Brandenburger Tor auffuhren, die Kampfgruppen ausschwärmten, die Volkspolizei Betonpfeiler einrammte, Stacheldraht quer durch Berlin spannte und den Asphalt aufriss.

Ich weiß nicht, ob je zuvor eine Nation am Bildschirm zuschauen konnte, wie für einen Teil ihrer Bevölkerung das Kreuz zurechtgezimmert wurde. Für einen Teil oder vielleicht doch für alle? Es heißt immer, der Frieden sei unteilbar und die Freiheit — aber wahrscheinlich ist auch das Kreuz unteilbar. Die Leute haben es nur noch nicht gemerkt.

Der Regierende Bürgermeister von Berlin sagte in einer sehr bewegenden Sitzung des Abgeordnetenhauses: »Dies ist die Stunde der Bewährung für das ganze Volk.« Er hat recht, es geht uns alle an. Es ist nur ein Zufall, dass dieser Stacheldraht quer durch Berlin geht — im Grunde schneidet er dem deutschen Volk mitten durchs Herz. Wenn es denn wirklich so schwer vorzustellen ist: Es könnte ja auch sein, dass auf der einen Seite der Königsallee in Düsseldorf, des Mains in Frankfurt, der Alster in Hamburg, der Maximilianstraße in München Panzer und Maschinengewehre aufgefahren wären und kein Bürger lebend die andere Seite erreichte. Wirklich: Berlin ist kein isolierter Fall, Berlin geht uns alle an. Wenn wir hier versagen, dann geschieht es uns recht, wenn auch wir uns eines Tages innerhalb und nicht mehr außerhalb jenes KZ befinden, das an diesem 13. August mit Stacheldraht seine letzten Ausgänge verbarrikadiert hat.

Was da am 13. August in Berlin geschehen ist, das ist ein Markstein in der Nachkriegsgeschichte — so wie es 1948 der Fenstersturz in Prag war oder der Auszug der Sowjets aus der Kommandantur. Etwas Entscheidendes hat sich geändert. Jetzt beginnt eine neue Phase. Wir sind dem Abgrund ein gut Stück näher gerückt.

Und was tun wir? Antwort: gar nichts! Und was sagen wir? Ein Sprecher des Auswärtigen Amtes sagte am Tage danach, die Vorgänge in Berlin seien so ungeheuerlich, dass es genüge, das Ausland darüber zu *informieren*. Die Nato fand, die Impulse für ihre Haltung müsse von den drei westlichen Großmächten ausgehen, und in Washington versuchte man, sich darauf »herauszureden«, dass die sowjetzonalen Schritte ja nicht den freien Zugang von Westdeutschland nach Westberlin betreffen, für den allein sie aufzukommen hätten.

Ist es wirklich so leicht bei uns, das Recht und die Menschlichkeit aus den Angeln zu heben, ohne dass etwas passiert? Ist das heute noch so einfach, wie es schon einmal war?

18. August 1961

Das Volk darbt, die Herrschenden leben in Saus und Braus. Marion Dönhoff schreibt dazu im Winter 1961 eine Glosse.

Teure Potentaten

König Saud, der zehn Tage in einem Krankenhaus in Boston zubrachte, um ein Magenleiden auszukurieren, hat sich jetzt in einem Hotel des Seebades Swampscott in der Nähe von Boston für drei Monate einquartiert. Der nahöstliche Monarch, der mit »normalem« Gefolge reist, wird zehn Räume zu seiner eigenen Verfügung haben, die gleiche Anzahl für seine Frauen und deren Palastdamen und schließlich ein Extrahaus für seine politischen Berater, Sekretäre, Leibwächter und Chauffeure. Kostenpunkt pro Woche: 63 000 DM. Für zwölf Wochen also 756 000 DM.

Zu dieser Summe kommen 90 000 DM für die gecharterte Boeing 707 von Dahran in Saudi-Arabien nach Boston und zurück sowie 150 000 DM für den Aufenthalt in Boston und die Operation – macht insgesamt eine Million DM. Fürwahr ein teurer König, teuer vor allem für ein unterentwickeltes Land.

Manche der asiatischen Revolutionäre hatten geglaubt, eine Regierung ohne Monarch werde billiger sein. Aber diese Rechnung war mancherwärts ohne die nationalen Führer und deren Repräsentationslust gemacht; natürlich nicht aller:

Nehru hat nie aufwendig gelebt. Auch Nasser nicht. Aber Sukarno liebt den Pomp. Zur Belgrader Konferenz erschien er mit 60 Mann Begleitung, für die ein ganzes Stockwerk im teuersten Hotel gemietet wurde. Auch er übrigens in einer Boeing 707, die er für vier Wochen gechartert hatte (Charter pro Tag ca. 30 000 DM)

In Indonesien und in Saudi-Arabien beträgt das Durchschnittseinkommen pro Kopf im Jahr etwa 250 DM.

10. Dezember 1961

Westdeutsche Studenten fordern seit Mitte der sechziger Jahre Reformen. Nach dem gewaltsamen Tod des Studenten Benno Ohnesorg im Juni 1967 formiert sich eine Massenbewegung.

Auflehnung – warum?

Ein paar Stichworte, die noch vor kurzem unbekannt waren oder belächelt wurden, beherrschen heute die politische Diskussion in der Bundesrepublik: außerparlamentarische Opposition, etablierte Gesellschaft, Establishment… Es sind Chiffren für ein gewisses Unbehagen an der Demokratie, das am deutlichsten von den rebellierenden Studenten artikuliert wird, das aber auch das Thema so mancher politischen Konferenzen und Seminare bildet. Der Vorwurf lautet, die Regierung in der pluralistischen Demokratie stütze automatisch die Interessen der Stärkeren, und darum tendiere alles dazu, die Macht in den Händen derer zu bestätigen, die sie bereits besitzen – während die nicht zugkräftig organisierten Außenseiter der Gesellschaft einfach vergessen würden.

Die Devise der Rebellen lautet darum: Wir müssen einen Weg finden, um die Konzeption des Gemeinwohls an die Stelle der konkurrierenden Gruppeninteressen zu setzen. Dies aber sei nur möglich, wenn das Modell der Gesellschaft von Grund auf geändert werde, und zwar im Sinne des Marxismus, denn nur er stelle die gesamtgesellschaftlichen Interessen – das Gemeinwohl – in den Mittelpunkt. Diejenigen, die die Gesellschaft reformieren und die Welt verändern wollen, bleiben freilich die Antwort schuldig auf die Frage, wer denn bestimmen solle, was das Gemeinwohl jeweils gebietet. Wer ist objektiv, gerecht, altruistisch genug, um die Stimme des Gemeinwohls zu verkörpern?

Rund um die Welt manifestiert sich die Auflehnung der jungen Generation gegen die totale Versachlichung der menschlichen Gesellschaft durch Technologie, Automation, Kybernetik – die doch zugleich ihre Götter sind –, gegen die Entfremdung des Menschen in einer ahumanen Welt, gegen die Bombe, die ihren Schatten über diese Generation wirft. In hochgestimmteren Zeiten hätte man vom »Aufbruch der Jugend« gesprochen – aber solches Pathos ist angesichts der phrasenlosen, einstweilen noch auf Gewalt verzichtenden, rationale Aufklärung erstrebenden Avantgarde fehl am Platze. Was sie wollen? *»Frei sein von geistigem Drill, kommerzieller Manipulation und äußerer Autorität.«*

In diesen Wünschen steckt ein gut Teil utopischer Vision – aber wohin käme die Wirklichkeit ohne Visionen? Wichtig ist jetzt nur zweierlei: dass die Studenten wirklich an den großen Fragen bleiben, nachdenken, analysieren, diskutieren und sich nicht durch Podiums- und Fernsehauftritte in die Rolle von Zirkusattraktionen manipulieren lassen. Und ferner, dass die vielgeschmähte etablierte Gesellschaft sich nicht daran stößt, dass die studentische Vorhut häufig über das Ziel hinausschießt. Dass sie sich also nicht mit Entrüstung und Ordnungsrufen begnügt, sondern überlegt, wie viel in der Tat bei uns reformbedürftig ist.

8. Dezember 1967

Im Jahr 1904 wurde zwischen Großbritannien und Frankreich unter der Bezeichnung Entente cordiale (herzliches Einverständnis) ein Abkommen geschlossen, das den Interessenkonflikt der beiden Staaten in den Kolonien Afrikas friedlich regelte. Aufbauend auf der Entente vereinbarten der englische Premier Winston Churchill und der französische General de Gaulle im Kriegsjahr 1940 eine Allianz gegen Deutschland.

Im Laufe der Präsidentschaft de Gaulles von 1959 bis 1969 verschlechtern sich die Beziehungen zwischen beiden Mächten. Der »Gaullismus« entwickelt sich zu einem Synonym für ideologischen Nationalismus.

Eine Lady gegen de Gaulle

Ein solches Spektakel hatte es im staatseigenen französischen Fernsehen seit Jahren nicht mehr gegeben. Angesetzt worden war die Vorführung des Films *L'Entente cordiale*, der, in den dreißiger Jahren gedreht, auf recht dramatische Weise die engen Beziehungen zwischen England und Frankreich schildert. An die Vorführung schloss sich eine anderthalbstündige Diskussion an, zu der vier berühmte Historiker und ein früherer Botschafter de Gaulles in London erschienen waren – und schließlich Lady Asquith, die Tochter jenes englischen Premierministers Lord Asquith (1906–1916), der das Symbol der Entente cordiale gewesen war.

Aber was als historische Schwelgerei geplant war, wurde durch den Auftritt der Lady Asquith unversehens zu einer so pointierten und brillanten, so eleganten und zugleich vernichtenden Attacke gegen de Gaulles heutige Politik, wie sie die Franzosen so noch nicht erlebt hatten. Resultat: 2500 Telefonanrufe beim Fernsehen – so wird berichtet.

Die achtzigjährige Lady Asquith (bis vor kurzem Lady Violet Bonham Carter) hat ihr Leben lang politische Luft geatmet, sie war immer versucht und oft genug aufgefordert, das Schicksal ihres Landes mitzugestalten; sie ist Gouverneur des BBC und Mitglied der Königlichen Pressekommission gewesen. Winston Churchill hat sie einmal so beschrieben: »Eine strahlende Erscheinung, die fähig ist, mit Leidenschaft, Beredsamkeit und ätzendem Witz die schwierigsten Fragen und Probleme zu bewältigen. In den Jahren, in denen ihr Vater ihrer bedurfte, entwickelte sie so viel Kraft und Talent wie keine Frau zuvor in der britischen Politik.«

Lady Asquith ist eine *Grande Dame*, wie sie heute auf der Welt kaum mehr anzutreffen ist: klassisch gebildet, von großer Eloquenz und ebenso großer Bescheidenheit. Vor zwei Jahren hat sie das – wie viele Engländer meinen – beste Buch über Churchill geschrieben.

Diese achtzigjährige Dame also saß in der vorigen Woche mit jenen vier feierlichen Franzosen an einem Tisch im Studio. Sie hielt sich nicht lange bei dem historischen Sujet ihrer Jugend auf, sondern landete mit elegantem Schwung in der Gegenwart. In gestochenem Französisch sagte sie:

»Wir haben von Entente gesprochen, wir haben vom Bündnis gesprochen. Niemand aber hat erwähnt, dass es einst eine Gelegenheit gab, unsere beiden Länder durch eine richtige Union zu verbinden: Im Jahre 1940 kam General de Gaulle nach England, das zum Glück für uns alle – und damals auch zum Glück für General de Gaulle – eine Insel ist. Er fand auf dieser Insel nicht allein Freunde und Verbündete, die ihn mit offenen Armen empfingen, nicht nur eine Zuflucht, sondern auch einen Ort, wo er seine Fahne hissen konnte und wo er, dank der BBC, einen Appell an diejenigen seiner Landsleute richten konnte, die bereit waren, den Kampf um die Befreiung ihres Landes fortzuführen.

Damals schlug Winston Churchill eine unauflösliche Union unserer beiden Länder vor – ohne Bedingungen, ohne Verhandlungen. Die Rechte eines jeden Engländers sollten die Rechte eines jeden Franzosen sein, und umgekehrt. General de Gaulle begrüßte diesen Vorschlag nicht nur von ganzem Herzen, sondern übermittelte ihn auch persönlich an Ministerpräsident Renault, der darauf eingegangen wäre, wenn er noch gekonnt hätte.

Winston Churchill fragte damals nicht: ›Und wie steht es mit dem Franc? Ist er gesund? Und was ist mit Ihren Reserven?‹ Er sagte nicht: ›Es scheint mir, dass Ihre militärische und wirtschaftliche Lage einiges zu wünschen übriglässt. Auch würden Sie mehrere Jahre brauchen, um sich an unsere Lebensart anzupassen.‹«

Lady Asquith, die sich bei einem Autounfall in Israel jüngst das linke Bein gebrochen hatte und am Stock humpelnd das Studio betrat, sagte über die Entente cordiale: »Ich blicke zurück auf alles, was wir geteilt haben – unsere Einsichten, unsere Schwierigkeiten, unsere Anfechtungen, unsere Gefahren, und zuweilen unsere Triumphe – doch stets unsere gegenseitige Solidarität. Während des Herfluges von London habe ich mich unablässig gefragt: Gibt es diese Entente noch? Beim besten Willen konnte meine Antwort nur lauten: Leider nein. Niemand kann leugnen, dass in unseren Beziehungen, zwar nicht zwischen unseren beiden Völkern, aber zwischen unseren Regierungen, in diesem Augenblick weder von Entente noch von Herzlichkeit die Rede sein kann.«

Lächelnd fügte die muntere Greisin hinzu: »Und wenn ich heute Abend nicht in Trauerkleidung gekommen bin, und wenn ich auch nicht nackt gekomen bin – denn dies ist angeblich der Zustand, in dem General de Gaulle die Engländer – und, ich nehme an, auch die Engländerinnen – am liebsten sieht. Wenn ich es gewagt habe, ein Kleid von recht optimistischer Färbung zu tragen, dann deswegen, weil ich glaube, dass diese Diskussion Anlass zu der Hoffnung geben möge, dass die Entente cordiale, obwohl sie heute tot ist, doch eines Tages wiederbelebt werden könnte.«

Die Unruhe in der Diskussionsrunde hinderte Lady Asquith nicht daran, als sie wieder an die Reihe kam, aufs Neue zu attackieren: »Die Vorstellung eines *état seul* ist jetzt tot, das Zeitalter des Nationalismus liegt im Sterben. Nun, da Großbritannien dies endlich entdeckt hat, nun da Großbritannien versucht, aus seiner Isolierung herauszukommen, um sich in einer wirtschaftlichen und politischen Gemeinschaft zu integrieren – ausgerechnet nun will es die Ironie des Schicksals, dass General de Gaulle, obwohl Mitglied des Gemeinsamen Marktes, weiterhin im nationalstaatlichen Rahmen denkt und handelt. Die Ereignisse haben ihn überholt. Die westeuropäischen Länder einschließlich Deutschlands fürchten die Wiedergeburt des Nationalismus. Die NPD in Deutschland ist eine grobe Nachahmung des Gaullismus. General de Gaulle hat in Deutschland den Nationalismus wieder achtbar und in Frankreich den Kommunismus volkstümlich gemacht.«

Einigen im Studio lief es kalt den Rücken herunter. Und als das Haustelefon klingelte, hörte man den Aufnahmeleiter sagen: »Wie soll ich denn eine alte Dame zum Schweigen bringen?«

22. Dezember 1967

In Memphis, Tennessee, wird am 4. April 1968 der schwarze US-Bürgerrechtler und Friedensnobelpeisträger Martin Luther King erschossen. Der erbitterte Kampf Schwarz gegen Weiß wird aufs Neue entfacht. Schwerste Unruhen und Krawalle im ganzen Land – 39 Tote, mehr als 2000 Verletzte, 10 000 Verhaftete – sind die Folge des Mordes.

Brandfackeln des Hasses

Der Anwalt der Gewaltlosigkeit, der den Namen des großen Protestanten trug – Martin Luther King –, ist tot. Ein Weißer mordete den Schwarzen. Jetzt beherrschen die Anbeter von Gewalt das Feld, jetzt lodert der Hass wie ein Großfeuer über das Land, und niemand vermag sich vorzustellen, wie diese Feuersbrunst wieder gelöscht werden kann.

Was für ein Bild: Maschinengewehre auf den Stufen des Capitol, Rauchschwaden über der Kapitale und über 50 Großstädten des Landes. Während eine halbe Million amerikanischer Soldaten im fernen Asien kämpft, rotten sich zu Hause die Partisanen zusammen, hockt der Terror in den heimischen Straßen, nistet Hass sich in den Herzen der Bürger ein. Schwarz gegen Weiß, Weiß gegen Schwarz. Eine Eskalation unheilzeugender Emotionen: blinde Wut und alles betäubende Angst.

Noch nie wurde die Krise einer Weltmacht so deutlich. Mehr noch: Selten wurden die Fesseln so augenfällig, die das Menschengeschlecht an den dunklen Felsen seines Daseins schmieden. Da leuchtet die Wissenschaft in die verborgensten Bereiche, da jagt eine Entdeckung die andere, der technische Fortschritt stößt scheinbar unaufhaltsam ins Unendliche vor, und Futurologen rechnen aus, wie herrlich weit wir es bis zum Jahr 2000 gebracht haben werden – aber wie in grauer Vorzeit erschlägt Kain seinen Bruder Abel.

Und wie eh und je ist es nicht der andere Terrorist, dem der Terrorist nach dem Leben trachtet – der ihm wirklich im Wege steht, ist der Fürsprecher der Gewaltlosigkeit, der Anwalt von Maß und Besonnenheit. Immer waren es die Gandhis und Kennedys, die den Besessenen zum Opfer fielen. Die weißen Extremisten hassten Martin Luther King wegen seiner moralischen Souveränität. Sie wollen, dass die Neger sich der Welt so präsentieren, wie sie – die Rassenfanatiker – sie der Öffentlichkeit darzustellen wünschen. Und in dieses Bild passt Stokely Carmichael wesentlich besser als der Doktor der Philosophie Martin Luther King.

Martin Luther Kings politische Karriere begann vor dreizehn Jahren. Damals im Jahr 1955 trug sich in Montgomery im Staate Alabama folgende Begebenheit zu: Rosa Parks, eine Vertreterin der Vereinigung *For the Advancement of Coloured People*, fuhr im Autobus zu ihrem Büro. Alle Plätze im Bus waren besetzt, als ein weißer Mann zustieg. Er trat auf Rosa Parks zu und verlangte, sie solle aufstehen und ihm, wie es das Gesetz damals befahl, ihren Platz zur Verfügung stellen. Rosa Parks weigerte sich, wurde verhaftet und kam ins Gefängnis. King gründete daraufhin die *Mont-*

gomery Improvement Association, um einen Boykott aller Autobusse durch die schwarze Bevölkerung zu organisieren.

Ein halbes Jahr lang wurden in Montgomery die Busse boykottiert, dann brach das Transportsystem zusammen – die Stadt musste kapitulieren. Zum ersten Mal in der Geschichte Amerikas hatten die Neger ihre wirtschaftliche Macht demonstriert, ja wohl auch zum ersten Mal überhaupt entdeckt, dass sie eine solche Macht besitzen.

1963 organisierte King den Protestmarsch in Birmingham, bei dem es blutige Zwischenfälle gab und der Kennedy dazu veranlasste, dem Kongress ein umfassendes Bürgerrechtsgesetz vorzulegen, das dann unter Johnson verabschiedet wurde. Im gleichen Jahr noch sah man King an der Spitze jenes großen Zuges schwarzer und weißer Bürger, der nach Washington marschierte, um das Gewissen der amerikanischen Öffentlichkeit aufzurütteln.

Damals, 1963, schrieb Martin Luther King im Gefängnis von Birmingham einen Brief an acht Pfarrerkollegen, die sich kritisch über seine Aktivität geäußert hatten. In diesem Brief hat er seine Philosophie der Gewaltlosigkeit niedergelegt. Es heißt darin:

»Wir haben mehr als 340 Jahre auf unsere verfassungsmäßigen und von Gott verliehenen Rechte gewartet. In Asien und Afrika bewegen sich die Völker mit jethafter Geschwindigkeit auf die politische Unabhängigkeit zu, wir aber kriechen im Rhythmus des Pferdeschrittes dem Ziel entgegen, eine Tasse Kaffee im Restaurant trinken zu dürfen. Für die, die nie die schmerzenden Pfeile der Rassentrennung zu fühlen bekamen, mag es einfach sein zu sagen: ›Wartet‹. Aber wer zusehen musste, wie ein bösartiger Mob die Mütter und Väter lynchte, wer zusehen musste, wie hasserfüllte Polizisten die schwarzen Brüder und Schwestern mit Füßen traten oder töteten, wer 20 Millionen dieser Brüder in licht- und luftlosen Käfigen der Armut mitten in einer Gesellschaft des Überflusses schmachten sah, wem es plötzlich die Sprache verschlug, weil er seiner sechsjährigen Tochter erklären musste, warum sie nicht auf dem öffentlichen Spielplatz, der gerade im Fernsehen angepriesen wurde, spielen darf…, der wird verstehen, warum es für uns schwierig ist zu warten.«

In jenem Brief sagte der Doktor der Philosophie auch noch, dass Millionen von Negern, wenn die weißen Brüder seine Versuche, ohne Gewalt zum Ziel zu gelangen, nicht unterstützten, eines Tages ihre Zuflucht bei schwarzen, nationalistischen Ideologen suchen würden – »eine Entwicklung, die unvermeidlich zu einem fürchterlichen rassistischen Alptraum führen würde.«

Heute haben alle begriffen, warum das Buch Martin Luther Kings, das 1964 erschien, den Titel trägt *Why We Can't Wait – Warum wir nicht warten können*. Sein Gegenspieler, Stokely Carmichael, sagte in der vorigen Woche in Washington, der Stadt mit der höchsten Zusammenballung schwarzer städtischer Bevölkerung in Amerika – 67 Prozent der Einwohner sind Neger. »Wir werden warten, aber nur, bis wir genug Gewehre haben.«

Die eigentliche Leistung Dr. Kings lag im Süden, wo es sich in erster Linie darum handelte, alte Gesetze abzuschaffen und neue einzuführen. Dort hat er präzise Vorarbeit geleistet und genauso viel Druck organisiert, wie notwendig war, um den Kongress zur Einsicht zu bringen. Im Norden dagegen fand er eine ungleich schwierigere Aufgabe vor. Im Norden stellen die Gettos und Slums der Städte langfristige soziale Probleme dar, die soziologische Situation ist komplizierter, wirtschaftliche Rivalitäten zwischen Schwarz und Weiß spielen eine Rolle, alle Probleme sind viel differenzierter. Darum hat die *Black-Power*-Bewegung auch sehr viel mehr Rückhalt im Norden der Vereinigten Staaten gefunden, und es mag wohl sein, dass der Anwalt der Gewaltlosigkeit bereits gescheitert war, als die Kugel des Mörders seinem Leben ein Ende setzte.

Amerika hat vor zwanzig Jahren auf das Nachkriegselend Europas mit dem Marshallplan reagiert. Es hat fast zur gleichen Zeit mit dem *Point-Four*-Programm eine großzügige Hilfsaktion für die Entwicklungsländer eingeleitet. Wie es möglich gewesen ist, dass keine der folgenden Regierungen das Elend vor der eigenen Tür gesehen hat, wie es kam, dass man in Washington weitsichtig genug ist, Weltpolitik im großen Stil zu treiben, daheim aber so kurzsichtig war, dass man jahrzehntelang alles beim alten ließ – das ist ganz unbegreiflich. Doch steht es uns gewiss nicht an, den Amerikanern, die heute auf so schmerzliche Weise mit diesem Problem konfrontiert sind, solche Fragen zu stellen.

Und doch handelt es sich hier nicht einfach um ein inneramerikanisches Problem. Im Grunde ist die Auseinandersetzung zwischen Nord und Süd, zwischen hochindustrialisierten Gesellschaften und unterentwickelten Ländern und auch Schwarz und Weiß das, was uns alle während der nächsten Jahrzehnte in Atem halten wird. Amerika kann als Weltmacht nur bestehen, wenn es mit dieser Auseinandersetzung im eigenen Lande fertig wird.

Noch vermag niemand zu sagen, was sein wird, wenn der Rauch, der noch über den Trümmern der amerikanischen Städte liegt, sich verzogen hat und die Bevölkerung nach dieser Eruption entfesselter Leidenschaften wieder zur Besinnung gekommen ist. Wird der Hass weiter schwelen, stehen neue Ausbrüche bevor? Oder ist es denkbar, dass der Schock auch die Anbeter der Gewalt vor weiterem Aufruhr zurückschrecken lassen wird?

12. April 1968

Marion Dönhoff war die wichtigste publizistische Wegbereiterin der Ostpolitik von Willy Brandt. 1970 bittet der Kanzler die Chefredakteurin, ihn nach Warschau zu begleiten, wo am 7. Dezember der deutsch-polnische Vertrag über die Oder-Neiße-Grenze unterzeichnet wird. Sie sagt zu. Aber im letzten Moment sagt sie wieder ab; mit Sekt auf den endgültigen Verzicht ihrer ostpreußischen Heimat anzustoßen, das erscheint ihr mehr »als man ertragen kann«. Brandt reagiert mit großem Verständnis. »Ich habe es mir nicht leicht gemacht«, schreibt er ihr später.

Ein Kreuz auf Preußens Grab

Nun ist der Vertrag über die Oder-Neiße-Grenze fertig ausgehandelt. Bald werden die Vertreter Bonns und Warschaus ihn unterzeichnen. Und dann wird es hier und da heißen, die Regierung habe deutsches Land verschenkt — dabei wurde das Kreuz auf Preußens Grab schon vor 25 Jahren errichtet. Es war Adolf Hitler, dessen Brutalität und Größenwahn 700 Jahre deutscher Geschichte auslöschten. Nur brachte es bisher niemand übers Herz, die Todeserklärung zu beantragen oder ihr auch nur zuzustimmen. Heimat ist für die meisten Menschen etwas, das vor aller Vernunft liegt und nicht beschreibbar ist. Etwas, das mit dem Leben und Sein jedes Heranwachsenden so eng verbunden ist, dass dort die Maßstäbe fürs Leben gesetzt werden. Für den Menschen aus dem Osten gilt das besonders. Wer dort geboren wurde, in jener großen einsamen Landschaft endloser Wälder, blauer Seen und weiter Flussniederungen, für den ist Heimat wahrscheinlich doch noch mehr als für diejenigen, die im Industriegebiet oder in Großstädten aufwuchsen.

Die Bundesrepublik mit ihrer offenen Gesellschaft und der Möglichkeit, in ihr menschlich und ziemlich frei zu leben, ist ein Staat, an dem mitzuarbeiten und den mitzugestalten sich lohnt — aber Heimat? Heimat kann sie dem, der aus dem Osten kam, nicht sein.

Dort im Nordosten, wo meine Familie jahrhundertelang gelebt hat — und dies sei nur erwähnt, weil es das Schicksal von Millionen Menschen verdeutlicht —, dort im Raum zwischen Weichsel und Peipussee stand nicht wie im Westen die Loyalität zum Lehnherrn an erster Stelle, sondern die Verwobenheit mit dem Lande. Wer beim häufigen Wechsel jeweils die Oberherrschaft ausübte: der Orden, die Polen, Schweden, Dänen, Russen oder Preußen, das war nicht das Entscheidende. Entscheidend war es, festzuhalten am Grund und Boden, der Landschaft zugeordnet zu sein.

Friedrich der Große hat es den ostpreußischen Ständen nie verziehen, dass sie, als ganz Ostpreußen während des Siebenjährigen Krieges von den Russen besetzt war, der Zarin Elisabeth gehuldigt hatten — obgleich dies doch das Vernünftigste war, was sie tun konnten. Erst während der letzten hundert Jahre, als der Geist des Nationalismus alle Beziehungen zu vergiften begann, wurde alles anders.

Seit nun die Deutschen aus ihrer Heimat östlich von Oder und Neiße vertrieben wurden, hat es mit jenem Wechsel der Herrschaft ein Ende. Jetzt ist das Land polnisch. Fast die Hälfte aller heute in den alten deutschen Gebieten lebenden

Menschen wurde bereits dort geboren. Die Polen haben, wie auch die Tschechen in Böhmen, ohne Erbarmen reinen Tisch gemacht. Nie zuvor hatte jemand im Osten versucht, sich dadurch in den endgültigen Besitz von Ländern und Provinzen zu setzen, dass er acht Millionen Menschen aus ihrer Heimat vertrieb. Aber wer könnte es den Polen verdenken? Nie zuvor war ja auch einem Volk so viel Leid zugefügt worden wie ihnen während des Dritten Reiches.

Der von Hitler eingesetzte Generalgouverneur Hans Frank, der zusammen mit der ss die polnische Bevölkerung tyrannisierte, sie deportierte und in die Gaskammern schickte, hat einmal in einer Ansprache die Ziele der Nazis verdeutlicht: »Kein Pole soll über den Rang eines Werkmeisters hinauskommen. Kein Pole wird die Möglichkeit erhalten können, an allgemeinen staatlichen Anstalten sich eine höhere Bildung anzueignen. Ich darf Sie bitten, diese klare Linie einzuhalten!« Und weiter: »Was wir jetzt als Führungsschicht in Polen festgestellt haben, das ist zu liquidieren; was wieder nachwächst, ist von nun an sicherzustellen und in einem entsprechenden Zeitraum wieder wegzuschaffen. Wir brauchen diese Elemente nicht erst in die Konzentrationslager des Reiches abzuschleppen; denn dann hätten wir Scherereien und einen unnötigen Briefwechsel mit den Familienangehörigen, sondern wir liquidieren die Dinge im Lande.« Der »Führerbefehl« nach dem Warschauer Aufstand im Herbst 1944 hatte gelautet, die Stadt dem Erdboden gleichzumachen. Und die ss ließ es an Gründlichkeit und Brutalität wahrhaftig nicht fehlen. Als sie abzog, hausten nur noch 2000 Menschen in den Höhlen und Trümmern. Wer sich bei uns nach alledem noch weigert, die Realität der Oder-Neiße-Grenze anzuerkennen, beruft sich im Allgemeinen auf drei Stichworte: Grenzen von 1937, Heimatrecht, Selbstbestimmungsrecht.

1) Die Grenzen von 1937. Dieser Begriff tauchte zwar zunächst in den Verhandlungen der Alliierten gelegentlich auf (Moskauer Außenministerkonferenz vom Oktober 1943), aber in Potsdam im Juli 1945 wurde dann nur ein Rumpfdeutschland ohne die Ostgebiete in Besatzungszonen aufgeteilt. Die westlichen Siegermächte haben seither mehrfach erklärt, dass alle Äußerungen über den Gebietsstand von 1937 sich nur auf die Besatzungszonen bezogen hätten, aus denen die Ostgebiete ausdrücklich ausgeklammert worden seien. Allerdings haben sie auch immer wieder darauf verwiesen, dass die endgültige Regelung nur in einem Friedensvertrag erfolgen könne.

2) Das Heimatrecht. Es existiert allenfalls als individuelles Recht im Rahmen der Menschenrechte, aber nicht als klar definierter Begriff des Völkerrechts, auf den man sich berufen könnte.

3) Das Selbstbestimmungsrecht. Es begründet höchstens den Anspruch auf Autonomierechte von Minderheiten, bietet aber heute keine Handhabe, Grenzänderungen gegen den Willen der polnischen Bevölkerung durchzuführen. Niemand kann heute mehr hoffen, dass die verlorenen Gebiete je wieder deutsch sein werden. Wer anders denkt, der müsste schon davon träumen, sie mit Gewalt zurückzuerobern. Das würde heißen, wieder Millionen Menschen zu vertreiben – was nun wirklich keiner will. Man muss hoffen, dass darum nun auch die Polemik der Landsmannschaften, für die jeder ein Verräter ist, der ihre Illusionen nicht für Realitäten hält, eingestellt wird.

Man möchte sich freilich auch wünschen, dass die Polen

uns in Zukunft mit ihrem Chauvinismus verschonen, der sie von »wiedergewonnenen Gebieten« reden und sogar in offiziellen Schriften immer wieder Behauptungen aufstellen lässt wie diese: »Die Westgebiete waren unter deutscher Herrschaft größtenteils von bodenständiger, polnischer Bevölkerung bewohnt...« In Wahrheit stellten die Deutschen in Ostpreußen, Pommern, Ostbrandenburg und Niederschlesien 98 bis 100 Prozent der Bevölkerung; Oberschlesien war die einzige Provinz mit einer nennenswert polnischsprechenden Minderheit. Die Ostgrenze Ostpreußens bestand seit 700 Jahren unverändert, und Schlesiens Grenzen sind, das oberschlesische Industriegebiet ausgenommen, immer die gleichen geblieben, seit Kasimir der Große im Vertrag von Trentschin zugunsten Böhmens auf Schlesien verzichtet hatte – also 1335–1945.

Es gibt zu all diesen Fragen auf beiden Seiten viele Klischees und sehr selten kompetente Urteile; zu kompliziert und zu unbekannt ist die Geschichte des Ostens. Auch vergessen viele, dass es stets die Sieger sind, die die Geschichte schreiben. Wer spricht in Osteuropa noch von den Geheimprotokollen zu den Verträgen, die Hitler und Stalin am 23. August und 28. September 1939 untereinander schlossen? Sie waren die Grundlage für einen mit Hitler synchronisierten Aggressionskrieg der Sowjets gegen Polen, bei dem Moskau sich 50 Prozent des damaligen polnischen Staates aneignete.

Obwohl jenes Geheimabkommen den Fortbestand eines polnischen Staates nicht unbedingt ausschloss, hat Moskau nach dem Einmarsch der Sowjettruppen in Ostpolen (bei dem die Repräsentanten der führenden Schicht ebenfalls verschleppt und vernichtet wurden) Druck auf den deutschen

Botschafter Graf Schulenburg ausgeübt, um die Bildung eines polnischen Rumpfstaates zu verhindern. Seit Jahrhunderten, seit den Zaren, die alle danach trachteten, Polen als europäischen Faktor zu eliminieren, ist dies der Wunsch der Beherrscher Russlands gewesen. Schon Katharina hatte dieses Ziel vor Augen, als sie sich 1772 zur ersten und 1793 zur zweiten Teilung Polens entschloss, wobei sich Preußen an beiden Teilungen, Österreich nur an der ersten beteiligte. Bei der dritten Teilung haben Preußen und Russland im Verein mit Österreich Polen dann gemeinsam ausgelöscht.

Auch erinnern sich nur noch wenige daran, dass die Polen zur Zeit des Münchner Abkommens den Tschechen das Gebiet von Teschen weggenommen und durch Unterstützung des deutschen Abenteuers in der Sudetenkrise die Regierung in Berlin zu jenen Forderungen ermutigt haben, die am Ende eines langen Weges schließlich zum Zusammenbruch ihres Landes führten.

Niemand ist ohne Sünde. Aber der Versuch, gegeneinander aufzurechnen, ist nicht nur sinnlos, sondern würde auch dazu führen, dass der Fluch der bösen Tat fortzeugend Böses gebiert. Also ein neuer Anfang? Ja, denn sonst nimmt die Eskalation nie ein Ende. Also Abschied von Preußen? Nein, denn das geistige Preußen muss in dieser Zeit materieller Begierden weiterwirken — sonst wird dieser Staat, den wir Bundesrepublik nennen, keinen Bestand haben.

20. November 1970

Die US-Wirtschaft ist angeschlagen. Am 15. August 1971 kündigt der amerikanische Präsident Richard Nixon offiziell die Goldbindung der amerikanischen Währung auf. Der Kurs des Dollar stürzt ab. Die »Dollar-Krise« beunruhigt die Welt.

Eine Weltmacht wird müde

Als ich vor drei Wochen nach Amerika fuhr, war ich darauf vorbereitet, alle Welt über den vom Gold getrennten Dollar klagen zu hören. Als ich am Schluss Bilanz zu machen versuchte, schien mir, dass nicht die monetären Probleme die drängendsten sind, sondern die psychologischen. Dieses Volk befindet sich in einer tiefen moralischen Krise.

Für einen Europäer, der so oft den Optimismus, die Vitalität und das Selbstvertrauen der Amerikaner bewundert hat, ist es zunächst fast unglaubwürdig, dass von all dem so wenig übriggeblieben ist. Ein Volk, das seit den Tagen seiner Gründungsväter die Illusion gepflegt hat, es gäbe in der Geschichte so etwas wie einen neuen Anfang und darum seien diejenigen, die den Lastern Europas, seinem Feudalismus, seinen Monarchen, seinen Irrlehren den Rücken gekehrt haben, dazu berufen, für die Menschheit einen Neubeginn zu setzen – ein Volk, das von Jefferson bis Woodrow Wilson eigentlich nie an seiner Berufung gezweifelt hat, wird von Enttäuschungen natürlich schwerer getroffen als die skeptisch gewordenen Europäer.

Und an Enttäuschungen hat es wirklich nicht gefehlt. Da waren sie ausgezogen, Vietnam vor der Tyrannei des Kommunismus zu bewahren, waren bereit gewesen, das eigene Leben nicht zu schonen, um andere zu schützen – und dann wurde einer immer größeren Zahl von Amerikanern klar, dass sie nur Tod und Zerstörung über ihre Schützlinge brachten.

Nie, so hatten sie geglaubt, würden die Menschen des auserwählten Kontinents jener Verbrechen fähig sein, die in der Alten Welt an der Tagesordnung waren – aber dann kam der Schock von My Lai, das Entsetzen über die toten Studenten der Universität Kent, über die ermordeten Häftlinge von Attika, über die Korruption der New Yorker Polizei. Immer hatte man geglaubt, im eigenen Haus sei alles in Ordnung, bis dann die Rassenkämpfe und die Drogensucht deutlich machten, wie viel Zorn sich angespeichert hatte, wie viel Leid und Armut erduldet werden mussten. Verbrechen, Scham, Erosion, Übergangsphase – das sind Worte, die man immer wieder hört. Ein Übergang, der wohin führt? Niemand weiß es.

Seit nun zu allem Unheil auch noch wirtschaftliche Schwierigkeiten großen Ausmaßes eingetreten sind, ist die Ratlosigkeit in Zorn umgeschlagen. »Da haben wir die Europäer, vor allem euch Deutsche, und auch die Japaner wieder flottgemacht, aber jetzt, wo es uns dreckig geht, da hilft uns kein Mensch. Hätten wir uns mehr um unsere Exportmärkte gekümmert, dann wäret ihr vielleicht nicht ganz so schnell wieder auf die Beine gekommen, aber uns stände das Wasser heute nicht bis zum Hals.« Der so sprach, einer der großen Bankiers Amerikas, gehört zu den ältesten und treuesten Freunden der Bundesrepublik. Er nahm an einer Konferenz teil, die die »Atlantik-Brücke« und der *American Council on Germany* in Washington abhielten.

Ein Politiker ergänzte diese begreifliche Klage: »Da haben wir seit dem Ende des Krieges rund 150 Milliarden Dollar für Entwicklungshilfe ausgegeben – man könnte auch sagen, uns vom Konsum abgespart oder sie einträglicheren Investitionen entzogen. Aber wenn wir in der UN eine Schlappe erleiden, dann führen die Vertreter der Dritten Welt Freudentänze auf.«

Apropos Entwicklungshilfe. Es ist nicht nur der fehlende Dank, der neulich den Senat dazu veranlasste, das Hilfsprogramm einfach zu streichen; es ist auch die Erkenntnis, dass vieles, was gut gemeint war, von einem falschen Konzept ausging – einem Konzept, das, wie es Senator Church formulierte, noch immer am Kalten Krieg orientiert sei und dessen Ziel es ist, Einfluss durch Hilfe zu gewinnen. Church, der im Senat die große Abschiedsrede für die Entwicklungshilfe hielt, sprach von dem Ende einer »Dekade der Illusionen«.

In seiner langen Rede, in der er betonte, er sei kein Feind eines »echten« Entwicklungshilfeprogramms, und in der er immer wieder nur die Methode kritisierte, die weder geeignet sei, grundsätzliche Reformen in verkrusteten Gesellschaften durchzuführen noch Revolutionen in den Ländern zu verhindern, wo die Sehnsucht nach Veränderungen stark ist, derselbe Church ließ dann in den beiden letzten Absätzen die »echte« Katze aus dem Sack: »Die neuen Prioritäten, die dem amerikanischen Volk versprochen wurden, können nicht verwirklicht werden, solange wir uns weigern, unsere riesigen Ausgaben für Auslandshilfe und Militär zu kürzen. Die lange vernachlässigten Probleme: Verbrechen, Drogen, Armut, Umweltschäden, unter denen so viele bei uns daheim leiden, werden sonst immer weiter wachsen.«

Amerika befindet sich in einer ärgerlichen Gemütsverfassung. Seine Devise lautet *America first* – und wer könnte ihm dies verdenken?

Finanzminister Connally, ein tüchtiger, wie viele meinen, recht hemdsärmeliger Texaner, ist aus eben diesem Grunde der Schrecken der Europäer und Japaner. In seiner berühmten Rede, die er vor zwei Wochen in New York hielt und mit der er die protektionistischen Maßnahmen des Präsidenten zu rechtfertigen suchte, sagte er: »Wir haben unsere Märkte offen gehalten; wir haben die Stabilität aller Währungen unterstützt; wir haben den Verteidigungsschild der freien Welt getragen, aber während dieser Zeit sind unsere Reserven ständig verringert und unsere Schulden immerwährend vergrößert worden. Dieser Prozess konnte einfach so nicht weitergehen. Jahr für Jahr ist unsere einst starke Stellung als Handelspartner dahingeschwunden, bis wir zum ersten Mal in diesem Jahrhundert ein Defizit hatten, und noch dazu eines, das ständig wächst.«

Der Finanzminister meinte, für einen Amerikaner sei es doch recht überraschend, dass der Ford Pinto, der in den Vereinigten Staaten für 2200 Dollar verkauft wird, in Japan 5000 Dollar kostet. Warum wohl? Wegen des hohen Zolls und der diskriminierenden Steuern. Der entsprechende japanische Wagen, der Datsun, koste dagegen, einschließlich der Importsteuer, in Amerika weniger als 2000 Dollar.

Aber nicht nur die Amerikaner, auch die Europäer haben Sorgen. Und wieder einmal zeigt sich, dass es leicht ist, in Zeiten der Prosperität befreundet, großzügig und verständnisvoll zu sein, dass aber, wenn die Wirtschaft bergab geht, jeder sich selbst der Nächste ist. Dies wurde auf der Deutsch-Amerikanischen Konferenz sehr deutlich. Wirklich beängstigend war die Nervosität und Aggressivität, mit der auch alte Freunde einander die Schuld an den Schwierigkeiten zuschoben.

Es ist allerhöchste Zeit, dass erst einmal die Europäer wieder zu einem gemeinsamen Konzept zusammenfinden und dass dann schleunigst darangegangen wird, die transatlantischen Leitungen zu reparieren und zu verstärken. Und zwar sollte dies in zwei Etappen geschehen:

– zunächst einmal muss das Nahziel angegangen werden, also die Anpassung der Währungseinheiten, die Aufhebung der Importabgabe sowie der *Buy-American*-Steuervergünstigung.

– dann müssen die langfristigen Probleme geregelt werden – die Reform des Währungssystems und das *burden-sharing*, das nicht nur die Deutschen, sondern alle Europäer betrifft.

Der Außenminister bringt ähnliche Gesichtspunkte zur Geltung wie der Finanzminister. In einem Interview mit U.S. *News & World Report* warnte Rogers neulich, niemand möge sich täuschen, es sei nämlich keineswegs selbstverständlich, »dass wir immer nur darum bemüht sind, unsere Freunde nicht zu ärgern – gleichgültig, was unsere nationalen Interessen fordern –, oder dass wir immer zuerst und immer die größten Konzessionen machen«. Und weiter: »Wir werden es allen ganz klar machen, dass wir unseren Beitrag leisten werden, aber dass andere das auch tun müssen... In den sechziger Jahren haben wir einen sehr großen Teil der Last getragen, inzwischen aber sind andere Nationen, vor allem die Deutschen und die Japaner, reich und erfolgreich geworden.«

Wenn es in Europa so schien, als seien die amerikanischen Maßnahmen, die Japan besonders hart getroffen haben, aus heiterem Himmel über dieses Volk hereingebrochen, so beruht dieser Eindruck offensichtlich auf Mangel an Informationen. Rogers sagt, vor zwei Jahren hätten er und andere Minister sich mit ihren Kollegen in Tokio getroffen, um zu erreichen, »dass die vielen einseitigen und, wie wir meinen, unfairen Handelsbarrieren«, die die Japaner errichtet hätten, abgebaut würden – seither sei zwar einiges geschehen, aber längst nicht genug.

Der engste Berater des Präsidenten, Henry Kissinger, schlägt ähnliche Töne an. Unter anderen Regierungen sei Außenpolitik zuweilen mit der illusionären Maßgabe gemacht worden: »Wir haben keinen Streit mit anderen Ländern, wir kümmern uns nur um die Schwierigkeiten anderer Leute.« Heute, so meint er, träten die Aspekte des eigenen Interesses stärker in den Vordergrund. Ein Beobachter nannte das kürzlich Henry Kissingers *policy of benign selfishness* (wohltätigen Egoismus), im Gegensatz zu der früheren *policy of malignant altruism* (schädlichen Altruismus).

Am Tag, an dem Senator Mansfield höchst überraschend im Senat eine Mehrheit für seinen Antrag erhielt, 60 000 Mann der in der Bundesrepublik stationierten Truppen zurückzuholen, sagte Kissinger: »Solange dieser Präsident im

Weißen Haus sitzt (in Gedanken mag er hinzugefügt haben: und ich in diesem Zimmer), wird es keinen einseitigen Abzug von Truppen geben, und wir werden auch nicht bilateral, sondern nur multilateral mit den Russen über einen solchen Abzug verhandeln.« Natürlich ist hierbei für die Regierung ein gerechtes *burden-sharing* die selbstverständliche Voraussetzung.

Im *State Department* ist man nicht ganz so eindeutig dieser Meinung. »Schließlich«, so sagte ein höherer Beamter, »ist im Kabinett der Außenminister verantwortlich, und es könnte durchaus sein, dass dieser findet, es sei einfach notwendig, dem Senat ein wenig nachzugeben, damit sich dort nicht zu viel Unwillen aufstaut.«

Im Senat hat sich in der Tat nicht nur Unwillen, sondern hell lodernder Zorn aufgestaut. Am schärfsten artikuliert ihn der Autor des Buches *The Arrogance of Power*, William Fulbright: »Natürlich brauchen wir die Nato, aber sie ist unnütz teuer; natürlich müssen wir Entwicklungshilfe geben, aber nicht als verschleierte Militärhilfe; wozu in aller Welt braucht Kambodscha mit seinen 6 Millionen Einwohnern 350 Millionen Dollar Militärhilfe? Der Vietnamkrieg geht zu Ende, aber das Militärbudget beträgt wieder 80 Milliarden Dollar.«

»Da wird eine riesige Kriegsmaschine aufgebaut«, fuhr er zornig fort, »und derweil geht die Gesellschaft am unterfinanzierten Frieden kaputt. Da wollen die jetzt ein vollkommen unnützes neues Flugzeug bauen, das überhaupt nicht gebraucht wird. Begründung: Sonst gibt es noch mehr Arbeitslosigkeit unter den hochqualifizierten Arbeitskräften. Das ist doch wirklich die Bankrotterklärung jeder sinnvollen Politik. Aber wenn die Leute das Notwendige nicht aus Vernunft tun, dann ist eben die allgemeine Depression – die dann zwangsläufig für Kürzungen sorgt – unvermeidlich.«

Zu diesem Thema hat Präsident Nixon neulich auf dem spektakulären Kongress der Gewerkschaften in Florida gesagt: »Es gab 539 000 Amerikaner in Vietnam, als ich die Regierung übernahm – im Jahre 1972 werden 400 000 von ihnen wieder zu Hause sein; und außerdem haben während der letzten drei Jahre, dank der Herabstufung des Vietnamkrieges, 2,2 Millionen Amerikaner die Rüstungsbetriebe und die bewaffneten Streitkräfte verlassen.«

Auch die Intellektuellen stehen nicht hinter Nixon, obgleich er doch einen Gutteil der Forderungen, die sie immer gestellt haben, erfüllt: Rückzug aus Vietnam, Verdünnung der Stützpunkte in Asien, realistische Politik gegenüber Peking. Ein sehr bekannter Vertreter dieser Gruppe meinte im Gespräch: »Er ist ein Rollenspieler, der Aktion und spektakuläre Auftritte liebt: mal der sorgende Vater, der sich um die Unterprivilegierten kümmert, mal der Rächer, der sich gegen den Undank der Welt auflehnt, mal der messianische Friedensbringer, der nach Peking reist.«

Die China-Politik ist populär, aber keineswegs uneingeschränkt. Viele Beobachter warten erst einmal ab. Die meisten sind der Meinung, sie werde erst in Jahren Früchte tragen. Und manch einer hat Sorge, die Chinesen könnten in Bezug auf Taiwan, Japan und Vietnam so harte Forderungen stellen, dass der Präsident entweder sein Gesicht verliert oder die ganze Reise ein Schlag ins Wasser wird. »Zu rasch und nicht genug durchdacht«, so lautet das Verdikt vieler Amerikaner.

Die Bonner Ostpolitik, der man ja den gleichen Vorwurf gemacht hat, wird dagegen heute von niemandem mehr in Frage gestellt. Dieselben Berater und Beamten, die noch vor einem Jahr von äußerster Skepsis erfüllt waren, halten jetzt den Erfolg für gesichert. Und Erfolg hin oder her – eines wird einem in Washington sehr deutlich: Wäre in Bonn die alte Politik fortgesetzt worden, dann hingen wir jetzt vollständig in der Luft; denn dann wären wir nicht mehr im Einklang mit unserem transatlantischen Partner, der ein vollständig neues außenpolitisches Konzept entwickelt hat.

Was für ein Konzept? Die Grundlage ist die 1969 in Guam verkündete Nixon-Doktrin, also ein partieller, nicht der totale Rückzug aus Asien. Von den 500 000 amerikanischen Soldaten, die damals in Asien stationiert waren, sind seither weit über die Hälfte zurückgekommen. Die Kontaktaufnahme mit Peking soll den Druck der Bipolarität lindern, wobei klar ist, dass der eigentlich wichtige Kontrahent weiterhin die Sowjetunion ist und bleiben wird. Japan werde, so meinen einige Eingeweihte, in Zukunft sehr stark von Russland und China umworben werden. Doch glaubt Washington, der Partnerschaft Tokios einigermaßen sicher sein zu können.

Europa und auch der Nahe Osten werden weiterhin als Interessengebiete erster Ordnung betrachtet; wie weit auch anderwärts der Rückzug gehen mag, sie werden davon nicht betroffen sein. Die Allianz in Europa wird weiter gepflegt, doch werden die Europäer – das ist das Neue – nun zum ersten Mal ihr Schicksal selber in die Hand nehmen müssen. Amerika ist bereit, jeden Vorschlag, der aus Europa kommt, zu prüfen, und es ist auch bereit zu helfen, nur Führung dürfen wir derzeit von Washington nicht erwarten. Amerika ist müde, ist desillusioniert und ohne Vision.

Eine Übergangsphase also, die wodurch gekennzeichnet ist? Durch weniger Liberalismus und mehr Nationalismus im Inneren und ein geringeres direktes Engagement auf der weltpolitischen Bühne. Aber dies heißt gewiss nicht Isolationismus. Zum ersten Mal in ihrer Geschichte haben die Amerikaner Zweifel bekommen – doch diese Zweifel, so scheint mir, werden nicht zur Resignation führen, sondern diesem Volk eine Dimension geben, die ihm bisher gefehlt hat.

3. Dezember 1971

In Griechenland herrscht von 1967 bis 1974 eine Militärdiktatur. Die »Gesellschaft zum Studium griechischer Probleme«, eine demokratisch westlich orientierte legale Vereinigung wird durch öffentliche Vorträge und Sitzungen zu einem Zentrum der geistig-kulturellen Opposition gegen das Militärregime. Diese Gesellschaft hat unter anderem den Schriftsteller Günter Grass zu einem Vortrag eingeladen.

Griechische Reise

War es richtig, dass Günter Grass nach Griechenland gefahren ist? Nein, sagen die einen, denn nun dient er dem Regime als Alibi. Ja, sagen die anderen, denn auf diese Weise hat er denen, die selbst ihre Meinung nicht frei äußern dürfen, Auftrieb gegeben.

Nächste Frage: Warum hat er dann das Angebot, mit dem griechischen Informationsminister im Fernsehen zu diskutieren, nicht angenommen? In der Tat, welches Vergnügen wäre es für die Griechen gewesen, wenn da einer öffentlich das getan hätte, was sie alle sich heimlich wünschen, nämlich dem Minister, der die Informationen manipuliert und zensiert, mal so richtig Bescheid zu sagen? Aber – so der Einwand – wäre Grass dazu wirklich in der Lage gewesen, wo er doch die Einzelheiten, auf die es im Lande ankommt, gar nicht kennt und wo er überdies auch noch auf einen Dolmetscher angewiesen gewesen wäre?

Fahren oder nicht fahren, diskutieren oder nicht diskutieren, das sind viele Fragen, die da auf den deutschen Schriftsteller zukommen, und an jeder Entscheidung, die er getroffen hat oder hätte treffen können, lässt sich herummäkeln. Nichts ist nur richtig oder nur falsch. Aber dass ein Mensch sich angesichts dieser vielen Klippen entscheidet, überhaupt etwas zu unternehmen, und nicht den bequemsten Weg wählt, gar nichts zu tun, das ist wirklich achtenswert.

Ob er sich denn auch bemühen werde, »in einem Ostblockland, zum Beispiel in der Sowjetunion, das gleichfalls antidemokratische System offen anzugreifen«, wurde Grass spitz gefragt. Und auch diese Frage enthüllt nur, wie kompliziert das Ganze ist – denn daran kann doch wohl niemand zweifeln: In keinem der Ostländer dürfte sich eine Gruppe Oppositioneller zu einem Klub zusammenschließen und schon gar nicht einen Fremden einladen, um der Regierung zu sagen, wie mies sie ist. Mit Klischees kommt man eben nicht weiter.

31. März 1972

Seit der Unterzeichnung des deutsch-polnischen Vertrags über die Oder-Neiße-Grenze im Dezember 1970 sind knapp zwei Jahre vergangen, in denen viel geschehen ist. Marion Dönhoff zieht ein Resümee.

Polen – Ernüchterung nach Wende und Vertrag

Am vergangenen Freitag, einem nasskalten, regendurchtränkten Tag, war es endlich so weit. An dem Gebäude, in dem Bonns Handelsdelegation in Warschau residiert, wurde das kleine, rechteckige Schild abgenommen und ein größeres ovales angebracht: »Bundesrepublik Deutschland – Botschaft.«

Jahrelang hatte man auf diesen Moment gewartet. Die Handelsdelegation war ja schon 1963 eingerichtet worden; aber vor dem Antritt des Kabinetts Brandt und bis zur neuen Ostpolitik hatte auch für Warschau die von den sozialistischen Staaten gemeinsam beschworene »umgekehrte Hallstein-Doktrin« gegolten: Botschafteraustausch mit Bonn erst, wenn Bonn die DDR völkerrechtlich anerkannt hat!

Niemand sprach mehr von dieser Devise, nachdem im Dezember 1970 der Vertrag mit Polen durch Bundeskanzler Brandt in Warschau unterschrieben worden war. Als aber dann im Januar 1972 die Ratifizierung in Bonn über die Bühne ging und man damit rechnete, nun würden sogleich und ohne Verzug die diplomatischen Beziehungen aufgenommen werden, erwies sich diese Spekulation als Irrtum. Die Beziehungen wurden nicht schlagartig verbessert, im Gegenteil, sie verschlechterten sich zusehends. Von jener euphorischen Stimmung, die auf beiden Seiten den Vertragsabschluss begleitet hatte, ist wenig übrig geblieben. Wie ist das gekommen?

Abgesehen davon, dass Höhepunkte emotionaler Rührung nicht von Dauer sein können, abgesehen ferner davon, dass es für die Polen immer etwas Beängstigendes hat, wenn ihre beiden Nachbarn, Russen und Deutsche, sich verständigen, und abgesehen schließlich von einer Resolution (»Keine Rechtsgrundlage für die heute bestehenden Grenzen«), auf die die schwach gewordene Regierungskoalition in Bonn sich während der Ratifizierungsdebatte hatte einlassen müssen, gibt es eine sehr entscheidende Begründung dafür, dass das Klima rauher geworden ist. Durch den Aufstand der Danziger Arbeiter im Dezember 1970 ist die innenpolitische Situation Polens von Grund auf verändert worden.

Gomulka hatte, seit er im Oktober 1956 die Führung der Partei übernommen hatte, die Frage der Oder-Neiße-Grenze zu seiner ureigensten Sache gemacht. Viele Polen meinen, wenn es nach ihm gegangen und Adenauer und Brentano nicht so kurzsichtig gewesen wären, hätte die Normalisierung schon 1956/57 beginnen können. Für Gomulka bedeutete darum der Vertrag von Dezember 1970 die Krönung seines Lebenswerkes.

Für die neue, jüngere Equipe, die jetzt an der Macht ist, für Gierek, Jaroczewski und Olszowski dagegen war der Vertrag mit der Bundesrepublik etwas, was sie bei ihrem Amtsantritt bereits vorfanden – also nichts ganz Außergewöhnliches. Bei Gomulka hätte man sich wahrscheinlich darauf verlassen können, dass er bestrebt sein werde, die Frage der Umsiedler im Geiste des Vertrages zu lösen; für seine Nachfolger dagegen gilt ganz einfach der Buchstabe des Vertrages, und der lässt einer extensiven Auslegung nicht allzu viel Spielraum.

Kaum je hat sich eine Revolution so lautlos vollzogen wie die polnische von 1971/1972. Eine Revolution aber war es, und nicht nur ein längst fälliger Führungswechsel: von elf Politbüromitgliedern sind nur drei geblieben; viele hundert Funktionäre auf hohen und höchsten Stellen sind seit Dezember 1970 ausgewechselt worden; in 14 Woiwodschaften, von 17 insgesamt, wurde die Spitze neu besetzt; im Mai ist General Moczar, der frühere Sicherheitschef und Innenminister, auf dessen Konto die Zionistenjagd ging, isoliert und kaltgestellt worden; gleichzeitig wurde General Matejewski, der Vizeminister des Inneren, samt einigen Offizieren verhaftet und vor Gericht gestellt. Bald darauf wurden noch einmal zwei führende Generale ihrer Posten enthoben: der Oberbefehlshaber der Luftwaffe und der Kommandant des Wehrkreises Warschau.

In der ersten Zeit nach den Danziger Ereignissen, als die Sicherheitskräfte 49 Streikende erschossen, war die neue Führung natürlich ausschließlich auf die Verhältnisse im Inneren konzentriert, alles drehte sich um die Personalpolitik und um die notwendigen Reformen. Unter solchen Umständen wurde alles, was mit der Oder-Neiße-Grenze zusammenhängt, natürlich in den Hintergrund gedrängt.

Als ich Ende April vorigen Jahres nach Warschau fuhr, fand ich dort alle Welt mit Reformplänen beschäftigt. Alles sollte neu durchdacht und von Grund auf neu gestaltet werden: Die vollkommen festgelaufene Wirtschaft sollte angekurbelt, Kultur und Presse liberalisiert und der Mensch wieder in den Mittelpunkt aller Dinge gestellt werden. Ein Gremium von 200 Persönlichkeiten des öffentlichen Lebens – eingeteilt in elf Gruppen – hatte die Aufgabe, in einem Urschöpfungsakt die polnische Welt neu zu gestalten. Es war auch höchste Zeit. Ein Student sagte mir damals: »Was ist das für ein Sozialismus: Da muss erst eine Parteizentrale brennen, ehe die Führung sich entschließt, auf die Wünsche des Volkes zu achten.«

Heute, achtzehn Monate später, scheint mir, dass der Reformeifer wesentlich nachgelassen hat. Genau wie in der Deutschen Frage hat sich auch in der Innenpolitik eine gewisse Ernüchterung breitgemacht. Vieles ist aber doch wesentlich besser geworden. 1971 sind die Reallöhne um 6 Prozent gestiegen. In diesem Jahr rechnet man mit 8 Prozent – bis 1976, so heißt es, werde sich der Lebensstandard um 50 Prozent verbessert haben. Diese Hoffnung wird gespeist durch die Zahlen der ersten sechs Monate dieses Jahres, die so günstig sind, dass die Funktionäre immer wieder nachrechneten, weil sie sie einfach nicht glauben konnten: 12,5 Prozent Wachstum des Sozialprodukts!

Die große, die entscheidende Frage ist, ob diese Entwicklung wirklich nachhaltig ist, ob es also auf längere Sicht gelingen wird, die Arbeitsproduktivität zu steigern; denn nur, wenn mehr produziert wird, gibt es auch die Möglichkeit, mehr zu verteilen. Den Polen aber ist nur zu helfen, wenn es gelingt, sie aus der Resignation: »Es lohnt sich gar nicht zu arbeiten, man kann ja doch nichts kaufen«, herauszureißen.

Ein Professor, dem gegenüber ich meine Bewunderung für die Wachstumsrate des ersten Halbjahres 1972 zum Ausdruck brachte, meinte: »Ich fürchte, das ist nur der Ziegeneffekt.« Als er meinen verwunderten Blick wahrnahm, fragte er: »Kennen Sie denn die Geschichte vom Rabbi und der Ziege nicht?« Und sogleich begann er zu erzählen:

»Ein Jude geht zum Rabbi und sagt: ›Rabbi, ich kann es nicht mehr aushalten, ich werde einfach verrückt. Meine Frau, sechs Kinder und die Schwiegereltern, alle in einem Zimmer – was soll ich nur tun?‹ Der Rabbi: ›Hast du eine Ziege?‹ – ›Ja‹, erwiderte der Hilfesuchende. ›Nimm die Ziege und bring sie in euer Zimmer!‹

Nach einer Woche kommt der Mann wieder, nunmehr halb wahnsinnig vor Verzweiflung. Der Rabbi: ›Nimm die Ziege und bring sie zurück in ihren Stall.‹ Anderntags erscheint der Verzweifelte glückstrahlend von neuem: ›Rabbi, es ist herrlich – wir haben so viel Platz, man glaubt gar nicht, wie geräumig das Zimmer ohne die Ziege ist.‹«

»Ich meine also«, fuhr der Professor fort, »das Einzige, was bisher geschah, ist die Beseitigung eingetretener Behelligungen: ein bisschen Durchforstung der Bürokratie, ein paar verrückte Verordnungen weniger. Aber damit sind wir dann auch schon bald an der Grenze. Innerhalb unseres Systems gibt es einfach keine wirkliche Expansion der wirtschaftlichen Kräfte.«

Ein Taxifahrer schien seine Auffassung zu teilen. Meine Bemerkung, es sei doch offensichtlich alles viel besser als im vorigen Jahr, beantwortete er mit der Feststellung: »Ja, aber ihr werdet uns immer voran sein.«

»Wieso denn eigentlich?«

»Bei uns gibt es zu viele Bürokraten, die nur schreiben oder nur kontrollieren, anstatt produktive Arbeit zu leisten. Es gibt ja auch zu wenig Anreiz zum Arbeiten.«

Ich finde die Sache mit der Ziege einleuchtend, auf der anderen Seite denke ich, wenn der »Ziegeneffekt« genügt, um einen Wachstumsanstoß von 12,5 Prozent hervorzubringen, dann könnte dieser doch wiederum ausreichen, um ein Schneeballsystem in Gang zu setzen. Irgendjemand hat mir nämlich erzählt, die Polen fingen jetzt wieder an zu fragen, was kostet dies oder das? Und dann zu vergleichen. Mit anderen Worten, weil es etwas zu kaufen gibt, ist plötzlich das Geld wieder geachtet, und also wird man sich wohl auch verstärkt bemühen, solches zu verdienen.

»Wieso konnte eigentlich die Versorgung mit einem Schlag so entscheidend verbessert werden?«, fragte ich einen alten Bekannten, der berichtet hatte, es gäbe mindestens in Warschau keine Knappheit an Lebensmitteln mehr, auch Textilien wären in viel größerer Auswahl und besserer Qualität als je zuvor am Markt. Nur Wohnungen seien absolute Mangelware – neu Verheiratete müssten im Allgemeinen fünf Jahre auf eine Wohnung warten. Er nannte zwei Quellen: die russischen Kredite, die zum Einkauf von Konsumgütern verwandt wurden, und ferner Reserven, die in Polen selbst vorhanden waren.

»Wissen Sie, Gomulka und seine Leute waren wie Kleinbürger – aber Kleinbürger von vor fünfzig Jahren. Ihre Devise hieß: sparen und bescheiden leben. Wozu Südfrüchte, die sollen Äpfel essen. Wozu Autos, sie sollen froh sein, dass sie jetzt alle Schuhe haben – ein Fahrrad ist Luxus genug.

So gab es tatsächlich gewisse Reserven, die Gomulka zurückgehalten hatte.«

Polen sind von Natur skeptisch. Und ihre Geschichte – die der letzten 25 Jahre eingerechnet – hat sie nicht gerade optimistischer gestimmt. »Es gibt keinen Glauben mehr, nur noch Zynismus«, klagte einer und präzisierte dann seine Aussage so: »Man weiß, dass A nicht wahr ist, aber Nicht-A ist ebenfalls unwahr – bei uns gibt es überdies eine Menge irreelle Wahrheiten.«

»Was ist denn das?«

Er begann zu dozieren: »Wenn ich keine Schwester habe, kann ich sagen, ich habe keine oder ich habe eine – das eine ist die Wahrheit, das andere die Unwahrheit; ich kann aber auch sagen: Meine Schwester hat rote Haare, das ist dann eine surrealistische oder irreelle Wahrheit.«

»… das heißt konkret gesprochen?«

»Gestern stand in unserer Zeitung über die Manöver der Warschauer-Pakt-Staaten in der CSSR: ›Die Bevölkerung begrüßte die Truppen mit großer Freude.‹ Niemand glaubt das, weder die, die es schreiben, noch die, die es lesen – es ist eben eine irreelle Wahrheit.«

Es muss schwer sein, vielleicht hoffnungslos, die Polen zu regieren – mit ihnen zu leben bringt dagegen viel Vergnügen: diese Mischung von aufsässigem Skeptizismus und opferbereitem Idealismus, von Schlamperei und Ritterlichkeit, ist eben einfach liebenswert.

Das Verhältnis zu den Deutschen, heute im Herbst 1972, wo nach 27 Jahren die diplomatischen Beziehungen wiederaufgenommen werden, ist außerordentlich interessant zu beobachten. Fast jeder, den ich in Warschau traf, war beeindruckt von der Olympiade, die 20 Millionen Polen im Fernsehen sehr genau und kritisch verfolgt haben.

»Eigentlich sind die Deutschen ganz anders, als wir sie kannten oder als wir sie uns vorstellen.«

»In welcher Hinsicht denn?«

»Das Publikum in München war außerordentlich fair, es feuerte nicht die eigenen Leute an, sondern freute sich über jede spektakuläre Leistung, gleichgültig wer sie vollbrachte. Und als beim Einmarsch die polnische Fahne hereingetragen wurde, da haben alle genauso stark – vielleicht sogar noch intensiver – geklatscht wie bei der französischen oder englischen. Auch war das Ganze gar nicht zackig.« Dieses Urteil habe ich so oder ein wenig anders formuliert immer wieder gehört.

»Was hat denn eigentlich am stärksten dazu beigetragen, das Verhältnis zu den Deutschen zu verändern?« Auf diese Frage lautete die Antwort nicht: die Olympiade – sondern: die Abschaffung des Passzwangs zur DDR am 1. Januar dieses Jahres.

»Wieso denn das? Die anderen Deutschen, eure sozialistischen Brüder, die kennt ihr doch nun schon lange genug?«

»Sie vergessen, für uns war Auschwitz nie eine Sache der Bundesrepublik, sondern ein Verbrechen der Deutschen schlechthin, aller Deutschen also.«

Ich kann kaum zählen, wie oft mir in diesen Tagen die Wichtigkeit dieser deutsch-polnischen Massenbegegnung beschrieben wurde. In der Tat haben zwölf Millionen Menschen während der letzten acht oder neun Monate die Grenzen hinüber oder herüber passiert.

Resultat: Die Polen finden die Deutschen »eigentlich recht

nett«. Angeblich sind bereits 20 000 Mischehen geschlossen worden. In der Provinz, so wurde mir erzählt, lernen junge Polen plötzlich Deutsch, weil sie im nächsten Jahr in die DDR reisen wollen. Reisen, das ist die große Sehnsucht in allen sozialistischen Staaten.

Aber bei der Familienzusammenführung oder Umsiedlung sind die Schwierigkeiten doch wohl nicht so leicht vom Tisch zu wischen. Mein Eindruck ist, dass die polnische Führung sich in dieser Frage von taktischen – nicht von vitalen – Gesichtspunkten leiten lässt: Man weiß nicht, was in Bonn in den nächsten Monaten alles passieren wird. Da ist es besser, zunächst noch ein paar Trümpfe in der Hand zu behalten; die Deutschen können ruhig ein bisschen zappeln.

Tatsache ist, dass die Polen über die Anzahl der Menschen, die sich jetzt als Deutsche ausweisen und einen Antrag auf Umsiedlung stellen, höchst überrascht waren. Sie hatten wohl tatsächlich nur mit »einigen 10 000« Personen gerechnet und sind nun geneigt, die weit größere Zahl damit zu erklären, dass »diese humanitäre Aktion in eine Emigration zu Erwerbszwecken« umfunktioniert wird, was sie vehement bekämpfen, weil sie befürchten, dass dies dann zu einer Kette ohne Ende werden könnte.

Nicht ernst zu nehmen ist das in der Bundesrepublik mit viel Verständnis aufgenommene Argument, die polnische Industrie erleide schweren Schaden, wenn alle Deutschen ihren Arbeitsplatz verlassen würden. Es mag Ausnahmen geben, wo dies Schwierigkeiten schafft; im Großen und Ganzen aber ist Schlesien, um das es sich in erster Linie handelt, längst nicht mehr das entscheidende Industriegebiet. Dort befinden sich heute nur mehr 8 bis 10 Prozent der polnischen Industrie – allein in Warschau dagegen sind es bereits 18 Prozent. Außerdem, wenn jenes Argument wirklich den Tatsachen entspräche, würden die Deutschen, die einen Antrag auf Umsiedlung stellen, von ihren Betrieben zur Strafe nicht herabgestuft oder entlassen werden.

Die Hauptschwierigkeit für jene Deutschen liegt darin, dass der Betrieb, in dem sie arbeiten, und die zuständigen örtlichen Instanzen die Entscheidung darüber in der Hand haben, ob der Betreffende »unbestreitbar deutscher Volkszugehörigkeit« ist und ob man ihn ziehen lässt. Bei so unpräziser Definition sind natürlich Ungerechtigkeiten Tür und Tor geöffnet, wobei nicht zu bestreiten ist, dass durch die ganze Aktion viel Unruhe in die Gemeinden getragen wird. Wenn beispielsweise ein Lehrer, der in seinem Dorf fünfzehn Jahre lang die Kinder unterrichtet hat, sich plötzlich als Deutscher deklariert, so ist das sicherlich für jedermann ein Schock; aber die Unbilden sind für den Deutschen, der nun auf der Straße sitzt, natürlich am größten. Bonn muss also bis zu der vertretbaren Grenze, die die Vertragschließenden vor Augen hatten, hart bleiben und nicht ungeduldig werden.

Es könnte sein, dass ein anderes Problem, auf das ich durch Zufall stieß, noch schwierig wird. Ich war von einem höheren Funktionär, einem höchst intelligenten, sehr umgänglichen, weltläufigen Mann zum Essen eingeladen worden. Sein Boss, der Chef der Organisation, kam ein wenig zu spät, weil er bei einem Briefing des Außenministers assistiert hatte, der gerade aus Bonn zurückgekommen war. Man sei mit dem Verlauf des Besuches durchaus zufrieden, aber eine ganze Reihe von Dingen komme eben einfach nicht vor, so zum Beispiel die Entschädigungsfrage. »Über die Entschädigung für die pseudomedizinischen Versuche in den Konzentrationslagern«, entgegnete ich, »sind sich ja beide Seiten einig. Die ganze Sache hängt doch nur noch an der Berlin-Formel, über die noch diskutiert wird.«

»Nein, ich meine nicht diese spezielle Entschädigung, sondern eine Entschädigung für alle diejenigen, die in KZs waren oder sonstige individuelle Schäden erlitten haben. Schließlich sind sechs Millionen Polen ...«

»Erlauben Sie mal, Polen hat schließlich ein Viertel des alten deutschen Reiches in Besitz genommen, darunter Gebiete, die wie Ostpreußen 700 Jahre lang deutsch waren. Damit sollte wohl genug Entschädigung geleistet worden sein.«

»Diese Gebiete wurden uns ja 1945 von den Alliierten übertragen, nicht von den deutschen, die haben uns nichts gegeben, was sie noch besessen hätten. Das Ganze ist eine moralische Frage, keine ökonomische. Außerdem, die Bundesrepublik ist ja so reich.«

»Ach so, die Gebiete nahmen Sie also von den Alliierten entgegen, und von uns wollen Sie jetzt, nachdem der Vertrag unter Dach und Fach ist, Reparationen, die zuvor mit keinem Wort erwähnt worden sind – so was nennt man bei uns Rosstäuscherei. Damit werden Sie in der Bundesrepublik viele Freunde Polens in Feinde verwandeln – ich persönlich würde übrigens zu diesen gehören. Ich bin der Meinung, die besondere moralische Schuld Deutschlands erfordert eine besondere Wiedergutmachung, das ist eine Sache, aber die zu melkende Kuh für Polen zu werden, das ist eine zweite Sache.«

»Nun, wir haben Zeit, wir können ja sehen.«

»Wir haben ebenso viel oder wenig Zeit wie Sie. Das Tempo bestimmen nämlich weder Sie noch wir, sondern unsere großen Brüder in Washington und Moskau, und deren Priorität heißt Normalisierung.«

22. September 1972

Marion Dönhoff unterstützt den Hamburger Verein Flüchtlingsstarthilfe e. V. Sie richtet in der *Zeit* die Rubrik ein: »Barbara bittet« –, in der Leser aufgerufen werden, Flüchtlingen aus aller Welt mit Sach- und Geldspenden zu helfen.

Statt Karten

Um diese Zeit des Jahres erhielten unsere Freunde, Leser und Bekannte gewöhnlich eine von Flora gezeichnete Karte mit unseren Weihnachtsgrüßen. Seit vielen Jahren war das so, aber in dem Maße, in dem dieses einst wohlbedachte Unternehmen allenthalben immer mehr zur gedankenlosen Routine wurde – Listen wurden geführt, Namen abgehakt, damit im nächsten Jahr die Reziprozität garantiert ist, und sehr bald endete das Ganze dann im Papierkorb –, begann auch uns dessen Fragwürdigkeit immer deutlicher zu werden.

Und als wir schließlich auch noch feststellten, dass dieses recht sinnlose Unterfangen: Papier, Druck, Briefmarken – alles zusammengenommen – annähernd 4000 Mark kostet, meinten wir, dass man mit einem solchen Betrag in dieser von Unheil und Flüchtlingsströmen geplagten Welt wirklich Gescheiteres tun könne. So beschlossen wir denn vor Monaten: »Keine Weihnachtskarten mehr – stattdessen 4000 Mark an *Barbara*.«

Vor Monaten war das leicht, aber jetzt wird's schwierig.

Täglich gehen Grüße ein, Freunde schreiben, Potentaten. Jetzt gilt es, die Ohren steifzuhalten und nicht umzufallen. Denn wer jetzt reumütig zur Feder griffe, der wäre im nächsten Jahr wieder ebenso weit. Wir können nur hoffen, dass unsere Freunde uns verzeihen, wenn ihre Wünsche scheinbar ungehört verhallen – es ist nur scheinbar.

24. Dezember 1972

Nachdem die arabischen Staaten aus politischen Gründen beschlossen haben, ihre Ölproduktion zu drosseln, werden die Industrienationen von einer Ölkrise heimgesucht. Als Konsequenz verordnet die deutsche Regierung im November 1973 an vier Sonntagen absolutes Fahrverbot. Leere Straßen und Autobahnen und die Ruhe sind ein ungewöhnlicher Eindruck. Aufgerüttelt von der Energiekrise macht sich Marion Dönhoff Gedanken über den technischen Fortschritt und regt einen neuen Lebensstil an.

Zurück zur Bescheidenheit

Der zweite autolose Sonntag liegt hinter uns. Soweit man einen Überblick gewinnen kann, scheint es, dass der uns von den Arabern verordnete Einbruch unerwarteter Ruhe – diese Zäsur abenteuerlich anmutender Stille und Beschaulichkeit – in dem hektischen Ablauf des normalen Wochenrhythmus von den meisten Betroffenen gar nicht als sonderlich unangenehm empfunden wird. Eher so, als wäre ein Amokläufer plötzlich angehalten und zur Besinnung gebracht worden.

Als sich die erste Kunde von den bevorstehenden Beschränkungen verbreitete, war die Reaktion vieler Menschen: Es konnte ja so auch gar nicht weitergehen. Und: Vielleicht wird sich jetzt einiges ändern. Was konnte nicht weitergehen? Was soll sich ändern?

Eines hat sich bereits verändert, mindestens bei einer intellektuellen Avantgarde: die Einstellung zum technischen Fortschritt. An die Stelle der Erwartung, es werde immer so weitergehen mit der himmelstürmenden Entwicklung, die fast ein Jahrhundert lang das Leben der Menschen fortlaufend bequemer und angenehmer gestaltet hat, ist der Zweifel getreten und frisst sich langsam hinein in den Fortschrittsglauben der Bürger.

Es begann etwa 1960, als in Amerika das Projekt eines zivilen Überschallflugzeuges diskutiert wurde. Damals entzündete sich eine Protestkampagne an diesem Vorhaben, weil zum ersten Mal auch für den Laien augenfällig wurde, dass der Fortschritt zwar bestehende Probleme löst, aber gleichzeitig neue schafft, deren Kosten dann gewöhnlich die Gesellschaft belasten und nicht den, der den individuellen Profit davon hat. In diesem Fall: dass das Überschallflugzeug die Distanz zwischen Amerika und Europa in zweieinhalb Stunden bewältigt, aber dabei fünfzig Mal mehr Lärm verursacht als ein normaler Jet. Jahrelang zog sich der Streit zwischen den beiden Interessengruppen – der Industrie und den Umweltschützern – hin. Im Jahre 1966 wurde gefordert, dass ein *technology assessment* jeweils die ökologischen Folgen von technischen Neuerungen im Vorhinein prüft; 1972 ist eine solche Stelle endlich vom Kongress bewilligt worden.

Diese Etappen von 1960 bis heute markieren einen Erkenntnisprozess, der immer weitere Sachgebiete und immer neue gesellschaftliche Gruppen einbezieht. Er beschränkt sich nicht auf die Akademiker; und er macht auch nicht Halt vor dem Auto, dem Fetisch der Industriegesellschaft. Als das

Automobil einst erfunden wurde, dachte niemand daran, dass es außer Nutzen auch ansehnlichen Schaden stiften würde. Wenn es gerecht zuginge, müsste eigentlich der Käufer eines neuen Autos den Preis für seine Verschrottung gleich mitbezahlen.

Nichts gegen den Fortschritt. Und es ist ein Fortschritt, dass die Bevölkerungszahl nicht mehr von Seuchen, Armut und Kindersterblichkeit bestimmt wird, dass die Menschen nicht mehr durch schwere, gesundheitsschädigende Arbeit frühzeitig zermürbt werden, dass dank der Massenproduktion Güter heute Allgemeingut sind, die gestern nur den Reichen zugänglich waren. Aber wir haben mittlerweile auch einsehen müssen, dass wir die gigantischen Kräfte, die der Fortschritt entfesselt, nicht mehr in der Gewalt haben, dass von einer bestimmten Progression an Fortschritt häufig in Zerstörung umschlägt.

Das fasziniert Starren auf Wachstumsraten hat uns für vieles andere blind gemacht. Wenn ausschließlich die ökonomischen Wertvorstellungen des Marktes für die Entscheidung, was und wie produziert werden soll, maßgebend sind, dann fallen natürlich alle außerkommerziellen Gesichtspunkte unter den Tisch. Darum konnten die Schäden, die die Industrie anrichtet – verpestete Luft, vergiftete Gewässer, hässliche Schutthalden –, Jahrzehnte hindurch unbemerkt anwachsen; darum beginnt man erst jetzt, den Vorwurf der Entfremdung des Menschen von seiner Arbeit – beispielsweise am Fließband – ernst zu nehmen.

Unsere Zeit hat sich ganz auf konkrete Probleme konzentriert, auf die Beherrschung der Natur, die Frage, wie man den größtmöglichen Nutzen bei möglichst geringem Aufwand erreicht. Die Antwort: Das Erreichte kann sich sehen lassen. Der Wohlstand einer früher unvorstellbar großen Zahl von Bürgern hat einen früher ebenfalls unvorstellbaren Grad erreicht: Eigentumswohnung oder Häuschen, Auto, Reisen in alle Welt erscheinen heute einer breiten Schicht als selbstverständlich. Aber jeder Gott verlangt Opfer. Auch dem Gott Wohlstand wurde viel geopfert: geistige Werte, kreative Befriedigung, menschliche Wärme und Anteilnahme.

Heute beginnen die Menschen, neue Fragen zu stellen. Es scheint, dass die Bewohner der nördlichen Region unserer Welt anfangen, sich in der von ihnen errichteten Industriegesellschaft zu langweilen. Sie ist ihnen zu utilitaristisch und aseptisch, zu automatisch und funktional. Viele empfinden sie nicht als inhuman, aber als ahuman. Also beginnt man wieder, nach dem Sinn des Lebens zu fragen, richtet sich das Interesse nicht mehr nur allein auf den wirtschaftlichen Erfolg, sondern auch auf die ökologischen und sozialen Folgen, die ihn begleiten.

Man möchte selber steuern, mitbestimmen, nicht mehr nur gezogen, gedrängt, gestoßen werden – von der Maschine, vom Markt, von irgendeinem Automatismus. Man will nicht mehr wie ein Eichhörnchen unablässig das Rad im Käfig drehen, sondern Zeit zum Nachdenken haben, sich sammeln und besinnen. Selbstverwirklichung und Kreativität sind Begriffe, die man immer öfter hört, vor allem von den Jungen; und auch in der gegenwärtigen Nostalgiewelle steckt ja ein Stück Sehnsucht nach einem freieren Dasein. Jahrelang haben sich diejenigen, die da meinen: »Es kann doch nicht immer so weitergehen«, gefragt, welche Faktoren sich ändern müssten, damit die ausschließliche Konzentration auf

Wohlstand und Konsum, auf Erzeugung häufig künstlicher materieller Bedürfnisse und deren Gewinn versprechende Befriedigung durchbrochen wird. Jetzt zeichnet sich nicht nur die Möglichkeit, sondern wohl auch die Notwendigkeit dazu ab. Jetzt nämlich treffen zwei Dinge zusammen: eine allmählich um sich greifende Bewusstseinsveränderung vieler Menschen und die plötzlich eingetretene, vermutlich langfristige Knappheit an Energie – als die Kumulation von subjektiven und objektiven Faktoren.

Die ersten, die sich systematisch mit den Fragen von Versorgung und Knappheit beschäftigen, waren die Mitglieder des Club of Rome, die Mitte der sechziger Jahre anfingen, darüber nachzudenken, wohin die derzeitige Dynamik des »unbegrenzten Wachstums« führt. Die Studie, die sie beim MIT in Auftrag gaben und die zum ersten Mal ein globales Panorama des gegenwärtigen Zustands von Industrialisierung, Rohstoffabbau, Bevölkerungszuwachs und Nahrungsproduktion gibt, ist 1971 veröffentlicht worden. Sie kam zu dem Ergebnis, dass, wenn alles so weiterläuft, wenn also kein entscheidender Wandel eintritt, die Rohstoffvorräte der Welt in wenigen Generationen verbraucht sein werden.

Gegen diese Untersuchung lässt sich manches einwenden und ist viel eingewandt worden, aber eines lässt sich nicht bestreiten: Sie hat zum Nachdenken angeregt, hat eine Lawine losgetreten. Man muss in der Tat unsere Zielvorstellung neu überdenken. Vielleicht ist ein wohlüberlegtes Gleichgewicht, ein Wachstum von zwei oder drei Prozent, auf die Dauer weit zuträglicher als die vorangegangenen Rekordleistungen, denen zahlreiche Minusposten (einschließlich wachsender Inflationsraten) gegenüberstehen. Überdies ist bisher nie zwischen nützlichem und sinnlosem Wachstum unterschieden worden.

Wir können aus der hochgetriebenen Industriegesellschaft gewiss nicht mehr umsteigen ins »einfache Leben«, aber ein neuer Lebensstil ist absolut notwendig. Seine wesentlichen Charakteristika müssen Selbstbeschränkung und Konsumdisziplin sein: mehr öffentliche Verkehrsmittel, kleinere Autos, dauerhaftere Häuser, weniger Verpackung und Wegwerfprodukte. Die Erwartungswerte im individuellen wie im Leben der Gesellschaft sollten nicht künstlich hochgepeitscht werden. Wenn es jetzt Mode würde, sich zu bescheiden, sich nicht imponieren zu lassen von Leuten, die mehr verbrauchen können und stärker auf die Konsumpauke hauen, würden wir ein Stück zusätzlicher Freiheit gewinnen.

Wir stehen an einem überaus wichtigen Scheideweg. Entweder wir versuchen bloß, alle Mangelerscheinungen so schnell wie möglich zu überwinden, um dann weiterzumachen wie bisher – oder wir nutzen die Gelegenheit, längst fällige Korrekturen vorzunehmen, auch wenn dabei zunächst Schwierigkeiten auftreten. Nur wenn wir nicht auf den viel gepriesenen Selbstheilungsprozess vertrauen, sondern genug Phantasie und vor allem Mut haben, um die Entwicklung normativ zu steuern, werden wir die freie Wirtschaft retten können.

7. Dezember 1973

Der Chef der CDU in Berlin Peter Lorenz wird am 27. Februar 1975 entführt. Die Entführer fordern die Freilassung von sechs inhaftierten Häftlingen der Rote Armee Fraktion (RAF). Der Krisenstab unter Kanzler Helmut Schmidt gibt den Forderungen nach. Marion Dönhoff kritisiert diese Entscheidung.

*»Besser wäre, dass er stürbe,
als dass die Justiz aus der Welt käme«*

Wo eigentlich waren sie alle, die so oft und gern vom Staatsbewusstsein, von fehlender Autorität und mangelnder Verantwortung dem Ganzen gegenüber reden? Was sagten die Jaegers und Dreggers, als beraten wurde, ob jene im barschen Ton gegebenen Befehle der Erpresser ausgeführt werden sollten oder nicht? Sie schwiegen. Erst als der Konsensus aller Parteien und Instanzen sichergestellt, die Entscheidung getroffen war und der Beschluss in die Tat umgesetzt wurde, da gab Jaeger die Mutmaßung zum Besten: »Wenn die CDU in Berlin in der Regierung gewesen wäre, würde man die Terroristen schon vorher gefasst haben.« Und Dregger verlegte sich darauf, unter bestimmten Voraussetzungen für zukünftige Fälle die Todesstrafe zu fordern.

Zugegeben, die Entscheidung, die da getroffen werden musste, glich einem Balanceakt zwischen moralischen Motivationen, deren Priorität festzulegen einem Alptraum gleichkommt. Man kann gut verstehen, dass niemand sich danach drängte, an diesem Unternehmen freiwillig mitzuwirken. Es war – das spürte jeder – eine jener historischen Entscheidungen, die zu Bausteinen im Leben eines Volkes werden, weil sie Symbol und Substanz zugleich sind; weil sie den Stoff liefern, dem die Dichter ihre Gleichnisse entlehnen, aus dem der Teppich der Geschichte gewoben wird.

Da geht es nicht nur um Humanität: »Unter allen Umständen ein Menschenleben retten«; nicht nur um Pragmatismus: »Auf keinen Fall Präzedenzen schaffen und Anschlusstäter begünstigen.« Da geht es auch um den Rechtsstaat und damit um die Fundamente der Gesellschaft.

Der Staat sei dazu da, das Leben des Einzelnen zu erhalten, sagen die meisten. Wie aber, wenn bei immer neuen Geiselnahmen ein Dutzend einzelner Leben erhalten, aber das Leben aller allmählich zur Farce wird? Man wird den Verdacht nicht ganz los, dass die Ausschließlichkeit, mit der jene Priorität betont wird, ein Alibi für die Negierung aller anderen Loyalitäten sein könnte. Und der Sinn des Staates? Ist er wirklich für den Einzelnen da? Obliegt es ihm nicht gerade, den Bestand und das Funktionieren der Gesellschaft zu garantieren? Oder sind Staat und Gesellschaft überhaupt identisch?

Nein, Staat und Gesellschaft sind nicht dasselbe. In Holland heißt das Wort für Gesellschaft bezeichnenderweise *Samenleving*. Die Gesellschaft ist das Zusammenleben, der Staat aber ist die politische Organisation; es sind die Behörde, Gesetze und Institutionen, die diese Gesellschaft sich gibt. Da der Staat in der Verfassung wurzelt, ist für ihn Beständigkeit charakteristisch, denn die Verfassung kann ja nur mit Zweidrittelmehrheit verändert werden. Die Gesellschaft aber, als die politische Repräsentanz der Bürger, deren Maßstäbe, Anschauungen und Gepflogenheiten, sind stetem Wechsel ausgesetzt. Mit anderen Worten, das Haus, das die Architekten, die die Verfassung zimmerten, errichtet haben, ist auf Dauer angelegt, während diejenigen, die darin wohnen und regieren, wechseln.

Die Gesellschaft ist nicht nur die Summe der Einzelnen, sie ist etwas qualitativ anderes, etwas, das unter Umständen auch einmal des Opfers bedarf. Es ist schwer, über die sozusagen »letzten Dinge« der Politik zu diskutieren, weil es natürlich auch in diesem Bereich Moden gibt, Meinungen darüber, was progressiv ist und was nicht. Und weil es Klischees gibt, mit denen bei gewissen Themen alle Nuancen überklebt werden; *law and order* ist so ein Begriff.

Vielleicht ist es leichter, sich im Bereich des Literarischen – was ja oft nur eine Übersetzung des Politischen ist – zu verständigen. Der Kurfürst in Kleists *Prinz von Homburg* ist gewiss keine simple *Law-and-order*-Figur. Wie Prometheus an den Felsen, so ist er an seine Autorität gekettet. Er weiß, dass ihn dies schwächt, weil er dadurch jegliche Bewegungsfreiheit einbüßt, aber er kennt auch die Kraft, die das Ethos des Gesetzes ihm verleiht und die er nicht aufs Spiel setzen darf. Darum wird der Prinz diesem Ethos bis zur Absurdität unterworfen, und erst seine Einsicht in die Notwendigkeit rettet ihn im Verein mit der Gnade des kurfürstlichen Oheims.

Im Kommunismus spielen subjektive Einsicht und obrigkeitliche Gnade gegenüber der Objektivität des geschichtlichen Prozesses keine Rolle. Aber es gibt auch für die

Kommunisten ein höheres Gesetz. In seinem Lehrstück *Die Maßnahme* schildert Brecht einen solchen Konflikt. Die vier Agitatoren, die ausgesandt sind, die Lehre zu verbreiten, kehren heim und melden den Tod eines jungen Genossen. Sie haben ihn eigenhändig erschossen und in eine Kalkgrube geworfen. Warum? »Er wollte das Richtige und tat das Falsche ... Er hat Mitleid gehabt ... Er hat ein kleines Unrecht verhindert, aber das große geht weiter ... Er gefährdet die Bewegung.«

So weit die Literatur – und die Geschichte? Die brandenburgisch-preußische kennt manches Beispiel, wo das eigene Leben nicht über alles andere gestellt wurde. Im Siebenjährigen Krieg hat Friedrich II. testamentarisch verfügt, dass, sollte er in Gefangenschaft geraten, keiner Lösegelderpressung nachgegeben werden dürfe. In vielen Konflikten hat das Gesetz über alle Einwände gesiegt. Das Schulbeispiel: Das Kriegsgericht, das in Berlin zusammentrat, um den Leutnant Katte, der in die Fluchtpläne des Kronprinzen eingeweiht war, abzuurteilen. Friedrich Wilhelm I. hatte 15 Offiziere bestimmt, die in fünf Ranggruppen – von den Kapitänen bis zu den Generälen – unabhängig voneinander richteten und deren Urteile schließlich in den Spruch »lebenslängliche Festung« zusammengefasst wurden.

Der zornige König setzte sich kurzerhand über das Kriegsgerichtsurteil hinweg und befahl die Todesstrafe. In einem langen Schreiben begründete er, warum kein Präzedenzfall geschaffen werden dürfe; es schließt mit den Worten: »Seine Königliche Majestät seyend in Dero Jugend auch durch die Schule gelofen und haben das lateinische Sprüchwort gelernt: Fiat Justicia pereat mundus ... wenn das Kriegsgericht dem

Katten die Sentence publicieret, soll ihm gesagt werden, dass es S.K.M. leid täte, es wäre aber besser, dass er stürbe, als dass die Justiz aus der Welt käme.«

Jedes Gesellschaftssystem hat sein spezifisches Credo. Der demokratische Rechtsstaat anerkennt als seine höchsten Güter das menschliche Leben und die Unabhängigkeit seiner Institutionen und Organe, weil dadurch der größtmögliche Raum für die Freiheit garantiert wird. Aber es gibt kein demokratisches Modell, das, einmal entworfen, für alle Zeiten unveränderte Handhabung ermöglicht.

Geiselnahmen, die das Ziel haben, bestimmte politische Willensentscheidungen zu bewirken, sind ein Delikt, das heute die ganze Welt verunsichert. Die Reaktion der Gesellschaft darauf kommt in dem wachsenden Wunsch nach Rache und Sühne zum Ausdruck. Es wird auf lange Sicht aller Führungskunst bedürfen, die Gesellschaft zum Maßhalten zu bewegen. Nach der Bonner Entscheidung – als Antwort auf eine Erpressung fünf rechtskräftig verurteilte Kriminelle aus dem Gefängnis herauszulassen – dürfte diese Aufgabe nicht leichter geworden sein.

Drei oder fünf junge Terroristen, die den Staat in seinen Grundfesten erschüttern können – was das bedeutet, wird man erst nach und nach begreifen.

7. März 1975

In Brokdorf findet im Frühjahr 1981 eine Großdemonstration gegen den Bau des Kernkraftwerks statt. In Bonn demonstrieren über 300000 Menschen gegen den Nato-Doppelbeschluss, im nördlichen Brokdorf demonstrieren Atomgegner gegen den Bau des Kernkraftwerks. Hier beteiligen sich auch einige protestantische Pfarrer, allerdings kommen sie nicht in Zivil, sondern in ihren schwarzen Roben. Ihr Auftritt führt zu kontroversen Diskussionen.

Was soll, was darf die Kirche?

Die Kirche kann und soll interpretieren, was christlich und was unchristlich ist, und sie soll dies auch laut sagen. Aber die Kirche besteht aus Menschen, und diese sind fehlbar, sind der Versuchung zugänglich, entbehren oft des Mutes; darum hat die Kirche keineswegs immer recht. Sie hat weder die moralische noch die politische Weisheit gepachtet. Beide Kirchen haben in verschiedenen historischen Situationen versagt, auch wenn es gleichzeitig großartige einzelne Vertreter gab, die den Mut zum Bekennen besaßen.

Konkret: Es wäre wichtiger gewesen, zu Hitlers Zeiten öffentlich zu sagen, dass Mord, Sklaverei, falsches Zeugnis reden unchristlich ist, als heute in Hirtenbriefen die hohe Staatsverschuldung anzuprangern oder im protestantischen Talar in Brokdorf zu demonstrieren.

Der Geistliche X soll nicht daran gehindert werden, an

dieser oder anderen Demonstrationen teilzunehmen – das ist sein Grundrecht als Bürger. Aber wenn er zu diesem Zweck den Talar anzieht, dann soll das doch wohl heißen: Ich als Vertreter der Kirche bin zum Urteilen besser gerüstet. Das Evangelium weiß es besser – aber die Kirche? Man braucht nicht zu den Zeiten der Inquisition zurückzugehen oder die dunklen Kapitel der Geschichte der Päpste aufzuschlagen, um dies zu bezweifeln.

Auch die Kirche irrt. In der protestantischen Kirche gab es zur Nazizeit die Bekennende Kirche, deren Vertreter wegen ihres Bekenntnisses zu den christlichen Werten oft gemaßregelt und häufig ins Gefängnis gesteckt wurden; und es gab die »Deutschen Christen«, die sich mit ihrer Spitze, dem »Reichsbischof«, dem Regime angepasst hatten und ihm in den Augen naiver Bürger eine gewisse Legitimation verliehen.

Niemand darf der Kirche den Mund verbieten. Im Gegenteil: Die Bürger, die Wert darauf legen, sich über das christliche Verständnis des Menschen und seiner Welt klarzuwerden, begrüßen es, wenn zu den grundsätzlichen Problemen unserer komplexen und verwirrenden Welt ein Wort gesagt wird, das andere Horizonte ableuchtet als die der jeweiligen Legislaturperiode und das aus anderen Dimensionen stammt als denen, die unsere Politiker bedenken müssen.

Die Frage ist nur: Wer spricht? Bischof Scharf, Erzbischof Romero, Kardinal Wyszynski oder irgendein Talar-Träger, der ebenso verwirrt ist wie viele von uns, der aber meint, mit der schwarzen Robe besitze er auch bereits die letzte Wahrheit?

Eine zweite entscheidende Frage ist: Wo verläuft die

Grenze zwischen dem Reich, das »nicht von dieser Welt ist«, und den Problemen, die unsere politische Welt stellt? Die Kirche hat ein Wächteramt, das an die christliche Ethik gebunden ist. Darum konnte sie in der Diskussion um die Versöhnung mit den Polen mitreden, darum muss sie bei der Debatte über den § 218 Stellung nehmen, darum gibt es kirchliche Erklärungen zur Sozialethik: Mitbestimmung an Stelle von Klassenkampf. In all diesen Fällen reicht die Theologie weit in den Bereich der Politik hinein. Aber irgendwo ist eine Grenze. Mittelstreckenraketen ja oder nein – Kohle- oder Nuklearkraftwerke? Diese Fragen gehören doch wohl nicht mehr dazu.

Vielleicht könnte man sagen, die Kirchen sollten der Welt *ihre* Fragen stellen und nicht versuchen, die politischen Tagesfragen, die sich der Welt stellen, zu lösen.

10. April 1981

Zwanzig Jahre nach dem Bau der Mauer beschwört im August 1981 in Berlin eine Ausstellung Preußens Gloria.

Die Deutschen – wer sind sie?

Vielleicht haben die Deutschen nie eine Identität besessen? Man muss sich wirklich fragen, ob sie je mit sich selber so identisch waren, wie Engländer oder Franzosen dies sind. Die Deutschen waren immer wieder jemand anders. So rasch wechseln die Bilder, dass man meinen könnte, fast jede Generation stelle ein anderes Volk dar. Einst waren sie als Dichter und Denker bekannt, waren es die Unsterblichen der Musik, die das Bild der Deutschen prägten. Sie waren Wissenschaftler und Gelehrte – lange Zeit war Deutschland das geistige Laboratorium Europas, alle neuen Ideen des 19. Jahrhunderts entstanden hier. Karl Marx, Sigmund Freud und Albert Einstein waren die Urheber großer Entdeckungen und Einsichten, die für die ganze Welt noch heute bestimmend sind. Dann setzte erst die wilhelminische Generation die Welt in Schrecken, und danach stampften die Deutschen in braunen Hosen und Nagelstiefeln durch das gleiche Land. Bis dann auch diese wieder verschwanden.

Es gibt kein Deutschland mehr, aber es gibt immer noch die Deutschen, auch wenn sie jetzt anders bezeichnet werden. Aber wer sind sie denn nun eigentlich, diese Deutschen? Hören wir, was ein Franzose dazu sagt. Der Historiker Pierre Gaxotte meint, die deutsche Geschichte sei ohne Gleichgewicht und ohne Kontinuität, sie verlaufe in Kontrasten und Extremen. Wörtlich sagt er: »Deutschland ist das Land der wunderbaren Aufstiege und apokalyptischen Katastrophen.«

Wenn man über die Jahrhunderte zurückblickt, muss man ihm recht geben: Da war der Dreißigjährige Krieg, der das Land in Grund und Boden verwüstet hatte – die Einheit Deutschlands schien hoffnungslos verloren. Aber dann, in den nachfolgenden Türkenkriegen, sehen wir Österreich, das damals zum Reich gehörte, zur Großmacht aufsteigen. Zwar setzte Napoleon 1806 jenem Reich ein Ende, aber auch aus diesem Niedergang entwickelte sich wieder ein Aufstieg moderner Staaten, allen voran der Aufstieg Preußens. Als dann der Deutsche Bund, in dem sich 36 Staaten zusammengeschlossen hatten, 1866 auch wieder ein Ende fand, wurde 1871 im neuen Kaiserreich die Einheit Deutschlands geschaffen.

In unserem Jahrhundert setzte sich die Kettenreaktion von Aufstieg und Fall weiter fort. Der Erste Weltkrieg, in dem eine ganze Generation verblutet war, führte zu einer Wirtschaftskrise ohnegleichen: Die bürgerlichen Schichten verarmten in einer Inflation, bei der 1923 am Schluss 4,2 Billionen Mark für einen Dollar gezahlt werden mussten. Ein Arbeitslosenheer von sechs Millionen war die Folge einer Weltwirtschaftskrise, die Deutschland, das durch seine Exportabhängigkeit und die unsinnigen Reparationslasten besonders krisenanfällig geworden war, hart traf. Doch wieder folgte ein unglaublicher Aufstieg. Unter Hitler erhob sich das Volk, das eben noch tief daniederlag, zu ungewöhnlichen

Leistungen. Das Land wurde zur stärksten militärischen Macht in Europa. Hitler forderte, getreu dem absurden Spruch »viel Feind, viel Ehr'«, die ganze Welt heraus.

Die Deutschen überrannten im Westen 1940 die von allen Fachleuten für uneinnehmbar gehaltene französische Maginot-Linie und drangen im Osten bis in die Außenbezirke von Moskau vor. Und dann wieder ein Zusammenbruch ohnegleichen. Diesmal, so meinte man, werde es keinen Aufstieg mehr geben. Aber trotz Verlust von einem Viertel des alten Reiches, Teilung des verbliebenen Restes, Überschwemmung Westdeutschlands mit mehr als zehn Millionen besitzlosen Flüchtlingen, die in den zerbombten Städten und überbelegten Dörfern Zuflucht suchten, begann dann doch das, was von aller Welt als »Wirtschaftswunder« bestaunt wurde. Bis die Bundesrepublik nun schließlich zur ersten Wirtschaftsmacht in Europa geworden ist.

Das Charakteristikum der Deutschen ist also wohl wirklich der Wechsel von apokalyptischem Fall und phönixhaftem Aufstieg. Wobei die Frage nicht ist, was Ursache und was Wirkung ist, ob also der Aufstieg den Fall heraufbeschwört oder der Fall den Aufstieg herausfordert. Entscheidend ist, dass beiden ein Element der Maßlosigkeit innewohnt. Es fehlte uns bisher ganz einfach der Sinn für das Maß, und es fehlte allzu häufig das Talent zum Kompromiss.

Die Deutschen, wer sind sie? Typisch für die Deutschen ist eine gewisse Realitätsferne, eine merkwürdige Neigung zum »Unbedingten«. Wir finden sie in der Philosophie bei Hegel, auch schon bei Kant und vielfach in der Literatur. Von der Romantik über die Jugendbewegung der Jahrhundertwende bis in unsere Tage kommt in der Literatur immer wieder die Sehnsucht nach einem Dasein im Unbedingten zum Ausdruck, dem eine Geringschätzung des bürgerlichen Lebens entspricht, das sein Genüge im Alltäglichen und Materiellen findet.

Zu den fundamentalen Charakterzügen der Deutschen gehört seit Martin Luther die Verherrlichung der »inneren Freiheit«, was im weltlichen Bereich zu einem häufig missverstandenen Individualismus geführt hat. Adolf Löwe hat dies sehr anschaulich gemacht, indem er die Deutschen den Engländern gegenüberstellt, die stets bemüht seien, Extreme zu meiden. Ihre Maxime lautet, so meint er: »Treibe nie ein Argument bis zur letzten Konsequenz, das stört den Gemeinsinn«, während in Deutschland Kongresse oft nur mit einem Schlachtfeld zu vergleichen seien. Löwes Resümee: »Der Preis politischer Freiheit ist die Selbstbegrenzung des Individuums. Man kann nicht beides haben.«

Immer wieder wurden die Deutschen in der Vergangenheit magisch angezogen von irgendwelchen fernen Höhen oder mystischen Abgründen – übrigens im Osten Deutschlands stärker als im Westen, der der Aufklärung mehr zugetan war. Ideen müssen, nach dem Geschmack der Deutschen, erhaben und tief empfunden sein, nicht unbedingt konkret und praktisch. Ahnen bedeutet ihnen oft mehr als Wissen, und Empfinden wird häufig mehr bewundert als Analysieren. Mythische Urinstinkte sind für viele interessanter als wirklichkeitsbezogene Erkenntnisse.

Das Wesen der Deutschen? Ich denke, es sind drei Faktoren, die den Charakter der Deutschen entscheidend bestimmt haben. Erstens: die geographische Lage im Zentrum Europas – kein anderes Land hat so viele Nachbarn, also Grenzen, wie Deutschland. Zweitens: die Verschiedenartigkeit der Lebensauffassung – die östlichen Teile waren vom absolutistisch-feudalen Osten, die westlichen von den bürgerlich-demokratischen Tendenzen Englands und Frankreichs bestimmt. Drittens schließlich: die beiden Konfessionen, die das Land immer in einer gewissen Spannung hielten; der Protestantismus im Osten und im Norden, der Katholizismus im Westen und im Süden.

Die Grundeinstellung, die ganze Lebensweise waren je nach Himmelsrichtung verschieden. Im Osten war seit der Zeit des Ordens auf dem Lande die Gutsherrschaft üblich, im Westen dagegen die Grundherrschaft. Das heißt, im Osten wirtschaftete der Besitzer selber, was ihm den Charakter eines Unternehmers gab; im Westen verpachteten die Besitzer ihr Eigentum an Grund und Boden und zogen den Zins ein. Der Westen war von jeher durch die Städte und die städtische Lebensweise, bald auch durch die Industrie bestimmt. Der Osten dagegen war agrarisch geprägt. Dort ist darum das soziale Beharrungsvermögen, das allzu lange Festhalten an traditionellen Ordnungsvorstellungen und Wertsystemen besonders ausgeprägt gewesen. Die Unausgeglichenheit der Deutschen mag in all diesen Spannungen begründet sein.

Was die Geschichte mit dem Wiener Kongress 1815 zusammengefügt hatte, wurde nach 1945 wieder voneinander geschieden: der Osten und der Westen Deutschlands. Heute, über 30 Jahre später, scheint in den beiden so ungleichen Teilen die Erinnerung an die gemeinsamen preußischen Ahnen zur gleichen Stunde wieder wach zu werden. In der DDR wurde Friedrich II. von höchster Stelle der Beiname »der Große« wieder zugebilligt, den man ihm ostentativ entzogen hatte. Auch wurde er aus der Verbannung zurückgeholt und abermals auf dem angestammten Platz – Unter den Linden in Berlin – aufgestellt. Die SED hat wohl eingesehen, dass man einen Staat nicht in der Luft schwebend installieren kann, dass er ohne Wurzeln keine Glaubwürdigkeit und vielleicht auch keine Lebensfähigkeit besitzt.

In der Bundesrepublik aber ist seit 1945 nie so viel von Preußen gesprochen worden wie in den letzten zwölf Monaten. Dutzende von Preußen-Büchern werden in diesem Jahr auf der Frankfurter Buchmesse vorgelegt. Und in Berlin wird in diesen Tagen die große Preußen-Ausstellung – Rückblick auf vier Jahrhunderte – eröffnet.

Es ist, als hätte die List des Weltgeistes die Karten gemischt: Beide deutsche Staaten waren im Zeichen heftiger antipreußischer Ressentiments angetreten – Adenauer hasste Preußen und war froh, dass der Osten eigene Wege ging; für die Kommunisten in der DDR, geprägt von den antifeudalen Grundsätzen des Karl Marx, war diese Animosität selbstverständlich. Nun aber wenden beide zugleich ihr Interesse den missliebigen preußischen Vorfahren zu.

Hat Preußen so viel Interesse verdient? Hat es ein Recht auf das Lob, das seine Verehrer ihm spenden? Oder sind die Vorwürfe gerechtfertigt, die seine Feinde ihm machen?

Preußen hat zwei Höhepunkte gehabt: das 18. Jahrhundert, das Zeitalter der Aufklärung und Toleranz, und die Reformzeit zu Beginn des 19. Jahrhunderts. In jener ersten Periode haben die Intellektuellen Europas Friedrich dem Großen als dem aufgeklärten Herrscher schlechthin ihr Lob gespendet. Voltaire, der glänzendste europäische Geist seiner Zeit, schrieb 1740 an seine Nichte: »Nun bin ich endlich in Potsdam. Unter dem verstorbenen König war es ein Exerzierplatz und kein Garten, mit dem Tritt des Garderegiments als einziger Musik, Revuen statt Schauspielen und Soldatenlisten als Bibliothek. Heute ist es der Palast des Augustus, der Sitz der Schöngeister, der Lust und des Ruhmes, der Pracht und des guten Geschmacks.«

Preußen hatte die in Frankreich verfolgten Hugenotten aufgenommen wie die durch die Gegenreformation aus Böhmen und Mähren vertriebenen Glaubensflüchtlinge. Es hatte die Salzburger in Ostpreußen angesiedelt und als erstes Land Europas die Folter abgeschafft. Das Allgemeine Landrecht Preußens galt als das fortschrittlichste Recht der Zeit, und zum ersten Mal waren hier die Voraussetzungen für eine bessere Erziehung und Bildung geschaffen worden. Friedrich der Große schätzte die Jesuiten als tüchtige Lehrer und gewährte ihnen darum Zuflucht, als ihr Orden aus den katholischen Ländern Europas vertrieben und schließlich 1773 vom Papst aufgelöst wurde. Den Katholiken ließ er in Berlin die große, repräsentative Hedwigskirche erbauen, und immer wieder ermahnte er beide Konfessionen, Toleranz gegeneinander walten zu lassen.

In der zweiten großen Periode, der Reformzeit zu Beginn des 19. Jahrhunderts, ist ein absolutistisch regierter Staat in einen modernen, rechtlich fundierten Verwaltungsstaat umgewandelt worden. Die Stein-Hardenbergschen Reformen führten die Bauernbefreiung ein und die Selbstverwaltung der Städte. Humboldt gründete damals die Universität in Berlin.

»Demokratische Grundsätze in einer monarchischen Regierung, dieses scheint mir die angemessene Formel für den gegenwärtigen Zeitgeist«, schrieb Hardenberg. Aber dem Geist der Liberalität war kein langes Leben beschieden. Nach den ersten zwei Jahrzehnten zog unter dem Einfluss Metternichs langsam die Reaktion in Europa ein, und die Zeit der Restauration begann. Von Reformen wollte man nun nichts mehr wissen.

Bismarck hat Preußen dann unwiderruflich mit dem Schicksal Deutschlands verbunden. Er hat die Einheit Deutschlands im Kampf gegen Habsburg durchgesetzt, denn nur wenn es einem deutschen Partikularstaat gelang, sich als zweite Großmacht neben Österreich zu etablieren, konnte dieses Ziel erreicht werden. Freilich war dies nur bei äußerster Konzentration möglich, nur, wenn alles andere dem Politischen und Militärischen untergeordnet wurde.

So ergab sich denn die Überschätzung des Militärischen, dem der deutsche Staat ja in der Tat seine Existenz verdankte. Solange Bismarck da war, dessen Politik auf ein europäisches Gleichgewicht ausgerichtet war, wurde dies noch nicht deutlich, aber als dann sein Augenmaß fehlte, führte jedes Denken zu einer totalen Sinnentleerung. Am Ende wusste niemand mehr, was eigentlich die Ziele Wilhelms II. waren, wozu er seine schimmernde Wehr aufbaute und zu welchem Ende er die wachsende Flotte gebrauchen wollte. Man sah kein Konzept, nur wirtschaftlichen und militärischen Ehrgeiz: Macht um der Macht willen, das schien die Devise des geistlosen, pseudopreußischen Wilhelminismus zu sein. Das wirkliche Preußen war längst tot, als der alliierte Kontrollrat am 25. Februar 1947 die Auflösung des preußischen Staates verfügte.

14. August 1981

Seit Jahren erhöht die Sowjetunion unter Leonid Breschnew die Ausgaben für die Militäraufrüstung. Unter dem neuen Präsidenten Ronald Reagen erreichen nun auch in den USA die Ausgaben für die Verteidigung einen neuen Höchststand.

Vom Irrsinn des Wettrüstens

Cecil Rhodes, der zu Anfang unseres Jahrhunderts verstorbene englische Kolonialpolitiker, stellte fest: »Wir sind das überlegenste Volk. Je mehr von der Welt uns gehört, umso besser für die menschliche Rasse.« Man kann sich in unseren Tagen das Lebensgefühl, das in einer solchen Feststellung zum Ausdruck kommt, überhaupt nicht mehr vorstellen: diese Selbstgewissheit, dieses Unangefochtensein, die Abwesenheit jeglichen Zweifels. Und dann, welch unerschütterlicher Glaube an die unbegrenzten Möglichkeiten des Fortschritts.

Die Ernüchterung, die nach zwei Weltkriegen eingetreten ist, und die tiefe Sorge, die seit dem Hereinbrechen des Atomzeitalters viele erfüllt, hat niemand so visionär gespürt und so einprägsam formuliert wie ein anderer englischer Politiker: der ehemalige Premierminister Winston Churchill.

»Es könnte sein«, so sagte er, »dass es die Steinzeit ist, die auf den leuchtenden Schwingen der Wissenschaft zurückkehrt, und dass das, was heute als unermesslicher Segen über die Menschheit kommt, deren totale Zerstörung herbeiführt.« – »*Beware, I say, time may be short*«, fügte der große Staatsmann hinzu: »Hütet euch, sage ich, die Zeit könnte knapp werden.«

Welch gewaltige Spanne zwischen diesen beiden Äußerungen: Sie markieren den Untergang der alten Welt und das Heraufdämmern einer neuen.

Moskau hat in den letzten zehn Jahren eine Aufrüstung vollzogen, deren Ausmaß niemand im Westen für möglich gehalten hätte. In Washington haben in der vergangenen Woche Kongress und Senat am gleichen Tag die Verteidigungsausgaben für das am 1. Oktober beginnende Jahr um rund 30 Prozent auf den höchsten Stand aller Zeiten heraufgesetzt: 178 Milliarden Dollar. Bis 1986 soll das Budget auf 355 Milliarden Dollar ansteigen. Im Jahr 1981 machten die Verteidigungsausgaben sechs Prozent des Sozialprodukts aus, 1986 werden es zehn Prozent sein, während die entsprechenden Zahlen für Japan ein Prozent, die für die Bundesrepublik drei Prozent betragen.

Wenn man ferner bedenkt, dass Amerika 35 Prozent seiner Forschungs- und Entwicklungsausgaben auf Rüstung verwendet, Japan und die Bundesrepublik aber nur vier Prozent und sieben Prozent, dann muss man befürchten, dass die Vereinigten Staaten in zehn Jahren militärisch zwar unangreifbar sein werden, dass sie technologisch, sozial und wirtschaftlich aber in katastrophaler Weise rückständig geworden sein könnten. Es sei denn, dass zuvor das Volk rebelliert, denn Ausgaben für die sozialen Bedürfnisse der Bevölkerung, für Erziehung und Forschung zu kürzen, um die Rüstungsausgaben ins Gigantische steigern zu können und dies über Jahre, ohne dass für den Normalbürger eine erkennbare Notwendigkeit besteht – dies dürfte auch das opferbereiteste Volk nicht ertragen.

Handelte es sich um zwei Individuen, man würde sie auf die Couch legen und das Weitere dem Psychiater überlassen – aber niemand weiß, wie man pathologisch misstrauische Supermächte dazu bringen kann, einen Moment innezuhalten, um darüber nachzudenken, ob das, was sie tun, eigentlich sinnvoll ist; ob es wirklich nur die eine Möglichkeit gibt, sich zu schützen: immer weiterrüsten. Es ist richtig, dass die Abschreckung 30 Jahre lang den Frieden erhalten hat, aber ist dies eine Garantie dafür, dass in den nächsten zehn Jahren die Wirkung die gleiche sein wird? Ist es nicht vielmehr so, dass die Abschreckung beginnt, selbst zum Schrecken zu werden, weil der Prozess, die rüstungstechnische Infrastruktur auf dem Laufenden zu halten, sich verselbständigt?

Es ist wie in einer griechischen Tragödie: Das Rad des Schicksals rollt, alle sehen zu, aber niemand vermag ihm in die Speichen zu fallen. Dabei könnte heute eine Sternstunde sein. Denn beide Supermächte empfinden die Last des Rüstens so bedrückend wie nie zuvor, und beide haben damit begonnen, die nächste Generation der immer teurer werdenden Waffen aufzulegen; aber noch ließe sich deren Produktion wohl stoppen.

Wichtig ist auch, dass die Menschen weltweit aufsässig werden und protestieren: Sie wollen nicht Kriegsvorbereitungen, sondern Friedensplanung.

Einst setzte der Gewaltverzicht den Anfang zu einem besseren Verständnis. Man sollte einmal überlegen, ob nicht ein Vertrag zwischen den Supermächten über gegenseitigen Gewaltverzicht dazu geeignet sein könnte, eine Art Isolierschicht zwischen gestern und morgen zu legen, und wenn es auch nur wäre, um die Abrüstungsverhandlungen vom Fleck zu bringen.

27. August 1982

Im Sommer 1986 schreibt Marion Dönhoff wieder über die geteilte Stadt Berlin. Drei Jahre vor dem Fall der Mauer prognostiziert die Journalistin, dass die Geschichte über die Berliner Mauer hinweggehen wird.

Nicht für die Ewigkeit bestimmt

Immer schon gab es Mauern in der Geschichte. Aber ihr Daseinszweck war nicht stets der gleiche. Die Chinesen hatten ihre ersten Schutzwälle gegen räuberische Nomaden – die Vorläufer der Großen Mauer – schon tausend Jahre vor unserer Zeitrechnung errichtet. Die Chinesische Mauer existiert also bereits seit drei Jahrtausenden.

Die Mauer in Berlin steht erst seit 25 Jahren, aber wenn man bedenkt, dass es ihr Zweck ist, die Flucht der eigenen Bürger zu verhindern, dann ist das schon eine sehr lange Zeit. Man wird sich kaum vorstellen können, dass sie in weiteren 25 Jahren auch noch steht. Die Umdrehungsgeschwindigkeit der Geschichte ist heute anders als früher. Was für ewig gedacht schien, ist im Handumdrehen verschwunden: Wer denkt heute noch an Maos rotes Büchlein, mit dem viele Millionen Chinesen jahrelang bei jeder Gelegenheit zu winken pflegten?

Auch die Berliner Mauer ist nicht für die Ewigkeit bestimmt. Sie zerteilt ja nicht nur die Stadt, sie ist ein Symbol für die Teilung Europas, und dies ist ein so ahistorischer Zustand, dass ihm keine Dauer beschieden sein kann.

Der alte Kontinent Europa, jahrhundertelang das Zentrum der Welt, existiert nicht einmal mehr im Bewusstsein der Westeuropäer: Sie fühlen sich diesseits der Elbe als Teil des Gemeinsamen Marktes und der Nato, und sie betrachten Osteuropa nur unter dem Aspekt des Moskauer Vorzeichens. Da kommt es dann zu absurden Zuordnungen wie beispielsweise der Kategorisierung Ostberlins als Teil Osteuropas.

Vergessen ist, dass in diesem alten Kontinent seit dem Mittelalter – also während eines halben Jahrtausends – alle wichtigen geistigen Bewegungen ihren Ursprung nahmen. Hier wurde die Renaissance geboren und die Reformation. Aufklärung und Romantik erlebten hier ihren Ursprung und Höhepunkt. Und bis in unsere Tage ist die intellektuelle Basis dessen, was die moderne Welt in Ost und West ausmacht, aus dem europäischen Raum hervorgegangen: Marxismus, Sigmund Freuds Lehre, Albert Einsteins Erkenntnisse und schließlich auch die moderne Wissenschaft und Technologie.

Europa sollte mehr Selbstbewusstsein beweisen, wenn es in dieser von militärischen Aspekten hypnotisierten Epoche als eigenständige geistige Potenz überleben will.

Der Riss, der durch Europa geht, könnte heute vielfach »übernäht« werden, ohne dass das politische Kräftesystem destabilisiert würde. Dann könnte auch die Mauer abgebaut werden. Voraussetzung für beides freilich ist, dass die osteuropäischen Staaten in einem langsamen, systematischen Lockerungsprozess ihren Bürgern mehr wirtschaftliche und mehr kulturelle Freiheit gewähren, damit ihre Regierungen nicht befürchten müssen, ohne die Militärpakte gestürzt zu werden.

Dies alles ist in den nächsten 25 Jahren durchaus denkbar, denn dann befinden wir uns schon im zweiten Jahrzehnt des neuen Jahrtausends.

15. August 1986

Marion Dönhoff erlebte Kaiserzeit, Weimarer Republik und die Nazi-Diktatur. Sie hält die Demokratie für eine stets gefährdete Staatsform. Sie vertritt die Ansicht, solange das materielle Haben wichtiger ist als das Sein, Geld wichtiger als Moral, zerbröselt kontinuierlich das Fundament, auf dem die Demokratie steht. Der folgende Text aus dem Jahr 1989 ist der erste in einer Reihe von Artikeln, die zu ihrem berühmt gewordenen Aufruf führen: »Zivilisiert den Kapitalismus!«

Erst kommt das Geld – dann die Moral

»Ein Krebsgeschwür frisst an der westlichen Gesellschaft, und das heißt Korruption«, erklärte Senator Frank Church, der Vorsitzende des US-Senats, bei der Beendigung der Hearings zur *Lockheed*-Affäre. Ist das wirklich so? Hat es nicht zu allen Zeiten und in allen Gesellschaftssystemen Korruption gegeben?

Im Verlauf jener *Lockheed*-Untersuchung stellte sich heraus, dass der größte private Waffenproduzent der Welt von 1970 bis 1975 für »Beraterhonorare« und »Provisionen« 200 Millionen ausgegeben hatte; man nimmt an, dass 10 bis 15 Prozent dieser Summen für Bestechungen verwandt worden sind. Die Korruptionsprozesse in der Bundesrepublik sind da vergleichsweise bescheiden. In den frühen Jahren, 1959/60, ging es um Leihwagen, die die Firma Mercedes in großer Zahl an Offiziere und Angestellte des Koblenzer Bundeswehrbeschaffungsamtes kostenlos vergeben hatte. Damals zeigte sich die *Zeit* in einem Leitartikel (»Staatsdiener oder wessen Diener?«) tief empört über die Korruption eines Obersten Löffelholz und anderer; dabei entsprach sein Fall einem Gegenwert von weniger als 1500 Mark.

Mittlerweile sind wir stärkeres Kaliber gewöhnt. Bei der Neuen Heimat haben die Chefs ihr gewerkschaftliches Sozialunternehmen nicht nur durch schlechtes Management ruiniert, sondern auch durch einträgliche Privatgeschäfte über Strohmänner erheblich geschädigt. Es heißt, sie hätten etwa 100 Millionen Mark für sich beiseitegeschafft. Zwischen diesen beiden Markierungen liegen eine Reihe von Fällen, die weniger mit Bereicherung als mit betrügerischem Streben nach politischer Macht zu tun haben, liegt auch der Parteispenden-Dschungel, den die Firma Flick veranstaltet hat. Und nun der Libyen-Skandal, der eine Kategorie für sich darstellt.

Man kann sich des Eindrucks nicht erwehren, dass die Skandalwellen allenthalben höher schlagen und immer rascher aufeinander folgen. Nehmen wir nur die letzten Monate. Wenn man in die Runde blickt, kommt einen das kalte Grausen an.

In Österreich läuft zurzeit der politische Untersuchungsausschuss in Sachen Lucona gegen Udo Proksch, einen Gesellschaftslöwen, Geschäftemacher und Gründer des mysteriösen Club 45. Der Untergang der Lucona, bei dem es um eine Versicherungssumme von 212 Millionen Schilling geht – Proksch ist wegen Mord- und Betrugsverdachts angeklagt –, zieht immer mehr Politiker und Geschäftsleute mit in den Abgrund.

Vor kurzem sind im Zusammenhang mit diesem Verfahren Innenminister Karl Blecha und der Parlamentspräsident Leopold Gratz zurückgetreten. Ins Zwielicht geraten ist auch die der konservativen ÖVP nahestehende »Bundesländerversicherung«, bei der Proksch nach dem Untergang der Lucona 30 Millionen Mark reklamierte. Der Vorgänger des heutigen Generaldirektors Kurt Ruso wurde übrigens im Januar 1986 abgesetzt, weil er das Unternehmen durch fingierte Schadensmeldungen um rund 22 Millionen Mark geschädigt hatte. Die der sozialistischen SPÖ nahestehende Wiener Städtische Versicherung ist ebenfalls im Gerede.

Die Lucona war ein 1200-Tonnen-Frachter, der unter panamaischer Flagge im Januar 1977 auf der Fahrt von Venedig nach Hongkong im Indischen Ozean »bei schönstem Wetter« plötzlich explodierte und sofort sank. Sechs Seeleute fanden dabei den Tod. Seine Fracht: angeblich eine teure Uranerz-Aufbereitungsanlage – in Wirklichkeit offenbar nur Schrott. Die vermeintliche Verkäuferin stellte sich als Scheinfirma heraus, der angebliche Käufer in Hongkong als Pelz- und Handtaschenhändler.

Zur gleichen Zeit läuft in Wien der Prozess Rabelbauer. Rabelbauer ist ein Vorarlberger ungarischer Abkunft, der dem österreichischen Staat 100 Millionen Mark Steuern schuldet und angeblich drei Wiener Banken um 50 Millionen Mark betrogen hat. Noch ist der AKH-Skandal nicht vergessen – das Allgemeine Krankenhaus war veranschlagt auf 100 Millionen Baukosten, hat aber mehr als sechs Milliarden Mark gekostet – davon 300 Millionen an Schmier- und Schmerzgeldern. Und schon gibt es wieder einen neuen Bauskandal, den des Zentralarchivs. Bei dieser Gelegenheit sollen 100 Millionen Schilling an Briefkastenfirmen auf den Bahamas und nach Liechtenstein verschoben worden sein.

Selbst die biedere Schweiz hat in diesen Wochen ihren Korruptionsskandal, allerdings gleicht dieser mehr einer Tragödie: Elisabeth Kopp, die erste weibliche Ministerin, eine beliebte, ebenso kompetente wie tüchtige Frau, erfährt als Chefin des Justiz- und Polizeidepartments, dass gegen die Finanzfirma, bei der ihr Mann – ein dubioser Wirtschaftsanwalt – Aufsichtsrat ist, ein Ermittlungsverfahren schwebt. Die Firma steht im Verdacht, Geld aus Drogengeschäften reinzuwaschen. Frau Kopp warnt ihren Mann, gibt dies unter Druck nach und nach zu und wird wegen Verletzung des Amtsgeheimnisses abgesetzt.

Auch Frankreich hat in diesen Tagen seine Affäre, aber nach französischer Tradition wird sie wohl ungesühnt versanden. Sachverhalt: Der französische Aluminium-Konzern Pechiney beschließt, die amerikanische Verpackungsfirma ANC zu kaufen. Niemand weiß davon, aber siehe da, zwei Franzosen, zwei französische und eine luxemburgische Maklerfirma fassen plötzlich den Entschluss, die Aktien zum Börsenkurs von zehn Dollar zu kaufen und sie nach erfolgter Fusion kurz darauf für 56 Dollar wieder zu verkaufen. Die beiden Franzosen, Max Théret, der 32 000 Aktien kaufte, und Patrice Pelat, der es nur auf 10 000 brachte, sind beide Freunde von Präsident Mitterrand und eng mit den Sozialisten liiert, die inzwischen auch Gefallen am Kapitalismus gefunden haben.

Desgleichen ist involviert Boublil, Kabinettsdirektor des Finanzministers Bérégovoy, der Ende Januar demissioniert hat. Boublil war angeblich auch beteiligt an dem Versuch des

Finanzministers, die unter Chirac privatisierte Bank Société Générale wieder zu verstaatlichen. Auch in diesem Fall kam es zu einem Insider-Aktiengeschäft, bei dem Aktien zu 260 Francs gekauft und zu 500 wieder verkauft wurden – ein Geschäft, bei dem der Staat erhebliche Summen einbüßte.

In Italien handelt es sich bei Korruptionsskandalen – und von denen ist kaum eine Stadt frei, auch die Vatikanstadt nicht – stets um die *tangenti,* Bestechungsgelder, mit denen Bau- und Industriefirmen sich um öffentliche Aufträge bemühen. Der Mailänder Bauunternehmer Bruno de Mico sagte im vorigen Jahr vor einer Untersuchungskommission in Genua aus, er habe, um den Auftrag zum Bau neuer Gefängnisse zu erhalten, 13,7 Millionen Mark Schmiergelder bezahlen müssen. Telefonisch hätten Ministerialdirektoren bei ihm die Bestechungsgelder angefordert.

Auch die Griechen tragen zum Kolossalgemälde der Skandale bei. Gegen den Waffenhändler Louvrakis, einen engen Freund des Ministerpräsidenten Papandreou, ist soeben ein Strafverfahren wegen Hehlerei eröffnet worden. Grund: Er ist ein naher, offenbar mittätiger Freund des ehemaligen Chefs der Bank von Kreta, Koskotas, der eine Milliarde Mark unterschlagen haben soll und in den Vereinigten Staaten im Gefängnis sitzt.

In Japan geht es ebenfalls hoch her. Drei Minister mussten gerade das Kabinett verlassen; auch der Chef von NTT *(Nippon Telegraph and Telephone),* eine der größten Firmen Japans, trat zurück. Viele führende Politiker, 76 an der Zahl, darunter allerhöchste Amtsträger sowie 16 Abgeordnete beider Parteien, sind in Insidergeschäfte verwickelt. Zusammen sind sie mit 165 Millionen Dollar von einer Immobilienfirma, Recruit Cosmos, geschmiert worden. Der *Economist* merkt dazu an: »Wenn einer geht, müssen alle gehen. Das aber würde zwei oder drei Generationen potentieller Ministerpräsidenten eliminieren.« In dieser Woche wurden nun zwei Direktoren von NTT verhaftet, wie auch zwei führende Personen der Recruit Cosmos. Es mag durchaus sein, dass schließlich auch noch die Regierung stürzt.

Japan macht besonders deutlich, wo die Gefahren für die heutige Industriegesellschaft liegen: Zuerst konkurrieren die einzelnen Firmen im nationalen Bereich mit allen Mitteln gegeneinander, und dann beginnt die Konkurrenz auf Leben und Tod im internationalen Bereich. Da ist oft jedes Mittel recht.

In der vorigen Woche erfuhr man, dass in Amerika von 3000 Sparkassen-Banken 1000 mehr oder weniger pleite sind. *U.S. News & World Report* schrieb: »Die Verluste steigen jeden Monat um rund eine Milliarde Dollar.« Präsident Bush sprach von »kriminellen Sparkassenmanagern«, von »verantwortungsloser Ausleihung und Betrug«. Als der *Spiegel* vor zwei Wochen den bekannten Historiker Arthur Schlesinger fragte, was er von der eben abgetretenen Administration halte, sagte dieser: »Es war eine unehrliche Regierung, eine Regierung von Gaunern und Dieben.«

Wie ist das alles möglich? Liegt es daran, dass viele Menschen heute nur noch *ein* Interesse haben: die Maximierung ihres Einkommens – dass also nicht mehr das Sein, sondern nur noch das Haben zählt? In der Geschichte hat es immer Autoritäten gegeben, die das Tun und Trachten der Leute eingegrenzt haben. Mindestens gab es Sitte und Konvention – und es gab Empörung, wenn diese nicht eingehalten wurden. Zum ersten Mal gibt es nichts von alledem – nur grenzenlose Freiheit, als ob dies das Wesen der Demokratie sei.

Es gibt Ziele, ja. Aber wenn es keine höheren Ziele gibt als den Lebensstandard, keine andere Messlatte für Leistung, Ansehen, Wohlbefinden als das Einkommen, dann gnade Gott unserer demokratischen Lebensform.

3. Mai 1989

Im September 1989 steht zwar die Mauer noch, doch der Zusammenbruch des Ostblocks ist nicht mehr aufzuhalten. Die Zeit des Kommunismus sowjetischer Prägung ist abgelaufen. Marion Dönhoff stellt fest: Die Niederlage des Marxismus bedeutet nicht den Triumph des Kapitalismus.

Am Ende aller Geschichte?

Manchmal könnte man wirklich meinen, die Geschichte mache sich lustig über die Menschen, die ihre Theorien mit dem Anspruch ewiger Wahrheiten vortragen und sie mit solch feierlichem Ernst vertreten.

Da hatte Karl Marx vor 150 Jahren — wie seine Adepten seither und bisher — wirklich geglaubt, wenn die Menschheit seinen Ideen nachlebe, werde sie einen Endzustand paradiesischer Harmonie erreichen. Das Merkwürdige aber ist, dass es gerade seine überzeugend anschauliche Anklage der elenden Arbeitsverhältnisse jener Zeit war, die dazu beigetragen hat, den von ihm verdammten Kapitalismus zur Humanisierung zu zwingen und so seine Akzeptanz zu sichern, während die Konkretisierung seiner abstrakten Theorien die Adepten allenthalben ins Unglück gestürzt hat.

Heute sieht jeder ein, dass der Kommunismus in der Praxis scheitern muss, weil die totale Unterwerfung unter eine zentrale Planungsbürokratie jede Lust zur Innovation zerstört und die Arbeitsinitiative tötet. Weil ferner die mit diesem System entstandene Nomenklatura dem Ideal sozialer Gerechtigkeit Hohn spricht, das verheißene »Reich der Freiheit« mitsamt dem »Neuen Menschen« ad absurdum führt. Für Marx und seine Jünger stand ja der Lauf der Geschichte fest. Die Evolution der Menschheit hatte vom Patriarchat über den Feudalismus zum Kapitalismus geführt und würde anschließend über den Imperialismus zwangsläufig zum Sozialismus gelangen und so dann das Endziel erreichen, den Kommunismus. Sein Räsonnement: Im Kapitalismus, der auf der Existenz des Privateigentums beruht, wird alles zur Ware und also zu Geld — auch die Arbeit. Damit verliert die Arbeit ihren schöpferischen Charakter und wird nicht als Selbstverwirklichung empfunden, sondern nur als Erwerb des Lebensunterhalts. Der Einzelne wird, so meint Marx, durch die Lohnarbeit sich selbst entfremdet. Erst, wenn das Privateigentum an den Produktionsmitteln abgeschafft ist, könne sich dies ändern. Noch einmal: Die Geschichte, die offenbar das Irrational Clowneske der Menschheit zu demonstrieren liebt, hat auf dem Weg ins Paradies der klassenlosen Gesellschaft die Entfremdung des Menschen, die Karl Marx doch dem antagonistischen Kapitalismus prophezeit hatte, statt dessen an die Fersen des Marxismus geheftet.

Aber damit nicht genug — es gibt noch mehr Absurditäten. Jetzt beginnen die triumphierenden Gegner von Marx, vor allem die Amerikaner, des Propheten absurde Vorstellung von einem Endzustand der Geschichte ihrerseits zu prognostizieren. So stand in der *International Herald Tribune* vor einigen Monaten als dreispaltige Überschrift: *We can now answer Plato's question.* Charles Krauthammer, ein Kolumnist, erklärte: »Die Frage, die seit Platos Zeiten alle politischen Philosophen beschäftigt hat: Welches ist die optimale Regierungsform?, ist jetzt beantwortet.« Dreimal darf man raten, wie. Krauthammers Antwort: »Nach einigen Jahrtausenden des Ausprobierens der verschiedenen Systeme beenden wir nun dieses Jahrtausend in der Gewissheit, dass wir mit der pluralistisch kapitalistischen Demokratie das gefunden haben, was wir suchten.«

Noch deutlicher sagt es der stellvertretende Chef des Planungsstabes im State Department, Francis Fukuyama. In der Vierteljahreszeitschrift *National Interest* erklärt er zu den aktuellen Ereignissen: »Was wir erleben, ist vielleicht nicht nur das Ende des Kalten Krieges oder einer bestimmten Periode der Nachkriegsgeschichte, sondern das Ende der Geschichte überhaupt; also der Endpunkt ideologischer Evolution der Menschheit und der Beginn weltweiter Gültigkeit der westlichen liberalen Demokratie als endgültige Form menschlicher Regierung.« Da wird einem wirklich bange, und man fragt sich, ob nun als nächster absurder Einfall der Geschichte vielleicht der Kapitalismus zugrunde geht und von einem geläuterten Sozialismus gerettet wird. Das ist gar nicht so unvorstellbar, wie es klingt.

Gewiss, als wirtschaftliches System ist der Sozialismus im Wettstreit mit der Marktwirtschaft gescheitert. Aber als Utopie, als Summe uralter Menschheitsideale: soziale Gerechtigkeit, Solidarität, Freiheit für die Unterdrückten, Hilfe für die Schwachen, ist er unvergänglich. Und unsere so erfolgreiche westliche Gesellschaft? Wenn man sie einmal von außen, also wie ein Unbeteiligter, betrachtet, dann könnte man meinen, unsere Sozial- und Wirtschaftsordnung sei bereits auf dem Abstieg, denn ihre positiven wirtschaftlichen Folgen zeitigen natürlich auch negative Begleiterscheinungen. Das Engagement für das Ganze, also für Staat und Gesellschaft, hat einem erschreckenden Egoismus Platz gemacht. Karriere und Geld nehmen jetzt die erste Stelle ein. Die Maximierung des Einkommens ist zum höchsten Lebensziel, nicht nur der Yuppies, geworden. So zwingend ist dies, weil nicht nur Lebensstandard und Wohlbefinden, sondern auch Ansehen und Einfluss am Geld gemessen werden. Ein Gefühl für gesellschaftliche Verantwortung wird immer seltener.

Allein in London gibt es über 10 000 Obdachlose, die ihre Nächte in U-Bahn-Schächten, auf Parkbänken und in verlassenen Gebäuden verbringen. In Amerika sind es offenbar drei Millionen, was nicht zuletzt darauf zurückzuführen ist, dass Reagan den öffentlichen Wohnungsbau praktisch eingestellt hat. Sowohl in England als auch in Amerika wächst mit dem Reichtum zugleich die Armut. In einem Bericht von Wissenschaftlern heißt es, dass sich die Zahl der Sozialhilfeempfänger im britischen Königreich seit 1979 von vier Millionen auf acht Millionen verdoppelt hat. Es wird nachgewiesen, dass innerhalb von zehn Jahren der Reallohn bei der höchsten Einkommensteuerklasse um 22 Prozent stieg, bei der untersten Klasse aber um 10 Prozent gesunken ist. Umso unbegreiflicher, dass Anfang dieses Jahres der Höchststeuersatz von 60 Prozent auf 40 Prozent reduziert wurde. Auch in Amerika wird die Kluft zwischen Arm und Reich immer größer. 33 Prozent aller Schwarzen leben unterhalb der offiziellen Armutsgrenze, bei den Weißen sind es elf Prozent. Und darüber, dass 37 Millionen Amerikaner keine Krankenversicherung haben, kann man nur staunen.

Besonders erschreckend ist das Bild der westlichen Gesellschaft, wenn man sich die Korruptionsfälle der letzten zwölf Monate vor Augen führt. Da ist der Ministerpräsident Griechenlands, Andreas Papandreou, der mit mehreren Ministern seines ehemaligen Kabinetts und anderen Würdenträgern vor Gericht gestellt wird. In zwei Fällen ist Klage bereits erhoben worden; der Vorwurf, Anstiftung zur Untreue, private Bestechung und Hehlerei wird noch geprüft. Da ist ferner in Japan der Skandal des Informations- und Immobilienkonzerns Recruit, dessen Chef mit Hilfe manipulierter Aktienverkäufe versucht hat, sich politische Macht und große Geschäfte zu sichern. Die Regierung ist darüber gestürzt. Etwa 130 Persönlichkeiten aus Wirtschaft und Politik sind in diesen Skandal verwickelt.

Die Geldgierigen waren auch in Amerika nicht faul. Unter Präsident Reagan sind fast 1000 Verfahren wegen krimineller Vorgänge im Amt eingeleitet worden. Von den 535 Mitgliedern des letzten Kongresses sind 20 wegen unethischen Verhaltens angeklagt worden. Der Fall des Jim Wright, Sprecher des Repräsentantenhauses, hat zehn Monate lang einen Untersuchungsausschuss beschäftigt; Wright hat Geschäfte, die als Nebeneinnahmen hätten angegeben werden müssen, nicht deklariert. Man muss sich das einmal vorstellen: Der dritte Mann im Staat nach Präsident und Vizepräsident muss wegen finanzieller Vergehen zurücktreten, während der als Verteidigungsminister vorgesehene Senator Tower wegen Alkoholismus nicht bestätigt werden konnte. Der letzte große Skandal ist noch gar nicht aufgearbeitet. Er ist in dem Ministerium für Housing and Urban Development (HUD) ausgebrochen. Durch Unregelmäßigkeiten beim Verkauf staatssubventionierter Wohnungen sind riesige Summen veruntreut worden.

An derlei Übelstände scheint Amerika sich gewöhnt zu haben, aber das, was die Bevölkerung wirklich das Gruseln lehrt, ist die Drogensucht, die sich, einer mittelalterlichen Seuche gleich, ausbreitet, nicht nur in den Großstädten. Das *Wallstreet Journal* beschreibt eine Kleinstadt in Delaware: Seit die Crack Dealer 1985 dorthin gelangt sind, beherrschen brutaler Mord, Raubüberfälle, Prostitution und Syphilis den ländlichen Ort. Überall nehmen die Verbrechen zu. Die Polizei schätzt, dass 80 Prozent der rasch zunehmenden Verbrechen in Amerika im Zusammenhang mit Drogen stehen.

In einem Bericht aus Washington heißt es: »Nur ein paar Häuserblocks vom Weißen Haus entfernt fallen, wie in allen Großstädten, Nacht für Nacht Schüsse, sterben zumeist junge Menschen. Straßenzüge, ganze Stadtteile werden vom Kokain regiert, Familien zerbrechen, gewachsene Sozialstrukturen zerfallen, Kinder werden mit Kokain im Blut geboren.«

Jeden Tag werden in Amerika etwa 600 Babys von Müttern geboren, die kokainsüchtig sind, allein in den Hospitälern Floridas wurden im vorigen Jahr 10 000 solcher Kinder geboren. Sie wiegen bei der Geburt manchmal nur 1500 Gramm, haben Wachstumsstörungen und Gehirnschäden. Heimsuchungen aller Art, die sich gegenseitig verstärken und bedingen, ergeben ein trauriges Bild: Arbeitslosigkeit, Alkohol- und Drogenmissbrauch, Prostitution, Kürzungen des Sozialprogramms, Steuersenkungen und Budgetdefizit. Sollte dies wirklich die perfekte Gesellschaft sein, die für alle Zeiten über den Sozialismus triumphiert?

22. September 1989

Am 2. August 1990 marschiert der Irak in Kuwait ein. Die Vereinigten Staaten bereiten daraufhin politisch und militärisch einen Gegenschlag vor. Sie bilden ein Bündnis mit 34 Staaten, mit deren Unterstützung sie den Krieg beenden wollen. Deutschland will sich nicht beteiligen. Der sogenannte Zweite Golfkrieg wird zum schwersten Krieg seit Ende des Zweiten Weltkriegs. Marion Dönhoff sieht in diesem Krieg ein Beispiel für den Konflikt zwischen Moral und Eigeninteresse in der Politik.

Wirklich ein gerechter Krieg?

Krieg ist für die Deutschen ein Trauma. Selbst für die Jungen, auch wenn sie die Bilder, die uns Ältere jahrelang heimgesucht haben, nie vor Augen hatten: zerbombte Städte, Straßen, die sich wie schmale Fußpfade zwischen Gebirgen von Trümmern hindurch winden, zerstörte Brücken, Kirchen, Bahnhöfe. Mitte 1946 lag das Durchschnittsgewicht der männlichen Erwachsenen in Hamburg bei 51 Kilogramm.

Zorn, Angst und Trauer ergreifen Besitz von jedermann bei der Vorstellung, dass dies alles sich jetzt im Golfkrieg noch einmal wiederholt. Auch weiß man doch, dass am Feuer eines solchen Krieges jeder sein spezielles Süppchen kochen möchte, die Ausweitung also nicht aufzuhalten ist. Wer den Krieg im eigenen Land nicht erlebt hat, der wird die Angst und die untergründigen Gefühle der Menschen angesichts des orientalischen Konflikts nie verstehen, zumal die Ratlosigkeit unserer Regierung die Unsicherheit aller noch vergrößert.

Die Verwirrung ist groß. Den Friedensmarschierern wird Antiamerikanismus vorgeworfen, weil sie Plakate mitführen, die sich zum Teil gegen jene Macht richten, deren Militärmaschine sie allabendlich auf dem Fernsehschirm das Fürchten lehrt. Das Widerstreben der deutschen Politiker wird als Feigheit gedeutet, als Mangel an Solidarität, weil sie sich bei der Weigerung, am Golf zu kämpfen, auf die Verfassung berufen, die dies verbietet.

Saddam war doch längst ein Verbrecher zu der Zeit, als die Alliierten seine Armee zur viertstärksten der Welt aufrüsteten.

Alle haben dabei mitgewirkt. Drei der fünf ständigen Mitglieder des Sicherheitsrates, Russen, Chinesen und Franzosen, haben sechzig Prozent der Waffen geliefert – ganz offiziell. Und ganz offiziell hat auch die Bundesregierung weggesehen, als einzelne deutsche Firmen Saddam belieferten – nicht mit Waffen, sondern mit Schlimmerem: technischer Ausrüstung, die den irakischen Diktator befähigt, Giftgas einzusetzen, vielleicht sogar die furchtbarste aller Waffen, die Atomwaffe, und Israel mit Raketen zu erreichen. In der ersten Wut hätte man diese Leute am liebsten als Objektschutz an Israel ausgeliefert.

Wie eigentlich steht es mit der Moral in der Politik? Feststehende Gesetze, nach denen man sich richten kann, gibt es nicht. Jeder Fall ist anders und muss für sich beurteilt werden. Ganz generell lässt sich nur so viel sagen: *Politik ohne Moral* endet geradewegs in Opportunismus.

Macht ohne Moral verfängt sich in den Interessen und Ideologien.

Kuwait scheint ein exemplarischer Fall, weil der Anlass, Saddams Überfall, ein höchst krimineller Akt war. Im Gegensatz dazu war der Fall Libyen, das von Reagan mit einer Strafexpedition überzogen wurde, weil der Verdacht bestand, Ghaddafi werde in Zukunft neue Terrorakte begehen, moralisch nicht sehr überzeugend. Und Panama? Dort starteten die Amerikaner ein unverhältnismäßig großes, militärisches Unternehmen, um einen Mann zu fangen: Noriega, der während vieler Jahre und bis kurz zuvor gegen ein hohes Salär dem CIA gedient hatte. Es war eine Aktion, bei der etwa tausend Leute umkamen – die Mehrzahl von ihnen Zivilisten.

Die Sache mit der Moral ist sehr kompliziert – besonders dann, wenn es um das Stichwort »Weltpolitik« geht. Auch solche Großmächte, denen es ohne Zweifel und ganz objektiv um Recht und Freiheit geht, sind verführbar. Sie neigen dazu, nach eigenem Ermessen und ihren Interessen entsprechend zu urteilen. So war Amerika mit Recht empört über den sowjetischen Überfall auf Afghanistan, hat aber bis heute kein Wort verloren über die brutale Annexion Tibets durch China; oder es verurteilte streng die Tatsache, dass es eine kleine Anzahl politischer Gefangener in Polen gab, während kein Gedanke an die 30 000 Schwarzen verschwendet wurde, die in Südafrika ohne Verfahren im Gefängnis saßen – denn dort lautete die Washingtoner Devise: *»constructive engagement«*.

15. Februar 1991

»Sind wir Drückeberger?«, titelt der *Spiegel* am 7. März 1991. Weil Deutschland sich am Golfkrieg nicht beteiligen wollte, werden die Deutschen weltweit kritisiert. Marion Dönhoff meint: Lieber Drückeberger als Mittäter.

Ein dubioser Sieg

Theo Sommer schrieb, der große Sieg der antiirakischen Koalition habe »auch all jene Zweifler und Warner entwaffnet, die sich dagegen gesträubt hatten, die Lösung des Kuwait-Konflikts ganz der Logik des Krieges anheimzugeben«. Begründung: Kaum eine der schlimmen Befürchtungen: Chemiewaffen, Israels Involvierung, weltweiter Terrorfeldzug seien eingetreten. Als ob es für den, dem die Füße zerschmettert werden, eine Befriedigung sein kann, dass ihm die Hände nicht abgehackt wurden. Nein, dieser Krieg war a) keineswegs unvermeidlich, b) im Einsatz der Mittel unverhältnismäßig, c) ist er in seinem Ergebnis äußerst dubios.

Zu a): Noch nie war die Möglichkeit, Sanktionen erfolgreich einzusetzen, so groß wie in diesem Fall, weil es die Vereinten Nationen waren – also zum ersten Mal alle Staaten der Erde –, die sich zur Einhaltung des Embargos verpflichteten. Auch lässt sich im Irak die Ausfuhr des Öls leicht überwachen, deren Erlös mit etwa vierzehn Milliarden Dollar der Summe aller Einfuhren entspricht (davon 25 Prozent

Nahrungsmittel). In Anbetracht der hohen Verschuldung wären Geschäfte und Kredit für Saddam gar nicht möglich. Hätte man sich also für eine solche Prozedur ein Jahr Zeit genommen und gleichzeitig Saddam ein scharfes Ultimatum gestellt: »Jeder Übergriff gegen Israel oder ein arabisches Nachbarland wird mit sofortiger Bombardierung Bagdads geahndet«, ein positives Ergebnis wäre durchaus möglich gewesen.

Zu b) Unverhältnismäßigkeit: wahrscheinlich 200 000 Tote, Bagdad weitgehend zerstört, einschließlich Kraftwerken, Kanalisationssystem, Wasserversorgung, so dass ein Teil der Bevölkerung Wasser aus dem Tigris oder aus Regenpfützen trinkt.

Schon bei der Einnahme des Emirats haben Saddams Truppen furchtbar gehaust, bei Rückzug entfesselten sie dann eine Orgie von Plünderung und sinnloser Verwüstung. Frauen wurden vergewaltigt, Männer wegen angeblicher Kollaboration erschossen oder verschleppt: Museen und Moscheen, Archive und die Universität, Hospitäler und Hotels wurden eingeäschert, die Infrastruktur systematisch zerstört. Und nun auch noch Bürgerkrieg. »Wie im Mittelalter«, schreibt ein englischer Journalist in seinem Bericht. 150 000 Palästinenser – als Verräter verfolgt – sind aus Kuwait geflüchtet, ohne zu wissen, wohin.

Die verheerendste Folge des Krieges, die Ökokatastrophe, ist zwar keine zwangsläufige Kriegsfolge, aber ohne die Aktion der UN-Allianz hätte der Verrückte von Bagdad wohl keinen Grund gesehen, einen künstlichen Ölteppich über den Golf zu breiten und 600 Ölquellen samt den Ölforderungsanlagen in Brand zu stecken. Die Umweltschäden sind heute noch gar nicht abzuschätzen.

Zu c): In der amerikanischen Öffentlichkeit heißt es: »Es war ein durch und durch gerechtfertigter Krieg, wir haben ihn mit Präzision geführt und mit geringen Opfern rasch gewonnen.« In jenem Leitartikel der *Zeit* hieß es: »Die Opfer unter den Irakis waren nicht so groß, dass die Alliierten deswegen das ganze Unternehmen hätten sein lassen müssen.« Es kommt eben auf den geographischen Standort des Beobachters an.

Auch wer kein Pazifist ist und Rüstung zur Verteidigung für unerlässlich hält, muss feststellen, dass jeder Krieg zur Brutalisierung der Menschen führt und dass er ferner in keinem Fall berechenbar ist.

Man muss froh sein, dass Deutsche an diesem Krieg militärisch nicht beteiligt waren. Sollen sie uns ruhig »Drückeberger« nennen.

15. März 1991

Die historische Entwicklung, die zum Untergang der DDR führte, und die Prognosen für die Zukunft der politischen Systeme lassen Marion Dönhoff über das dialektische Gesetz nachdenken: Wird eine Entwicklung bis zur Absurdität vorangetrieben, schlägt sie an einem nicht vorhersehbaren Punkt in ihr Gegenteil um.

Macht wird zu Ohnmacht

In unserer Zeit, in der die Macht und nicht der Geist im Zentrum steht, hat man sich so daran gewöhnt, militärisches Potential und ökonomische Potenz als die entscheidenden Faktoren anzusehen, dass die Bedeutung von Geist und Kultur in den Hintergrund getreten ist. Jahrhundertelang aber war es der Geist, welcher der Politik den Anstoß gab.

Nicht das politische System ist das Primäre. Es ist viel eher das Endprodukt eines langen Prozesses, an dessen Anfang gesellschaftliche, moralische und kulturelle Traditionen stehen – eben der Geist der Zeit. Die Politik ist entscheidend geprägt worden durch die jeweiligen Philosophen der Zeit: Montesquieu, Rousseau, die Aufklärer, die Romantiker, die Marxisten.

Von der Renaissance bis zum Ersten Weltkrieg gab es eine europäische Geistesgeschichte; ständig fand ein Dialog zwischen den großen Geistern der verschiedenen Nationen statt. Luther und Erasmus, später Leibniz, der mit allen

Zentren europäischer Wissenschaft und Kultur korrespondierte, dann Goethe und Diderot, Hegel, Schopenhauer und Nietzsche. Natürlich kannte jeder des anderen Schriften – jeder las jeden, hörte jeden.

Bis zum Ersten Weltkrieg gab es diesen Kosmopolitismus, diese europäische Kultur; Goethe sprach häufig von »Weltliteratur«. Dann hörte die internationale Geistesgemeinschaft mit einem Schlag auf. Für Hitler war »Kosmopolit« ein Schimpfwort; er und auch Stalin stellten das Dogma über den freien Geist. Hitlerismus und Stalinismus, Bücherverbrennung und Zensur setzten allem geistigen Leben ein Ende. Nationalismus und Ideologie trieben ihr Unwesen, der Hass wurde organisiert. War dies zwangsläufig? Musste es so kommen?

Viele Menschen meinen, dass so, wie es in der Geschichte gekommen ist, es eben kommen musste. Die Frage, ob sich alles in anderer Weise entwickelt hätte, wenn in einem bestimmten Moment anders gehandelt worden oder ein anderer Akteur am Werk gewesen wäre – diese Frage stellt sich für sie gar nicht.

Ein anderer Akteur? Stellen wir uns einmal vor, Adolf Hitler wäre 1916 an der Westfront gefallen. Dann hätte es vielleicht nach dem verlorenen Krieg in Deutschland ein autoritäres Regime gegeben wie auch in Spanien, Italien, Polen – aber sicher kein Naziregime. Und wenn es keinen Nationalsozialismus gegeben hätte, dann wäre es nicht zum Zweiten Weltkrieg gekommen, und wenn der nicht stattgefunden hätte, wäre Deutschland nicht geteilt worden.

Oder bleiben wir in der Gegenwart. Wenn Gorbatschow nicht das Ruder übernommen hätte, wenn also Breschnjew oder einer seiner alternden Nachfolger heute noch regierten, die Welt sähe ganz anders aus: keine Entspannung und darum keine Abrüstung; kein Pluralismus im Osten, sondern weiter Herrschaft der Kommunistischen Partei; die osteuropäischen Nationen wären nicht souverän, sondern müssten noch immer nach Moskaus Pfeife tanzen. Natürlich gäbe es im ganzen Osten keine Pressefreiheit, keine Freiheit der Religion und die Mauer zwischen DDR und Bundesrepublik stünde bis heute.

Der Historiker Thomas Nipperdey sagt, es sei eine fundamentale Wahrheit, dass der geschichtliche Prozess nicht voll determiniert ist, ehe das zu erklärende Ereignis – also beispielsweise der derzeitige Wandel aller politischen Strukturen – eingetreten ist. Denn, so fährt er fort, es gibt in der Geschichte das Element der Kontingenz, das heißt des Nicht-Notwendigen, also des Zufälligen; und exzeptionelle Persönlichkeiten, so meint er, seien herausragende Fälle solcher Kontingenz.

Wenn das so ist, dann ist die Verantwortung der Handelnden noch viel größer, als gemeinhin angenommen wird. Dann ist es das Versäumnis derjenigen, die eine Gelegenheit nicht beim Schopf ergreifen, dann ist es beispielsweise geradezu sträflich, den Osteuropäern, die zur Demokratie entschlossen sind, nicht mit allen Kräften rasch und nachhaltig zu helfen.

Vierzig Jahre lang hat der Westen dafür gekämpft, dass der Kommunismus zunächst aufgehalten wurde (Kennans *containment*) und danach zurückgedrängt werden soll (Foster Dulles' *rollback*) Jetzt ist beides Realität geworden. Um diese einzigartige Situation hervorzubringen, die diesen Sieg schließlich möglich gemacht hat, war das Zusammentreffen zweier Kontingenzen notwendig, das sich vermutlich so nie wieder ereignen wird: das Erscheinen einer exzeptionellen Persönlichkeit, also Gorbatschows, und das Entstehen einer revolutionären Situation, die Lenin immer dann gegeben sah, »wenn die da unten nicht mehr wollen und die da oben nicht mehr können«.

Mit anderen Worten: Was wir jetzt allenthalben beobachten, ist der dialektische Umschwung von Macht zu Ohnmacht. Die hunderttausend bisher ohnmächtigen Menschen, die in Dresden, Leipzig und Berlin schweigend durch die Straßen zogen, ohne dass sie Gewalt auch nur angedroht hätten, verwandelten sich plötzlich in eine die Machthaber beängstigende Potenz. Honecker musste seinen Posten räumen, das Politbüro verschwand, und die Partei war entmachtet.

Warum aber das dialektische Gesetz bemühen? Weil es einem Gesetz gleichkommt, dass eine Entwicklung, wird sie bis zur Absurdität vorangetrieben, an einem nicht vorhersehbaren Punkt in ihr Gegenteil umschlägt. Nicht vorhersehbar, weil Menschen nun einmal unberechenbar sind; niemand kann sagen, wie lange sie etwas ertragen – oder auch: wie lange sie etwas verehren.

Jahrzehntelang hatten die beiden Supermächte sich gegenseitig zu Hochrüstung angestachelt. In den Vereinigten Staaten wurden zuletzt jedes Jahr 300 Milliarden Dollar für Waffen ausgegeben, die in zehn Jahren wieder verschrottet werden mussten, was wiederum zehn Prozent der Kosten ihrer Herstellung verursachte. Nicht viel anders sah es in der Sowjetunion aus. Derweil sind auf beiden Seiten die Schulden immer drückender geworden; Erziehung, Wohnungsbau und soziale Belange wurden immer erschreckender vernachlässigt.

Als dann schließlich Gorbatschow – die exzeptionelle Persönlichkeit, von der Nipperdey spricht – auf der Bühne erschien, die Welt mit neuen Augen betrachtete, den Unfug erkannte und beim Namen nannte, da war der Punkt erreicht, an dem ein Umschlag erfolgen musste. Denn gleichzeitig wurde nun auch den Bürgern klar, dass eine Revolution des Denkens eingesetzt hatte, die eine Reform der Strukturen ermöglichte. Und so rebellierten sie denn.

Für die Vergangenheit lässt sich dieser Ablauf unschwer nachweisen. Was aber bedeutet dieses »Gesetz« für Gegenwart und Zukunft?

Heute ist man damit beschäftigt, das Ideal der Marktwirtschaft auf den Kaminsims der Nation zu stellen, dorthin, wo bisher im Osten die Götzen Marx und Lenin standen. Alle – der Osten, der Westen und die Dritte Welt – huldigen diesem neuen Gott. Alle verehren die Marktwirtschaft, die vorläufig in der Tat eine unübertroffene wirtschaftliche Methode ist, aber eben nur eine Methode, ein System. Doch schon gibt es Adoranten, die sie zum Inhalt und Sinn des Lebens schlechthin machen. Auch hier wird eines Tages ein Umkehrprozess einsetzen – sei es durch Überdruss, den die Menschen empfinden, oder wegen einer Fehlentwicklung, die die Wirtschaft nimmt.

Wir wissen: »Der Mensch lebt nicht vom Brot allein.« Ohne den geistigen Dialog, ohne Widerspruch und Zweifel, ohne These und Antithese verkümmern die Menschen zu Apparaturen, wird die Welt zu einer geistigen Wüste.

25. April 1991

Zweihundert Jahre nach dem Tode Friedrichs II. soll im August 1991 der Sarkophag mit seinen sterblichen Überresten von der Hohenzollernburg in Hechingen nach Schloss Sanssouci in Potsdam überführt werden. Dort wird Friedrich in einer feierlichen Zeremonie in Anwesenheit von Bundeskanzler Kohl auf der Terrasse neben seinen Windhunden begraben werden, wie es sein Wunsch war.

Der Alte Fritz und die neuen Zeiten

Im Schloss Charlottenburg hängt ein Gemälde, das Friedrich den Großen, tot in seinem Ohrensessel sitzend, darstellt, eine Kerze neben sich, an seiner Seite ein alter Diener – sonst niemand. Man denkt, so kann es ja wohl nicht gewesen sein, da war doch sicher die Familie anwesend oder Teile des Kabinetts oder mindestens der Minister von Hertzberg. Aber nein, es war tatsächlich so. Folgerichtig war denn auch der Wunsch des Königs, in aller Stille um Mitternacht auf der Terrasse von Sanssouci begraben zu werden – neben seinen Windhunden, den einzigen Wesen, denen er noch in Liebe zugetan war.

Wenn man sich diese bis zur äußersten Konsequenz getriebene Skepsis und Askese vergegenwärtigt, dann steht die jetzt vorgesehene Bestattung in einem merkwürdigen Missverhältnis zu des Königs Vorstellungen. Aber das Gezeter über zu viel »Brimborium« erscheint dem unbefangenen Beobachter dann doch auch reichlich absurd.

Die Amerikaner holen ihre gefallenen Soldaten aus Vietnam und Irak heim; jeder Indianerstamm lebt mit seinen verstorbenen Ahnen – warum soll Friedrich der Große nicht zurückkehren in sein geliebtes Sanssouci? Zu viel »Brimborium«? Daran ist der Zeitgeist schuld – ohne Brimborium geht's nicht: Selbst ein dubioser Sieg wird mit der größten Konfettiparade aller Zeiten gefeiert.

Wer war denn überhaupt dieser Friedrich II., den die Alliierten bei ihren *reeducation*-Bemühungen samt Luther und Bismarck in eine Linie stellten mit Hitler? Dieser von Vernunft und Aufklärung bestimmte König hatte nun wirklich nichts gemein mit dem rassistisch gesonnenen, in Wahnvorstellungen befangenen Hitler – von dem Ernst Niekisch einst sagte, er sei die Rache der Österreicher für Königgrätz. Das alte Preußen war geradezu die Antithese Adolf Hitlers. Unter dessen ersten zehn Kumpanen gab es keinen einzigen Preußen, aber 75 Prozent der nach dem Attentat vom 20. Juli Hingerichteten waren Preußen.

Für Friedrich war es ein weiter Weg von den fröhlichen Tagen in Rheinsberg, im Kreise vielseitig begabter, witziger Freunde, bis zu diesem einsamen, der Liebe baren Ende in Sanssouci.

Damals, in Rheinsberg, lebte er in der Welt der Wissenschaft, der Künste und der Poesie und versenkte sich in den Geist der Antike und der Aufklärung. Es war die Zeit, in der der Kronprinz sich voller Abscheu gegen Machiavellis *Principe*, den realpolitischen Zyniker, wandte und in seinem *Antimachiavell* das Bild des Fürsten zeichnete, für den der Inbegriff der Pflicht die Wohlfahrt der Untertanen ist: »Der Fürst ist erster Diener des Staates.«

Dieser Maxime – also der Staatsraison – ist Friedrich bis zum Ende treu geblieben; aber seine politischen Ideale hat er als König rasch aufgegeben. Im Testament von 1752 sagt er: »Ich muss zugeben, dass Machiavell recht hat.« Ohne Macht geht es eben nicht. Aber je mehr Macht er ansammelte, desto zynischer wurde er.

Im Sommer 1740 bestieg Friedrich II. den Thron, und schon im Dezember 1740 überfiel er ohne Grund und ohne Warnung Schlesien und überzog die Kaiserin Maria Theresia mit Krieg.

Das Motiv: Sein armes Land bestand aus vielen unzusammenhängenden Flicken; wenn er politisch mitspielen wollte im Kreise der Großen, musste er sich die Macht, die er von Haus aus nicht besaß, zusammenrauben, gleich, mit welchen Mitteln (auch England hat sein Weltreich ja nicht geschenkt bekommen). Ausgedehnte Ländereien und Schlachtenruhm, das war es, woran das Ansehen der Monarchen damals gemessen wurde. Vertragsbrüche, Koalitionswechsel, Überfälle auf den Nachbarn, das verursachte niemandem Kopfzerbrechen.

Friedrich war mit heutigen Augen gesehen ein Intellektueller: geistreich, selbstironisch, frivol, lesewütig. Er schrieb mit großer Leichtigkeit, vierzig Bände füllen seine Schriften, allein drei Bände seine Korrespondenz mit Voltaire, dem zu jener Zeit größten Geist Europas. Als Reaktion auf den brutalen Vater hasste Friedrich alles Militärische. Die Uniform war für ihn ein »Sterbekittel«.

Von den Zeitgenossen werden sein Charme, die Liebenswürdigkeit und Anmut dieses »Lieblings der Götter« gepriesen und der junge König als »Philosoph auf dem Thron«

apostrophiert. Dass er auch ehrgeizig, zäh und mutig, zuweilen leichtfertig war, wurde dabei übersehen.

In einem Brief Voltaires an seine Nichte heißt es: »Nun bin ich endlich in Potsdam. Unter dem verstorbenen König war es ein Exerzierplatz und kein Garten, mit dem Tritt des Garderegiments als einziger Musik, Revuen statt Schauspielen, Soldatenlisten als Bibliothek. Heute ist es der Palast des Augustus, der Sitz der Schöngeister, der Lust und des Ruhmes.«

Auf dem langen Weg vom aufgeklärten Moralisten zum skeptischen Zyniker ist Friedrich sich selbst entfremdet worden. Oft hat er über das »abscheuliche Handwerk« geflucht, zu dem er als König verurteilt sei. Er hasste die Machtpolitik und das Kriegführen, aber dann war es immer wieder die Ruhmsucht, die ihn verführte. Eine merkwürdige Ruhmsucht übrigens: Sie diente nicht zur Befriedigung persönlicher Lust, sondern dem Ansehen Preußens.

Als der König 1763 nach dem geglückten Friedensschluss in Hubertusburg nach Berlin zurückkam, verbat er sich alle Huldigungen – die bereitstehende Prunkkalesche bestieg er nicht, sondern fuhr auf Nebenwegen zum Schloss. Die langatmigen Gnadengebete für den König und seine Familie fand er deplatziert, darum erließ er eine Order an die Feldprediger, sie sollten sich fürderhin beschränken auf: »In Sonderheit empfehlen wir dir, lieber Gott, deinen Knecht, unseren König.«

Kaum hatte der Achtundzwanzigjährige den Thron bestiegen, brach bei ihm die aufgestaute Sehnsucht nach Reformen durch. Es ging Schlag auf Schlag. Am ersten Tag: Befehl an die Armee, nicht mehr mit Absicht und Übermut das

Volk zu schikanieren. Am zweiten Tag ließ er wegen der zu erwartenden schlechten Ernte die staatlichen Kornkammern öffnen und das Korn zu vernünftigen Preisen an die Armen verkaufen. Am dritten Tag verbot er das »Fuchteln«, also die Stockschläge für Kadetten. Am vierten schaffte er den Gebrauch der Folter bei Kriminalfällen ab. Am fünften verbot er die »gewohnten Brutalitäten« bei der Soldatenwerbung.

Seine beiden Testamente von 1752 und 1768 sind umfangreiche Kompendien, die Aufschluss über die Lage des preußischen Staates geben und über die Bestrebungen des Königs. In beiden Fällen lautet der erste Satz: »Es ist die Pflicht jedes guten Staatsbürgers, seinem Vaterland zu dienen und sich bewusst zu sein, dass er nicht für sich allein auf der Welt ist, sondern zum Wohl der Gesellschaft beizutragen hat.« Die Regierung beruht, so stellt Friedrich dort fest, auf vier Hauptpfeilern: auf der Rechtspflege, weiser Finanzwirtschaft, straffer Erhaltung der Manneszucht im Heer und auf der Kunst, die geeigneten Maßnahmen zur Wahrung der Staatsinteressen zu ergreifen.

Friedrich hat Preußen als Rechtsstaat konstituiert. Er hat einen wissenschaftlich geschulten, unabhängigen Richterstand geschaffen, dazu eine klare Gerichtsverfassung mit drei Instanzen und der modernen Prozessordnung. Mit der allerhöchsten Kabinettsorder vom 14. April 1780 schränkte der König die Gesetzgebungsgewalt, die zu den Hoheitsrechten des absoluten Herrschers gehörte, freiwillig ein. Gleichheit aller Staatsbürger vor dem Gesetz, wie er es postulierte, das war im 18. Jahrhundert keineswegs üblich. Neu war auch, dass der König sich nicht mehr als Eigentümer, sondern als

Verwalter des Landesvermögens ansah. Preußen hat überdies als erstes Land Europas die Schulbildung für alle eingeführt. Schließlich war das Allgemeine Preußische Landrecht das fortschrittlichste Recht seiner Zeit.

Dieser preußische König war auch der Erste, der den Mut hatte, mit den rebellischen Vereinigten Staaten, nachdem diese ihre Unabhängigkeit von Großbritannien erklärt hatten, einen Handels- und Freundschaftsvertrag zu schließen. Darin wurden Verhaltensweisen für internationale Humanität festgelegt – übrigens auch für Kriegsgefangene, was erst hundert Jahre später zur Norm werden sollte. George Washington schrieb 1786: »Es ist der liberalste Vertrag, der je zwischen zwei Mächten geschlossen wurde.«

Mitten in der alten Welt des Absolutismus war dieser König vom Geist der Aufklärung erfüllt und setzte ihn um in praktische Politik. Rechtssicherheit, Gewissensfreiheit, Toleranz waren seine Prioritäten. Alle Verfolgten und Vertriebenen fanden im 18. Jahrhundert in Preußen Aufnahme. Toleranz gegenüber den Konfessionen und den Ausländern wurde von Friedrich dem Großen mit äußerster Konsequenz durchgesetzt. Er regierte aufgeklärt, aber absolutistisch, denn die Bevölkerung bestand zu achtzig Prozent aus Analphabeten – Reformen konnten also nur von oben oktroyiert werden. Am Ende seiner Regierungszeit war Preußen, dem im Grunde alle Voraussetzungen dafür fehlten, zur fünften Großmacht in Europa geworden.

Resümee: Es kann doch wirklich niemand im Ernst glauben, die Beisetzung dieses Mannes in Sanssouci könne zum Signal für neuen Nationalismus und Militarismus werden. Offenbar verwechseln die Agitatoren Friedrich den Großen mit Wilhelm II. Sie würden wohl auch Shakespeare mit Karl May über einen Leisten schlagen.

Das alte Preußen mit den großen Einwanderungsschüben war kein Nationalstaat, sondern ein Vernunftstaat. Man könnte sehr dankbar sein, wenn ein wenig von dem Geist jener Zeit unter dem Schutt der Berliner Bauskandale wieder hervorkäme: »...sich bewusst zu sein, dass man nicht für sich allein auf der Welt ist, sondern zum Wohl der Gesellschaft beizutragen hat.«

9. August 1991

Der Anschlag mit einem Molotowcocktail auf die Lübecker Synagoge am 25. März 1994, bei dem auch sechs in den Gebäuden lebende Familien gefährdet wurden, gibt Anlass zur Sorge um den inneren Halt der Gesellschaft.

Auch die Freiheit hat ihre Grenzen

Der Brandanschlag auf die Synagoge in Lübeck war ein Höhepunkt niederträchtiger Brutalität. Gewalt: gezielte, hinterhältige, abgefeimte, wie in diesem Fall, aber auch ungeplante, zufällige, sinnlose Gewalt greift überall und immer mehr um sich. In Kalifornien erschoss kürzlich eine Fünfzehnjährige einen Taxichauffeur, weil er nach ihrer Meinung sieben Dollar zu viel verlangt hatte; ein wegen schlechter Leistung entlassener Arbeiter »exekutierte« aus Rache drei Büroangestellte in der Chefetage; in Euskirchen erschoss einer, der 7200 Mark Buße zahlen sollte, den Richter und vier andere im Gericht Anwesende; Schüler knüppeln Obdachlose zu Tode.

Woher diese Brutalisierung des Alltags? Wieso diese bedenkenlose und unbarmherzige Anwendung von Gewalt, die es bei uns in dieser Form zuvor nicht gegeben hat? Seit Jahrhunderten ist die jeweilige Gesellschaft durch eine bestimmte Ordnung, die auf Tradition und Spielregeln beruhte – natürlich wechselnden Spielregeln –, in der Balance zwischen Freiheit und Ordnung gehalten worden. Meist kam die Freiheit dabei zu kurz, aber immer galt: Traditionen haben gesellschaftsbildende Funktionen – ohne sie hat Gesellschaft keinen Bestand.

Seit der Aufklärung glaubten viele Fortschrittsapostel, wenn der Mensch von allen lästigen Fesseln – kirchlichen, absolutistischen, konformistischen – befreit werde, würde die Gesellschaft ein Optimum an Freiheit genießen können. Aber so ist es nicht. Freiheit ohne Selbstbeschränkung zerstört sich selbst. Die Gesellschaft zerbröselt, wenn der Einzelne ungehindert bestimmen kann, wie viel Freiheit er sich nehmen darf.

Jede Gesellschaft braucht Bindungen: Ohne Traditionen und Spielregeln, ohne einen gewissen Konsens über Verhaltensnormen gibt es keine Stabilität im Gemeinwesen, ist ein Zusammenleben in Harmonie nicht möglich. Man muss sich klar darüber sein, dass jeder Zuwachs an Freiheit ein Weniger an Bindungen bedeutet.

Wenn dieser Prozess sich ungehemmt fortsetzt, dann endet der solcherart entfesselte Mensch zwangsläufig in Hedonismus und Nihilismus. Zumal, wenn diese Entwicklung Hand in Hand geht mit einer fortschreitenden Säkularisierung, bei der hergebrachte moralische Normen und ethische Gebote in Vergessenheit geraten.

Am deutlichsten sehen wir dies im Osten, wo der unvermittelte Sprung aus der autoritären Gesellschaft in die *permissive society* erschreckende Folgen zeitigt. Die bisher unbekannten Möglichkeiten und Versuchungen haben ein erschreckendes Maß an Kriminalität und Korruption erzeugt. In Russland, so scheint es, besteht die Gesellschaft fast nur noch aus reichen Mafiagruppen und verarmten Massen.

Auch im Westen werden die Spuren nachlassender Bindungen immer spürbarer. Kein Wunder, nicht nur, dass es kaum noch Traditionen, ethische Fesseln oder moralische Schranken gibt, die das Leben bestimmen, der ganze Lebenszuschnitt ist anders geworden. Die Arbeit wird immer mehr individualisiert, und das heißt, dass Solidarität abgebaut wird; der Einzelne ist viel mehr an Selbstverwirklichung und Individualität interessiert als an der Gesellschaft, dem Gemeinwesen oder dem Staat. Eine Menge gesellschaftlicher Bindungen sind also entfallen.

Nun wird kein vernünftiger, also »mündiger« Bürger die Emanzipation des Menschen bedauern. Der Freiheitsgewinn, der darin besteht, dass die Fremdbestimmung durch absolute Herrscher, willkürliche Despoten oder die Kirche gestoppt worden ist und an ihre Stelle der Rechtsstaat – *the rule of law* – trat, ist ein großer Fortschritt. Aber auch der Fortschritt hat seine Grenzen, genau wie die Freiheit, die Bäume wachsen eben nicht in den Himmel.

Diese simple Volksweisheit haben viele vergessen. Heute heißt die Losung: Maximierung. Alles muss größer werden, von allem muss es immer mehr geben, immer mehr Freiheit, Wachstum, Profit, Bruttosozialprodukt. Dynamik heißt das Gesetz der Marktwirtschaft.

Im Bereich der Wirtschaft – die in unseren Tagen den Sinn des Lebens verkörpert, denn Geist, Kultur, Kunst werden ja nicht für existentiell lebenswichtig gehalten – regiert allenthalben das Gesetz des Marktes. Der Motor der Marktwirtschaft aber ist der Egoismus – er treibt zu immer neuen Leistungen an und lässt alles andere nebensächlich erscheinen. Wenn jeder so viel leistet, produziert, verkauft wie irgend möglich, dann – so die Theorie – ist das Optimum an Wohlstand für alle gewährleistet.

Der Erfinder des klassischen Liberalismus, Adam Smith, hat die Theorie keineswegs so simpel positivistisch gemeint. Für ihn waren ethische Bindungen als Begrenzung ganz selbstverständlich. Erst der Manchester-Liberalismus des 19. Jahrhunderts hat den Begriff »liberal« pervertiert. Unser eigenes Land hat dann durch die Einführung der *sozialen* Marktwirtschaft viele der negativen Auswirkungen eliminiert. Aber die Versuchung, Kriminalität und Korruption nicht zu scheuen, wenn es um finanzielle Vorteile geht, ist mit der Überschätzung des Materiellen auch bei uns gestiegen.

Der Brutalisierung der Gesellschaft im sozialen Alltag entspricht im Wirtschaftsbereich die Bedenkenlosigkeit, mit der viele Bürger der meisten Nationen und aller Schichten der Geldgier verfallen sind. Der Erfindungsgeist kennt da keine Grenzen. In voller Blüte steht seit einigen Jahren beispielsweise der Organhandel. In westlichen Gebieten ist die Nachfrage nach »menschlichen Ersatzteilen« und die Bereitschaft, dafür riesige Summen zu zahlen, groß, in den Slums von Indien und der Dritten Welt ist die Bereitschaft, eine Niere zu verkaufen, um zu überleben, ebenfalls groß. Als Vermittler dazwischen stehen nicht nur Händler, sondern manchmal auch Ärzte.

Vor drei Jahren flog in London ein Ärzteteam auf, das jahrelang nichtsahnende Türken, die in Istanbul angeworben worden waren, ohne deren Einwilligung Nieren entnommen hat. Verdienst »am Stück« etwa 20000 Mark. Einer der Ärzte, Dr. M. Joyce, sagte vor Gericht: »Ich bin ein Techniker, ich nehme Nieren heraus, das ist alles. Ethische Fragen der Medizin haben mich nie interessiert.« In Südamerika kommt es vor, dass Kinder von der Straße verschwinden, getötet und regelrecht ausgeschlachtet werden.

Ein anderes Beispiel: In der vorigen Woche war in der *Welt* zu lesen, dass der Leiter einer Schule in Polen seit Jahren Kinder nach Schweden in die Ferien schickt, und zwar an einen Ort, wo sie sexuell missbraucht werden und für Pornofilme herhalten müssen. Je Kind, so heißt es, habe der Schulleiter 800 bis 1000 Mark erhalten. Viele der Kinder leiden nach ihrer Rückkehr unter psychischen Schäden.

Niemand möge glauben, dass die Grundvoraussetzungen der Demokratie – Gewaltenteilung, Pluralismus, Herrschaft des Rechts – für ihr Funktionieren genügen. Zwar sind diese Strukturen unerlässlich, aber sie reichen nicht aus. Es kommt auf das gesamtgesellschaftliche Klima an, auf die Gesinnung der Bürger und ihren staatsbürgerlichen Anstand. Institutionen und Gesetze allein tun es nicht. Entscheidend ist das Verhalten eines jedes Einzelnen.

1. April 1994

Seit ihrem ersten Besuch in Afrika Anfang der dreißiger Jahre ist Marion Dönhoff von dem Kontinent fasziniert. Zahlreiche spätere Reisen vertiefen ihre Anteilnahme am Schicksal der schwarzen Bevölkerung. Marion Dönhoff gehört weltweit zu der Handvoll Journalisten, die über Jahrzehnte regelmäßig über die Apartheid in Südafrika berichten. Früh vertritt sie die Meinung, dass eine Freilassung des »Staatsfeindes« Nelson Mandela den allenthalben erwarteten Bürgerkrieg verhindern würde. 1990 kommt Mandela frei und tritt 1994 zur Präsidentschaftswahl an. Zum ersten Mal dürfen in Südafrika alle Bürger eine Stimme abgeben.

Die Freiheit gewählt

Die Apartheid ist tot. Es lebe das neue Südafrika, das in diesen Tagen so verheißungsvoll begonnen hat. Nie während der letzten Monate gab es so wenig Gewalt wie in diesen Tagen. Mandelas ANC hat über 60 Prozent aller Stimmen auf sich vereinigt, de Klerks National Party über 20 Prozent, und Buthelezis Inkatha übersprang glücklicherweise die Fünfprozenthürde, so dass er selber das Recht auf einen Sitz im Kabinett hat.

Die Schwarzen, die oft viele Stunden angestanden haben, um ihren Zettel in die Urne zu werfen, sind nicht nur wegen ihrer Geduld zu bewundern. Mehr noch beeindruckt ihre Bereitschaft zur Versöhnung. Nelson Mandela hat mit überzeugender Deutlichkeit gesagt, er werde nicht zulassen, dass an die Stelle der weißen Apartheid in Zukunft eine schwarze Apartheid tritt. Seine Begründung: »Das Land gehört uns allen.« Das sagt jemand, der von weißen Herrschern zu 27 Jahren strengster Haft verdammt war – die erste Hälfte der Zeit ohne Zeitungen, ohne Radio und ohne Besuche.

Wir Deutschen, die wir meinen, es sei möglich, die Vergangenheit »aufzuarbeiten«, bemühen uns seit drei Jahren, in fleißiger Kleinarbeit herauszufinden, wer bei der Stasi was getan hat. Monatelang wurden beispielsweise Untersuchungen darüber angestellt, wer Manfred Stolpe an welchem Ort einen Stasi-Orden umgehängt hat.

Wir sollten uns an den Schwarzen Südafrikas ein Beispiel nehmen. Wie viele Opfer sind ihnen zugemutet worden, wie viele Leiden haben sie ertragen: Generationen wurden erbarmungslos aller menschlichen Würde beraubt, seit 1948 wurden sie mit Hilfe von immer wieder verfeinerten Gesetzen diskriminiert; allein wegen der Passgesetze wanderten in manchen Jahren über 200 000 Schwarze ins Gefängnis; während der letzten zehn Jahre wachsenden Widerstands und zunehmend grausamer Unterdrückung wurden 50 000 von ihnen ohne Verfahren verhaftet und monatelang in Gefängnissen festgehalten. Niemand kennt im Übrigen die Zahl derjenigen, die alljährlich durch Folterungen in der Gefangenschaft umgekommen sind. Aber Nelson Mandela sagt: »Lasst uns die Vergangenheit vergessen, wir brauchen jetzt Vergebung und Versöhnung.«

Und wie geht es weiter? Nun wird eine Regierung der Nationalen Einheit gebildet werden, eine Koalition jener Parteien, die mehr als fünf Prozent aller Stimmen auf sich vereinigen konnten. Sie wird während fünf Jahren das Land durch die Fährnisse des nun beginnenden Wandels steuern. Nach der nächsten Wahl, im Jahr 1999, entfällt dann die zur Sicherheit für die weiße Minorität vereinbarte Koalition, und die reine Mehrheit übernimmt die Regierung.

Es macht Mut, dass die Wahlen entgegen allen Voraussetzungen so diszipliniert verlaufen sind. Aber der Weg, den Pretoria nun vor sich hat, führt über Gebirge von ökonomischen und psychologischen Hindernissen: Die Erwartungen der schwarzen Massen sind unvorstellbar groß, und die Möglichkeiten, ihnen zu entsprechen, bleiben erschreckend klein. Millionen Wohnungen müssen gebaut werden, Hunderttausende Schulen fehlen, für die Lehrer erst noch ausgebildet werden müssen; es fehlen die Mittel sowohl für die notwendige Lohnerhöhung wie zur nachhaltigen Bekämpfung der Arbeitslosigkeit – um nur die allerdringlichsten Bedürfnisse zu nennen.

Aber es gibt auch Faktoren, die Mut machen und Hoffnung zulassen. Es gibt eine Schicht gut ausgebildeter schwarzer Facharbeiter, die Infrastruktur ist erstklassig, die von den Weißen aufgebaute Wirtschaft ist modern und leistungsfähig. Wenn der Geist der Versöhnung und des Engagements für ein neues Südafrika anhält und die Geduld der Schwarzen nicht reißt, dann sollte es gelingen, dieses Land, das aus einem Teil moderner Industriegesellschaft und einem größeren Teil Dritter Welt besteht, zu einer nationalen, vielrassigen Einheit zu integrieren. Eine gute Gewähr bieten jene beiden unersetzlichen Persönlichkeiten: der pragmatische Frederik de Klerk und der messianische Nelson Mandela.

16. Mai 1994

Marion Dönhoff bewundert Michail Gorbatschow und seine Politik von Glasnost und Perestroika. Gorbatschow seinerseits sagt über Marion Dönhoff, die er seit Mitte der achtziger Jahre persönlich kennt: »Sie ist eine wunderbare Frau und gute Freundin. Mit ihr kann man sowohl über Politik wie über das Leben offen reden.« Als Gorbatschow im Sommer 1999 an das Krankenbett seiner Frau Raissa nach Münster eilt, gewährt er Marion Dönhoff die Gelegenheit zu einem Gespräch mit ihm.

Wer einigte Deutschland?

Gerade hatte ich das vor 14 Tagen erschienene Buch von Michail Gorbatschow gelesen, da ergab sich die Gelegenheit, ihn selber in Münster wiederzusehen und mehr über das Thema zu hören, wie sich die deutsche Wiedervereinigung, von Moskau aus gesehen, vollzog. Wichtig auch zu erfahren, wem sie denn nun eigentlich zu verdanken ist.

Gorbatschow schildert einleuchtend, wie die westlichen Alliierten nach 1945 die Aufteilung Deutschlands in mindestens fünf Teile anstrebten, weil sie Angst vor einem unberechenbaren vereinigten Deutschland hatten. Der Osten wünschte sich das Gegenteil. Er wollte, so sagt Gorbatschow, ein ungeteiltes Deutschland als Sicherheitsblock gegen den Westen. Auf die Frage, ob diese gegensätzlichen Friedensziele von Anfang an bestanden haben, lautet seine Antwort: »Ja, von Anfang an.« Für jedermann deutlich sei dies schließlich doch durch die Note von 1952 geworden, die die Wiedervereinigung allerdings eines neutralen, keiner Militärallianz zugehörenden Deutschlands vorschlug. Bonns Reaktion darauf war und blieb bis zu Willy Brandts Ostpolitik: »Das sind Täuschungsmanöver, Tricks, auf die wir nicht hereinfallen werden.«

Zu einer wirklichen Änderung kam es erst in den achtziger Jahren, erst, als Gorbatschows »Neues Denken« – also die Ausrichtung auf die neue Welt, die vor uns liegt – Eingang in die politische Diskussion fand. Erstmalig hatte er 1984 – also schon bevor er Generalsekretär wurde – bei seinem Besuch in England davon gesprochen. Ein Jahr später sagte er dann in seiner Rede vor dem Plenum des Zentralkomitees der KPdSU: »Jedes Volk hat das Recht, gemäß seiner eigenen Wahl über den Weg seiner sozioökonomischen Entwicklung selbst zu entscheiden und seine Entwicklung ohne Einmischung von außen zu gestalten.« Damals begann in der Sowjetunion die Entstalinisierung der Außenpolitik und die Demontage des Kalten Krieges. Viel Zeit war notwendig, auch Mut und Entschlossenheit, um die Vorstellungswelt der Eliten wie auch der Basis zu verändern, die sich in 70 Jahren verfestigt hatte. Allein Gorbatschows »Neues Denken«, das sich in den Reformprozessen der Perestroika niederschlug, hat dies vermocht.

»Es war doch klar«, sagt er heute, »dass unter den Bedingungen der Konfrontation die Umgestaltung in unserem eigenen Land nicht möglich war.«

»Warum nicht die im eigenen Land?«, fragte ich. Antwort: »Solange der Kalte Krieg und mithin das Wettrüsten die Politik beherrschten, konnte Perestroika nicht gewagt werden. Wir brauchten Offenheit der Welt gegenüber, um teil an Europa zu haben und gut nachbarliche Beziehungen zu pflegen. Dies alles aber war nur möglich, wenn die deutsche Frage im Sinne der Wiederherstellung der Einheit gelöst würde. Im Zeichen des Kalten Krieges war dies nicht möglich.« Gorbatschow war außerdem der Meinung, dass die gewaltsame Spaltung einer großen Nation nicht von Dauer sein und dass ein ganzes Volk nicht für immer und ewig für frühere Verbrechen seiner Herrscher bestraft werden könne.

Hier also waren russische und deutsche Interessen miteinander verknüpft, und ebendies war die Voraussetzung für eine noch ferne Wiedervereinigung Deutschlands. Aber diese Entwicklung brauchte Zeit.

Ein alter Bekannter von mir, Wjatscheslaw Daschitschew, erzählte mir vor ein paar Monaten, dass er als Vorsitzender des Wissenschaftlichen Beirats des Außenministeriums im Juli 1987 vorgeschlagen hatte, über das Problem einer möglichen Wiedervereinigung zu diskutieren. Die Reaktion, berichtete er, sei so negativ gewesen, dass sogar angeordnet wurde, alle Exemplare seines Referats zu vernichten, weil es so »ketzerisch« und gefährlich sei.

»Kohls Reaktion auf Perestroika«, bemerkt Gorbatschow, »war höchst merkwürdig, ja taktlos (Vergleich mit Goebbels!). Darum beschlossen wir, ihm eine Lehre zu erteilen. Zwischen 1985 und 1987 habe ich alle wichtigen Länder besucht und viele Staatsmänner eingeladen – nur Kohl nicht. Schließlich schickte der Kanzler, der mittlerweile besorgt war, Lothar Späth als Spezialboten. Späth sagte zu mir: »Falls Ihre nächste Auslandsreise nicht nach Deutschland führt, wäre dies eine Katastrophe für uns.« Meine Antwort:

»Sie haben es also verstanden, das ist gut.« Gorbatschow hatte also einen weiten Weg vor sich, als er beschloss, mit seiner These »Neues Denken« die Realität zu gestalten.

Der entscheidende Schritt war, wie er in seinem neuen Buch schreibt, eine Unterredung mit Bundeskanzler Helmut Kohl unter vier Augen, die am 24. Oktober 1988 im Kreml stattfand. »Sie hat eine Wende in unseren Beziehungen herbeigeführt.«

Zitate nach den Aufzeichnungen des Dolmetschers:

Kohl: »Ich messe meinem persönlichen Kontakt zu Ihnen eine außerordentliche Bedeutung bei. Ich bin nach Moskau als Bundeskanzler, aber auch als Bürger Helmut Kohl gekommen. Wir sind beide ungefähr gleichaltrig und gehören der Generation an, die den Krieg durchgemacht hat. Unsere Familien haben den Krieg mit allen seinen Greueln miterlebt… Wir beide haben eine bedeutende Aufgabe zu lösen. In zwölf Jahren geht das 20. Jahrhundert und das zweite Jahrtausend zu Ende. Der Krieg – Gewaltanwendung überhaupt – ist kein Mittel der Politik mehr. Sollte man anderer Meinung sein, hieße das, den Weltuntergang heraufzubeschwören… Bei Ihnen im Land ist die Perestroika im Gange, es werden tiefgreifende Reformen in einer Situation beispielloser Offenheit und Transparenz durchgeführt. Für uns bietet dies eine Chance bei der Suche nach einem Weg zur qualitativen Erneuerung unserer Beziehungen. Unsere persönlichen Kontakte müssen unter den Bedingungen der Offenheit ebenfalls grundsätzlich neu gestaltet werden.«

Gorbatschow: »Die schwerste Periode in unseren Beziehungen liegt hinter uns. Und das schafft die Voraussetzungen dafür, sie auf ein neues Niveau zu heben. Die sowjetischen Menschen und, wie wir glauben, breite Schichten der Bevölkerung der Bundesrepublik sind dazu bereit und wollen das. Jetzt ist es möglich geworden, all das Positive und Schöpferische zu nutzen, was im Laufe der Jahrhunderte durch die Kontakte zwischen beiden Völkern sowohl in materieller als auch in geistiger Hinsicht entstanden ist. Wir alle stehen vor einer Superaufgabe: Wie sichern wir die weitere Existenz Europas? Wie schützen wir die Umwelt? Wie gehen wir vernünftig mit den Ergebnissen der wissenschaftlich-technischen Revolution und den Rohstoffreserven um? Wie bewahren wir die Traditionen der europäischen Kultur? Wenn man sagt, die Wiedervereinigung sei eine offene Frage, und wenn man sie auf dem Niveau des politischen Denkens der vierziger, fünfziger Jahre lösen wollte, würde das nicht nur bei uns eine Reaktion hervorrufen, sondern auch bei ihren Nachbarn im Westen. Einerseits werden die Realitäten anerkannt, andererseits wird die Vergangenheit ständig wiederbelebt. Die Gemeinsamkeit der Schicksale soll uns zum gemeinsamen Handeln für die Erhaltung des Friedens und für mehr Sicherheit anspornen. Wir müssen einander mehr vertrauen. Dazu sind zivilisierte Beziehungen nötig.«

Kohl: »Das war ein ehrliches, offenes Gespräch. Und das ist für mich die Hauptsache. Es hat sich wirklich die Chance für einen Neubeginn ergeben.«

So weit das Zitat. Ich fragte nach: »Michail Sergejewitsch, Sie sprechen von einer Wende, die dieses Vieraugengespräch herbeigeführt hat. Mich würde interessieren: Waren es die Argumente, die dies ermöglichten, oder eher psychologische Momente, also ein gewisses Gefühl von Zuneigung?« Antwort: »Ganz entschieden die Übereinstimmung der Argumente.«

Im Herbst 1989 wurde die deutsche Frage infolge der Entwicklung in der DDR zum zentralen Problem der Weltpolitik. Gorbatschow schreibt in seinem Buch: »Ich möchte zunächst meine Grundposition zur Lösung der deutschen Frage darlegen, die mein ganzes weiteres Verhalten im Laufe der Wiedervereinigung bestimmte.« Und dann nennt er erstmals moralische Gründe: Keine Nation darf auf ewig gespalten werden, und die Schuld für die Vergangenheit sollte nicht verewigt werden. Zweitens politische Gründe: Auf keinen Fall dürfen sowjetische Truppen in der DDR eingreifen, weil dadurch das »Neue Denken« unmöglich wird und die neuen Realitäten nicht geschaffen werden können. Drittens strategische: Ein allgemeines Sicherheitssystem muss an die Stelle der Blockbildung treten. An anderer Stelle stellt er fest: »Wenn heute gesagt wird, der Fall der Mauer habe in Moskau einen Schock ausgelöst, dann entspricht das nicht der Wahrheit. Wir waren auf diesen Verlauf der Ereignisse vorbereitet.«

Um die Jahreswende 1989/90 sprach Gorbatschow zum ersten Mal öffentlich über Wiedervereinigung und das Recht der Deutschen auf Einheit. Endgültiges aber wurde erst im Juli 1990 formuliert. Damals kam Kohl mit einer großen Delegation nach Moskau. Einigkeit wurde festgestellt und Verträge geschlossen. Danach flogen beide in Gorbatschows Heimat, den Nordkaukasus, und Kohl versprach, dass sie sich das nächste Mal in seiner Heimat treffen würden.

»Dann war es also so, dass schon vor der Reise in den

Kaukasus alles fest beschlossen war? Für den Wiedervereinigungsprozess ist also diese Reise dann offensichtlich nicht mehr notwendig gewesen?«, fragte ich.

»Doch, die letzte Bestätigung fand erst dort statt. Freilich ohne Unterschriften und juristisches Zubehör. Es waren unendlich glückliche Tage. Uns wurde klar, dass wir etwas sehr Wichtiges für Europa und für unsere beiden Länder zustande gebracht haben. Und dieses Gefühl hat uns sehr verbunden.«

»Also doch nicht nur Argumente. Ganz ohne seelische Übereinstimmung, aus der Vertrauen und Harmonie wächst, geht es wohl doch nicht« – es ist übrigens erfreulich zu erfahren, dass die »russische Seele« in dieser kommerziellen Zeit noch keinen Schaden genommen hat. Wer Gorbatschow in diesen Tagen in Münster besuchte, wo er täglich viele Stunden am Bett seiner schwer kranken Frau zubringt, der staunt über die ungezählten Zeichen der Teilnahme, die ihm aus Russland zugehen: Hunderte von Briefen – viele Hunderte –, ein Telegramm von Jelzin, ein telefonischer Anruf des Ministerpräsidenten Putin…

Man staunt, weil man doch weiß, wie Gorbatschow in den vergangenen Jahren zur Unperson geworden war. Niemand in Russland sprach von ihm, er war der Sünder, dem alle Unbilden aufgebürdet wurden, die Russland widerfahren sind.

Die letzte Schwierigkeit bei der Formulierung des Vertrags war das Problem der Nato. Die Amerikaner sagten Gorbatschow bei seinem Besuch in Washington, Deutschland dürfe nicht neutral werden, weil dann die Präsenz der USA in Europa infrage gestellt würde. Und das bedeute die Zerstörung der Nato. Kohl war derselben Meinung und fügte noch hinzu: »Wir sind auch der Auffassung, dass die Nato ihren Geltungsbereich nicht erweitern sollte.« Gorbatschow hat immer wieder erklärt, dass die Zugehörigkeit des wiedervereinigten Deutschlands zur Nato »unannehmbar« sei. Da drängt sich dann doch die Frage auf: Wieso wurde schließlich die Eingliederung akzeptiert? »Weil es keinen Sinn mehr hatte, weiter zu protestieren. Bei den Zwei-plus-Vier-Verhandlungen waren außer uns schließlich alle anderen für eine Eingliederung Deutschlands in die Nato.«

Am 13. September 1990 wurde bei den Zwei-plus-Vier-Verhandlungen der »Vertrag über gute Nachbarschaft, Partnerschaft und Zusammenarbeit« paraphiert. Zu diesem Zweck war Dietrich Genscher nach Moskau gekommen. Er sagte: »Das deutsche Volk weiß und wird es niemals vergessen, dass es die Herstellung der deutschen Einheit vor allem Ihrem persönlichen Beitrag verdankt… Ihre Kühnheit und Weitsicht spielten hierbei eine entscheidende Rolle. Allen ist klar, dass all dies dank Ihrer Politik der letzten Jahre geschehen ist.«

Anfang November kam Gorbatschow dann zur feierlichen Unterzeichnung des Abkommens nach Bonn, in die Hauptstadt des inzwischen wiedervereinigten Deutschlands. Aus Gorbatschows Rede hier nur ein kurzes Zitat: »Wir haben die Herausforderung der Zeit angenommen und sie am Vorabend des neuen Jahrhunderts als Pflicht gegenüber den eigenen Nationen und gegenüber ganz Europa empfunden. Wir hätten aber diese Sache nicht in Angriff nehmen können, wenn wir uns nicht davon überzeugt hätten, dass im 20. Jahrhundert aus der tragischen Geschichte der Vergangenheit Lehren gezogen worden sind, die bereits tiefe Wurzeln geschlagen haben im Bewusstsein und im politischen Leben Europas.«

Gorbatschow schreibt: »Der Kanzler sagte am Tag der Unterzeichnung der Dokumente in einem Gespräch zu mir: ›Ich erkläre Ihnen ganz offiziell, dass ich als Bundeskanzler Deutschlands und einfach als Bürger Helmut Kohl mein Vertrauen in Sie setze, Herr Gorbatschow. Gerade in Sie und nicht in alle, die Sie umgeben.‹«

»Wer ist denn nun eigentlich der Hauptakteur in diesem Stück gewesen? Wer war der Held, Kohl oder Sie?« Gorbatschows Antwort: »Weder er noch ich, die eigentlichen Helden waren das russische Volk und das deutsche Volk, weil sie begriffen hatten, was die neuen Realitäten erfordern.«

2. September 1999

Ende 1999 wird bekannt, dass die CDU in den neunziger Jahren zahlreiche schwarze Konten geführt hat. Der ehemalige Bundeskanzler Helmut Kohl räumt ein, dass er in seiner Zeit als Vorsitzender der CDU illegale Spenden in Höhe von über zwei Millionen Mark für seine Partei angenommen habe. Die Spender nennt er indes nicht. Seine Begründung lautet, er habe ihnen sein Ehrenwort gegeben.

Was heißt eigentlich Ehre?

Ich hatte gedacht, man hielte heutzutage »Ehre« für einen antiquierten Begriff, der in der hierarchischen Gesellschaft seinen Ursprung hatte, aber in unserer egalitären Gesellschaft – in der doch alle Menschen gleich sind – keine Rolle mehr spielt.

Wie aber kommt es dann, dass Helmut Kohl sein Schicksal sowie das der CDU, vielleicht sogar das der Demokratie, vom Begriff der Ehre – seiner Ehre – abhängig macht? Ja, was ist eigentlich Ehre? Wann ist dieser Begriff zu einem entscheidenden Kriterium der Gesellschaft geworden?

Auf diesen ritterlichen Ehrbegriff geht die Auffassung zurück, bei einem Angriff auf die Ehre sei für Adel und Offiziere das Duell Pflicht. Diese Sitte hat sich bis ins 19. Jahrhundert erhalten. In meiner Familie ging ein großer Besitz verloren, weil der einzige Erbe als Neunzehnjähriger

1810 im Duell gefallen war. Und für Offiziere wurde die Ehrengerichtsbarkeit erst in der Weimarer Zeit abgeschafft.

Auch der Stand der Kaufleute hatte seinen Ehrenkodex, aber der forderte nicht ritterlichen Mut und Tapferkeit, sondern bürgerliche Ehrbarkeit, Tüchtigkeit und Rechtschaffenheit. Ob die Hamburger Kaufleute sich darüber im Klaren waren, als sie Kohl eine Sonderehrung zuteil werden ließen?

Doch wie passt Helmut Kohls Ehrgefühl in diesen historischen Abriss? Während in der frühen Zeit das Urteil der anderen, die Reputation, also die »äußere Ehre«, entscheidend war, hat im 18. und 19. Jahrhundert ein Wandel stattgefunden, hin zur »inneren Ehre«, entsprechend Kants Begriff der »sittlichen Autonomie des Menschen«. Eine Ehre also, die vom Menschen selbst, von seinem eigenen sittlichen Urteil abhängt.

Diese Ehre verlangte viel: Als Friedrich der Große an den Justizminister von Münchhausen das Ansinnen richtete, er solle ein bereits gefälltes Urteil umstoßen, schrieb dieser: »Mein Kopf steht Eurer Majestät zur Verfügung, aber nicht mein Gewissen.« Und der Oberst von der Marwitz, der das sächsische Schloss Hubertusburg hätte plündern sollen, weil die Sachsen zuvor die wertvolle Antikensammlung des Königs in Berlin mutwillig zerschlagen hatten, quittierte den Dienst und ließ auf sein Grab schreiben: »Wählte Ungnade, wo Gehorsam nicht Ehre brachte.«

Wo aber wird denn Kohl etwas zugemutet, was seiner Ehre widerspricht? Zur Ehre gehört doch, wie es das Standesbewusstsein vorschrieb, dass der »Ehrenmann« seine Pflicht tut. Und Kohls Pflicht ist es zweifellos, die Namen der anonymen Spender zu nennen. Fraglich ist allein, ob jemand überhaupt ein Ehrenmann sein kann, der jahrelang seine Pflicht verletzt und der Verfassung untreu wird, ein Parteichef, der sich systematisch über das von ihm zu hütende Parteiengesetz hinwegsetzt.

27. Januar 2000

Im Jahr 2000 wird in Deutschland im Zusammenhang mit dem Thema Zuwanderung und Integration von Einwanderern eine Debatte um den Begriff ›deutsche Leitkultur‹ geführt.

Leitkultur gibt es nicht

Da fesselt nun schon seit Wochen ein skurriler Begriff, ›deutsche Leitkultur‹, die Menschen unseres Landes. Wirklich ein skurriler Begriff? Ohne Zweifel. Denn er unterstellt, dass es – ungeachtet verschiedener Phasen in der Geschichte – konstante angeborene nationale Eigenschaften gibt, sozusagen genetische Eigenschaften.

Wie, so fragt man sich, ist denn dann der Wandel der deutschen Mentalität von der Entdeckung der Vernunft während der Aufklärung über die Romantik, den Wilhelminismus und Hitler zur heutigen Demokratie zu erklären? Schließlich, was war vor der Reichsgründung? Gab es eine sächsische, bayerische, preußische Leitkultur?

Nein, es gibt viele Faktoren, die das gesellschaftliche Verhalten bestimmen: die vorangegangenen Erfahrungen, die philosophischen Strömungen, die gesellschaftspolitischen Normen der Zeit oder auch bestimmte Traditionen, die wieder in Mode gekommen sind. So kommt es, dass manchmal Entwicklungen in verschiedenen Ländern gleichzeitig stattfinden; zum Beispiel entstanden im ersten Quartal des vergangenen Jahrhunderts autoritäre Regime in Deutschland, Italien, Spanien, Portugal, Polen…, so als folgten alle einem subkutanen Zug der Zeit.

Manchmal aber ist es genau umgekehrt: Die Entwicklung des einen ruft beim Nachbarn eine feindliche Einstellung hervor – so immer wieder geschehen zwischen Frankreich und Deutschland.

Aber auch das Gegenteil hat es gegeben. Als 1789 die Französische Revolution die Welt veränderte, hatte unter Friedrich dem Großen (gestorben 1786) bei uns eine revolutionäre Entwicklung bereits stattgefunden. Friedrich hatte Preußen als Rechtsstaat konstituiert, einen wissenschaftlich geschulten, unabhängigen Richterstand geschaffen und eine klare Gerichtsverfassung mit drei Instanzen. Das »Allgemeine Preußische Landrecht«, das zu jener Zeit kodifiziert wurde, gilt auch unter heutigen Juristen als das fortschrittlichste seiner Zeit.

Resümee: Es gibt keine angeborenen nationalen Eigenschaften, alles hängt jeweils von den Umständen ab. Man muss sich wundern, dass ein so seriöser Deutschlandkenner wie der Franzose Michel Tournier vorige Woche in der *Welt* auf die Frage, was das Wesen der Deutschen sei, geantwortet hat: »Hang zur Unordnung und zum Chaos«. Als Beweis für diese Behauptung dient ihm unter anderem folgende Feststellung: »Alle Länder haben die Inflation kennengelernt, nirgendwo aber ging die Geldentwertung so weit wie 1923 in Deutschland…«

Was er nicht sagt, worüber er sich offenbar auch keine Gedanken macht, ist die Frage: Was war denn vorher? Vorausgegangen waren der Friedensvertrag von Versailles (der

»Schandfrieden«, wie die Deutschen sagten) und die untragbare Last der Reparationsforderungen, die die Wirtschaft kaputtgemacht haben. Also nicht der angeborene Hang zum Chaos, sondern die Willkür der Sieger nach dem Ersten Weltkrieg war der Grund.

Als ich das Wort von der Leitkultur zum ersten Mal hörte, musste ich automatisch an den aufreizenden, selbstherrlichen wilhelminischen Satz denken: »Am deutschen Wesen soll die Welt einst noch genesen.« Darum finde ich Proteste gegen diesen Begriff unterstützenswert.

Wir leben heute in einem sich immer mehr integrierenden Europa. Die Globalisierung in Wirtschaft und Finanzen hat sich weitgehend durchgesetzt. Desgleichen der Supranationalismus im politischen Bereich und im Kommunikationswesen. Die Kultur wird folgen.

Dann werden wir mit Recht von der »europäischen Leitkultur« sprechen.

9. November 2000

Die Anrainerstaaten der Ostsee denken über eine gemeinsame Handels- und Wirtschaftsgemeinschaft nach. Auch der Hafen von Kaliningrad, dem früheren Königsberg, wird in die Überlegungen einbezogen. Seit der Öffnung der russischen Enklave im Zuge von Gorbatschows Perestroika im Jahr 1991 ist er erneut zu einem der wichtigsten Verkehrszentren im Ostseeraum geworden.

Die neue Hanse

Man wird ganz missmutig, wenn man immer nur von Katastrophen und Krisen hört, die von den Medien lautstark verbreitet werden: BSE-Krise, Schweinemastskandal, Krise der CDU, Krach in Sachsen... So war ich dann ganz froh, dass ich in der vorigen Woche die Einladung zu einem Forum in Südschweden wahrnehmen konnte, denn ich wusste, dass dort – von allen unbemerkt – sehr zukunftsträchtige Dinge geschehen.

Seit ein paar Jahren haben sich dort eine Reihe Länder – alles Anrainer der *Baltic Sea*, also der Ostsee – zu Arbeitsgruppen zusammengeschlossen, um gemeinsam ihre Probleme zu beraten. 51 Handelskammern haben sich zur *Baltic Chamber of Commerce Organization* zusammengeschlossen; über 100 Universitäten und Akademien arbeiten miteinander, und alle zusammen betreiben eine Sommeruniversität, zu der jedes der 11 Länder fünf besonders begabte Studenten schickt, die 14 Tage zusammenbleiben.

Jetzt aber ist eine ganz spezielle Organisation aktiv geworden: Die sechs südlichsten Regierungsbezirke von Schweden (die Pfoten des Hundes sozusagen) haben vor ein paar Jahren, als Schweden der EU beitrat, sich unter der Bezeichnung SydSam (Südliche Zusammenarbeit) als spezielle Einheit konstituiert. Zu ihr gehören 2,2 der 9 Millionen Schweden.

SydSam, mit Sitz in Kalmar, arbeitet mit dem Ostseeinstitut in Karlskrona zusammen. Der Zusammenschluss hat das Ziel, den an die Ostsee angrenzenden Raum zu verknüpfen und auf Europa hin zu entwickeln.

SydSam hat bereits Abkommen mit verschiedenen Ostseeanrainern abgeschlossen, aber am 3. Februar – und das ist wirklich aufregend – kam Kaliningrad dazu. Aufregend deswegen, weil Kaliningrad jahrzehntelang total isoliert war. Als ich 1989 mit einer Spezialerlaubnis eine Kant-Büste nach Kaliningrad brachte, sagten die Behörden: »Dies ist das erste westliche Auto seit 1945, das Eingang in dieses Gebiet findet.« Und auch der Hafenkommandant versicherte mir, seit Kriegsende habe kein westliches oder neutrales Schiff seinen Hafen besucht.

Nun aber saßen am Verhandlungstisch zwei Vertreter von Kaliningrad, und zwar Wladimir Nikitin, der Sprecher der dortigen Duma, und der Bürgermeister von Pillau, Alexander Kusnetsow, dem Chef der SydSam, Roger Kaliff, gegenüber und unterzeichneten das Abkommen.

200 Königsberger waren angereist für die neun Seminare, die stattfanden; und der Staatssekretär des schwedischen Außenministeriums, Sven-Eric Söder, hielt eine zukunftweisende Ansprache; er trat mit großer Verve für die Osterwei-

terung ein und für eine enge Zusammenarbeit zwischen Europa und Russland.

Das ehemalige Königsberg mit eisfreiem Hafen und zentraler geopolitischer Lage zwischen Ost- und Mitteleuropa sowie Nord- und Westeuropa wird sicher dem Gesamtunternehmen Auftrieb geben.

Ich könnte mir vorstellen, dass der Ostseeraum in Zukunft eine sehr dynamische Region Europas werden wird, die mit den Jahren dem südlichen Bereich Europas nicht nachsteht.

So neu war das schließlich auch nicht: Vom 13. bis 16. Jahrhundert beherrschte die Hanse kulturell und wirtschaftlich den Ostseeraum. Die architektonischen Zeugnisse dieser reichen Zeit kann man heute noch von Danzig bis Tallinn bewundern.

8. Februar 2001

Seit Martin Luther im 16. Jahrhundert eine Spaltung der Kirche in protestantische und katholische Christen herbeiführte, erhitzt der Streit um ein gemeinsames Abendmahl die Gemüter der Konfessionen.

Armselige Welt

Endlich war es so weit: Die beiden konkurrierenden Kirchen – die katholische und die protestantische – hatten nach langen Verhandlungen eine wundersame Formulierung gefunden, die es ihnen erlaubt, friedlich nebeneinander zu leben: »Versöhnte Verschiedenheit«; doch diese Übereinstimmung wurde sofort wieder zerredet.

Zuerst von Kardinal Ratzinger, der als Chef der Glaubenskongregation verlangte, dass die von ihm formulierte, vom Papst ausdrücklich anerkannte Erklärung *Dominus Iesus* in aller Schärfe angewandt werde.

Diese Erklärung postuliert den Alleinvertretungsanspruch des Vatikan. Von einer gemeinsamen Abendmahlsfeier – und sie steht doch im Zentrum der Auseinandersetzung – kann also nicht mehr die Rede sein. Widerspruch wurde auch innerhalb der katholischen Kirche geäußert, beispielsweise von den Kardinälen Franz König und Karl Lehmann.

In der *Welt* war vorige Woche unter der Überschrift »Das Abendmahl als Happening« zu lesen, dass die Planer des Deutschen Evangelischen Kirchentages, der Mitte Juni in

Frankfurt stattfinden wird, die Absicht haben, eine Neuerung einzuführen. Das seit 1979 Tradition gewordene »Feierabendmahl« soll als »Sättigungsmahl« mit Brot, Käse, Obst und Trauben zelebriert werden. Der »Traubensaft der Freude des Teilens und des Genießens« soll, so heißt es, im Mittelpunkt stehen. Es ist kaum vorstellbar, dass diese Neuerung der Verwirklichung des anvisierten gemeinsamen Abendmahls dienlich sein wird.

Der Projektausschuss des Evangelischen Kirchentages hat ein Forum vorgesehen, auf dem das Abendmahl diskutiert wird und auch die Experimente mit dem Feierabendmahl: »Wir lassen die Vorstellung, Fleisch zu essen und Blut zu trinken, endgültig hinter uns. Der ursprüngliche Charakter des Mahls als eines Festes der Befreiung soll wiederhergestellt werden.« Also nicht mehr Eucharistie, Danksagung, sondern reale Sinnesfreude. Da wird Realität zur Absurdität und Liberalität zur Libertinage.

Der Zeitgeist hat offensichtlich auch Teile der Kirche ergriffen: Nicht mehr der Sinn von Religion und Philosophie ist Kompass und Maßstab, sondern der momentane Zweck; in diesem Fall der Versuch, die Kirche mithilfe »jugendgerechter Gottesdienste« wieder zu füllen. Es ist wie der Versuch der Parteien, Wähler zu gewinnen, indem sie mit Spektakeln das propagierten, was diese sich wünschen, oder wie die Medien, die nur noch auf die Auflagenhöhe schauen, oder das Fernsehen, das nur die Einschaltquoten zählt.

Es ist eine ziemlich armselige Welt, die wir uns da zusammengeschneidert haben.

29. März 2001

Reisereportagen

Marion Dönhoff war eine leidenschaftliche Reisende. Gleich nach dem Abitur im Jahr 1929 bereiste sie die USA. 1930 war sie das erste Mal in Afrika. In den dreißiger Jahren bereiste sie im offenen Cabrio die baltischen Staaten, unternahm im Auto ausgedehnte Fahrten quer durch Europa, über den Balkan und bis ans Schwarze Meer. Als Journalistin bereiste sie später und bis ins hohe Alter viele Male den Nahen und Mittleren Osten, Indien und Afrika, von wo aus sie in Reportagen für die *Zeit* berichtete.

Marion Dönhoff ist erschöpft. Die Ereignisse der letzten Kriegsjahre, der Verlust geliebter Menschen und der Heimat, ihre Flucht, der Neuanfang in der Fremde – all dies ist noch nicht verarbeitet. Und auch die Bedingungen, unter denen sie ihre Arbeit in der Redaktion verrichten muss – Kälte, Hunger, Platzmangel –, haben dazu beigetragen, dass die Journalistin dringend Urlaub benötigt. Im Herbst 1947 reist sie im Zug nach Bayern, um sich zu erholen.

Menschen im Abteil

Jede Eisenbahnfahrt ist ein Erlebnis. Nicht nur, weil man immer von neuem darüber staunt, wie viele Menschen in einen Waggon hineingehen und wie mannigfaltig die Variationsbreite der verschiedenen Temperamente ist – also nicht nur wegen dem, was drinnen im Wagen vor sich geht, sondern auch in Bezug auf das, was draußen vorüberzieht. Wobei dies nun wirklich eine optische Täuschung ist, denn das »Draußen«, das Fremde in dem objektiven Bild der Landschaft, sind ja doch zweifelsohne die Reisenden beziehungsweise der Zug. Wahrscheinlich liegt es an diesem Subjekt-Objekt-Wandel, dass mich Eisenbahnfahren immer traurig macht. Es ist etwas Merkwürdiges, wenn aus dem, was eigentlich das Leben ist, eine Landschaft wird, die an einem vorbeigleitet mit Stoppelfeldern, Kartoffelfeuern und weidendem Vieh – flüchtige Bilder, die man nicht festhalten kann und für die man selber nur ein Fremdling ist.

Dieser schon herbstliche Nachmittag mit dem südlich blauen Himmel des bayerischen Vorgebirges ist von einer seltsamen Wehmut umwoben. Eine alte Frau klagt mit monotoner Stimme über die Ungastlichkeit dieses Landes, in das der Bombenkrieg sie verschlagen hat; sie träumt von ihrer Heimat, dem Ruhrgebiet, wo ihr Mann ein kleines Häuschen hatte mit einem Garten, in dem im Herbst die Dahlien blühten. Dreißig Jahre hatten sie beide gearbeitet, und als dann der Traum ihres Lebens Wirklichkeit geworden war, kam der Krieg und die Bombenangriffe, und ein Schutthaufen war alles, was von den Leiden und Freuden dieses Lebens zurückblieb. Niemand antwortet, die Mitreisenden hängen alle ihren eigenen Gedanken nach.

Die Buchenwälder verfärben sich schon, und einzelne Birken stehen lichtgelb neben den roten Vogelbeeren. Plötzlich höre ich die Stimme des jungen Polen von gegenüber fragen: »Du auch Heimweh?« Ich bin ganz betroffen von so viel Hellsichtigkeit, und er fügt hinzu: »Bei uns die Wälder jetzt auch schön.« Damit lassen wir es im Wesentlichen bewenden, denn die Gewissheit unserer Brüderlichkeit ist tiefer als der Sprachschatz und lässt sich nur noch mit einer Zigarette bekräftigen. Merkwürdig, zu denken, dass niemand nach Haus kann, wir nicht, weil unser Land so klein geworden ist, und er nicht, obgleich das seine so viel größer und geräumiger geworden ist. Es tut mir jetzt leid, dass ich beim Einsteigen gedacht habe, ob wohl der Vorbesitzer seiner Jacke, die aussieht, als habe sie bessere Tage auf Golfplätzen und internationalen Turnieren gesehen, ihretwegen sein Leben vielleicht hat lassen müssen. Überhaupt sind plötzlich alle Aspekte verändert, und alle Mitreisenden erscheinen mir irgendwie liebenswert.

Da ist zum Beispiel noch eine auffallende ältere Dame, eine Wienerin, die trotz ihrer abgerissenen Kleidung und einem Sack als einzigem Gepäckstück etwas unglaublich Souveränes hat. Sie spricht leise und scheu, eigentlich mehr zu sich selbst als zu ihrem Gegenüber, und ihre Gesten sind wie die einer großen Künstlerin. Ich muss an jene Frau denken, von der Rilke spricht, die jeden Tag um eine bestimmte Stunde im Jardin du Luxembourg in einem grünen Kleide saß, jahraus, jahrein und auf ihren verschollenen Geliebten wartet. Sicher ist sie ihr ähnlich gewesen. Sie kommt aus einem tschechischen Lager, und man muss dankbar sein für ihren Entschluss, uns nichts zu erzählen von dem, was sie erlebt hat. Jetzt fährt sie zu ihrem Mann, der in einem Dorf im Allgäu Zuflucht gefunden hat, und ist wie ein Kind, verwundert und beglückt über die Berge und die Hilfsbereitschaft der Menschen. Sie hat ihren Mann zwei Jahre lang nicht gesehen – »zwei Jahre, und ich hätte früher nie gedacht, dass ich eine Trennung überleben könnte, die länger als ein Tag wäre. Manchmal bin ich heimlich in die Akademie gegangen, wo er arbeitete, nur, um ihn einmal über den Flur gehen zu sehen, weil es mir so unerträglich lang schien bis zu seiner Rückkehr.« Und dann macht sie zahllose Pläne. Wie sie es anstellen könne, ihn durch ihr unvorhergesehenes Erscheinen nicht zu erschrecken. Sie plant, verwirft und prüft von neuem. Vielleicht könnte sie von der Bahn einen Boten über Land schicken, der ihm bestellt, ein Herr aus Wien sei auf der Bahn und möchte ihn sprechen? Bedenken bei ihrem Gegenüber: »Wer sollte wohl so spät am Abend acht Kilometer über Land gehen?« – »Bezahlen?« – »Für Geld tut hier keiner was.« – Sie sieht ganz hilflos aus bei diesen

Einwendungen, und alle Beteiligten sind ebenfalls ratlos gegenüber so viel Weltfremdheit. Vielleicht ist es die allgemeine Ratlosigkeit, die diese seltsame Atmosphäre der Gemeinsamkeit erzeugt.

Was heißt eigentlich »Weltfremdheit«, frage ich mich. Ist diese merkwürdige Frau, die mit der sogenannten Realität so wenig vertraut ist, der Wirklichkeit nicht viel näher als die andern, die sich »mitten im Leben« meinen?

Und woher kommt es, dass diese Summe von Sorgen, Kummer und Heimweh, die der Zufall in den gleichen Waggon gepackt hat und die gewöhnlich sehr rasch eine Atmosphäre von Gereiztheit und Rücksichtslosigkeit erzeugt, menschlich angesprochen, plötzlich das ihnen allen Gemeinsame und sie Verbindende entdeckt?

Vielleicht würden die Welt und die Menschen ein anderes Gesicht bekommen, wenn nicht immer nur gesagt würde, wie die wirklichen Menschen sind, sondern wenn sie es öfter erfahren würden an ihren Nächsten oder an sich selber.

Regelmäßig flog Marion Dönhoff in die USA, wo viele ihrer Freunde lebten. Im Jahr 1951 sind die Reiseverhältnisse auf der Flugroute noch ganz andere, als wir es heute gewohnt sind.

Wolken, Wasser, neuer Kontinent – Flug nach New York

Fast hätte meine Reise in die USA schon auf dem Flugplatz in Frankfurt ihr Ende gefunden. Ich hatte alle Papiere wohlverwahrt, den Pass, die Devisenerklärung, den Impfschein, das Flugbillett, die Travellerschecks und das Begleitschreiben, das einen fehlenden Stempel im Visum ersetzt. Bei der Abfertigung wurden Flugschein und Pass noch einmal kontrolliert, und dabei war der Flugschein auf rätselhafte Weise verschwunden.

Der Beamte schwor, er habe ihn mir wiedergegeben, und obgleich ich genau wusste, dass dies nicht der Fall war, begann ich, sämtliche Taschen zu durchsuchen. Vergeblich. Völlige Ratlosigkeit allerseits, und nur noch zwölf Minuten bis zum Start... Letzter Verzweiflungscoup: Ich schoss auf eine alte Amerikanerin zu, die vor mir abgefertigt worden war, und verlangte, ihre Brieftasche zu sehen. Erstaunt und willenlos ließ sie zu, dass ich meinen Flugschein aus ihrer Brieftasche zog; sie sah mich fassungslos an und hielt mich wohl für eine Art Zauberkünstler, der zur Belustigung des Publikums allerlei Kunststücke machte, während mir wirklich nicht nach Possen zumute war und ich erschöpft zum Flugzeug taumelte.

Es war sechs Uhr abends, als die riesige Constellation, die im Scheinwerferlicht aussah wie ein geheimnisvolles, auf der Lauer liegendes Ungeheuer aus der Stratosphäre, donnernd über die nasse, dunkle Rollbahn sauste und sich in die Luft erhob. Es war die längste Nacht, die ich je erlebt habe; als meine Uhr mit der Hamburger Zeit am nächsten Morgen elf Uhr zeigte (wir hatten gerade Neufundland erreicht), war es noch vollkommen finster. Und erst mittags um 12:30 Uhr ging nach Hamburger Zeit die Sonne auf. Doch dies greift den Ereignissen dieser Nacht voraus.

Zunächst die erste Station: London bei Nacht. Wohl zehn Minuten lang flogen wir über eine mit Millionen Lichtern besäte, unendliche Fläche. An manchen Stellen verdichteten sich die Lichter zu besonderem Glanz, wie auf dem Hamburger Domfest. Plötzlich stießen wir hinunter auf die Erde, und das Lichtermärchen war erloschen: 45 Minuten Aufenthalt in London; ein nasser, großer, dunkler Platz mit mageren roten, gelben und blauen Lampen. Ein Restaurant mit Bar und Zeitungsstand; eine Halle mit vielen Büros und mit wartenden Passagieren, die sich in kleinen Gruppen erheben, wenn ein knarrender Lautsprecher den Start der Maschinen nach Paris, Amsterdam oder Schottland ansagt.

Und ähnlich die Atmosphäre auch nach der zweiten Landung: 45 Minuten Shannon, an der Westküste Irlands. Wieder eine Halle und ein Restaurant; die gleichen Flaschen stehen in der Bar, die gleichen Zeitungen liegen im Stand; wieder wartende Passagiere; Büros, Geschäftigkeit. Es gibt einen einzigen Unterschied: In Irland ist das Personal, das sich um unser Wohlergehen kümmert, grün gekleidet, in England dunkelblau und in unserer amerikanischen Maschine hellblau.

Neun Stunden später Landung in Neufundland. Der Platz ist spiegelblank vereist, große Schneewälle sind aufgeschaufelt. Die Leute, die sich auf die Maschine stürzen, um sie zu säubern und vollzutanken, haben riesige Pelzmützen auf. Doch die Halle mit Restaurant und allem Zubehör an Bürokratie und technischem Fortschritt ist wieder die gleiche.

Es ist merkwürdig, wie die moderne Technik über die uns vertraute Welt mit ihrer Mannigfaltigkeit an Staatsgebilden, Völkern, Sprachen und Nuancen ein Netz im sphärischen Raum gespannt hat, das von der Vielfalt des Lebens gar nichts weiß. Ob man dort unten mit Ochsen pflügt oder mit Traktoren, ob die Menschen demokratisch oder autoritär regiert werden, das ist von der Perspektive des Flugzeugs aus völlig belanglos. Man ist von allem gleich weit entfernt und steht außerhalb des Lebens; die Landschaft ist nur noch eine Landkarte, und die Punkte, an denen man die Erde berührt, die Flugplätze, sind sich alle gleich.

Die TWA, die *Trans World Airlines*, der unsere Maschine gehört, hat jedem Passagier eine Karte und den Flugplan auf den Platz gelegt. Daraus ist zu entnehmen, dass man mit dieser Linie von New York nach London, Paris, Frankfurt, Zürich, Madrid, Algier, Rom, Budapest, Kairo, Tel Aviv und Bombay reisen kann. Dabei zeigen kleine Bilder auf der Karte an, was einen jeweils in diesen Ländern erwartet. Für Paris steht der *Arc de Triomphe*, für Deutschland ein Bayer in Lederhosen mit Bierseidel, für Ungarn ein heiteres Bauernpaar in anmutiger Tracht, für die Polen tanzt ein Paar mit hohen Pelzmützen Krakowiak, und stellvertretend für die baltischen Staaten braust ein elegantes Schlittengefährt über die weite Ebene.

Ob sich die anderen Passagiere auch vorkommen, als seien sie Teil eines Mädchenpensionats, das von einem liebenswürdig strengen Lehrer beaufsichtigt und beschäftigt wird? Vor jeder Zwischenlandung müssen wir einen Fragebogen ausfüllen und im Einzelnen angeben, wo jeder die letzten 16 Nächte verbracht hat und wohin er zu reisen beabsichtigt. Dann werden wir alle in geschlossenem Verband heraus- und in die Wartehalle hineingeführt; die Fragebogen werden eingesammelt, und nach einer halben Stunde geht es im Gänsemarsch zurück zum Flugzeug; und sogleich werden die neuen Fragebogen für den nächsten Stopp ausgefüllt.

Dankbar war ich unserem Herrn Lehrer, dem ein reizendes, hilfreiches junges Mädchen assistierte, als nach einem vorzüglichen Abendessen das Licht gelöscht wurde und die meisten Mitreisenden – es war nur etwa ein Drittel der Plätze besetzt – sehr bald in Schlaf verfielen. So verschliefen sie den wirklich aufregenden Teil der Reise, den Flug über den Ozean.

Wir flogen in 4000 Meter Höhe über einem brodelnden Wolkenmeer, das vom Vollmond gespenstisch beleuchtet wurde. Weltweite Einsamkeit; auf Hunderte und Tausende von Kilometern nur Wasser und Wolken. Kein Lebewesen, keine Vergangenheit und keine Zukunft existierten in diesem geschichtslosen Raum, den unser Stahlvogel mit gleichmäßig surrenden Motoren in unbewegtem Flug durchzog. Fast neun Stunden mit 450 Stundenkilometer Geschwindigkeit.

Und als dann am nächsten Tag die Sonne aufging und, in

graugrünliche Sepiafarbe getaucht, Neufundland, Teil des neuen Kontinents, unter uns lag – »wüst und leer«, wie es in der Bibel heißt –, da glaubte man nach dem großen Nichts der letzten Stunden den zweiten Tag der Schöpfung mitzuerleben, wo die Wasser sich sammelten und sich vom Trocknen schieden.

Stunde um Stunde nur dunkles Land mit zahllosen Seen, Wasserlöchern und flussartigen Gebilden. Und Hunderte von Kilometern keine einzige Siedlung, nur Einsamkeit. Und dann schließlich Städte, eine belebte Küste. Klarer Himmel, Sonne, ein leiser Frühlingshauch in der Luft; in der Ferne ahnte man Konturen von Wolkenkratzern in bläulichen Dunst getaucht – New York.

Ihr Abenteuergeist führt Marion Dönhoff im Mai 1952 in einem Gemeinschaftstaxi 800 Kilometer durch Wüstenland, von Jordanien in den Irak.

Der Effendi wünscht zu beten

Eigentlich hatte ich mir geschworen, nie wieder eines dieser amerikanischen Taxis mit eingebautem Radio zu besteigen, die im Orient überall als allgemeines Verkehrsmittel dienen, aber der Gedanke, von Amman nach Bagdad zu fliegen, schien mir sündhaft. Bagdad war seit den Tagen, da der Sachse Karl May mit dem Band »Von Bagdad nach Stambul« meine Phantasie beflügelte, für mich ein Ort von geheimnisvollem Zauber.

So saß ich denn im glühend heißen Amman, vor mir eine jener Autokarawansereien, in denen hochbeladene, schwankende Busse, umgeben von Staubwolken, ein- und ausfahren. Ich saß am Straßenrand und wartete. Um zwölf Uhr sollte das Gemeinschaftstaxi, in dem ich den Sitz neben dem Fahrer gemietet hatte, starten. Doch längst war es zwei Uhr geworden. Die Koffer, die ich um mich versammelt hatte, waren mit einer dicken Staubschicht überzogen; ein paar Bakschisch heischende Knaben hatten schon Grimassen darauf gemalt. Wo blieb nur das Taxi?

Endlich nahte ein Fahrer, ein negroider, dicker Boxertyp.

Er ergriff meine Koffer und schnallte sie mit vielen andern Koffern, Kisten und Kartons auf dem Dach seines Autos fest. Ich stieg erlöst ein. Es war kein amerikanischer, sondern ein französischer Wagen, verhältnismäßig klein. Weiß Gott, wie er die achthundert Kilometer Wüste überstehen sollte. Mein Sitzplatz am Straßenrand war übrigens ein Paradies gewesen, verglichen mit dem Platz in dieser durchglühten Blechbüchse. Und wieder langes Warten. Bis endlich der Dicke kam, die Tür aufriss und sich ans Steuer setzte. Wir brausten davon.

Doch schon am Stadtanfang hielten wir an. Der Dicke verschwand in einem Haus und kam alsbald mit einem Tonkrug zurück, der mehr als einen Meter hoch war und Trinkwasser enthielt. Diesen Superkrug stellte er mir vor die Füße. Sollte ich wirklich dieses schwankende Ungetüm während der nächsten vierzehn Stunden festhalten müssen? Wir waren eine Stunde unterwegs und landeten aufs Neue vor der Karawanserei.

Es war drei geworden, und jetzt nisteten sich auch andere Passagiere mit reichlich vielen Päckchen und Paketen im Fond des Wagens ein: ein ungewöhnlich dicker Herr mit Fez und einem Schaden an der Hüfte, der ihn wie eine Ente watscheln ließ, ferner ein alter Mann mit Bart und Brille und weißem Kopftuch in arabischer Tracht, offenbar ein Scheich – ein Geistlicher also; und schließlich ein unscheinbarer junger Bursche in langem Gewand. Endlich, endlich ging es los. Ich war gespannt, ob wir je ankommen würden.

Ja, wir sind angekommen, allerdings nicht nach vierzehn, sondern nach vierundzwanzig Stunden. Was für eine Reise! Gleich am Stadtausgang von Amman der erste Stopp: große

Telefoniererei, lange Diskussionen mit den andern Passagieren, dann drehte der Wagen und fuhr zurück. Unterwegs plötzlich wieder ein Stopp, riesige Begrüßungsszene mit einem entgegenkommenden Wagen, dem ein großer, hagerer Mensch (der mit Effendi angeredet wurde) entstieg. Während unser Vehikel umdrehte und wieder den vorbestimmten Kurs einschlug, klemmte der Effendi sich zwischen den Fahrer und mich und – blieb dort für die nächsten vierundzwanzig Stunden sitzen!

Das war ein harter Schlag. Wahrscheinlich wäre dieses Ölsardinen-Placement ganz und gar unerträglich geworden, wenn die Gesellschaft nicht alleweil einen Vorwand gefunden hätte anzuhalten; das verlängerte zwar die Reise, verminderte jedoch das Maß der Leiden.

Gleich am ersten Ort, zwanzig Minuten hinter Amman, stiegen alle aus und tranken Kaffee. Im nächsten Ort verließen alle den Wagen, um einzukaufen. Und dann begann die unendliche Wüste. 750 Kilometer durch eine Öde, die erst graugelb und steinig, dann grauschwarz und steinig und schließlich nur noch gelber Sand war. Aber auch hier erwies meine Spekulation, wir würden ohne Aufenthalt erst einmal ein paar Sunden fahren, sich als komplette Illusion.

Zuerst hielten wir mitten in der Wüste – diesmal auf Wunsch des dicken Herrn mit dem Fez, der sein Abendgebet verrichten wollte. Er breitete einen Teppich, den er mit sich führte, am Straßenrand aus. Bald darauf gerieten wir in voller Fahrt in einen Heuschreckenschwarm. Eines der riesigen gelbgrünen, surrenden und hopsenden Geschöpfe flog durchs Fenster in unseren Wagen und erzielte dort einen Effekt, den eine Fledermaus im Mädchenpensionat auslöst:

Alle erhoben sich zugleich, alle kreischten, lachten und schrien. Der Fahrer bremste so plötzlich, dass der Effendi und ich, die wir wie Hühner auf der Stange auf unserm zu engen Sitz balancierten, beinahe mit dem Kopf durch die Scheibe flogen. Eilends quollen alle aus der Blechbehausung, und dann begann der Fahrer seine Jagd auf das Ungeheuer. Das dauerte seine Zeit.

Ein halbe Stunde später erreichten wir im letzten Tagesschimmer den ersten irakischen Grenzposten. Ein Zelt und davor zwei wunderbar aussehende Männer mit blauschwarzem Haar, langen, roten, schlafrockähnlichen Mänteln, die bis über die Knöchel reichten und durch einen breiten Patronengürtel, in dem sichelförmige, silberne Messer staken, zusammengehalten wurden. Auf dem Kopf trugen sie ihr malerisches Tuch, das bei Sandsturm, Kälte oder großer Hitze zum Schutz von Nase, Hals und Gesicht jeweils zweckentsprechend drapiert wird.

Einen Kaffee darf man niemals ablehnen, und so saßen wir bald wieder einmal einträchtig beieinander im Zelt und schlürften, von gestenreichen Gesprächen umrankt, unseren Mokka.

Dem neuen Anlauf, ein Stückchen Wüstenstrecke pausenlos zu fahren, war ebenfalls keine Dauer beschieden. Denn diesmal war es der Effendi, der sein Abendgebet halten wollte. Einsichtsvoll gesellte der junge Mann sich dazu, so dass nur die Sorge blieb, wann wohl der Scheich seine Zeit für gekommen hielte. Dann ging es weiter, und bald brach die Nacht über uns herein – eine, wie mir schien, unendlich lange Nacht.

Tiefe Dunkelheit, die von einer schnurgeraden, grell angestrahlten Straße in zwei Hälften geteilt wurde. Ein paar Mal hielten wir noch und tranken Kaffee (den ich selbst nie bezahlen durfte). An immer neuen Polizeistationen zeigten wir die Pässe vor, dabei erwies sich, dass mein Visum ein Born immer neuer Zweifel und Verwunderung war, weil es mangels einer irakischen Vertretung in Bonn vom ägyptischen Konsulat in Frankfurt und dazu auch noch in französischer Sprache ausgestellt war. An der letzten Polizeistation in der Wüste, morgens um drei Uhr, wäre ich beinah daran gescheitert...

An einem mit viel Papier und mit noch viel mehr Käfern übersäten Tisch saß, von einer Petroleumlaterne flackernd beleuchtet, ein total verbaster Mann im Nachthemd und starrte ausdruckslos auf meinen Pass. Es war still im Zimmer, nur ein paar Fliegen brummten dann und wann mit einem großen Knall gegen die Laterne. Ich sagte nichts, er schwieg auch. Eine Ewigkeit schien zu vergehen.

Plötzlich erhob sich im Hintergrund ein merkwürdiges Gemurmel. Ich sah mich erschrocken um und entdeckte unseren Scheich, der ein schmales, gebrechliches Sofa erklommen hatte und gerade begann, dort sein Tagesanbruchgebet zu verrichten. Eben hatte er sich aufgerichtet und stand nun in voller Größe auf dem Sofa, das bereits bedenklich schaukelte, als ich, in einem Anfall von Hellsichtigkeit ein unausbleibliches Unheil ahnend, rasch zusprang und gerade noch verhindern konnte, dass der alte Herr sich mitsamt dem Sofa nach hinten überschlug.

Durch diesen Zwischenfall und den Lärm, den er verursachte, aus seinen träumenden Zweifeln gerissen und zur Tat gemahnt, beschloss der Hüter der Ordnung, meinen Fall seinem Vorgesetzten vorzutragen. Wir wanderten alle, einschließlich Fahrer und Effendi, durch einen dunklen Gang und wurden in ein Zimmer geführt, in dem der Chef (zum Zeichen seiner bürgerlichen Provenienz: im Pyjama) im Bett lag und gelangweilt gähnte. Nach kurzem Studium zeichnete er freimütig das Visum ab, und wir brachen von neuem auf.

Inzwischen war die leichte Brise vom Abend zu einem starken Wind angeschwollen, der bei Tagesanbruch in einen furchterregenden Sandsturm ausartete und uns zeitweise jede Sicht raubte; fast wie bei einem Schneegestöber konnte man stellenweise nur ein paar Meter weit sehen. Das ging so den ganzen Tag hindurch.

Horizontlose Wüste, mitten darin eine endlose Asphaltstraße und Sand. Sand neben uns, über uns, um uns, auch im Wagen. Dann und wann glitten die Schatten vermummter Gestalten mit flatternden Gewändern an uns vorüber; dann und wann tauchten riesige Herden von Kamelen auf, die mit erhobenem Haupt und eiligem Schritt in breiter Front über die endlose Ebene irgendeinem unerklärlichen Ziel zustrebten. Und schließlich dann der Euphrat: ein breiter, brauner Fluss, der Hochwasser führte und kleine schmutzige Wellen schlug.

Wir kamen durch zwei Orte: braune Lehmhütten, von hohen braunen Lehmmauern umgeben. Der Straße zugekehrt ein paar offene Kaffeebuden, von Staub und Sand umwölkt; darin saßen Männer mit flatternden Gewändern, unangefochten von den Unbilden ihres Lebens und der Natur. Was für ein Land!

Ich entdeckte plötzlich, dass mir über Nacht eine riesige

Beule an der rechten Schläfe gewachsen war. Tief beunruhigt über die vermeintliche Untat eines Skorpions, teilte ich wortlos und gebärdenreich den Mitreisenden meine Entdeckung mit. Als ich bald darauf wieder in jenen quälenden, torkelnden Sitzschlaf verfiel, weckte mich der Effendi, um mich darauf aufmerksam zu machen, dass mein Kopf in dumpfem Rhythmus immer wieder gegen die rechte Tür schlug und die Beule daher eine beruhigende physikalische Erklärung gefunden habe.

Und bald darauf hatte dann endlich auch diese endlose Fahrt ein Ende...

Seit die zwanzigjährige Marion Dönhoff im Jahr 1930 mehrere Monate in Kenia verbrachte, ist ihr der afrikanische Kontinent ans Herz gewachsen. Siebzig Jahre später, im Jahr 1999, besucht sie Afrika zum letzten Mal in ihrem Leben. Als Journalistin hat sie regelmäßig über die Entwicklung verschiedener afrikanischer Staaten berichtet. Im April 1953 ist sie in Algerien.

Ich würde eine Dattelpalme pflanzen

Eigentlich war es zunächst eine rechte Enttäuschung – ich hatte bisher immer geglaubt, eine Oase sei zum Schattenspenden und Lebenfristen, allenfalls zum Ergötzen da. In meiner von Karl May entfachten Phantasie lebte sie als die letzte Zuflucht des verdurstenden Beduinen, als das erträumte Paradies aller Wüstenbewohner. Nun sah ich zum ersten Mal in meinem Leben eine Oase, und da war alles anders: Das so unvorstellbar kostbare Land ist mit dummen Hotels zugebaut, es gibt keine edlen, lässig schweigsamen Araber, sondern nur dreiste, geschwätzige Burschen, deren Auge gierig nach Touristen schweift. Und was nun wirklich im Bereich der Wüste doch wohl als Sakrileg zu bezeichnen ist: Im Garten des Hotels lag ein Swimmingpool.

Zu Mittag gab es Salat. Wenn ich ein Stück Oase besäße, würde ich jedenfalls nicht Salat für alberne Städter pflanzen, die in sechsstündiger Autofahrt zu ihrem Pläsier von Algier nach Bou Saada fahren und am andern Tage wieder zurück nach Algier, wo sie alle Gemüse und Früchte, die man sich nur vorstellen kann, genießen können.

Aber was würde ich eigentlich anbauen? Kartoffeln? Karotten? Oder lieber gleich Rosen? Merkwürdigerweise erscheint in dieser verkehrsfreudigen Welt die Einmaligkeit der Oase in einem ganz veränderten Licht, mindestens aus der Perspektive des Blitzreisenden – nur für den Kameltreiber ist sie sicherlich noch immer das, was sie von jeher war.

Die Frage, was ich täte, besäße ich ein Stück Oase, fand erst viel später nach vielen Unterhaltungen eine endgültige und befriedigende Klärung: Ich würde eine Palme – einen Dattelbaum – pflanzen. Nicht nur weil das Pflanzen eines Baumes eine der letzten sinnvollen Tätigkeiten in dieser verrückten Welt ist, sondern auch darum, weil man hierzulande von einer Dattelpalme leben kann. Mit Familie braucht man zwei bis drei, so hat mir glaubhaft ein Oasenbewohner versichert. Pro Baum kann man nämlich mit netto 100 Mark Einnahmen rechnen, und das reicht für bescheidene Ansprüche.

Wie viel Arbeit das macht? Alles zusammen: wässern, graben, pflegen, ernten ... etwa zwei Monate. Das ist also die Sache! Wieso plagt man sich eigentlich in einem unwirtlichen Klima zwölf Monate lang (um dann oberhalb des – zugegeben relativen – Existenzminimums alles weggesteuert zu bekommen), wenn man hier das Gleiche mit zwei Monaten Arbeit erreicht und dann die restlichen zehn Monate in würdiger Muße unter seinem eigenen Palmenbaum sitzen kann?

Doch zurück zu Bou Saada. Ich war fest entschlossen, so

rasch wie möglich zu flüchten; ich suchte und fand einen Omnibus, der mich in sechs Stunden nach Biskra, dem Beginn der eigentlichen Wüste, bringen sollte. Diesmal bestiegen nur ernste, in schöne, weiße Burnusse gehüllte Männer den grau bestaubten Bus. Sie wurden nach einem geheimnisvollen System während der nächsten Stunden nach und nach in der Wüste entlang der Piste – die richtige Straße hörte bald auf – ausgesetzt. Kaum waren sie dem Bus entstiegen, begannen sie sogleich, eiligen Schrittes einem unerfindlichen Ziel zuzustreben, so als gälte es, noch rechtzeitig zu einer wichtigen Sitzung zu kommen. Lange noch sah ich sie als immer kleiner werdende Punkte über die endlose Weite wandern.

Neue Reisende bestiegen andernorts unser Gefährt. Ein Herr mit vier Schafen, die mit größter Selbstverständlichkeit und sachlicher Miene eingeladen und zwischen die Sitze gepresst wurden, sorgte für Abwechslung. Als die ratlosen Tiere gelegentlich ihrer Angst freien Lauf ließen und dadurch der Mehlsack eines anderen Mitreisenden in Mitleidenschaft gezogen wurde, gab es einen kurzen Disput, der aber bald von einem älteren Mann geschlichtet wurde, dem die anderen bei Begrüßung und Abschied die Hand küssten.

Gern hätte ich gewusst, ob er ein Geistlicher war oder vielleicht ein Kaid, der Chef eines Stammes oder Dorfes – aber ich wagte nicht, mit dieser taktlosen Frage meinen einzigen Gesprächspartner womöglich zum Schweigen zu bringen.

Es war ein junger Bursche, der in einer der vielen, von den Franzosen erbauten Schulen, wie übrigens ein Gutteil seiner

Altersgenossen, fließend Französisch gelernt hatte. Einiges seiner Erzählung entging mir leider in dem ungemeinen Lärm des ratternden Busses, der nur gelegentlich von dem Geblök der Schafe, die dann und wann neue Gesellschaft bekamen, übertönt wurde.

Seine politische Vorstellung von der Welt, die gewiss – verglichen mit der vieler seiner Landsleute – verhältnismäßig fortgeschritten ist, da er als Angestellter der Busgesellschaft natürlich viel zu sehen bekommt, schien mir nicht uninteressant. Seine Kategorisierung sieht – von unten nach oben – folgendermaßen aus: Die Engländer lieben die Araber nicht; die Araber lieben die Engländer nicht. Die Amerikaner sind mächtig, aber was soll's? Die Franzosen sind besser als die beiden anderen, aber weit schöner war es ohne sie. Die Deutschen sind großartig, und es ist schade, dass sie den Krieg nicht gewonnen haben.

Und damit waren wir nun bei dem schier unerschöpflichen Thema des Afrikafeldzuges angelangt. Die Zahl der deutschen »Spione«, die in arabischer Kleidung in den Zelten der Beduinen verborgen worden waren, war mittlerweile zu ganzen Kompanien angewachsen. Im Übrigen ist die Kenntnis der Zusammenhänge nicht sonderlich detailliert, wie ich feststellen musste. Nein, General Rommel, von dem wisse er nichts; er kenne nur den General Hitler. Der allerdings sei in der Tat der größte Feldherr aller Zeiten gewesen.

Einer seiner Brüder war im vorigen Jahr, wie viele seiner Landsleute magisch von dem märchenhaften Reichtum und den unerschöpflichen Arbeitsmöglichkeiten der französischen Großstädte angezogen, nach Lyon gegangen. In den letzten beiden Jahren sind 150 000 Männer von Algier nach Frankreich eingewandert. Dort finden sie zunächst kein Unterkommen, gewöhnlich keine Arbeit und schließlich wenig Gegenliebe, weil sie bald den Bodensatz des städtischen Proletariats abgeben, die Kriminalität erhöhen helfen und oft eine gefundene Beute für kommunistische Umtriebe abgeben, was sicherlich bei ihrer Rückkehr nicht ohne Folgen bleibt. Denn die meisten gehen nur fort, um nach einigen Jahren mit vermeintlich riesigen Ersparnissen zu ihren Familien zurückzukehren, wenn sie nicht das Glück haben, diese nachholen zu können.

Der Bruder meines Gewährsmannes hatte es nicht lange ausgehalten, dann war er enttäuscht heimgekehrt, wahrscheinlich für seine Heimat verdorben. Am meisten hatte ihm, der gewohnt war, von einer Handvoll Datteln zu leben, missfallen, dass die Franzosen viermal am Tage essen und noch dazu so viel – und wie wichtig sie das nehmen! Merkwürdig, dass aus dem kleinen Ärger über die Freuden anderer Leute – mehr als über deren Laster – große Abneigungen entstehen.

Die Franzosen ihrerseits sind erbittert über die Freude der Mohammedaner am Nichtstun. Wenn diese in zwei Tagen so viel verdienen, wie sie die Woche über brauchen, dann bleiben sie für die restliche Zeit eben einfach weg.

Die unendliche Großartigkeit dieses riesigen Vorfeldes der Wüste, das wir durchqueren – Sand, Steine, ein paar trockene Grasbüschel und rechts und links wechselnd kalte Gebirgszüge in violetter und rötlicher Tönung, dazwischen riesige Herden von Schafen, Ziegen und Dromedaren und ein paar Nomadenzelte –, das alles war längst mit dem letzten Schein der untergehenden Sonne verblasst, als wir endlich in Biskra ankamen. Biskra, das Tor der Sahara, die letzte große Oase, ehe die größte Wüste der Welt beginnt. Zweitausend, dreitausend Kilometer lang Wüste. Von hier nach Timbuktu sind es noch mehr.

Am Rande der Oase, unter den letzten Palmenstämmen, brennt noch eine Lampe. Wie mit dem Messer abgeschnitten reicht die Nacht bis an dieses Licht heran – die große, unendliche Nacht der Sahara. Ein paar Hunde bellen in der Ferne; man hört das kleine, eilige Geräusch fließenden Wassers und manchmal, wenn ein leichter Windstoß kommt, das Zusammenschlagen der feingefiederten Palmenzweige. Wenn man jetzt weiterginge, bis zum Sonnenaufgang weiterginge, dann würde es noch genauso aussehen, und am Tag darauf ebenso und vier Wochen später noch immer ebenso.

Wie anders könnte die Welt sein, wenn die Menschen, anstatt zu Millionen in riesigen zusammengetragenen Steinhaufen zusammenzukriechen und dem Dünkel ihrer vermeintlichen Allmacht zu frönen (weil sie Licht machen, Musik aus dem Äther greifen und ganze Städte mit einer Bombe zerstören können), lieber die Unendlichkeit und Erhabenheit solcher Nächte erlebten! Vielleicht sind die Beduinen, die sich nie so weit erniedrigen würden, dass sie in ihrem Haus leben, und die unter diesem großen Himmel frei umherziehen, die letzten Menschen, die wissen, was Freiheit ist. Wenn alle jene, die auf ihren Kongressen und in ihren Broschüren von Freiheit schwätzen, es ihnen gleichtun sollten, würden sie bald von der Sonne verdorrt, den nächtlichen Frösten durchfroren, hungrig und durstig, um Zuflucht flehen – und wenn's auch nur an den Toren der Gefängnisse ihrer Großstädte wäre.

Morgen früh geht es weiter südwärts. Kann ich meinen Augen trauen? Es regnet über der Sahara! Das kann auch nur einem Reisenden, der aus Hamburg kommt, passieren...

Indien ist ein häufiges Reiseziel der Journalistin. Im Januar 1954 trifft sie in Bombay Politiker, Wirtschaftsmagnaten und einen meditativen Jungunternehmer.

Träumer, Weltverbesserer und Rationalisten

»Haben Sie ein *permit*?« Als die Frage in Bombay zum ersten Male an mich gerichtet wurde, fuhr ich erschrocken zusammen, geängstigt von der Vorstellung, es sei ein Dokument, das ich entweder schon verloren oder nie besessen hätte.

»Ein *permit* – wofür?«, fragte ich bangen Herzens.

»Für Alkohol.«

Verblüfft, wie ich war, erweckte das Wort »Alkohol« in mir die Assoziation gesundheitlicher Besorgnis, und vor meinem geistigen Auge erschien der Arzt, der mir in Hamburg alle möglichen Spritzen verpasst und darüber Zertifikate ausgestellt hatte. All diese Zeugnisse besaß ich noch; also bejahte ich die Frage.

Mein indischer Gastgeber, offenbar beruhigt, hieß mich in seinen Wagen steigen, und wir fuhren über weite Boulevards, vorbei an monumentalen Banken und Geschäftshäusern. Ich sah, dass Bombay wirklich eine Weltstadt ist – zusammen mit Kalkutta die Hochburg des indischen Kapitals. Riesige Vermögen gibt es in der Stadt, die dreieinhalb Millionen Einwohner in ihren Mauern birgt und so ausgedehnt ist, dass man meint, nie ans Ende zu kommen.

Wir allerdings erreichten bald unser Ziel: ein elegantes Nachtlokal. Hier nun stellte sich – kaum hatten wir den ersten Drink bestellt und sollten dafür ein *permit* vorlegen – zum ungewöhnlich großen Entsetzen meines Partners heraus, dass ich das verlangte Dokument gar nicht besaß und mich daher zu Unrecht an diesem Ort befand. Im Staate Bombay herrscht nämlich, im Gegensatz zu fast allen anderen indischen Staaten, Prohibition.

Häufig erscheint die Polizei an den zwei oder drei Orten, die Alkohol ausschenken dürfen, und verhaftet rücksichtslos jeden, der sich »unbefugt« dort aufhält. Sogar Haussuchungen werden durchgeführt, und es kann passieren, dass der Hausherr in den eigenen vier Wänden verhaftet wird, weil er seinen Gästen einen Drink vorgesetzt hat. Als ich dies hörte, sann ich auf Flucht aus dem Nachtlokal. Da fügte es das Schicksal, dass ich mich für den Rest des Abends in Yvette Calbère verwandeln konnte: eine Kabarettistin, die eben nach Hause ging und bereit war, mir ihr *permit* zu leihen.

Ein paar Tage später hatte ich dann eine Unterhaltung mit dem Erfinder der Prohibition, dem Chief Minister – wir würden sagen: dem Ministerpräsidenten – des Staates Bombay, Murarji Desay. Seinen Namen hatte ich häufig nennen hören; von einigen als Faschist, von anderen als Erzreaktionär oder auch als Kommunist bezeichnet, liefert Murarji Desay in Bombay das Tagesgespräch.

Nun saß ich also neben ihm auf dem Sofa in seinem Arbeitszimmer. Er trug die indische Nationaltracht, die soeben durch einen Erlass der Zentralregierung zum offiziellen Anzug für alle Beamten erklärt worden ist: weiße, enge Hosen, darüber ein weißes Hemd und darüber eine graubraune Weste, auf dem Kopf die weiße Gandhi-Kappe.

Desay war ein Mitkämpfer von Gandhi und jahrelang, wie jener, im Gefängnis. Er hasst nicht nur alles Englische, sondern alles Fremde überhaupt. Sein Sinn ist rückwärtsgewandt. »Wohin hat die westliche Zivilisation geführt?«, sagte er. »Und wohin wird sie noch führen? Kann man irgendwo anhalten auf diesem Weg? Ist man nicht gezwungen, ihn immer weiter zu gehen, wenn man ihn erst einmal eingeschlagen hat? Gewiss, wir Inder könnten manches Nützliche der westlichen Zivilisation übernehmen, aber wir möchten nicht dieser gedankenlosen westlichen Lebensweise verfallen, möchten nicht Erfolg und Profit zum Maßstab aller Dinge machen; wir wollen nicht, dass das Verhältnis der Geschlechter untereinander bei uns so werde wie im Westen; wir wollen nicht, dass die Ultima Ratio aller Dinge die Atombombe wird. Was hätte es schließlich für einen Zweck, wenn wir all das Unheil übernähmen, das der Westen uns vor Augen führt, jetzt, da wir unseren Weg noch wählen können!«

Kann Indien wirklich seinen Weg noch wählen, den vielzitierten *Indian way of life*?

»Was halten Sie von der Industrialisierung und der Intensivierung der Wirtschaft, die doch wohl notwendig sind, wenn Sie hier die Armut und Rückständigkeit bekämpfen wollen?«, fragte ich den Chief Minister.

»Ja, Industrialisierung muss sein, aber wir wollen nur so viel produzieren, wie Indien selber konsumieren kann.«

»Sie müssen aber doch exportieren, sonst können Sie ja nicht importieren, nicht wahr?«

»Nein, das wollen wir nicht, denn sonst beginnt mit der Sorge um die Absatzmärkte das politische Spiel von Intrigen, Macht und Gefahr.«

Eine seltsame Form von passiver Autarkiepolitik ist das, die Murarji Desay vorschwebt, und hier nun zeigt es sich, dass die alten Vorkämpfer der indischen Freiheit, die oft recht simple Vorstellungen von ökonomischen Zusammenhängen haben, den neuen Aufgaben und Zielen, die die jüngere, geschulte Generation sich gesteckt hat, nicht recht entsprechen. Bombay ist schließlich ein Staat von zwanzig Millionen Menschen, und es mag zweifelhaft erscheinen, ob man ihn ohne alle modernen wirtschaftlichen Erkenntnisse regieren kann.

Murarji Desay führt überdies einen heftigen Kampf gegen die englischsprachigen Schulen und damit – zur Entrüstung vieler Inder – gegen die englische Sprache, die er, obwohl sie für die nächsten zehn Jahre noch Amtssprache sein soll, lieber heute als morgen ausmerzen möchte. Und was die Prohibition, diese seine ureigenste Erfindung, anbetrifft: Sie kostet den Staat Bombay jährlich etwa 100 Millionen Rupien, also 87 Millionen Mark.

»Ist es nicht eine Verletzung der menschlichen Grundrechte, wenn Ihre Polizei Haussuchungen auf Alkohol macht?«

»Halten Sie es für eine Verletzung der Grundrechte, wenn das Haus eines Diebes durchsucht wird?«

»Muss man nicht aber einen Unterschied machen zwischen dem bei allen Völkern strafbaren Vergehen gegen fremdes

Eigentum und dem Vergehen gegen ein quasi zufälliges Gesetz wie die Prohibition?«

»Sie dürfen Ihre persönlichen Ansichten nicht verallgemeinern.«

(›Wieso ich?‹, dachte ich im Stillen, ›wer hat denn seine persönlichen Ansichten zum Gesetz verallgemeinert?‹)

»Ich bin der Meinung«, so fuhr er fort, »dass das Stehlen wie die Prostitution und überhaupt alle Laster vom Alkohol kommen. Sechzig Jahre haben wir die Forderung des Alkoholverbots auf unsere Fahnen geschrieben, und jetzt sollen wir es lassen? Nein, niemals!«

Es gibt in Indien gar nicht so selten den Typ des naiven Träumers und Weltverbesserers, der am liebsten auf einer Insel leben, Reis und Curry essen, sich nur in handgesponnenes Tuch hüllen möchte und es dennoch für möglich hält, dass unter seiner Führung diese Insel gleichzeitig zu einer Weltmacht (natürlich unter geistigen Auspizien) heranwächst, einer Weltmacht, sozialfortschrittlich und beispielhaft geleitet, übersät mit Schulen, Universitäten und Hospitälern. Es gibt aber auch den rationalen, glänzend analysierenden, scharf und logisch formulierenden Typ. Ich fand ihn in Gestalt von Mr. Schroff.

Mr. Schroff ist finanzieller Berater des Tata-Konzerns, den die persische Familie Tata in drei Generationen aufgebaut hat. Das größte Stahlwerk innerhalb des Commonwealth gehört dieser Familie. Sie besitzt auch Elektrizitätswerke, Seifen-, Öl- und Textilfabriken, Banken und Versicherungsgesellschaften.

Mr. Schroff saß hinter seinem großen Schreibtisch und ergänzte bereitwillig die Lücken in meiner Vorstellung von den Größenordnungen der indischen Wirtschaft, wobei er zugab, dass einstweilen nur sehr mangelhaft Statistiken vorhanden seien. »Indien«, so sagte er, »steht zwar mit seiner industriellen Produktion an achter Stelle in der Welt – seine Textilproduktion ist sogar die zweitgrößte –, aber wenn Sie das auf die Bevölkerung umlegen, ist das gar nichts.«

Er fuhr fort: »Sehen Sie: Siebzig von hundert Indern arbeiten auf dem Lande, und dreiundachtzig von hundert leben in Dörfern. Nur rund zweieinhalb Millionen arbeiten in Fabriken. Zweieinhalb von dreihundertfünfzig Millionen!« Auf deutsche Verhältnisse übertragen, wäre das so, als gäbe es in Deutschland nur sechsunddreißigtausend Industriearbeiter!

Man hat manchmal die Empfindung, als gäbe es in diesem Land – sozusagen hinter den Kulissen und unterhalb des Bewusstseins der meisten – ein gewaltiges Ringen zwischen Mittelalter und Neuzeit. Wem wird der Sieg gehören? Mir scheint, dass trotz aller Ressentiments gegen den Westen der Wille zur Kooperation, zum Fortschritt und zu neuen Entwicklungen stärker sein werde als das Bedürfnis, das indische Leben auf die eigenen Traditionen zu beschränken.

Diese Traditionen sind allerdings sehr stark. Sie werden ohnehin den indischen *way of life* prägen, ob mit oder ohne Eisschrank, mit oder ohne Englisch als Amts- und Lehrsprache. Toleranz, Pazifismus, Religiosität und philosophische Veranlagung, das alles sind Eigenschaften, die sich in dieser Form bei einem westlichen Volk nicht finden und die immer und zwangsläufig Weltanschauung und Verhaltensweise der Inder entscheidend beeinflussen werden.

Ich suchte eine Firma, die mir als eines der großen Unternehmen Bombays für Importe aus Deutschland geschildert worden war. Ich fand sie im dritten Stock eines recht schäbigen Hauses. Sie hat, wie man aus einer Wandkarte entnehmen konnte, in der Tat Niederlassungen in allen Teilen Indiens, und ihre noch jungen Inhaber geben sicherlich, mindestens zusammengenommen, einen Millionär ab.

Es gibt zwischen ihnen, wie ich bald erfuhr, keinerlei kontraktliche Vereinbarungen über Kapital, Gewinnbeteiligung oder Entnahmen, »weil Verträge ja doch keinen Zweck haben, wenn die Harmonie gestört werden sollte«. Eine Störung der Harmonie aber erschien allen vollkommen ausgeschlossen, weil sie einander doch gern hätten und vollkommen eins seien. Das ist indisches Lebensgefühl.

Die Journalistin befindet sich auf einer mehrmonatigen Reise durch Afrika und berichtet aus den verschiedenen Ländern in wöchentlichen Reportagen für die *Zeit*. Im März 1960 ist sie im südlichen Afrika.

Die Khamas sind eine große Familie

Ich hatte Pilikwe in Betschuanaland auf keiner Karte finden können. Nur Serowe war verzeichnet, die Hauptstadt des Protektorats, wo der britische *Commissioner* residiert und wo Tseretse Khama mit seiner Frau und vier gelbbraunen Kindern lebt. Aber nicht zu ihnen wollte ich, sondern zu der Familie seines Onkels Tschekedi Khama, der im Jahre 1953 aus Serowe ausgezogen war und das Dorf Pilikwe gegründet hatte. Das war damals, als der große Streit um den Häuptlingsthron der Bamangwato endete, der jahrelang das englische Unterhaus und die Weltpresse beschäftigt hatte: Tseretse, der Anwärter auf die Häuptlingsschaft, war als junger Student nach Oxford und London gegangen, während sein Onkel Tschekedi sozusagen als Prinzregent oder, wie es hier heißt, als *ruler* – als Herrscher also –, das Reich der Dornenbüsche und *cattle posts* bis zur Rückkehr des Kronprinzen regierte.

Dieser Onkel hatte damals, im September 1948, plötzlich einen Brief aus London erhalten, in dem der Neffe ihm mitteilte, er werde ein weißes Mädchen namens Ruth Williams heiraten.

Diese Nachricht hatte wie eine Bombe im Hause Khama eingeschlagen, denn die Bamangwatos und vor allem Tschekedi selbst waren sich klar darüber, dass damit die ruhmreiche lange Geschichte des Hauses Khama ein Ende finden werde. Für sie stand fest, dass Kinder aus einer solchen Ehe ganz gewiss weder Bamangwatos noch richtige Engländer werden würden.

Die Stammesältesten waren auf diese alarmierende Nachricht hin sogleich zusammengetrommelt worden und hielten endlose Beratungen ab. Im Mai 1950 beschloss dann schließlich die englische Regierung, Tseretse – der seinen Entschluss inzwischen in die Tat umgesetzt hatte – die Rückkehr nach Betschuanaland für fünf Jahre zu untersagen und ihn nicht als Häuptling anzuerkennen.

Es hatte mancherlei Bruder- und Bürgerkriege in der bewegten Geschichte der Bamangwatos gegeben, und Tschekedi, ein Mann von großer Weisheit und Lauterkeit, war daher entschlossen, keinen Anlass zu Verdacht oder Kritik zu geben. Darum ging er für die Dauer der Verbannung Tseretses außer Landes und ließ sich mit seiner Frau Ella jenseits der Grenze bei den nachbarlichen Bakwena nieder und blieb dort, bis – eben im Jahre 1953 – ein Vertrag zwischen allen Beteiligten zustande kam, der die beiden Khamas auf die Häuptlingswürde verzichten ließ und ihnen gestattete, wieder in die Heimat zurückzukehren.

Seither lebt Tseretse mit seiner Familie in Serowe, Tschekedi aber zog nach Pilikwe. Tschekedi ist im vorigen Jahr gestorben, aber seine Frau und die Kinder leben noch dort;

und da wir durch gemeinsame Freunde verbunden sind, war ich eingeladen, sie zu besuchen.

So hatte ich denn eines Abends in Salisbury, der Hauptstadt der Rhodesischen Föderation, den Zug genommen, war eine Nacht und einen Tag lang gereist und saß nun am Fenster des Abteils, den Finger auf der Karte, und verglich die dort verzeichneten Stationen mit den fremdartigen Namen der kleinen Stationen draußen, um ja nicht Palapye zu verpassen, denn dort, hatte man mir gesagt, müsse ich aussteigen. Jemand würde mich dort abholen, so war es brieflich verabredet worden, aber wer und wie und wohin, das war im Dunkeln geblieben.

Endlich sah ich vor dem kleinen Stationsgebäude, bei dessen Auftauchen der Zug sich verlangsamt hatte, das lang ersehnte Schild Palapye. Ein Bahnsteig wie in Löwenhagen in Ostpreußen. Nur dass ich das einzige »Weißgesicht« war, das hier ausstieg. Ich hatte gleich unter verschiedenen dort Herumstehenden Ella Khama entdeckt. Das musste sie sein: etwa vierzigjährig, europäisch gekleidet (wie alle in Betschuana), schwarzes Kleid, darüber ein grauer Staubmantel, auf dem Kopf ein kleiner Hut aus schwarzem Bast und darunter ein ausdrucksvolles Gesicht mit einem traurigen Zug um den Mund.

Leise Beklommenheit bei der Begrüßung – beiderseits. Eine Begrüßung, die sich auf verschiedene Männer in Khakihose und hellem Hemd ausdehnte. Offenbar Verwandte, die zufällig anwesend waren und die ich später nie wieder gesehen habe, die sich aber den Gast aus Europa bei der Gelegenheit doch einmal hatten anschauen wollen. Informiert sein, wissen, wer wo war und wer was erlebt und gehört hat, das ist innerhalb der schwarzen Gesellschaft von größter Wichtigkeit.

Dann stiegen wir in einen großen, türkisfarbenen Ford und brausten Richtung Südwesten davon, gefolgt von einer dicken, roten Staubwolke. Zunächst war es eine verhältnismäßig breite Straße, die letzte Viertelstunde aber bewegten wir uns auf einem schmalen Pfad, einer Art »Reitweg«. Der Fahrer (ebenfalls Khakihose und Hemd – aber beides zerrissen) schien die magische Fähigkeit zu haben, den Wagen je nach Bedarf zu verwandeln: Er wurde lang und dünn, wenn die Sträucher den Weg immer mehr einengten, und verwandelte sich in einen Tausendfüßler, wenn es galt, Bodenwellen und Löcher unmerklich zu überwinden.

Schließlich blieben Busch- und Strauchwerk hinter uns, der Blick weitete sich, und man sah im letzten Glanz der Abendsonne das Dorf Pilikwe am Fuße zweier langgestreckter Hügel liegen. Wie ein riesiges Zeltlager wirkten von ferne die Lehmhütten mit den schönen runden Strohdächern. Jeder Clan umgibt die Häuser seiner Familienangehörigen mit einer Mauer von Pfählen, die eingegraben und eingerammt werden – ich glaube, Palisadenzaun nennen wir so etwas.

Die Innenausstattung der Häuser, deren Durchmesser etwa sieben Meter beträgt, variiert je nach gesellschaftlichem *standing*. Die wenigen Würdenträger verfügen über Betten und Stühle, wer zuunterst auf der sozialen Leiter steht, hat erschreckend wenig aufzuweisen. Ein paar Felle, die nachts auf dem Lehmboden ausgebreitet werden und auf denen man schläft, in einer Ecke ein paar Kochtöpfe und ein bisschen Holz und irgendwo eine alte Kiste, in der das wenige

Hab und Gut, das sie ihr Eigen nennen, aufgehoben wird. Manchmal fehlt sogar sie.

Das Tor in Khamas Palisadenzaun stand weit offen. Wir fuhren hinein. Vor uns ein nettes, einfaches Haus und rechts und links wieder die runden Lehmhütten: weißgekalkt mit einem Vorplatz von gestampftem Lehm, der seinerseits wieder von einer niedrigen Lehmmauer eingefasst ist.

So eine Lehmhütte zu bauen dauert drei bis vier Tage. Es bedarf dafür keinerlei Zutaten, die man nicht selbst gewinnen könnte. Wenn man sehr üppig ist, kauft man eine Handvoll Nägel für die Dachkonstruktion, aber im Allgemeinen benutzt man einfach Rindenbast als Bindematerial. Wie in allem, so ist auch hierbei seit Urzeiten sehr genau festgelegt, wer was zu tun hat: die Männer erstellen das Holzgerüst, auf dem das Dach ruht, und fertigen die Strohdächer an; für die primitiveren und weniger haltbaren Grasdächer ist der weibliche Teil der Familie zuständig.

Eine recht emanzipierte, gescheite Lehrerin, die ich traf, als sie gerade ihr Haus ausbesserte, meinte etwas ärgerlich: »Die Männer könnten ruhig was mehr tun, wir haben es ohnehin schwer genug – immer diese Wasserschlepperei...«

Sie, die in einem anderen Dorf unterrichtete, erzählte eindrucksvoll von den großen Anstrengungen, die viele Kinder auf sich nehmen müssen, um der Segnung einfacher Volksschulbildung teilhaftig zu werden. In ihrer Schule beispielsweise haben manche Kinder Entfernungen von zwölf Kilometern – also hin und her vierundzwanzig Kilometer jeden Tag – zurückzulegen. Sie bekommen meist nur einmal am Tage eine Mahlzeit, nämlich erst nachmittags, wenn sie aus der Schule zurückkommen. Denn Betschuana ist ein armes Land, und wenn, wie in diesem Jahr, der Regen ausbleibt und der Mais im Felde so vereinzelt steht, dass es aussieht, als habe man junge Bäume gepflanzt, dann müssen viele Leute für Monate den Gürtel ins letzte Loch schnallen.

Übrigens sind die erwachsenen Afrikaner manchmal ebenso wissensdurstig und lernbeflissen wie ihre Kinder. Oft wandern auch sie nach Arbeitsschluss noch kilometerweit über Land in eine Schule, um lesen und schreiben zu lernen. Und in den Städten sieht man gelegentlich, wie sie sich nachts den Schein einer Straßenlaterne zunutze machen; da sitzen sie dann auf dem Bürgersteig und studieren das Alphabet oder irgendeine Lektion.

Doch zurück zu Khamas Haus: Das Erste, worauf mein Blick im Wohnzimmer fiel, das zugleich als Esszimmer dient, war ein großer, bunter Stich: da sitzt der alte Lord Astor auf einem Jagdstuhl, neben ihm steht sein Stallmeister, und vor beiden defiliert in einer lichten Frühlingslandschaft eine Stutenherde mit ihren Fohlen. Merkwürdig, das alte Clivden an der Themse, diese typisch englische Landschaft, hier im tiefsten Afrika im Hause eines schwarzen Häuptlings wiederzusehen. Selten noch war mir der Begriff des Empire, nicht als Imperium, sondern als Geflecht weltweiter menschlicher Beziehungen, so deutlich geworden.

Inzwischen war die Sonne untergegangen, und der Himmel hatte sich rot verfärbt. »Ich hätte gern, dass Sie meiner Tante guten Tag sagen« – die Hausfrau sah mich fragend an, und wir wanderten beide über den Vorplatz zu einer der runden Hütten. *My aunt*, offensichtlich das älteste Familienmitglied, spielt wahrscheinlich aus diesem Grunde eine große

Rolle in Pilikwe. Jeden Morgen galt ihr der erste Gang. Man saß dann ein Weilchen neben der resoluten alten Dame und wechselte unverständliche Worte mit ihr, denn zu meinem größten Leidwesen beherrschte sie nur die Sprache ihres Stammes, was uns aber beide nicht hinderte, diese gestenreiche Plauderei sehr zu genießen. Und jeden Abend versammelte man sich dann wieder dort.

So geschah es auch an jenem ersten Tage, der mir unauslöschlich in Erinnerung ist. Wir saßen vor der Hütte, allmählich verblasste das Rot, der Himmel wurde fahl, und die Silhouetten der immer zahlreicher erscheinenden Gestalten, die auf der Mauer Platz nahmen und dort bewegungslos verharrten, sahen aus wie barlachsche Figuren.

Die ersten Fledermäuse huschten über die Versammlung, und wenig später stand der erste Stern am Himmel. In diesem Moment strömten wie auf ein Signal alle Kinder zusammen. Man hörte ihre nackten Füße und federleichten Schritte in der Dunkelheit herannahen. Dann setzten, hockten und lagerten sie sich vor uns auf den Boden, und auf das Kommando von *my aunt*, die selber wie ein Bär dazu brummte, begannen sie zu singen: Choräle und Hymnen, flehende, traurige, getragene Gesänge, unterbrochen von tänzerischen Rhythmen.

Schließlich schien das Repertoire erschöpft, niemandem fiel mehr etwas ein. Der Himmel war inzwischen über und über besät mit Sternen. Und nun ließ sich die alte Dame geräuschvoll ächzend auf die Knie nieder und begann, den Kopf gegen die Mauer gelehnt, ein langes Gebet zu sprechen. Es war offenbar kein vorbereitetes oder auswendig gelerntes Gebet, sondern gleichsam ein improvisierter Monolog, in dem die Ereignisse des Tages noch einmal vor Gottes Angesicht rekapituliert wurden.

Die Kinder knieten ebenfalls alle, den Oberkörper vornübergebeugt, die Stirn auf den Erdboden oder den Kopf auf die verschränkten Arme gelegt. Es war ganz still, man hörte nur die Grillen ihr uraltes afrikanisches Lied zirpen und die Stimme der alten Frau. Plötzlich hatte sich deren Rhythmus verändert, und mit einem Mal erkannte ich die Diktion des Vaterunsers: Was für ein erstaunliches Erlebnis, hier, unweit der Kalahari, zu entdecken, wie viel die Christen in der Welt auch ohne gemeinsame Sprache gemein haben.

Schließlich stand ein Kind nach dem anderen auf, sie verließen im Gänsemarsch mit gefalteten Händen den Vorplatz und verschwanden im Dunkel der Nacht. Von da an hörte man keinen Ton mehr von ihnen. Die wilden Spiele waren vorüber, der Tag zu Ende, und jeder kroch in seine Hütte.

Wir beide, meine Gastgeberin und ich, essen derweil zu Abend und sitzen noch eine halbe Stunde vor dem Haus unter dem hellen südlichen Sternenhimmel, dann gehen auch wir zu Bett. Ich schaue auf meine Uhr, es ist halb neun Uhr abends. Ja, daran wird man sich wohl gewöhnen müssen, dass hier Sonnenaufgang und -untergang den Tagesrhythmus bestimmen, den kein elektrisches Licht verfälscht.

Man hört noch hier und da in der Ferne einen Hund bellen. Dann wird es endgültig Nacht. Und die nächsten Geräusche, die dann wieder aufkommen, die gehören schon zum neuen Tage: ein Hahnenschreikonzert, das an einem Ende des Dorfes beginnt und sich, einer Kettenreaktion gleich, fortpflanzt.

Die Woche vergeht auf diese Weise. Jeder Tag bringt neue

Erlebnisse, Gespräche und Entdeckungen, aber der Rhythmus ist immer der gleiche, und das Tagesende ist immer Sammlung, Ruhe, Frieden. Pilikwe ist ein Paradies.

Am Morgen hatten sich unter den beiden alten Bäumen vor dem Hause die Männer des Dorfes versammelt. Jeder hatte sich seinen Stuhl mitgebracht, und nun hörte man sie reden und lebhaft diskutieren. Ich habe nie irgendwo anders in der Welt einfache Leute erlebt, die so beredt, so sehr des Wortes mächtig sind wie die Afrikaner. Verschiedene Male habe ich Gerichtsverhandlungen mitgemacht im Belgischen Kongo und in Nigeria und habe immer wieder gestaunt über die Unbefangenheit und Suada, mit der die Parteien auf dem Dorf und auch vor europäischen Richtern auftreten.

Jene Versammlung, die an diesem ersten Morgen in voller Besetzung stattfindet, an der manchmal aber auch nur ein Dutzend Männer teilnehmen, ist ein Abglanz der *kgotla*, der großen Häuptlingsversammlung, die jahrhundertelang über die entscheidenden Fragen und Probleme des Stammes beraten und entschieden hat, Krieg und Frieden eingeschlossen. Die Beschlüsse, die dort gefasst werden, sind das Produkt einer Mischung von Demokratie und Autorität. Denn auch der stärkste Häuptling muss versuchen, im Einklang mit der *public opinion* zu bleiben, und kann es sich nicht leisten, über die Meinung des Ältestenrates hinwegzugehen. Tschekedi hat einmal seine Gedanken über diese afrikanische Herrschaftsform niedergeschrieben. Es heißt in einem Aufsatz, den ich in seinem Arbeitszimmer fand: »Der Häuptling muss sich ständig davor hüten, den Glauben, den der Stamm in ihn setzt, zu missbrauchen. Er darf diesen Glauben nie als ein Zeichen seiner eigenen politischen Überlegenheit missdeuten.« Uralte Weisheit aller vordemokratischen patriarchalischen Herrschaftsformen.

Tschekedi war ein erstaunlich vielseitiger Mann. Er hat viel nachgedacht, gelesen und auch geschrieben und darüber nie die praktischen, das heißt die landwirtschaftlichen Probleme seines Stammes vergessen: So hat er durch Kreuzung mit südafrikanischen Bullen das Vieh seines Stammes verbessert und Versuche mit neuen Anbaumethoden gemacht. Vieh ist in Betschuana die Basis von allem und der Maßstab des Wohlstandes. Etwa die Hälfte der Bevölkerung lebt in Dörfern, die andere auf den *cattle posts*, also draußen in der Wildnis, wo das Vieh stationiert ist.

»Er war ein großer Häuptling«, so fasste ein Bewohner Pilikwes eines Tages seine Erzählung über Tschekedi zusammen, und nachdenklich setzte er hinzu: »Wir sind oft ganz ratlos ohne ihn – was soll jetzt aus all dem, was er begonnen hat, werden? Niemand weiß doch so genau, was er vorhatte.«

Eine jener weißgekalkten Lehmhütten neben seinem Hause diente Tschekedi als Arbeitszimmer. Erstaunlich, wie umfangreich und vielseitig seine Bibliothek ist: Da findet man ein ganzes Regal mit wichtiger Afrikaliteratur, darunter die elfbändige Geschichte Südafrikas. Ferner die *Cambridge History of the British Empire*, Churchills Memoiren, die blauen parlamentarischen Berichte und Gesetzessammlungen. Da steht der ganze Dickens und auch moderne amerikanische Literatur, beispielsweise John Steinbeck, und schließlich nicht zu vergessen: Hitlers *Mein Kampf* und Rauschnings *Gespräche mit Hitler*.

Die Khamas sind eine auffallend begabte Familie. Der Bemerkenswerteste von allen war offenbar Tschekedis Vater, der als der große Khama oder auch König Khama in der Erinnerung der Bamangwatos weiterlebt. Von ihm gibt es ein eindrucksvolles altes Foto, auf dem man einen hochgewachsenen, vornehm aussehenden Afrikaner sieht. Das Bild ist 1890 in London aufgenommen worden. Noch heute wird gelegentlich diese Reise mit einer gewissen Ehrfurcht erwähnt: »Das war damals, als der große Khama nach England reiste...«

Die Reise ist aber auch wirklich denkwürdig und bemerkenswert: Der große Khama hatte 1885 den Engländern den noch heute gültigen Protektoratsvertrag aufgeschwätzt – das heißt, er hatte es mit Geschick fertiggebracht, sich dieses Gebiet von ihnen garantieren zu lassen, um das er seit Jahrzehnten mit den nachbarlichen Matabele blutige Kriege geführt hatte. Er seinerseits sicherte den Briten dafür den Rest Betschuanas zu, über den er im Grunde keinerlei Verfügungsgewalt hatte. Man sieht, Khama war ein großer Staatsmann.

Als fünf Jahre später Cecil Rhodes von der Südafrikanischen Union durch Khamas Land gen Norden nach Rhodesien zog, verbreitete sich sehr bald das glaubhafte Gerücht, Cecil Rhodes wolle auch das Protektorat Betschuana seiner Gesellschaft einverleiben. Khama, der alte Fuchs, der den gegenteiligen Versicherungen des High Commissioner nicht traute, beschloss, selber nach London zu reisen und der Sache auf den Grund zu gehen.

Er nahm noch zwei weitere Häuptlinge mit und machte sich mit diesen 1890 kurz entschlossen und heimlich auf den

Weg nach Kapstadt – der ersten Stadt, die sie in ihrem Leben zu sehen bekamen. Als die englischen Behörden in Betschuana schließlich ihr Fehlen bemerkten, waren die Reisenden bereits auf hoher See. Es muss eine unheimliche Unternehmung für sie alle gewesen sein, die ja nichts anderes kannten als die Dornensteppen Betschuanas: erst wochenlang auf einem schwankenden Schiff, dann Europa und schließlich die Weltstadt London.

In London angekommen, kauften die drei zunächst einmal Zylinder und schwarze Anzüge *(morning coats)*, dann begaben sie sich zu Joe Chamberlain in die Downing Street No. 10. Der Außenminister war über das Erscheinen der Häuptlinge nicht sonderlich beglückt, denn in der Tat hatte die Regierung den Plan, das Protektorat der Gesellschaft des Cecil Rhodes – die bei den Afrikanern gar nicht geschätzt war – zu übertragen. Aber Khama gelang es in langen Verhandlungen, die Zusicherung zu erhalten, dass sein Land weiter unter dem Schutz »der großen Königin« bleiben werde.

Nachdem er dann auch »die große Königin«, wie er Queen Victoria nannte, im Schloss Windsor besucht hatte, überdies ein paar Jagden in England mitgeritten und viel auf der Insel herumgekommen war, reisten die drei befriedigt wieder ab und erzählten noch jahrelang an den Lagerfeuern Betschuanas von ihren Erlebnissen.

Doch Khama blieb besorgt über die Lage seines Stammes. Er verfasste 1895 ein Memorandum für den britischen Außenminister, das in überraschend präziser Weise die ersten Eindrücke wiedergibt, die ein kluger Schwarzer von Cecil Rhodes und seinen weißen Kumpanen gewann.

»Wir fürchten die Company (Cecil Rhodes' Mining Company), weil wir meinen, sie werde uns das Land nehmen und es an andere verkaufen. Wir fürchten, sie wird unser Land mit Schnapsläden übersäen… Wir haben auch Angst, weil wir sehen, dass es Leute sind, die keine Dankbarkeit kennen. Darum bitten wir unter der Herrschaft der großen Königin (Queen Victoria) bleiben zu dürfen.«

In einem zweiten Brief werden diese Sorgen dann noch näher ausgeführt:

»Die Company hat die Matabele besiegt und deren Land genommen. Diese Methode kennen wir. Was soll aus unserem Vieh werden, wenn uns die Wasserstellen genommen werden? Es wird sterben. Die Company will uns verelenden, damit der Hunger uns dann zwingt, Diener des weißen Mannes zu werden, in seinem Bergwerk zu graben und den Reichtum für ihn zusammenzutragen.«

Welche Erkenntnisse fünf Jahre nach dem Anrücken der ersten weißen Handelsgesellschaft! Gewisse Sorgen und Vorbehalte hatte Khama freilich gegenüber allen Weißen und nicht nur gegenüber Cecil Rhodes' Kumpanen. Darum riet er der englischen Regierung, nicht eigene Leute zu schicken, um Steuern zu erheben, sondern ihm zu sagen, wie viel Geld sie haben wolle, er werde es dann eintreiben. Begründung: »Wenn Weiße kommen, gibt es nur Ärger, weil sie unsere Sitten nicht kennen und weil sie immer in Eile sind…«

Und dann gibt er noch eine Beschreibung, wie ein guter Weißer beschaffen sein müsse. »Ihr möget einen guten Menschen ernennen, der unsere Sprache kennt und unsere Sitten und der nicht schlecht gelaunt und ungeduldig ist…«

Undankbar, schlecht gelaunt, ungeduldig und immer in Eile – so also wirkten die ersten Weißen auf den großen Khama. Man muss die afrikanische Gemeinschaft und Gesellschaft kennen, um zu ermessen, wie tiefgründig diese Betrachtung ist, die bei flüchtiger Lektüre nur wie ein amüsantes Aperçu wirkt. Alles, was Khama schrieb, ist geradezu prophetisch. Dies wird deutlich, wenn man einen Blick auf das heutige Rhodesien wirft, in dem zur Zeit, da jener Brief geschrieben wurde, die *pioneers* gerade zu wirken begonnen hatten.

In Südrhodesien herrscht heute eine beängstigende Landknappheit. Nicht Land an sich ist knapp, aber Land für Afrikaner. Riesige Ländereien befinden sich in den Händen weißer Farmer, während die Afrikaner in übervölkerten Reservaten zusammengepfercht existieren müssen. Sechstausend weiße Farmer besitzen dort 75 Prozent der landwirtschaftlichen Nutzfläche, die zweieinhalb Millionen Afrikaner dagegen müssen sich mit den restlichen 25 Prozent begnügen.

Khama hatte also ganz recht, und er hatte auch recht, als er sagte, die Afrikaner würden gezwungen sein, ihren Lebensunterhalt als Diener des weißen Mannes zu erwerben.

Der große Khama starb 1923, mit fünfundachtzig Jahren. Sein ältester Sohn, der Vater Tseretses, folgte ihm, aber er regierte nur wenige Jahre, dann starb auch er. Und da Tseretse damals erst vier Jahre alt war, nominierte der Ältestenrat Khamas zweiten Sohn Tschekedi zum Regenten.

Tschekedi, damals, 1926, erst zwanzig Jahre alt, hatte gerade sein Studium in der Südafrikanischen Union begonnen, als der Stamm ihn zurückrief. Ein paar Jahre später ging sein Name heftig umstritten durch die Presse: Tschekedi hatte einen Weißen auspeitschen lassen, dessen Trunksucht und dessen Umgang mit schwarzen Frauen ein öffentlicher Skandal geworden war. Das war 1933.

Der zuständige High Commissioner, ein englischer Admiral, schickte ein Marinedetachement nach Serowe, ließ den Ältestenrat des Stammes zusammenrufen und zwang ihn angesichts der bewaffneten Macht, Tschekedi abzusetzen. In England aber erhob sich ein gewaltiger Proteststurm in der Öffentlichkeit, und vier Wochen später war Tschekedi wieder in Amt und Würden.

Eines Tages fuhren Ella und ich sehr weit – etwa zwei Stunden – über Land zu den Feldern von Pilikwe. Jedes Jahr zur Saat und zur Ernte ziehen die meisten Bewohner Pilikwes mit Sack und Pack dorthin. Dort hat wiederum jeder seine Hütte, und was die Khamas anbetrifft, so haben sie auch ein paar Arbeiter, die dort die ganze Vegetationsperiode über bleiben und dann wieder in ihr Dorf zurückgehen.

Diese Arbeiter, vorwiegend sind es Frauen, bekommen keinen Lohn, aber sie werden ernährt und gekleidet und erhalten jeder eine Decke – also alles, was man zum Leben braucht. Dies zu haben ist offenbar schon viel und gelingt keineswegs jedem.

Im Grunde können wir uns gar keinen Begriff von dieser klaglos ertragenen, ganz unsensationellen Armut machen. Was würde uns ein Leben sein, in dem es immer gerade so zum Überleben reicht, in dem keine »Möbel angeschafft«, keine Ersparnisse für die Kinder, keine Rücklagen für das Alter gemacht werden können. Die Alten in Afrika sterben in der Mehrzahl der Fälle an Auszehrung, denn die Verteilung des meist zu knappen Essens geht so vor sich: Erst bekommen die Männer etwas, dann die Frauen, dann die Kinder, und wenn dann tatsächlich noch etwas da ist, dann bekommen es die Alten. Wenn nicht, dann gehen sie eben leer aus.

Etwas anderes, was man sich gar nicht mehr vorstellen kann, ist die Atmosphäre einer bargeldlosen Wirtschaft. Denn der Unterschied zwischen unserem System und dem ihren besteht ja keineswegs nur darin, dass bei uns das Geld an die Stelle des Naturaltausches tritt und im Übrigen alles beim alten bleibt, sondern die Geldwirtschaft ist nach ihren eigenen Gesetzen angetreten, oder besser, hat ihre eigenen Gesetze entfesselt – eben die des Geldes, die darin bestehen, dass fortzeugend neue Bedürfnisse angeregt werden.

Dies wird einem in Pilikwe sehr deutlich; denn in Betschuana wählt man nicht zwischen zwei Angeboten: 500 oder 600 Mark Lohn, sondern man entscheidet sich für den Herrn, mit dem einen das Gefühl der Treue verbindet. Denn mehr als das Nötigste zum Leben bietet ja ohnehin niemand, und Loyalität empfindet man für den Herrn, mit dem die Familie verbunden ist und der voraussichtlich auch in Zukunft für einen sorgen wird.

Warum sie bei den Khamas in Diensten seien? Auf diese Frage bekam ich die Antwort: »Weil mein Großvater schon mit dem großen Khama mitzog, als der sich mit seinem Vater überwarf und die alte Hauptstadt Schoschong verließ und Serowe gründete. Und mein Vater ist dann mit Tschekedi gezogen, als der wiederum Serowe verließ und Pilikwe gründete.«

Auch für den »Arbeitgeber« stellen sich die Probleme in der bargeldlosen Wirtschaft anders. Er kann nicht sagen:

»Dann biete ich dem einfach hundert Mark mehr, dann wird er schon bleiben«, sondern der Arbeitgeber muss »sich kümmern«. Er kann sich nicht auf seinen Geldbeutel verlassen, sondern muss die menschlichen Beziehungen pflegen, sonst kann er nicht auf Loyalität rechnen.

Das ist ein mühsames Geschäft, viel mühsamer jedenfalls, als etwa mehr Geld zu verdienen und dies dann zur »Bestechung« zu verwenden. Da muss unendlich viel geredet werden, um Argwohn oder Ärger zu zerstreuen und um Interesse für die eigenen Pläne zu wecken. Der halbe Tag geht mit solchen Gesprächen hin. In Pilikwe sah ich immer wieder neue Gesichter auftauchen, Leute, die von weit her kamen und mit denen unendlich lange Unterhaltungen geführt wurden.

An jenem Nachmittag, als wir zu den Feldern Pilikwes fuhren, war es nicht anders. Wir kamen dort in glühender Mittagshitze an. Wie die Ausstrahlung eines Hochofens, so wehte uns der heiße Atem der Kalahari von Westen her entgegen. Seit Januar hätte es regnen sollen, inzwischen war es März geworden, und kein Tropfen war gefallen. Die Felder sahen trostlos aus, und die Gesichter der Leute spiegelten schon die Sorge wider vor dem kommenden kargen Jahr.

Wir setzten uns zu den Leuten in den Schatten des vorgezogenen Strohdachs. Eine alte Frau machte am offenen Feuer Wasser heiß und kochte uns einen Tee, dazu wurden kleine Kuchen hingestellt, die wir mitgebracht hatten. Sie standen nur vor Ella Khama und mir, und es gab auch nur zwei Tassen. Alle anderen Gesprächspartner gingen also leer aus. Ich widerstand nur schwer der Versuchung, der neben mir sitzenden Frau etwas anzubieten, aber ich ahnte, dass dieses Verfahren wahrscheinlich auf protokollarischen Gesetzen beruhte.

So war es denn auch. Nach einer angemessenen Weile wurden unsere Tassen abgeräumt, neuer Tee gekocht, und dann kamen die Nächstwürdigen dran – ein Mann und eine Frau –, und danach wiederholte sich dieser Vorgang, bis schließlich alle bewirtet waren.

Das Ganze dauerte drei Stunden. Aber auch wenn es sechs gedauert hätte, wäre es mir nicht langweilig geworden. Wir saßen an die Lehmwand der Hütte gelehnt und sahen die flimmernde Hitze über den Feldern. Wie im Traum hörte ich jemanden eine lange Geschichte erzählen. Aus dem Kreis der Zuhörer kam hin und wieder ein nasales »*än*« und nach einer Weile wieder ein »*än*«, was so viel wie »ja« heißt. Ein paar Bienen summten.

Keiner war so taktlos, mir irgendetwas übersetzen zu wollen und damit deutlich zu machen, dass ich nicht dazugehörte. Wenn ich die Augen öffnete, sah ich unter einem Baum den großen, alten Wohnwagen stehen, mit dem die Khamas, bevor sie das Auto hatten, ihre Reisen von Pilikwe hierher und nach Serowe zu bestreiten pflegten. 16 Ochsen waren nötig gewesen, um ihn von der Stelle zu bewegen. Das letzte Mal seien sie 1957 darin gereist, sagte Ella Khama.

In dieser Atmosphäre, in der niemand weiß, was Eile oder Unruhe ist, wird man selbst vollkommen zeitlos und kann sich nur darüber wundern, dass die Leute es bei uns so eilig haben. Die armen Entwicklungsländer, lange werden wohl auch sie in diesem Zustand paradiesischer Unschuld der Zeit gegenüber nicht mehr verharren.

Die Landschaft und die Mentalität der Menschen in Osteuropa sind Marion Dönhoff vertraut. Im September 1962 besucht sie Polen, um der Stimmung in dem Lande nachzuspüren, dem sie sich seit Kindheitstagen tief verbunden fühlt.

In Polen wurden aus Romantikern Pragmatiker

Von 1945 bis 1962, das sind siebzehn Jahre – ein halbes Menschenleben. Nach siebzehn Jahren also zum ersten Mal wieder unter östlichem Himmel: große, alte Alleen, Kopfsteinpflaster in den Dörfern, Sonnenblumen in den Vorgärten der hell getünchten Häuser, Pferdeäpfel auf allen Straßen, Scharen von schneeweißen Gänsen auf den Stoppelfeldern. Das ist der Osten. Seit Jahren sah ich nicht so viele Pferdefuhrwerke und so wenig Autos.

Das eigentliche »Vaterland« ist wohl doch durch die Landschaft und nicht, wie es heißt, durch die Nation verkörpert. Alle diese östlichen Landstraßen von Posen bis Warschau und vom Rand der Masurischen Seen im Norden bis hin zu den bewaldeten Hügeln der Karpaten sind mir unendlich vertraut. Aber die Menschen, werden sie es auch sein?

Ich kannte quälende Gespräche mit polnischen Bürgern, welche die Bundesrepublik bereisen: Noch keine zehn Minuten, und man ist unweigerlich bei dem Thema Hans

Globke, Heinz Reinefarth, Theodor Oberländer und Nazigenerale, und dann folgt automatisch die Diskussion über die Grenze, die wiederum das Thema Revisionismus auslöst. Aber diesmal hatte ich mich ganz umsonst gewappnet. Vielleicht, weil alle jene Themen inzwischen überlagert worden sind von der einen Sorge, die durch das Stichwort »Atomwaffen« und »Deutscher Finger am Drücker« gekennzeichnet wird. Diesen Sorgen begegne ich auf Schritt und Tritt, gleichgültig, ob das Gespräch mit Professoren, Ministern, Journalisten oder irgendeinem zufälligen Passanten geführt wird. Vielleicht aber wurden mir die alten Themen auch deshalb erspart, weil die Polen bei sich daheim das gastlichste und ritterlichste Volk der Welt sind. Nie wird man angesprochen auf das, was in der Hitlerzeit hier angerichtet wurde. Aber wenn man nach der Ausbildung, der Studienzeit, der Heimatstadt fragt, dann stellt sich heraus, dass wirklich jeder Pole sein Schicksal hat.

Gerade heute, da ich diese Zeilen schreibe, führte mich ein Angestellter der Lenin-Hütte, Akademiker und Mitglied des Arbeiterrats, durch das riesige Kombinat Nowa Huta; den ganzen Vormittag hatten wir Hochöfen, Walzstraßen, soziale Einrichtungen besichtigt, dann stellte sich gesprächsweise heraus, dass er vier Jahre in einem KZ zugebracht hatte. Seine Frau befand sich währenddessen in einem anderen Lager; der Schwiegervater ist in Auschwitz umgekommen, der Bruder von der SS erschossen worden: »Aber meine Frau und ich haben uns wieder gefunden, und nun ist alles schon lange her...«

Ich besuchte einen Professor in Warschau. Als ich mich bei seiner Frau für den »Überfall« – es wurde wie immer sogleich Kaffee aufgetragen – wortreich entschuldigte und sie mich nicht recht verstand, sagte er: »Meine Frau spricht nicht gut Deutsch, sie hat es nur im Lager in Auschwitz gelernt.« Und da sah ich auch schon die eintätowierte Lagernummer auf dem linken Arm der schönen, eigentümlich strahlend wirkenden Frau – sie muss damals ganz jung gewesen sein.

Ich aß mit einem jungen Journalisten: »… nein, ich habe nur das Untergrundabitur.« Während der Besatzungszeit waren nämlich alle höheren Schulen geschlossen, denn die Polen sollten ja auf den Stand eines primitiven Volkes zurückentwickelt werden. Da bildeten die Polen ihre Jugend heimlich in Kellern und Privathäusern aus.

Ich ging mit einem Schriftsteller durch Warschau: »Sehen Sie, dort in jener Kirche lag ich vierzehn Tage verwundet während des Warschauer Aufstandes.« Bei einem solchen Gang durch Warschau kommt man aus dem Schaudern nicht heraus. Der »Führerbefehl« nach dem Warschauer Aufstand im Herbst 1944 hatte gelautet, die Stadt dem Erdboden gleichzumachen. Und die ss hatte es an Gründlichkeit nicht fehlen lassen. Als sie abzog, lebten nur noch zweitausend Menschen in den Höhlen und Trümmern dieser einstigen Millionenstadt.

An mehreren Stellen Warschaus sind heute große Schaukästen mit Fotografien aufgestellt. Man sieht auf ihnen riesige Schutthalden, Gebirge von Trümmern, Schluchten, die einst Straßen waren, ganz selten einmal einen Turm oder ein Haus, das stehenblieb und beim Vergleich mit der neu erstandenen Szenerie der Orientierung dient. Der Wiederaufbau der alten Hauptstadt ist nach Stichen und Gemälden von Canaletto vor sich gegangen, der einzigen Vorlage, die erhalten geblieben war. Unvorstellbar die Kosten, die der Neubau im alten Stil – Renaissance, Barock, Empire – verursacht hat. »Das hat den industriellen Aufbau des Landes um zwei Jahre verzögert«, sagte Außenminister Rapacki, und er setzte hinzu: »Sie müssen verstehen, es ist wichtig, das Geschichtsbewusstsein des Volkes wachzuhalten.«

Das ist aber auch die einzige Konzession, der einzige Tribut, den das neue Polen der romantischen Tradition zollt. In allen anderen Bereichen herrscht ein erstaunlicher Pragmatismus. Man staunt über die politischen Klugheit, mit der das Land, das jahrhundertelang in Gefahr war, zwischen den östlichen und westlichen Nachbarn zerrieben zu werden, sich außenpolitisch arrangiert und auch innenpolitisch jede Akkumulation von Druck vermeidet. In den öffentlichen Lesehallen der Städte kann man amerikanische, englische, französische und westdeutsche Zeitungen lesen. Zwei wichtige Buchhandlungen vertreiben ausschließlich internationale Literatur – die eine wissenschaftliche, die andere belletristische Werke. Jeder redet, wie ihm der Schnabel gewachsen ist: schimpft, glossiert, spottet – Angst vor Denunziation gibt es offenbar nicht. Theater, Zeitschriften, Diskussionen sind erstaunlich frei und von hohem intellektuellem Niveau.

Bei der Pflege des »Geschichtsbewusstseins«, von dem der Minister sprach, wird es allerdings mit der Geschichte, jedenfalls der »polnischen Westgebiete«, also der alten deutschen Ostgebiete, nicht sehr genau genommen. In der Schrift »Polen – Zahlen und Fakten«, die das Außenministerium verteilt, steht auf Seite 17: »... waren die Westgebiete unter deutscher Herrschaft größtenteils von bodenständiger polnischer Bevölkerung bewohnt, die zur Zeit des Ausbruchs des Zweiten Weltkrieges etwa 1,3 Millionen Menschen zählte.« Das Außenministerium weiß sehr wohl, dass die Behauptung »größtenteils von bodenständiger polnischer Bevölkerung bewohnt« eine glatte Lüge ist. Aber es lässt zu, dass dieser Schwindel in die internationale Berichterstattung eingeht. So hatte beispielsweise der Londoner *Observer* vor kurzem diese These gutgläubig übernommen.

Staat und Kirche Polens bestehen beide auf ihrem Totalitätsanspruch dem Menschen gegenüber. Aber die Machtverhältnisse sind so, dass beide genau wissen: Alles würde zusammenbrechen, wenn einer von beiden versuchen wollte, den anderen von der Bühne zu verdrängen. Nicht, dass die Kirche materielle Macht hätte! Aber sie besitzt die Loyalität des Volkes, und das hält der Macht des Staates die Waage, da die Regierung diesem Umstand nun einmal Rechnung tragen muss.

Auch mit den Bauern hat der Staat es schwer. Diese sind konservativ und finden, dass der Kommunismus vielleicht für die Städte tauge, keinesfalls aber für sie selber. Es war leicht, die Bauern gegen den Großgrundbesitz zu mobilisieren, aber sehr schwer, sie für das »vergesellschaftete« Eigentum zu erwärmen. Da der Bauer aber einstweilen noch ein sehr wesentliches Element des Staates darstellt, lässt man ihm seinen Willen und hofft auf den Säkularisierungsprozess, der sich im Zuge der Industrialisierung zwangsläufig einstellen werde: polnischer Pragmatismus. Im Landwirtschaftsministerium sagte man mir, dass nur 1,2 % der landwirtschaftlichen Nutzfläche, das sind 1800 Betriebe, in Kolchosen zusammengefasst seien. Vor 1956 waren es 13 %.

Die Majorität der Polen hat sich ganz offensichtlich mit dem Regime abgefunden. Ja, sie würden es wahrscheinlich sogar preisen, wenn es dem System gelänge, den Lebensstandard der Bevölkerung zu heben. Hier liegt die eigentliche Anfechtung. Ich habe niemanden darüber klagen hören, dass man in Polen nicht genug Freiheit hätte. Wohl aber stellte jedermann, gleichgültig welcher Kategorie – der eine klagend, der andere gleichgültig oder auch resigniert –, fest, dass er sehr wenig, allzu wenig verdiene und für diesen Verdienst sehr wenige und meist nur Waren ungenügender Qualität kaufen könne. Und in der Tat sind beispielsweise Textilien und Schuhe, die dreimal so teuer sind wie bei uns, in der Qualität etwa so beschaffen wie unsere im Jahre 1949.

Wahrscheinlich wäre eine große Verbitterung unvermeidlich, wenn die Bevölkerung nicht gleichzeitig eine gewisse Dankbarkeit empfände gegenüber einer Regierung, die es fertigbrachte, Polen nach 1956 eine verhältnismäßig große Unabhängigkeit innerhalb des Ostblocks zu sichern. Ein Pole, mit dem ich ein langes Gespräch über die Beziehungen zu Moskau hatte, sagte gedankenversunken: »Die armen Tschechen…« »Wieso die armen Tschechen? Die haben es doch viel leichter mit ihrer Schwerindustrie als Sie.« »Ich will Ihnen eine Geschichte erzählen. Auf einer einsamen Insel strandet ein Schiff. Die Überlebenden sind zwei Männer und eine Frau. Es erhebt sich die komplizierte Frage der Dreiecksbeziehung. Wenn es Deutsche sind, kämpfen beide Männer so lange, bis einer Sieger bleibt, den der andere dann respektiert. Wenn es Spanier sind, kämpfen sie so lange, bis einer draufgeht und dem anderen die Frau bleibt. Wenn es Engländer sind, machen sie ein *gentlemen's agreement*: Jeder bekommt die Frau jeweils vierzehn Tage. Wenn es Russen sind, fallen alle drei in tiefe Melancholie. Und wenn es Tschechen sind, dann basteln die drei aus den Schiffstrümmern einen Sender zurecht und morsen nach Prag, die möchten bitteschön Moskau anfragen, was in dieser Situation zu tun sei.«

Thema Nummer eins ist augenblicklich das Stichwort Atomwaffen und deutsch-französische Allianz. Mit dem politischen Chef der *Trybuna Ludu* hatte ich folgende Unterhaltung, die sich weniger präzis in vielen Abwandlungen fast täglich mit andern Gesprächspartnern wiederholte:

»Sie müssen verstehen. Wir haben wirklich Angst vor der Bundesrepublik. Erst hieß es, die Deutschen würden entmilitarisiert. Dann stellte Bonn 300 000 Mann auf; jetzt hat Strauß 500 000 zugesagt, und für die Zukunft ist schon von 700 000 die Rede.«

»Ja, aber unsere Divisionen sind doch in die Nato integriert, da kann doch gar nichts passieren: Die Amerikaner wollen genauso wenig den Krieg wie die Russen.«

»Integriert? Sie sehen doch: Seit mehr als einem Jahr wird davon geredet, man müsse von Amerika unabhängig werden, man müsse Handlungsfreiheit haben. De Gaulle hat damit angefangen, und Strauß hat dieses Motiv eifrig aufgegriffen. Noch sagt er Europa, aber schon meint er Deutschland.«

»Aber Sie können sicher sein, dass die Amerikaner das Monopol nicht aus der Hand geben werden.«

»Dann werden eben die Franzosen und die Deutschen sich zusammentun. Die Deutschen geben das Geld, und die Franzosen produzieren. Sie sehen es ja, de Gaulle hat bei seinem Besuch in der Bundesrepublik die Allianz schon vorgeschlagen.«

»Aber die Produktion vor allem der Trägerwaffen ist doch viel zu teuer! Das können auch beide Länder zusammen sich gar nicht leisten. Verglichen mit Russland und Amerika sind wir doch nur wie Hornissen, die einen Elefanten bedrohen.«

»Alle Produktion fing teuer an, aber war nach ein paar Jahren erschwinglich für jedermann – nicht nur das Auto. Überdies ist die Gefahr, dass die Deutschen, die im Schatten der Allianz aufgerüstet wurden, sich plötzlich als Potential verselbständigen, sehr real. Bonn will es zwar nicht sehen, aber eines Tages werden die Russen und die Amerikaner sich einigen. Das ist einfach unvermeidbar, und zwar auf Kosten der Deutschen. Und dann werden die Deutschen ›Verrat‹ schreien. Und dann dauert es nicht lange, und es gibt in Deutschland eine radikale nationalistische Bewegung, die, wenn das Land auch noch über Atombomben verfügt, die ganze Welt unter Druck setzen kann.«

»Sagen Sie: Was ist eigentlich wichtiger für die Normalisierung der Beziehungen Bonn-Warschau: die Grenzanerkennung oder der Atomverzicht?«

Das alte Europa lebt: Kultur hat eine größere Bedeutung als Konsum. Die Journalistin berichtet darüber im Oktober 1964.

Prag und Budapest

Prag war immer, neben Rom und Paris, eine der drei schönsten Städte Europas. Heute mag es auf den ersten Blick neben den beiden glanzvollen Schwestern wie ein Aschenputtel wirken, und doch besitzt es einen Zauber eigener Art. Das »goldene Prag« ist recht heruntergekommen: Überall fällt der Putz von den Wänden, und das Straßenpflaster bricht auf. Viel stärker aber als dieses etwas desolate Bild prägt sich das Gefühl ein, wieder im alten Europa zu sein. Hier findet man es wieder, das alte Europa, das uns im Westen nach und nach schrittweise und kaum merklich durch die Entwicklung genommen wurde – jeder Schritt als »Fortschritt« freudig begrüßt.

Im alten Prag, jenseits der Moldau, auf der sogenannten Kleinseite, ist die Zeit stehengeblieben. Nichts wurde zerstört, und nichts ist hinzugekommen. Kopfsteinpflaster, alte Treppenstufen, schmale Gassen, eine immer schöner als die andere: Barock, Rokoko, Klassizismus – kein Haus später als 1830 gebaut. Und hoch über der Stadt und der strengen Burg türmt sich alles überragend der gotische Sankt-Veits-Dom.

In den Straßen nur wenige Autos, kein Benzingeruch, kein

Neonlicht, keine Cafés mit Lautsprechern und Musikbox. Für Unterhaltung und Bequemlichkeit, von Luxus gar nicht zu reden, ist nicht gesorgt. Nur Bänke gibt es allenthalben. Noch nie sah ich in irgendeiner Stadt so viele Bänke – sie stellen offenbar die einzige Konzession dar, die dem modernen Bedürfnis nach Komfort gemacht wird. Da sitzen nun die Leute und sehen zu, wie die ersten herbstlichen Blätter fallen: Liebespaare, junge Burschen, ein paar Fremde. Und unten verdämmert goldbraun unter einem perlmuttfarbenen Himmel das abendliche Prag.

Auch ich saß an einem solchen Abend oben am Hradschin. Vor mir die Burg, rechts das Renaissancepalais der Schwarzenbergs, links das ehemalige erzbischöfliche Palais und dann ein herrliches Haus neben dem anderen: eine Häuserfront, wie man sie in Europa so unversehrt und einheitlich nirgendwo findet.

Es ist schön, einmal fern unserer hektischen Welt zu sein, in der die Konsumschraube jedes Jahr um einige Umdrehungen weiter geschraubt wird, so dass alles sich immer rascher drehen und wenden muss, um mitzukommen. Es ist schön, wieder einmal in der stilleren bescheideneren Welt des alten Europa zu sein.

Während ich solchen Gedanken nachhing, betrat plötzlich eine junge Frau den inzwischen dämmrigen Platz, der wie eine große Bühne wirkte. Sie trug einen langen Stock in der Hand, und wann immer sie mit ihm eine der hohen alten Lampen berührte, flammte ein warmes, gelbes Licht auf. Sie ging auf der anderen Seite den Platz hinauf, auf der anderen wieder herunter, immer von neuem den Stab hebend, bis schließlich der ganze Platz erleuchtet war. Endlich begriff ich, was dort vorging: Sie zündete die Gaslaternen an, eine nach der anderen. Wie im alten Wien.

Ob es irgendwo in der Welt einen zweiten Platz gibt, der heute noch genauso aussieht wie zu Goethes Zeiten? Einen Platz, der baulich nicht verändert wurde, auf dem keine Autos parken, der noch mit Gaslampen beleuchtet wird?

Übrigens war im Strahov – einem alten Kloster aus dem 12. Jahrhundert ein Stückchen oberhalb jenes Platzes – gerade eine Ausstellung »Goethe und Böhmen« zu sehen, die von Weimar und Prag gemeinsam zusammengestellt wurde. Manuskripte, Briefe, Zeichnungen der böhmischen Landschaft und Ansichten von Karlsbad, das Goethe so oft besucht hat. Eine schöne, liebevoll zusammengestellte Ausstellung. Man war erleichtert, dass hier einmal die Erwähnung Deutschlands nicht an Heydrich und das Jahr 1938 denken ließ, sondern an Goethe und das 19. Jahrhundert.

Übrigens erfuhr man dort, dass *Iphigenie auf Tauris* schon 1822 ins Tschechische übersetzt worden ist und viele von Goethes Gedichten noch zu seinen Lebzeiten von Josef Jungmann, dem bedeutendsten tschechischen Sprach- und Literaturwissenschaftler des 19. Jahrhunderts, übertragen worden sind.

Am selben Ort gab es zur selben Zeit eine Kafka-Ausstellung. Zum ersten Mal seit Bestehen des marxistischen Regimes widerfährt hier dem großen Sohn dieser Stadt eine öffentliche Ehrung. Zum ersten Mal, seit er im Mai 1963 postum an seinem achtzigsten Geburtstag, nach großen Diskussionen über die Frage, ob er als »wertvoll« oder »dekadent« – also entartet – anzusehen sei, legalisiert worden ist.

Viele interessante Fotografien und rührende Zeugnisse

aus seinem Leben sind in der Ausstellung zusammengetragen worden. Man sieht das kleine, weißgekalkte Haus, in dem der Großvater lebte, sieht die Eltern, die in Prag ein Geschäft hatten, der Vater recht derb und ganz ungeistig, die Mutter eine sehr aristokratische Erscheinung.

Eine riesige Vergrößerung zeigt ihn selbst als jungen Menschen, elegant im engen Anzug mit Weste und hohem weißem Kragen: eine faszinierende Mischung von lächelnder Nonchalance und ungewisser Traurigkeit – ein Bild, das besser als alles andere die Welt des *fin de siècle* ausdrückt. Ich war zweimal in der Ausstellung, beide Male war sie nur von wenigen Menschen besucht. Die Delegationen aus dem Osten, vor allem aus der DDR, und Touristengruppen aus dem Westen werden von ihren in allen Sprachen radebrechenden Führern offenbar meist daran vorbeigeführt.

Ob die Sache mit dem alten Europa vielleicht nur ein Trugbild war? Ob vielleicht nur das wehmütige Wiedersehen mit dem alt gewordenen Prag solche romantischen Träume beschwört? Nein, Budapest ist genauso. Budapest ist heiterer, eleganter, westlicher als Prag. Das Vorbild der alten Bourgeoisie scheint hier wieder Trumpf zu sein. Nirgends sah ich so weiße Hemden und so blank geputzte Schuhe. Mir fiel ein ungarischer Magnaten-Vetter ein, der uns eines Tages in Ostpreußen besuchte und zu unserem größten Erstaunen Schuhputz-Utensilien mitgebracht hatte, um eigenhändig seine Schuhe zu putzen, weil er behauptete, anderwärts verstehe sich niemand auf diese Kunst.

Man ist in Budapest noch genauso chevaleresk wie früher, nur ein wenig sachlicher, sozusagen marxistisch objektiviert. Aber bei jeder Unterhaltung, auch dort, wo es um harte ideologische Auseinandersetzungen geht, waltet das souveräne Einverständnis, dass man über alles reden kann, und jene gelassene Weltläufigkeit, die wohl ein Erbe des alten habsburgischen Reiches ist.

Das Hotel Gellert ist so erstklassig geführt wie ehedem. In dem schmalen Esssaal des Hotels stoßen alle Welten zusammen, da sitzen die niemals reisemüden Millionärswitwen aus Amerika und am Nebentisch im Schillerkragen Genosse Ingenieur aus der Sowjetunion. Zwei Welten, die von den besten Kellnern bedient werden, die es im alten Europa je gab. Nachdem man sich einige Jahre auf sozialistische *austerity* beschränkt hatte, hat man sie zurückgeholt, um dem Westen zu zeigen, dass es auch im Osten Komfort gibt.

Immer wieder erlebe ich Momente, in denen man meint, ins alte Europa zurückversetzt zu sein. Sein Geist weht einem entgegen, wenn man die ein wenig altmodische Wohnung von Georg Lukács oder Tibor Déry betritt: die gedämpfte, kultivierte und gleichzeitig bescheidene Atmosphäre der Vorkriegswelt.

Es wird viel gelesen, viel Musik gehört, Karten für Oper oder Theater sind nicht zu bekommen. In Budapest allein gibt es vier literarische Zeitschriften (im Lande noch drei weitere). Die größte von ihnen, *Nagy Világ*, die ausländische Autoren in ungarischer Übersetzung bringt, hat eine Auflage von 20 000 Stück, die anderen drei je 10 000 – Zahlen, die den *Merkur* in München erblassen lassen können.

Im Inhaltsverzeichnis der Septembernummer von *Nagy Világ* las ich neben anderen folgende deutsche Autoren angezeigt: Günther Grass, Siegfried Lenz, ferner Lyrik der Gruppe 47. Ich blätterte das Verzeichnis der letzten sechs

Jahre durch und fand alle, aber wirklich auch alle Namen, die in Westeuropa, vor allem in Deutschland, der Schweiz, Frankreich und Italien, eine Rolle spielen. Das Werk Dürrenmatts, von der *Alten Dame* bis zu den *Physikern,* hat *Nagy Világ* nach und nach in Übersetzungen gebracht. Der Wunsch, im engen Kontakt mit dem geistigen Leben des Westens zu bleiben, ist ungemein stark.

Ich sprach mit dem stellvertretenden Chefredakteur der Zeitschrift, der zugleich Lektor für den deutschen Sprachraum ist und dessen Ehrgeiz es ist, nicht nur nichts Wichtiges auszulassen – das kann ihm offenbar gar nicht passieren –, sondern auch der Neuerscheinungen so rasch wie möglich habhaft zu werden. Um ihn ein wenig neidisch zu machen, erzähle ich ihm, dass ich den eben erschienenen Roman von Max Frisch *Mein Name sei Gantenbein* für Tibor Déry mitgebracht hätte. »Oh«, sagte er, klopfte auf seine Mappe, »hier ist die Übersetzung, und in der nächsten Nummer beginnen wir mit dem Abdruck.«

Ob er Sorgen mit Papierbeschaffung, Lizenzen, Zensur habe? Nein, er hätte nur eine Sorge: dass er womöglich das neue Stück, an dem Dürrenmatt schreibe, nicht rechtzeitig – also noch in der Fahne – bekommen werde. »Wissen Sie, der Dürrenmatt antwortet einfach nicht. Könnten Sie da nicht was machen?«

Kein Zweifel, die meisten Menschen sowohl in der Tschechoslowakei wie in Ungarn blicken fasziniert nach dem Westen. Sie träumen von einem Auto, von Reisen, vom Luxus und viele auch von der Freiheit, immer und überall das sagen zu können, was sie sagen möchten. Und da fragt man sich denn manchmal etwas beschämt: Was haben wir eigentlich mit der berühmten Freiheit, die wir doch besitzen, angefangen? Gelegentlich scheint es so, als würde sie nur dazu benützt, den optimalen Verbraucher heranzuzüchten, damit das Gesetz der Massenproduktion, das den höchsten Lebensstandard garantiert, praktiziert werden könne.

Es ist merkwürdig, dass wir, die wir entschlossen waren, die Freiheit für immer zur Grundlage unserer Gesellschaft zu machen, wir, die wir Wohlstand und Luxus zunächst nur als angenehme Begleiterscheinung unserer Auffassungen empfanden, diese nun schließlich zum Inhalt unserer Politik und zum Inbegriff der Freiheit gemacht haben.

Wenn die Bevölkerung im Osten, die sich nach mehr Freiheit sehnt, eines Tages diese Freiheit wirklich erlangen sollte, dann wird voraussichtlich keine Macht der Welt verhindern können, dass auch sie sich dem Konsumrausch ergibt und die Auflage von *Nagy Világ* wieder sinkt.

Georg Lukács sagt zwar, der wahre Kommunist sei durch Wohlstand nicht zu korrumpieren – aber ich glaube, der große alte Kommunist ist da paradoxerweise ein Opfer des von den Marxisten so verpönten Idealismus geworden.

Zum ersten Mal seit der Flucht vor fünfundvierzig Jahren betritt Marion Dönhoff im Sommer 1989 wieder heimatlichen Boden. Begleitet von ihrem Neffen Hermann, dem Sohn ihres im Krieg verstorbenen Bruders Heinrich, mit dem Marion Dönhoff einst den Besitz verwaltet hatte.

Reise ins verschlossene Land
Oder: eine Fahrt für und mit Kant

Jetzt weiß ich, wie Bürgern der sozialistischen Staaten zumute ist, die an einer Konferenz im Westen teilnehmen sollen, wenn sie am Tag vor der Abreise noch immer nicht wissen, ob sie das Visum bekommen oder nicht.

Ende Mai hatten mein Neffe Hermann Hatzfeldt und ich ein sowjetisches Visum für das militärische Sperrgebiet Ostpreußens beantragt – mit der Bitte, es auf den 10. August auszustellen. Aus verschiedenen Gründen konnten wir die Reise nur präzis an diesem Tag antreten oder gar nicht.

Am 8. August morgens noch immer keine Nachricht. Mittags rief die sowjetische Botschaft in Bonn an: »Sie haben Glück und Pech zugleich, es tut uns wirklich leid...«

»Was ist geschehen?«

»Die Visas sind genehmigt und die Pässe schon unterwegs nach Hamburg, aber das Visum ist versehentlich für Moskau ausgestellt worden und nicht für das militärische Sperrgebiet, für das man eine Extragenehmigung braucht.«

Großes Palaver: Die Pässe müssen auf dem schnellsten Wege wieder zurück nach Bonn, damit die richtige Eintragung erfolgen und anschließend in Köln das polnische Transitvisum erteilt werden kann. Am 9. früh treffen die Pässe tatsächlich in Hamburg ein, werden sofort per Express zurückgeschickt, der Eile wegen ans »Domhotel« in Köln, wo sie am 10. früh abgeholt und zu den beiden Botschaften gebracht werden sollen. Ein Wunder geschieht, die Post stellt den Eilbrief tatsächlich noch am selben Tag zu: Um 10 Uhr abends erscheint der Postbote im Hotel – aber der Nachtportier nimmt den Brief nicht an. Er geht zurück.

Am 10. August morgens eilt Hermann zum zuständigen Postamt, doch der Postbote samt der Eilsendung ist bereits zu seinem morgendlichen Routinegang aufgebrochen; Hermann verfolgt ihn – vergebens. Schließlich trifft der Brief mittags im Hotel ein. Dank der Hilfsbereitschaft der beiden Botschaften gelingt in letzter Minute der Start nach Berlin.

Jetzt muss aber zunächst einmal erklärt werden, wieso es uns überhaupt möglich schien, einen Antrag auf Einreise in das verschlossene Land zu stellen, denn normalerweise ist dieses Gebiet für Fremde hermetisch gesperrt. Bengt und Irmgard von zur Mühlen, die mit einer sowjetischen Filmproduktion in Kooperation arbeiteten, haben dort im vorigen Jahr einen Film gedreht und ein interessantes Buch über Königsberg veröffentlicht. Sie meinen, ein westliches Auto sei in Kaliningrad seit 1945 noch nie gesichtet worden.

Also, wieso wir? Die Geschichte beginnt eigentlich im letzten Kriegsjahr. Damals rief mich eines Tages der Kunstwart von Königsberg an und fragte, ob wir nicht bei uns in Friedrichstein das berühmte Kant-Denkmal von Christian David Rauch sicherstellen könnten, man habe Sorge, es werde sonst womöglich ein Opfer der Bomben werden. Ich suchte einen Platz im Park aus, wo der große Philosoph, von einer Baumgruppe beschattet, ein verhältnismäßig beschauliches Dasein führen konnte.

Jahre nach dem Krieg erfuhr ich durch einen Russen, dass die Statue verschwunden sei. Ich brachte eine Skizze zu Papier, zeichnete auch die nächstgelegenen Gräben ein, weil ich dachte, irgendwelche klassenbewussten Komsomolzen hätten vielleicht den vermeintlichen Junker in einem Graben verschwinden lassen – aber alles Suchen war vergeblich.

Zwar war ich für diesen Verlust nicht verantwortlich, aber er ging mir doch auf besondere Weise nahe. So beschloss ich herauszufinden, ob vielleicht die Gipsform noch irgendwo zu finden sei. Der ehemalige Direktor der staatlichen Schlösser und Gärten, Martin Sperlich, war sogleich bereit zu helfen. Er schrieb an seine Kollegen, auch an die in der DDR. Zwar führte ihn diese Aktion nicht zu dem erhofften Erfolg, aber er machte dabei eine wichtige Entdeckung: In der Gipsformerei in Charlottenburg gibt es noch die Gipsform einer Statuette von Kant – auch sie von der Hand Rauchs. Sie ist praktisch identisch mit dem verschwundenen Denkmal, aber eben nicht in Lebensgröße, sondern nur etwa sechzig Zentimeter hoch. Da ich gerade den hochdotierten Heine-Preis der Stadt Düsseldorf erhalten hatte, gab ich den Bronzeguss in Auftrag – und den haben wir jetzt nach Königsberg transportiert.

Immanuel Kant auf den Rücksitz einer »Ente« gebettet,

brachen wir bei Kilometerstand 35 626 in Berlin auf. Früher war ich die Strecke Berlin–Königsberg oft mit dem Auto gefahren: 600 Kilometer – also leicht an einem Tage zu bewältigen. Aber die Sowjets erlauben nicht, dass man von Westen her einreist; vorgeschrieben wurde uns vielmehr der Weg über Warschau–Brest–Wilna. Als wir am zweiten Tag in Königsberg ankamen, zeigte der Tachometer 37 350 km: 1600 statt 600 Kilometer Fahrt.

Am ersten Abend in Warschau stellte sich heraus, dass dort 15 000 Zeugen Jehovas zu einer Konferenz versammelt waren und alle Hotels besetzt hatten. Im Victoria Hotel, wo ich zwei Zimmer bestellt hatte, wimmelte es von Menschen wie auf einem Fußballplatz.

Verschiedene Telefonversuche waren vergeblich: alle Freunde im Urlaub. In letzter Verzweiflung, aber ohne jede Hoffnung ging ich zu Interpress, der Organisation, die sich um die ausländischen Journalisten kümmert. Ein ziemlich sinnloses Unternehmen, so schien mir. Wer sollte sich wohl am Freitagabend um 19 Uhr noch dort aufhalten? Ich wanderte durch leere Räume, vorbei an dem Saal, in dem Jerzy Urban seine Pressekonferenzen abzuhalten pflegte. Und tatsächlich, im letzten Zimmer saß Czesław Lisowski vor einem übervollen Schreibtisch. Ich wusste: Nun sind wir gerettet. Eine Stunde später hatte jeder ein Zimmer.

Der große Umweg, zu dem wir genötigt waren, hatte den Vorteil, dass wir viel zu sehen bekamen. Zunächst ging es quer durch Polen, dort, wo es am breitesten ist, also von Frankfurt/Oder bis zur sowjetischen Grenze in Brest. Schnurgerade, baumlose Straßen, gut gepflegte Felder, wenig Verkehr, überhaupt keine westlichen Wagen; auf den 3500 Kilometern dieser Reise haben wir nicht mehr als ein halbes Dutzend Personenwagen mit westlicher Nummer getroffen. Dann Weißrussland, danach Litauen, mit seinen hübschen baumbestandenen Dörfern: niedrige Holzhäuser, Fensterrahmen und Türen farbig gestrichen, Sonnenblumen und Geranien in den kleinen Vorgärten.

Man sieht Bilder, die man längst vergessen hat: Fußgänger auf den endlosen Straßen, Frauen mit Kindern an der Hand, Gruppen von jungen Leuten, ein Bauer, der seine zwei Kühe hinter sich herzieht. Häufig einzelne Kühe, die am Straßenrand »angetüdert« sind.

Und dann, die Sonne stand schon tief, fast berührte sie den Horizont, taucht plötzlich ein Ortsschild auf, das mich elektrisiert: »Wirballen«. Es ist auf der ganzen Reise der einzige Ort, der seinen alten Namen behalten hat. Wirballen, das war in früheren Zeiten die Grenze zwischen Ostpreußen und Litauen.

Dort beginnen die herrlichen Alleen, dicke schwarze Stämme, deren dichtes Geäst oben zusammenstrebt, so dass man das Gefühl hat, eine Kathedrale vor sich zu haben. Es sind uralte Linden, zuweilen Eschen oder Eichen, auch eine kilometerlange Birkenallee. Die Zeit scheint stillzustehen. Alles ist wie früher, ganz selbstverständlich und sehr heimatlich, so als führe man, von einer Reise kommend, nach Hause. Die hereinbrechende Dämmerung tut das ihre, um die Grenze zwischen Realität und Erinnerung zu verwischen. Bei der Rückreise im hellen Morgenlicht sieht alles ein wenig anders aus. Die Dörfer eher traurig und armselig, die Felder ziemlich ungepflegt.

Inzwischen ist es abends um 11. Wir nähern uns Kaliningrad. Hohe Lampen erleuchten den Prospekt, breite Straßen, neue acht- und zehnstöckige Häuser mit den üblichen Betonbalkons. Kein Gedanke daran, sich nach den alten in der Erinnerung bewahrten Bildern zurechtzufinden. Wir fragen uns durch nach dem Hotel der Stadt, das den Namen »Kaliningrad« trägt. Eine Menge junger Leute quillt heraus, offenbar wurde eine Hochzeit gefeiert.

Ich hatte Jurij Iwanow, dem Chef des Kulturfonds Königsberg, mit dem ich während der letzten Jahre ein paar Mal korrespondierte, ein Telegramm geschickt und gebeten, uns Quartier zu besorgen, wusste aber nicht, ob er diese Nachricht erhalten hatte. Im Hotel gab es keine Möglichkeit der Verständigung, nur Gesten und Gelächter. Schließlich stellte sich heraus, wir sollen im Haus Kutusowa 7 wohnen. Auch mit der elegant gekleideten Direktrice, die zur Hilfe geholt wird, gibt es keine Verständigung. Auf meine Bitte wird ein Taxi beschafft, die Direktrice steigt netterweise ein und fährt uns voraus. Es ist ziemlich weit, dennoch lehnt der Fahrer ein Trinkgeld fest entschlossen ab, akzeptiert jedoch gern zwei Päckchen Marlboro.

Dom 7 ist offensichtlich ein Sonderhotel, ein altes Bürgerhaus von der gediegenen Art, wie es dem Stil von 1910 entspricht; die kassettierte Decke, die Treppe, die Boiserien, alles aus dunklem polierten Holz, sämtliche Fenster mit weißen Gardinen verhangen, große bequeme Zimmer. Das Haus gehörte einem begüterten Kaufmann namens Makowski; die Kutusowa hieß früher Kortestraße und der Bezirk Amalienau. Hier und in Maraunenhof ist das meiste erhalten geblieben. Die Villen sehen aus wie in Dahlem oder Zehlendorf – sie sind zu Kindergärten geworden oder in Einzelwohnungen aufgeteilt. Die eigentliche Stadt Königsberg aber wurde vollständig zerstört. Nur sechs Prozent der Häuser sind stehen geblieben. Die Stadthalle, während des 19. Jahrhunderts im klassischen Stil erbaut, blieb unversehrt; der Dom steht als imponierende Ruine auf seiner Insel, und auch einige der alten Forts gibt es noch. Würde ich hier in dieser Stadt von einem Fallschirm abgesetzt und befragt, wo ich sei, so würde ich antworten: vielleicht in Irkutsk. Nichts, aber auch gar nichts erinnert mehr an das alte Königsberg.

Ich hätte an keiner Stelle sagen können: Dies war früher der Paradeplatz, oder: Hier stand das Schloss. Es ist, als ob ein Bild übermalt worden sei, niemand weiß, dass sich darunter eine andere Szenerie befand. Wirklich, niemand von den 400 000 Russen, die heute dort wohnen, weiß, wie das alte Königsberg ausgesehen hat. Es gibt nur einen Deutschen in der Stadt, den Schriftsteller Jacquemin, der 1933 nach Moskau gegangen war, dort eine Russin heiratete und vor zwei Jahrzehnten nach Kaliningrad ging, außerdem einige Wolgadeutsche, die aus Kasachstan zugezogen sind.

Man muss die große Aufbauleistung bewundern: 1945 war alles zerstört, es gab nur Trümmer, keine Kanalisation, weder Wasser noch Licht, die Eisenbahn funktionierte ebenso wenig wie das Telefon. Heute aber steht da wieder eine riesige Stadt, nicht gerade schön nach unseren Begriffen, übersät mit jenen typischen Kriegs-, Friedens- und sonstigen Denkmälern, wie die Russen sie lieben. Das Ganze wird überragt von dem hässlichsten Gebäude, das ich je in der Welt gesehen habe: dem Sowjethaus. Erfreulich ist, dass es viel Grün in der Stadt gibt und natürlich die alten Seen, den Schlossteich und den Oberteich.

Den Beginn der Zerstörung hatte ich noch erlebt. Die Engländer richteten im Herbst 1944 mit einem Großangriff schweren Schaden an. Ihre Bomben vernichteten unter anderem die lange Kette der alten Speicher. Ganz rührend ist es, mit welchem Interesse von den Russen neuerdings die alte, also die deutsche Geschichte erforscht wird und alle sogenannten Exponate gesammelt werden. Eine Fliese, die jemand in Friedrichstein gefunden hatte, bekam ich geschenkt und erkannte in ihr sogleich den ganzen Pferdestall wieder.

Meine Heimat Friedrichstein liegt zwanzig Kilometer östlich von Königsberg. In der Zeit, in der so viel Schindluder mit den Wertvorstellungen von Heimat und Patriotismus getrieben wurde, in der diese Begriffe zur Legitimierung von Hass und Verachtung für alles Fremde dienten, in jener Zeit, in der Humanität als Humanitätsduselei diffamiert und Toleranz als Irrtum »wurzelloser Intellektueller« verhöhnt wurde, hatte sich mein Heimatgefühl auf Ostpreußen reduziert. Genauer gesagt, es war zusammengeschrumpft auf meine engste Heimat Friedrichstein.

Nun war ich also nur eine halbe Stunde von diesem Ort entfernt – sollte ich ihn besuchen oder ihn lieber so im Herzen bewahren, wie er für mich zum Inbegriff von Heimat geworden war? Ich schwankte. Schließlich war die Anziehungskraft stärker als das Bedenken. Wir fuhren. Als wir nach Löwenhagen kamen und links nach Friedrichstein einbogen, hielt ich den Atem an: Ob die Allee noch stand? Ja, sie steht. Freilich, einige der alten Recken hatten sich zum Sterben gelegt – kein Wunder, man schrieb das Jahr 1747, als ein Vorfahr sie pflanzte. Rechts der Waschhausteich ist vollkommen verkrautet, man sieht kein Wasser mehr. Das Waschhaus selbst ist verschwunden, und auf dem Begräbnisplatz sind die Gräber eingeebnet.

Weiter nach Friedrichstein den Hohlweg hinunter. Der erste Blick fällt auf den verträumten See, schön wie eh und je, zumal jetzt, da die Baumkulissen, die ihn einrahmen, vom ersten herbstlichen Glanz verklärt sind. Aber was man dann sieht oder vielmehr nicht sieht, ist unfasslich: Das riesige Schloss ist wie vom Erdboden verschluckt, nichts ist davon geblieben, nicht einmal ein Trümmerhaufen. Wir müssen eine Weile suchen, ehe wir finden, wo genau es gestanden hat. Vom Rasenplatz, den Hecken, den Wegen ist nichts mehr zu sehen. Die alte Mühle – einfach weg, der lange Pferdestall – weg auch er. Alles ist überwuchert von Sträuchern, Brennnesseln, heranwachsenden Bäumen. Ein Urwald hat die Zivilisation verschlungen.

Von den Gebäuden des etwas tiefer gelegenen Gutshofes steht nur noch der Gespannteil und die alte Brauerei, an die sich das Haus der Hühnerfrau anschloss – am Giebel dieses Hauses hing hoch oben unterm Dach die Glocke, mit der früher der Kämmerer zum Mittag läutete. Sie und der Strick, mit dem sie bedient wurde, ist sicher schon vor Jahrzehnten verschwunden, aber das kleine Holzgehäuse, das sie schützen sollte, hängt noch unversehrt dort oben. Mein Gott, wie absurd: Ein großes steinernes Schloss verschwindet spurlos, und ein nutzloser Holzkasten bleibt erhalten.

Der nächste Tag ist großenteils Immanuel Kant gewidmet. Kant wird in Kaliningrad sehr verehrt. Übrigens auch Schiller; dessen Denkmal ist wieder aufgestellt, und einmal im Jahr versammeln sich dort Studenten und tragen Gedichte vor. Jurij Iwanow sagt: »Kant gehört nicht den Russen und auch nicht den Deutschen, er gehört der Menschheit.«

Beim Bürgermeister im Rathaus wird bei einer Kaffeetafel, auf der unsere Rauch-Büste steht, in Gegenwart von allerlei Honoratioren über Geschichte, Zukunft und unser Geschenk philosophiert – dankenswerterweise nicht in feierlich gestanzten Reden, sondern in zwangloser Unterhaltung.

Es gibt allerlei Gerüchte, aus Kaliningrad solle eine Freihandelszone gemacht werden, vielleicht ein Industrie- und Technologiezentrum für Joint Ventures. Das wäre eine gute Idee, die allerdings große Investitionen voraussetzt, denn schon mit der Infrastruktur hapert es. Aber es wäre eine vernünftige Nutzung des Hafens, der über fünfzehn Kilometer Kai verfügt. Bisher darf kein westliches Schiff nach Königsberg, und nur fünf Millionen Tonnen werden dort jährlich umgeschlagen. Auch wird es lange dauern, bis die militärische Geheimniskrämerei überwunden ist.

Wir hatten sehr gehofft, das große Entgegenkommen, das uns allenthalben zuteil wurde, könne dazu führen, dass uns bei der Heimreise der Umweg von tausend Kilometern erspart bliebe. Aber alle noch so intensiven Bemühungen unserer Gastgeber, die mit Moskau telefonierten, mit dem kommandierenden General und anderen Stellen, zeitigten nur Ablehnung.

So haben wir uns denn mit der braven »Ente« wieder auf den Weg gemacht und sind die endlosen östlichen Straßen durchgerattert, ununterbrochen mit Vollgas: Dauertempo 110. Für Hermanns lange Beine kommt die Ente einem Prokrustesbett gleich, wenn sein rechtes Bein einschläft, bediene ich zur Abwechslung mit dem linken Fuß das Gaspedal.

Als wir endlich abends um 6 Uhr wieder an der sowjetisch-polnischen Grenze ankommen, sind wir der vierzigste Wagen in einer langen Schlange: Vier Stunden Wartezeit – eine harte Nervenprobe. Die Polen sind solche Unbilden gewohnt. Alle steigen aus, schwatzen, rauchen, sind ganz vergnügt, niemand nimmt Anstoß an dieser brüderlichen Schikane – denn das ist es, die Sowjets könnten unschwer zwei zusätzliche Durchlässe öffnen. Am nächsten Tag, an dem in ganz Polen kein Benzin zu haben ist, stehen vor den raren Tankstellen kilometerlange Schlangen, die nicht auf Abfertigung warten, sondern darauf, dass irgendwann Benzin kommt.

In den langen Wartestunden frage ich mich, was denn wohl von dieser Reise bleibt. Ich glaube, neben dem Eindruck, wie außerordentlich liebenswert und menschlich die Russen sind, hat sich für mich ein merkwürdiger Bedeutungswandel vollzogen. War Friedrichstein bisher eine Realität, unerreichbar zwar, aber doch existent, so ist es jetzt zu einer unwirklichen Erscheinung der Traumwelt geworden – und da ist es eigentlich ganz gut aufgehoben.

Persönliches

»Schreiben ist mein Leben«, sagte Marion Dönhoff einmal. Die Jugendliche begann zunächst, ein Tagebuch zu führen, wenn auch unregelmäßig. Ihre ersten Aufzeichnungen stammen aus dem Jahr 1926. Später ersetzen Briefpartner aus ihrem Freundeskreis das Tagebuch.

In ihrem »zweiten Leben« als Journalistin waren die Themen ihrer Briefe nicht die Themen ihrer Artikel: Politik spielte nur am Rande eine Rolle. Das änderte sich, als sie Herausgeberin der *Zeit* war und auch als eine moralische und politische Instanz in Deutschland wahrgenommen wurde. Das Spektrum der zahlreichen Leserbriefe reichte von privaten Problemen bis hin zu argumentativen Auseinandersetzungen über politische Themen. Marion Dönhoff beantwortete grundsätzlich jede Leserzuschrift.

*Aus den Tagebuchaufzeichnungen
1926–1932*

August 1926

Merkwürdig ist, dass Erwachsene Kinder nie verstehen; sie nehmen sie nie ernst, lächeln über alles begütigend und versuchen, ihnen allerhand vorzumachen, d. h., sie glauben auch, dass ihnen das gelingt.

Es liegt eine unglaubliche Tragik darin, dass Eltern das, was ihnen das Liebste ist, ihre Kinder, doch nie oder jedenfalls selten wirklich besitzen. Meist liegt es an ihnen und daran, dass sie immer glauben, sie kennten ihre Kinder, und diese wollen sie nicht vom Gegenteil überzeugen, wollen sie nicht erschüttern und schweigen darum. Oft ist es auch peinlich, es gibt viele Dinge, die ich eher mit einem Freunde besprechen würde als mit einem der mir nächsten Verwandten.

10. Sept. 1926

Es ist entsetzlich, dass man sich so von der Gewohnheit und der Konvention gefangen nehmen lässt, man stumpft ab. Und man bringt nicht den Mut auf, mal mit der Faust auf den Tisch zu schlagen, wenn einem danach zumute ist, es lohnt sich nicht, und es könnte doch auch unbequeme Folgen haben! Darum trabt man lieber mit und denkt sich seinen Teil, aber ich fürchte nur, man kommt mit der Zeit dahin, dass man auch das nicht mehr tut und auch das Denken zu mühsam und unbequem wird und man nur noch durchs Leben troddelt. Am Morgen vor meiner Einsegnung hab ich gedacht, ich würde den Mut haben, einen Strich durch all diese Dinge zu machen, zu sagen, dass ich frei leben und an meinen Gott glauben will, nicht diese Formalitäten unterschreiben, von denen ich doch nichts halte. Aber ich war zu schlapp – und

»Ihr sagtet, unser Gott ist außer Raum und Zeit
und wollt ihn doch in dumpfe Tempel pressen
und seiner Allmacht ewige Unendlichkeit
mit eines dürftigen Verstandes Maß ermessen.
Hat euer Geist, von jedem Wunsch und Zweck befreit,
im Grenzenlosen ganz sich selbst vergessen,
ich sage euch, dass ihr dem Schöpfer näher seid.«

Das Wesentliche ist doch der Glaube an Gott, an die Idee, Religion als solche ist doch nur die Erscheinungsform. Es ist eine unerhörte Beschränkung und Verkleinerung des Göttlichen, es in enge Formen pressen zu wollen und von einer allein seeligmachenden Religion zu sprechen. – Jede Religion ist doch irgendwie wundervoll und wahr, und gerade die Vielfältigkeit ist das Große. Alle Menschen aller Mentalitäten, aller Klimaten und aller Kulturstufen haben diesen Glauben an das übersinnlich Göttliche, und die Variabilität ist eben bedingt durch die Verschiedenheit der naturmäßigen Vorbedingungen. Darum ist die Mission auch etwas so Unverantwortliches – man reißt einen Menschen aus seiner natürlichen Denkweise, seinem angestammten Glauben, ohne ihn durch das Neue auch nur einen Schritt näher zu Gott zu bringen. Jetzt ist er entwurzelt und ein wahrscheinlich unglücklicher Mensch, von tausend Zweifeln geplagt, die es früher für ihn nicht gab.

Oktober 1926

Die ersten Gänse sind da, die schönste Zeit im Jahr. Auf den Wiesen steht überall das Wasser, nur einzelne Grasstrünke ragen daraus hervor, und die tief aufgewühlten Wege mit den alten Weiden stehen schwarz gegen die silbernen Wasserflächen. Wenn man dann abends draußen ist, pfeift nur ab und an eine Ente vorbei. Irgendwo weit weg klässt ein Hund, und über den Nachthimmel zieht das regelmäßige Dreieck der Wildgänse mit ihrem eintönigen, seltsamen Schrei, der noch lange in einem nachtönt. Nachts braust dann der Sturm durch die alten Bäume, reißt große Äste ab und treibt die letzten Blätter mit sausendem Wirbel zusammen. Das ist die Zeit, mit der die schönsten Kindererinnerungen verbunden sind. Morgens, wenn es noch dunkel war, wurde der Ofen angeheizt, man hörte das Feuer knistern, an der Decke spielten seltsame Schatten, und draußen auf der Treppe gehen mit schweren Schritten die Holzträger auf und ab. Jetzt werde ich bald 17 Jahre, ich finde das eigentlich ziemlich viel.

November 1926

Die Schule in Königsberg macht mir nicht so sehr viel Spaß. Es geht so grässlich langsam; ich weiß nicht, ob die Abituridee so glücklich war, drei Jahre sind doch eine verflucht lange Zeit, und die Zeit ist sehr kostbar. Sie ist wirklich das Einzige, was eben unwiederbringlich ist, wenn es einmal unachtsam verloren wurde. Aber nachdem ich auf so viel Opposition mit dieser Idee stieß, würde ich sie nun auch, selbst wenn es fünf Jahre dauerte, durchführen. Außerdem hab ich meist schlechte Zeugnisse und sollte mich wohl besser nicht über Langsamkeit im Betrieb beklagen.

März 1929

Das Abitur ist vorbei, und ich blicke mit geteilten Gefühlen auf eine nunmehr abgeschlossene und doch immerhin recht wesentliche Epoche meines Lebens. Es ist sehr merkwürdig, einen so scharf abgezirkelten Zeitabschnitt als völlig unabwendbar der Vergangenheit verfallen, vor resp. hinter sich liegen zu sehen. Vielleicht ist es der markanteste und dickste Strich, den man in diesem Dasein zu ziehen hat, aber wie dem auch sei, ich nehme unendlich viel mit herüber über diesen Strich. Diese beiden letzten Jahre waren wirklich von großer Bedeutung für mich; ich glaube, ich habe in gewisser Weise erst jetzt den Menschen an sich kennen und werten gelernt. – Wie engherzig und kleingeistig ist doch unsere vielgepriesene Kaste! Ich habe unter meinen Schulkameraden Menschen gefunden mit einem so unverfälschten Gefühl und einem aufrichtigen Streben nach Wahrheit und Schönheit, mit einer so unglaublich großen menschlichen Bescheidenheit und offenen Warmherzigkeit, wie man sie wohl selten in den sogenannten ersten Kreisen findet.

Als Belohnung für das bestandene Abitur bekommt die Neunzehnjährige von ihrer Mutter eine gemeinsame Reise nach Rom geschenkt.

den 4. April 1929

Gleich nach der Ankunft eine kleine Rundfahrt über Maria Maggiore, Colosseum, Nationaldenkmal & Pincio gemacht, um einen Begriff von Rom zu bekommen. Es war sagenhaft schön und ich liebe diese Stadt bereits mehr als irgendeine andere. Im Stillen habe ich bei mir beschlossen, daß, wenn ich mich jemals irgendwo fest niederlassen muß, dies nur Rom sein kann. (...)

den 5. April 1929

Den ganzen Morgen (...) in St. Peter. Der Platz, die Kolonaden und der Peter, das alles ist von einer Großzügigkeit, die wirklich unerreicht dasteht. Innen hat er mich ein wenig enttäuscht, ich weiß auch nicht direkt, warum – man muß noch oft hingehen.

Es ist bei mir direkt zur Zwangsvorstellung geworden, einige der wenigen Lampen auszulöschen – ein sowohl kindischer wie gemeiner Gedanke. Aber immerhin entbehrt es nicht des Reizes, und ich sehe eine gewisse Befriedigung in dem Bewusstsein, dieser von Menschenhand geschaffenen »Ewigkeit«, die Generationen und Jahrhunderte überdauert hat, mit einem Atemzug das Ende bereiten zu können. Lupus Lange würde achselzuckend sagen: »der Triumph des kleinen Mannes« oder »die Frau da in der Westentasche«.

den 9. April

Um 6 h waren die Mutter und ich bei den Principessen Boncompagni zum Tee. Eine Anzahl von Lakaien und ähnliche Ausflüsse eines krankhaften Wohlstandes waren Wasser auf meine Mühlen und ich nehme an, auch die Ursache zu dem gewissermaßen feindlichen Ausgang unseres abendlichen Gespräches über Kapitalismus und Sozialismus.

Im Winter des Jahres 1931 zieht Marion Dönhoff nach Frankfurt, wo sie ihr Studium der Volkswirtschaft aufnimmt. Sie wohnt bei den Metzlers, einer befreundeten Bankiersfamilie im Westend. Die Studentin, die, anders, als sie es sich wiederholt vorgenommen hat, verhältnismäßig selten Tagebuch schrieb, notiert: »Ich finde, der Beginn eines neuen Semesters ist der gegebene Anlass, um wieder einmal den Versuch eines Tagebuchs zu unternehmen.«

1. November 1931

Gestern Abend bin ich hier in Frankfurt angekommen. Ich hatte das Vergnügen, in einem ganz tierisch bummeligen Zug von Linz herauf während zwölf Stunden mit einer achtköpfigen Artistenfamilie zu reisen, die in mindestens fünf verschiedenen Zungen durcheinander schreiend und schimpfend eher ermüdend und aufreibend wirkte. Sie reisten unter anderem mit einer Unzahl von Zauber- und Musikkästen, die vom kleinsten Gitarrenformat bis zu respektabelster Sarggröße alle diesbezüglichen Dimensionen umfassten, 18 Hunden – Letztere waren gottlob in der Überzahl im Packwagen untergebracht – und einem Papagei, der, genau wie sein Herr und Meister, über den Aufregungen dieser Reise völlig den Kopf verloren hatte und nur noch Bruchstücke seiner Kunst in ungeordnetem Durcheinander zum Besten geben konnte.

Sie fraßen dauernd auf denkbar degoutante Art Salami und einen fürchterlich pestenden tschechischen Käse. Was mich umso mehr erbitterte, als ein ins Ungeheure wachsender Hunger mich plagte, dem ich nur mit geringen Abfällen des Speisewagens entgegentreten konnte, denn ich gedachte mein restliches Vermögen in Höhe von 1,75 in einem Taxi anzulegen, um standesgemäß in Frankfurt vorzufahren. Eine Maßnahme, die sich übrigens später als Fehlinvestition erwies, insofern, als Metzlers noch gar nicht da waren und daher niemand diesen Triumphzug würdigen konnte. Einmal machte ich noch den Versuch, das Coupé zu wechseln, geriet dabei aber mit einer alten Dame über Zigarettenrauchen und Fensteröffnen in sehr heftigen Streit. Als sie mir dann Frankfurt als Reiseziel angab, befiel mich die Zwangsvorstellung, sie könnte meine neue »Pensionsmutter« sein, mit solcher Stärke, dass ich, um allem Weiteren vorzubeugen, doch wieder reumütig zu meinen Artisten zurückkehrte und mich für den Rest der Fahrt in Dostojewski versenkte.

Ich erlebe hier den Herbst noch einmal in seinen letzten schönen Tagen. Warmer Sonnenschein und klar blauer Himmel, nur am Horizont hängt ein grauer Nebelschleier – Dampf und Ausdünstung der Stadt –, ein kleiner Wind fegt in den Straßen die letzten Blätter zusammen. Ich gehe am Main entlang, alles ist so sonntäglich feierlich; nur wenigen Menschen begegnet man – die große Platanenallee streckt ihre kahlen Äste sonderbar gleichförmig zum Himmel, wie Strauchbesen sehen sie aus, nur ihre Schatten auf der breiten Asphaltchaussee sind etwas lebendiger. Unwillkürlich muss ich an Utrillo denken. Es ist so lustig, in einer fremden Stadt spazieren zu gehen, die Litfaßsäulen zu studieren, immer wieder durch neue Straßen und über unbekannte Plätze zu wandern, und irgendwie ist alles so besonders und noch nicht verknüpft mit dem ewig gleichen Alltag und seinen Gewohnheiten. Erst später, wenn man immer den gleichen Weg zur Universität geht, immer auf dieselbe Elektrische wartet, immer zur selben Stunde die Stufen zur Alma Mater heraufsteigt, dann sieht man die Häuser, Plätze und Kirchen nicht mehr, vergisst die Menschen zu betrachten und über sie nachzudenken.

den 30. Dezember 1931
Wieder ist ein Jahr vorüber, und wenn ich es überschaue, wenn ich mein Leben sehe, so ergreift mich das Gefühl namenloser Leere, nicht mehr Finsternis und Verzweiflung, nur Leere, nichts als grauenvolle Leere & Müdigkeit. Es war doch anders früher, und wenn ich auch heute vielleicht in normalen Momenten mit jenem wissenden und begütigenden Lächeln – das ich früher an den Erwachsenen so hasste – auf jene verflossenen Tage herabsehe, auf jene »unreifen« Gedanken über Gerechtigkeit, Weltordnung und Wahrheit, mit denen ich nächtelang gekämpft & gerungen habe, so ergreift mich ein früherer Zweifel zugleich. Ist es wirklich das Reiferwerden, das diese Probleme mit einem Lächeln aufzulösen vermag, oder ist es jenes Stumpfwerden, vor dem ich schon immer gezittert habe, ist es das Bequemwerden?: Es lohnt nicht, sich mit diesen uralten Menschheitsproblemen herumzuschlagen, die doch niemand lösen wird und die so alt sind wie das Märchen vom Glück & die Sagen der Ewigkeit, die Meilensteine sind am Wege der Menschheit, die jede Generation und jeder Einzelne passieren muss.

Ich fürchte, es ist Müdigkeit und nicht Reife, es ist das Senken der Waffen zum Zeichen, dass man des Kampfes müde ist, und nichts mehr von jener seelischen Unabhängigkeit und rastlosen Entschlossenheit durchzuhalten, sich nicht kleinkriegen zu lassen, und wenn nicht das – dann tot, aber nicht stumpf, nur das nicht. Mir scheint, ich fange an, Konzessionen an das Leben, an seine soziale Ordnung und die »ehernen Gesetze« zu machen – vielleicht muss man es, vielleicht würde es Stillstand und Stagnation bedeuten und sinnlos, sich den Kopf einzurennen, letztendlich ist die Mauer doch härter – oder sind das nur Gedanken, um mein Verhalten zu beschönigen und meinen Abfall zu entschuldigen? Herr Gott, ich weiß es nicht, ich weiß nur, dass ich müde bin, dass ich anfange, mich dieser Welt zu assimilieren, mich ihrer Ungerechtigkeit zu beugen, dass ich nicht mehr jenes Feuer in mir spüre, das mich verzehrt hätte, wenn ich mich ergeben hätte, jene Begeisterung, mit der ich hätte Berge versetzen können.

1. J. 1932

Ich glaube, dass diese Jahreswende mehr sein wird und mehr sein muss als nur der Ausdruck einer ökonomischen Terminologie, dass nicht nur ein Punkt im Sonnensystem erreicht ist, sondern dass wir am Punkt einer Zeitenwende stehen, einer Geisteswende. Denn was ist Wirtschaftskrise, Geldkrise, Währungskrise, gemessen an der Krise der Menschen? – Die Atmosphäre ist so voller Hochspannungen widerstreitendster Polaritäten und die Menschen so hin- und hergerissen zwischen ihnen, dass es so länger nicht geht. Es muss zu einer Klärung kommen, zu einer Entwirrung & Entkomplizierung, sonst gehen die Menschen in kürzester Zeit zugrunde. Man kann ja förmlich spüren und bemessen, wie es einen allmählich zerfrisst und zerbröckelt.

Aus den Briefen

Marion Dönhoff hat rege Korrespondenzen mit Freunden, Verwandten, Kollegen, Lesern ihrer Bücher und Artikel, mit Politikern und Wissenschaftlern aus aller Welt geführt. Das Spektrum dieser Briefe reicht von privaten Problemen bis hin zu argumentativen Auseinandersetzungen über politische Themen.

*

Selbst nach sechsundfünfzig Jahren gibt es immer noch Menschen aus ihrer alten Heimat, die Marion Dönhoff schreiben oder sie sogar in ihrem Hamburger Büro besuchen. Einer von ihnen ist Dr. Siegfried Anker aus dem Ort Friedrichstein.

16. Oktober 2001

Lieber Siegfried Anker,

einen so herrlichen Wald von Gladiolen haben Sie mir geschickt – ich fand gar keine Vase, die groß genug war! Es schmücken nun drei große Gladiolensträuße mein Arbeitszimmer. Tausend Dank für diese große Überraschung.

Bei dem Wort Siegfried Anker denke ich immer an Ihren letzten Besuch in Friedrichstein, von dem Sie mir einst erzählten: Sie sagten ganz beiläufig beim Abschied, schon in der Tür stehend: »Übrigens, die beiden kleinen Birken, die sich auf dem Dach angesamt haben, sind leben geblieben, obgleich der Dachstuhl bis unten durchgebrannt war.«

Für mich war das eine beglückende und zugleich bestürzende Nachricht, denn ich hatte mir immer gesagt: »Wenn die Birken (ohne die auch mein Vater das Haus nie gesehen hatte) überleben, dann kommst du noch einmal zurück.«

Das ist nun nicht der Fall, aber wir beide haben uns in den neuen Leben sehr vernünftig eingerichtet.

Ihnen, lieber Dr. Anker, wünsche ich von Herzen alles Gute und mir ein gelegentliches Wiedersehen mit Ihnen.

Herzlich grüßend
Marion Dönhoff

Marion Dönhoff kennt Carl Jacob Burckhardt, den Schweizer Historiker, Schriftsteller und Diplomaten, seit ihrer Basler Studienzeit und korrespondiert regelmäßig mit ihm. Unter anderem hält sie den Freund über die Entwicklung ihrer Boxerhündin Basra auf dem Laufenden, die sie im Februar 1958 zu sich holte. Im Folgenden einige Auszüge aus ihren Berichten.

Lieber Carl,

dies ist ein denkwürdiger Tag: Ich habe Basra, die junge Boxerhündin, abgeholt. Einstweilen gleicht sie mehr einem Sprengwagen, der durch alle Zimmer des Hauses fährt und in schöner Gleichmäßigkeit alle Teppiche bewässert, als jener Idealgestalt von Stubenreinheit, als die sie ihre bisherige Besitzerin mir schilderte.

Augenblicklich liegt sie auf meinem Schoß, hängt ihren

Kopf über meinen schreibenden Arm und schnarcht wie ein Wachtmeister. Ich denke, in ein paar Tagen werden wir aneinander gewöhnt sein, und sie wird den Kummer über die verlorenen Spielgefährten vergessen haben, und ich werde mir nicht mehr vorstellen können, wie ich so lange allein leben konnte. Als ich mit ihr bei Jacob vorbeifuhr, zeigte mein Tachometer 12021, das ist doch gewiss ein gutes Omen. (…)

(…) Heute jährt sich der Tag, an dem Basra in mein Haus einzog, das ohne sie schon gar nicht mehr vorstellbar ist. Sie ist wirklich der lustigste Hund, den Du Dir denken kannst, von einer ganz unerschöpflichen Lebensfreude und Energie. Du solltest sie rasen sehen auf unseren Spaziergängen – wie ein Windhund beim Rennen, und wenn wir nach drei Stunden Sonntagsspaziergang zurückkommen, dann sammelt sie im Wald armdicke, drei Meter lange Äste auf, schleppt sie mit und kämpft mit ihnen wie Don Quichotte mit den Flügeln der Windmühle.

Wirklich, Basra ist ein Musterstück an Temperament, Intelligenz und Zärtlichkeit und natürlich auch an Schönheit – damit Du Dich von Letzterem selbst überzeugen kannst, schicke ich Dir ihr Foto. Das Einzige, was sie nicht besitzt, ist der Sinn für Wachsamkeit. Über jeden Fremden ist sie begeistert. (…)

(…) Weißt Du, was passiert ist: Basra hat einen illegitimen, schwarzen, kraushaarigen Bastard zur Welt gebracht – ich bin sozusagen nichtsahnend Großmutter wider Willen geworden. Es war dramatisch, ausgerechnet am Montag, wo ich meinen Artikel schreiben muss. Ich hatte Chruschtschows zweistündige Rede angehört und darum viel zu spät begonnen, erst so gegen zehn Uhr abends. Kurz vor Mitternacht höre ich plötzlich Basra im Badezimmer japsen, als hätte sie einen Zehn-Kilometer-Lauf hinter sich. Ich stürze hin, finde sie zitternd und ganz steif hinter der Badewanne verkrochen.

Mein erster Soupçon: ›Nun kriegt das Biest doch Junge‹, *on second thought:* nein, unmöglich – der Tierarzt hat erst vor drei Tagen gesagt, »niemals ist die tragend«. Also womöglich Staupe? Ich die Basra aufgepackt und trotz später Stunde zum Tierarzt gefahren. Der war am Tag vorher umgezogen, und die spärlichen nächtlichen Passanten hatten keine Ahnung, wohin. Na, schließlich fand ich ihn, klingelte ihn heraus, und zehn Minuten später blieb nur noch die Ungewissheit, wie viele Bastarde es wohl sein würden. Webersche Nr. 2, eine Kolossal-Matrone, lehnte daheim, den Blick starr auf uns beide gerichtet, an der Küchenwand wie eine tragische Wagnersche Gestalt – plötzlich schlug sie die Hände vors Gesicht und beichtete unter Tränen die Geschichte eines schönen, aber wie sie sagte listenreichen und bösen schwarzen Pudels. Es ging ihr wesentlich mehr zu Herzen, als wenn ihr selbst ein Malheur passiert wäre.

Es ist also nur eins, und Basra ist wie eine Furie, geradezu hysterisch. Ich habe noch nie eine so enragierte Mutter gesehen. Sie frisst nur, wenn man ihr den Napf in den Korb stellt und ist 24 Stunden damit beschäftigt, das Scheusal vorn, hinten, oben und unten zu belecken. Es kommt überhaupt nicht zum Schlafen und ist manchmal ganz verzweifelt, das arme Ding. (…)

(…) Mein Enkel: Basras Fehltritt ist ein zauberhaftes Tier geworden. Ein wilder, total schwarzer Teufel, der voller Zärtlichkeit und bemerkenswerten Einfällen steckt und unglaublich intelligent ist, wie alle Bastarde. Wozu gibt man sich eigentlich so viel Mühe, rassenreine Dummköpfe zu züchten? Die beiden – Mutter und Kind – haben von früh bis nachts herumgetobt, und Basra ist wieder schlank und fit wie ein junges Mädchen. Alle Leute waren begeistert von diesem Paar, und die Spitzen des öffentlichen Lebens haben sich um die Hand der Tochter – sie heißt Mouschka – geschlagen. Die Hauptrivalen am Schluss waren Carlo Schmidt und der englische Generalkonsul. Frau Webers Kommentar: »Ich hätte nie gedacht, dass unsere Mouschka so 'ne Karriere machen würde.« Schließlich blieb der Engländer Sieger und holte sie zu Weihnachten ab. Frau Webers Nachfolgerin berichtete heute: »Basra hat den Abschied mit bewundernswerter Fassung ertragen.« (…)

Fünfzehn Jahre nach Kriegsende wird auch für Marion Dönhoff, wie für viele andere Deutsche, die Frage nach der politischen Haltung hinsichtlich der ehemaligen deutschen Ostgebiete immer dringender. Sie schreibt an Carl Burckhardt:

Ostern 1959 (29. 3.)
Vinsebeck

L. C.

(…) Ein Problem, das mich bis in meine Träume beschäftigt, ist das unserer Ostgrenze. Man hat es seit Jahren »verdrängt«, aber jetzt rollt es unausweichlich auf uns zu. Und die Leute sind dem gar nicht gewachsen. Millionen von Menschen, die wie Frau Weber zweimal im Monat zum »Heimabend« gehen (mit dem ganzen Nachwuchs), Erinnerungen auffrischen, pommersche Lieder singen, Fotos von Kolberg, Köstlin, Stettin austauschen und jede Nachricht von »zu Haus« gierig aufnehmen und weitergeben, solche Leute sind einfach nicht darauf vorbereitet, dass ihnen eines Tages mitgeteilt wird, sie sollen auch das noch über Bord werfen.

Und dann gibt es andere, die können das alles gar nicht rasch genug abschreiben; wahrscheinlich, weil sie meinen, dadurch die östlichen Nachbarn zu versöhnen und auf diese Weise den eigenen Lebensstandard ein bisschen länger genießen zu können. »Es hat sich ja gezeigt, dass wir diese Gebiete gar nicht brauchen«, sagte neulich S. zu mir. Mein Versuch, ihm klarzumachen, dass »brauchen« für die Geschichte keine Kategorie ist, hat er, glaube ich, nicht verstanden. »Warum trägt man der Realität nicht endlich Rechnung, warum verzichtet man nicht endlich auf die Ostgebiete?« So fragen Engländer, deutsche Intellektuelle, Geschäftsleute von Rhein und Ruhr.

Ich denke immer, es gibt eine Verantwortung vor der Geschichte – wie kann eine einzelne Generation überhaupt für alle Zukunft auf etwas verzichten, das in 700 Jahren mit unendlich viel Blut, Schweiß und Tränen erworben und erhalten und verteidigt wurde? Unser Parlament und die Regierung haben mehrfach und in aller Form erklärt, sie würden »niemals den Versuch machen, sich diese Gebiete mit Gewalt wieder zu beschaffen«. Kann man mehr tun, muss man mehr tun?

Ich wäre bereit, mit den Polen, die das angeht, über die Grenze zu verhandeln, aber mit den Russen?

Bitte, Carl, mir ist dies alles sehr wichtig, schreib mir Deine Ansicht. Was Du zu dem konkreten Problem denkst und wie man, wie die Großen der Geschichte, solche Fragen geregelt haben – abgesehen von den mir bekannten Regelungen: stark werden, sich mit Dritten verbünden und dann das Geraubte wiederholen. Das sind leider anachronistische Lösungen im Zeitalter der Atombombe

Wie auf Verabredung hat die ganze deutsche Presse (oft schweren Herzens) zu diesen Fragen geschwiegen. Das geht nun nicht länger, und es ist wichtig, dass, wenn es jetzt losgeht, die Weichen von vornherein richtig gestellt werden. In gewisser Weise wäre es vielleicht an mir, den ersten Schritt zu tun. Und die meisten Leute (sogar die von der Konkurrenz) würden mir dieses »Recht« auch wohl einräumen. Bitte, lass mich doch möglichst umgehend Deine Meinung wissen.

Bundeskanzler Willy Brandt hat die Journalistin eingeladen, ihn nach Warschau zur Unterzeichnung der Ostverträge (Anerkennung der Oder-Neiße-Grenze) zu begleiten. Zunächst sagt Marion Dönhoff zu, als der Termin jedoch näher rückt, schreibt sie an Willy Brandt:

1.Dezember.1970

Sehr geehrter Herr Bundeskanzler

Das Telefongespräch mit Egon Bahr hat mich in quälende Ungewissheit gestürzt; Ihnen wehe zu tun, das wäre wirklich das Letzte, was ich möchte.

Darum nahm ich mir zunächst vor, mitzutun, was getan werden muss – aber ich schaffe es einfach nicht. Der Artikel neulich *(Ein Kreuz auf Preußens Grab)* war schon ein moralischer Kraftakt – ich schäme mich zu sagen, dass ich eine ganze Nacht lang darüber geheult habe.

Wie schwer dieser Gang auch für Sie ist, mit wie viel innerer Beteiligung Sie ihn gehen, das weiß ich seit Erfurt und Buchenwald – es stand damals sehr deutlich in Ihrem Gesicht geschrieben.

Ich wünschte, Sie würden mich nicht für so feige halten, wie ich vielleicht bin – es ist das erste Mal in meinem Leben.

Ihre sehr ergebene
Marion Dönhoff

Am 1. Januar 1973, im Alter von 63 Jahren, beginnt für Marion Dönhoff eine neue Ära bei der *Zeit*. Nach sechsundzwanzigjähriger Redaktionstätigkeit, zuletzt als Chefredakteurin, wird sie Herausgeberin der Zeitung. Diese Position wird sie in den nächsten drei Jahrzehnten, bis zu ihrem Tod, innehaben. Ihr Nachfolger in der Chefredaktion wird Dr. Theo (genannt Ted) Sommer. Er bringt Marion Dönhoff, die im Begriff ist in die USA zu reisen, die Fahnen eines Briefes vom Verleger der *Zeit* Gerd Bucerius zum Flughafen. Dieser Brief soll anlässlich ihres Wechsels zur Herausgeberin in der nächsten Nummer der *Zeit* veröffentlicht werden.

Im Flugzeug liest Marion Dönhoff: »Heute liegt Ihre Arbeit vor der Nation, ja doch wohl auch ein bisschen vor der Welt ausgebreitet. Mit tiefer Wirkung? Ich meine: ja. Freunde und mehr noch Ihre Gegner versichern es jedenfalls.« Und weiter: »Sie sind großherzig, frei von jedem Egoismus. Gibt es das: jemand, der den größten deutschen Besitz im Osten verliert und nie ein Klagewort sagt? Nur Ihr Blick wird ein wenig fester, wenn Sie von der Heimat sprechen.« Und schließlich: »Darf ich Sie umarmen, Marion?«.

6. Dezember 1972

Buc,

es ist Mittwoch – Ted hat mir die Fahnen von Ihrem Brief mitgebracht, weil die Zeitung noch nicht fertig ist, und nun lese ich ihn zwischen Himmel und Erde, zwischen Europa und Amerika schwebend. Eigentlich ist das auch der rechte Ort dafür, denn so ein bisschen freischwebend fühlt man sich schon angesichts einer nicht ganz gewissen Zukunft, obgleich von Ungewissheit eigentlich keine Rede sein kann, nachdem Sie in so großzügiger und liebevoller Weise mir einen Heimathafen in der *Zeit* eingerichtet haben. Ich finde es richtig schön zu denken, dass man einstweilen noch in Verbindung bleibt mit dem, was bisher mein Leben ausgemacht hat.

Lieber Buc, ich finde Ihren Brief unbeschreiblich nett – mir wird ganz warm ums Herz und auch ein bisschen wehmütig. Ja, wir haben viel erlebt zusammen, ein gutes Stück deutscher Geschichte und dann das Werden und Entstehen eines Unternehmens, das nicht nur privat ist, sondern zugleich auch etwas Allgemeines darstellt. (Dahrendorf sagte neulich einmal: »Wissen Sie, in Brüssel spüre ich doch sehr deutlich, das Bild der Bundesrepublik wird draußen ganz stark durch die *Zeit* geprägt.«)

Sie haben meinen Anteil am Gelingen jenes Unternehmens weit, meilenweit überschätzt. Was da alles zusammenwirken muss, damit so etwas gelingt, kann wohl niemand wirklich beurteilen, aber ganz sachlich betrachtet – soweit ich in diesem Moment zu sachlicher Beurteilung in der Lage bin – würde ich meinen, es gibt eine ganze Menge guter Journalisten, aber gute Verleger sind rar – und auch ein noch so sorgfältig ausgewähltes Kuratorium kann den nicht ersetzen.

Sie haben ganz recht, wir haben allerlei Spannungen und Querelen überstanden, ohne dass die Achtung füreinander dadurch Schaden genommen hätte – was eigentlich ganz erstaunlich ist.

Ich glaube, das war nur möglich, weil wir beide mit ganzem Herzen an dem Gelingen des Unternehmens *Zeit* hingen und der gelegentliche Streit nie über einen von uns ging, sondern immer um das, was richtig oder falsch, gut oder nicht gut für das Gemeinsame sei.

Jeder Abschied ist wie eine Amputation. Ich habe im Laufe dieses Jahres oft über diesen Schmerz nachgedacht und so die Trennung gewissermaßen auf Raten vorgenommen. Jetzt findet eigentlich nur noch der Vollzug statt, und der ist dank Ihrer Vorsorge ein sehr sanfter Übergang von einem Aggregatzustand in einen anderen.

Ich weiß, Buc, dass dies auch für Sie ein entscheidender Abschnitt ist: Nun ist von der alten Crew keiner mehr da, aber vielleicht ist dies das Erstaunlichste an der Gemeinschaft, die wir da zusammengebracht haben, dass die alte Substanz ausgereicht hat, um auch die jeweils Neuen zu integrieren. Wenn ich Sie in der Käsekonferenz zwischen all den Jüngeren sitzen sehe, dann finde ich dieses Bild jedenfalls so selbstverständlich, als wäre es nie anders gewesen.

Buc, ich danke Ihnen für Ihre warmen Worte, Ihre guten

Gedanken und Ihre Freundschaft, die gar nicht »sprunghaft«, sondern von großer Beständigkeit ist.

Stets und immer
Ihre Marion

Brief an eine Leserin

27. März 1974

Liebe Frau S.,

ich war viel unterwegs und habe daher Ihren Brief vom 4. März sehr verspätet erhalten. Es ist schlimm, was Sie berichten, denn Hilfe von außen in solch einer Situation, ist sehr schwer zu finden. Ich frage mich, ob Sie nicht einen Sinn darin finden könnten, anderen Hilfe zu gewähren. Es gibt doch so viele Dinge, die getan werden müssen oder müssten und für die sich oft niemand findet, weil zum Beispiel jedermann mit seiner eigenen Arbeit und der Notwendigkeit, Geld zu verdienen, zu sehr beschäftigt ist.

Ich kümmere mich hier beispielsweise – soweit es meine sehr besetzte Zeit zuläßt – um Strafgefangene. Dabei ist eigentlich das Wichtigste, die erste Zeit nach ihrer Entlassung zu überbrücken, denn gewöhnlich stehen sie eines Tages mit 30 oder 40 DM in der Tasche vor dem Tor. Häufig sind die Fäden zur Familie abgerissen, und der erste Schritt in die Freiheit geht dann zu irgendwelchen »Kumpeln« von früher, bei denen sie erst einmal unterkriechen – hier ist dies meist St. Pauli –, und dann fängt sehr bald der Leidensweg von neuem an.

Auch gibt es so viele Alte, die einfach deswegen immer mehr verbittern, weil sie niemand haben, mit dem sie wenigstens einmal in der Woche sich aussprechen können. Das alles sind Dinge, über die man sich sicherlich bei irgendwelchen sozialen Helfern informieren kann. Ich weiß, dass es hier in Hamburg eine ganze Reihe Leute gibt, die sich zur Betreuung von entlassenen Gefangenen zur Verfügung gestellt haben oder eben auch zur Betreuung in Altersheimen.

Ich weiß, dies alles ist nicht das, was Sie wirklich suchen, aber vielleicht sucht man zuweilen auch das Falsche. Mindestens sollten Sie es einmal auf diese Weise versuchen.

Mit bestem Gruß
Ihre Marion Dönhoff

Im Verlauf der islamischen Revolution besetzen, vom Revolutionsrat und von Chomeini geduldet, am 4. November 1979 iranische Studenten in Teheran die amerikanische Botschaft. Sie nehmen 55 US-Diplomaten als Geiseln. Die Forderung, den früheren Schah, der sich in New York aufhält, auszuliefern, lehnen die USA ab. Marion Dönhoff schreibt Bundeskanzler Helmut Schmidt, den sie persönlich seit den fünfziger Jahren kennt und der nach seiner Kanzlerschaft ihr Kollege als Mitherausgeber der *Zeit* werden wird, einen Brief zu den Vorfällen im Iran.

21. Januar 1980

Lieber Helmut,

da Sie gelegentlich gesagt haben, es sei für Sie hin und wieder nicht ohne Interesse, meine Gedanken zur politischen Lage zu erfahren, würde ich Ihnen diese heute gerne einmal unterbreiten.

Die Grundthesen Ihrer – unserer – Außenpolitik sind doch

1.) engste Solidarität mit Amerika;
2.) möglichst umfassende Normalisierung mit der Sowjetunion.

Bisher ließ sich dies gut miteinander vereinen. Das wird jetzt immer schwieriger. Wenn wir uns angesichts der derzeitigen Lage das Wohlwollen der Amerikaner erhalten wollen, ohne das begrenzte Vertrauen der Russen ganz zu verlieren, müssten wir, glaube ich, zunächst einmal auf dem iranischen Krisenschauplatz uns konzentrieren.

Hinsichtlich des Iran kann man doch wohl von zwei Prämissen ausgehen: Erstens, auch dem störrischen Alten, der da in Ghom auf seinem Teppich sitzt und »viel Feind, viel Ehr« praktiziert, wird zwischen zwei feindlichen Supermächten jetzt nicht mehr ganz wohl zumute sein. Wenn er sich umschaut, gibt es eigentlich nur noch die Europäer, die vielleicht für ihn nützlich sein könnten.

Zweitens, die Iraner werden ihr einziges Pfand, die Geiseln, unter keinen Umständen freilassen. Das Einzige, wozu sie vielleicht bereit sein könnten, wäre, ihnen innerhalb Teherans gewisse Erleichterungen zu gewähren.

Darum meine ich, die Europäer, und das heißt Giscard und Sie, müssten Chomeini unter Hinweis auf seine Asylzeit in Frankreich vorschlagen, er möge doch die Geiseln, statt sie gefesselt in der Botschaft zu halten und damit die Weltmeinung gegen sich aufzubringen, in einem Hotel unter Hausarrest stellen. Isolieren und bewachen kann er sie dort schließlich ebenso wie in der Botschaft.

Wenn das gelänge, wäre Carter mindestens für einige Zeit

den wachsenden Druck seiner Bevölkerung los, und Sie persönlich hätten in Amerika einen so dicken Stein im Brett, dass man Ihnen nachsehen würde, wenn Sie nicht allen Unsinn an Repressalien gegen die Sowjetunion mitmachen.

Vielleicht hat ja Giscard schon früher vergebliche Schritte unternommen, aber das sollte nicht hindern, es jetzt unter verändertem Vorzeichen im Verein mit Ihnen und vielleicht auch mit mehr Engagement noch einmal zu versuchen.

Möglich, dass dies alles Unsinn ist, aber in so prekären Zeiten muss man ja versuchen, auch mit Hilfe von Splittern eine Brücke zu bauen.

Herzlich grüßend
Ihre Marion

Brief an einen jungen Leser, der Marion Dönhoff um Rat gebeten hat.

12. Februar 1980

Lieber Volker L.,

wenn man jung ist, meint man immer, das Leben beginnt erst hinter dem blauen Horizont – man wartet und wartet und verpasst Jahre und Jahrzehnte darüber.

Ich meine, dass jeder Tag zählt, es ist ziemlich gleich, was man tut. Wichtig ist nur, dass man es mit vollem Einsatz, Engagement und Passion tut. Es muss Spaß machen, und ob es das macht, hängt weit mehr von einem selbst als von den Umständen ab.

Grüße, gute Wünsche und viel Glück!
Marion Dönhoff

Portraits

Menschen, die wissen, worum es geht – so bezeichnete Marion Gräfin Dönhoff Menschen, die sie im Laufe ihres Lebens auf eine besondere Art beeindruckten und inspirierten. Ihnen setzte sie in zahlreichen Portraits ein Denkmal.

Satyanarayan Sinha
Der letzte große Abenteurer
(1976)

Eines Tages, es muss etwa 1960 gewesen sein, rief Ulrich Mohr, den ich flüchtig kannte, bei mir an. Er wusste, dass ich Indien mehrfach bereist hatte und dass ich mich damals sehr lebhaft für dieses Land interessierte. Er habe einen indischen Abgeordneten zu Besuch, der ... Ich ließ ihn nicht erst lange Ausführungen machen, sondern lud beide zum Abendessen ein.

Diese spontane Einladung habe ich nie bereut: Ich lernte an jenem Abend den einzigen wirklichen Abenteurer kennen, den ich in meinem Leben getroffen habe, einen Mann, der immer wieder seine Identität gewechselt hat und doch immer derselbe blieb, egal ob er Stalin als Hauptmann diente, Haile Selassie als Oberst, Nehru als Abgeordneter oder dem Dalai Lama als Beschützer.

Satyanarayan Sinha ist ein treuer Freund geworden. Treu freilich nur im strategischen Sinne, nicht im taktischen. Im Rahmen des Alltags ist er in einer Weise unzuverlässig, wie man es sich kaum vorstellen kann. Wenn er seine Ankunft in Europa und in Hamburg für die kommende Woche ankündigt, dann erfolgt gewöhnlich während der nächsten sechs Monate nichts. Niemand kommt, auch kein Brief. Plötzlich aber liegt ein Telegramm auf dem Tisch, er werde am folgenden Nachmittag für ein paar Stunden in Hamburg Station machen. Was dann wirklich geschieht, ist, dass er nicht am folgenden Tag eintrifft, sondern erst am übernächsten, und dass er nicht ein paar Stunden bleibt, sondern eine ganze Woche.

Als er mich vor kurzem wieder einmal besuchte – er kam aus Amerika –, traf er drei Tage später ein, als sein Telegramm in Aussicht gestellt hatte. Der Grund, der sich anderntags ganz beiläufig herausstellte, war folgender: Er hatte in Florence in Alabama in einem Restaurant auf den Abflug der Maschine nach Washington gewartet. Im Gespräch mit einer Dame, die ihn zum Flugplatz begleitete, erwähnte er gerade, dass er fließend Russisch spreche, woraufhin sich ein offenbar sympathischer Herr vom Nebentisch in die Unterhaltung einmischte, der beklagte, dass er nie Gelegenheit habe, diese Sprache zu praktizieren, obgleich er sie unter großen Anstrengungen unlängst in einem Kurs gelernt habe. Wie gern würde er jetzt mit seinem Gesprächspartner Russisch reden.

Als sich dann herausstellte, dass jener Herr im Begriff war, am gleichen Tag in seinem Wagen ebenfalls nach Washington aufzubrechen, dauerte es keine fünf Minuten, und Sinha änderte seine Pläne. Er gab seinen Flug auf und fuhr die 2000 Kilometer nach Washington mit Mr. X im Auto. Da es unterwegs allerlei zu sehen gab, war die Verspätung von drei Tagen in seinen Augen ganz gerechtfertigt.

Wenn man Sinha in Hamburg in einen Zug nach Köln steckt, dann bringt er es fertig, in Frankfurt am Main zu landen. Ihn bei irgendwelchen Freunden anzusagen ist vollkommen zwecklos, weil auf dem Wege dorthin stets irgendetwas eintritt, was seine Phantasie fesselt, und das heißt bei ihm, den ganzen Menschen in Fesseln legt.

Frankfurt am Main war übrigens ein besonderes Bindeglied zwischen uns. Es stellte sich nämlich heraus, dass er fast zur gleichen Zeit mit mir bei denselben Professoren Volkswirtschaft studiert hatte. Viele Namen rief er mir ins Gedächtnis zurück, die ich längst vergessen hatte. Auch er hatte in Frankfurt am Main ein Gutteil seiner Tage in der Bibliothek des Sozialwissenschaftlichen Instituts – von den Kritikern »Café Marx« genannt – zugebracht. Doch war er auf so ungewöhnliche Weise in jene Stadt gelangt wie sicher kein anderer der damaligen Studenten.

Sinha ist irgendwo im östlichen Indien in einer sehr armseligen Gegend geboren worden. Er wuchs wie Millionen von Indern mit wenig Nahrung und ziemlich viel Prügel auf. Als er etwa zehn Jahre alt war, fügte es sich, dass Gandhi auf einer seiner Kampagnen auch in jenes Dorf kam. Der Mahatma wurde auf ihn aufmerksam und forderte den Jungen auf, sich im nächsten Jahr an einem der von ihm eingeführten Spinnwettbewerbe zu beteiligen.

Als es so weit war, ging der junge Sinha als Erster durchs Ziel. Zur Belohnung wurde er eingeladen, in Gandhis Ashram einzuziehen. Aber bald begann er die Spinnerei zu hassen. Auch konnte er sich mit der spezifischen Mischung von *austerity* und Frömmigkeit nicht recht abfinden. Sein Traum galt Tagores Schule in Santiniketan, wo Philosophie, Musik und Tanz gelehrt wurden – ein Lehrer hatte ihm davon vorgeschwärmt. Schließlich stimmte der Meister zu, der Junge durfte nach Santiniketan, wo er vielerlei lernte, unter anderem auch Englisch. Nach zwei Jahren, mittlerweile war es

1926, war seine Lehrzeit beendet. Er musste zurück nach Haus.

Aber nach dem Erlebnis von Tagores Schule schien das Zuhause so trostlos, dass er mit 13 Jahren ausriss und ein Leben auf eigene Faust begann. Zunächst gelangte er nach Benares: Gelegenheitsarbeit, unerwartete Hilfen, voraussehbares Elend, beglückende Freundschaften ...

Durch irgendeinen verdienstvollen Zufall kam er schließlich in Beziehung zu einer Art Stiftsschule. Ein Lehrer fand Gefallen an ihm. Er nahm ihn als Schüler an, was damals bedeutete, dass er die Verantwortung für den Schüler übernahm. Er musste zusehen, dass dieser von den gespendeten Speisen seinen Teil bekam und dass er von Zeit zu Zeit bei jeweils einem anderen Lehrer zum Essen eingeladen wurde.

»Und wo schliefen Sie?«, fragte ich Sinha, als er mir diese Schule beschrieb. »Wissen Sie ...«, so fangen viele seiner Sätze an, »wissen Sie, dort braucht man keine Wohnung. Am schönsten und kühlsten ist es, am Ganges zu schlafen. Und manchmal habe ich die Nächte auch auf der Veranda des Lehrers verbracht.«

Satyanarayan studierte Buddhismus, Sanskrit, Geschichte, Archäologie. Der Lehrer unternahm viele Reisen und wochenlange Wanderungen durch ganz Indien. Er führte seine Schüler zu den Ursprüngen der indischen Geschichte, zu berühmten Tempeln, zu den Stätten, wo Buddha gelebt hat. Er, der später ein bekannter Führer der Sozialistischen Partei und ein enger Freund Nehrus wurde, hatte seinen Schülern gleich von vornherein gesagt: »*I won't force any learning on you. To get educated is your own responsibility.*« Und dieses System hat funktioniert.

Satyanarayan, von seinen Freunden Satya genannt, hat diese Gelegenheit gierig wahrgenommen: Es gab eine gute, offene Bibliothek, er las viel und lernte mit großer Passion. Damals wurde das Fundament seines Wissens und seiner Bildung gelegt, vor allem indem sein Interesse für Menschen, Geschichte und Dichtung geweckt worden ist. Sinha überrascht einen immer wieder mit einer profunden Kenntnis der komplizierten historischen und kulturellen Geschichte Zentralasiens. Vor allem Tibet und dem Himalaja-Gebiet, das er wie kaum ein anderer kennt, gilt seine besondere Liebe.

Nebenbei geriet er in jener Zeit, was für einen aufgeweckten jungen Menschen ganz zwangsläufig war, in die beginnende antibritische Guerillatätigkeit der indischen Nationalisten: Bomben wurden gebastelt, Protestmärsche inszeniert, Verhaftungen und Exekutionen fanden statt. Mag sein, dass dies mit ein Grund war, warum der Lehrer ihm nach Ablauf von drei Jahren erklärte, er könne nun in dieser Schule nichts mehr lernen, er solle ins Ausland gehen, nach Ceylon in eine Art College, das von Buddhisten geleitet wurde. Damals und dort nahm das abenteuerliche Leben des Satyanarayan Sinha seinen Anfang.

Der inzwischen Sechzehnjährige war noch nicht lange dort, da nahm ihn eines Tages ein Bekannter zum Hafen mit, weil er dort etwas mit dem Zahlmeister eines Schiffes zu regeln hatte. Das Schiff hieß Orsowa und gehörte der Orient-Linie. Auf dem Weg von Australien nach London ankerte es in Colombo, um Wasser und Proviant an Bord zu nehmen. Der junge Inder erforschte alle Winkel und durchstreifte alle Gänge. Schließlich kam er zu einer Kabine und war hingerissen von der Ausstattung: Ein weiß bezogenes

Bett mit weichen Kissen und glänzender Decke – so etwas hatte er noch nie gesehen. Er setzte sich einen Augenblick auf den Rand des Bettes, dann probierte er aus, wie es ist, wenn man sich lang ausstreckt, und bald schlief er ein.

Er wachte erst wieder auf, als er das regelmäßige Stampfen der Maschine und das Plätschern der Wellen hörte. Der Kapitän war wütend, die Mannschaft unfreundlich, der Einzige, der sich seiner annahm und für ihn sorgte, war der rothaarige, spitzbärtige Koch Kassimow, weil der Junge wiederum der Einzige war, der aufmerksam zuhörte, wenn jener von seinen Abenteuern, vornehmlich amouröser Art, berichtete. Kassimow war es auch, der dafür sorgte, dass Satya nicht schon in Port Said, dem ersten Stopp nach Colombo, von Bord musste, sondern erst in Neapel. Kein Zweifel, dass dies in einer zunächst nicht voraussehbaren Weise sein ganzes weiteres Leben bestimmt hat.

In Neapel nämlich überantwortete Kassimow den blinden Passagier einem Fischer aus Sorrent, mit dem er gerade einen vermutlich illegalen Handel abgeschlossen hatte, und trug ihm auf, dafür zu sorgen, dass jener irgendwo unterkomme. In Sorrent angelangt, berieten die Fischer im Hafen, was man mit dem fremdländisch gekleideten Knaben, der sich mit niemandem verständigen konnte, wohl machen könne. Einer von ihnen beschrieb ihm schließlich den Weg zu einer Villa, wo, wie er meinte, einer wohne, der wahrscheinlich sein Landsmann sei.

Satya stieg den Weg hinauf und blieb vor dem Tor der Villa stehen. Hinten im Garten arbeitete ein großer alter Mann, ein Riese, der alles sein konnte, nur kein Inder. Nach einiger Zeit schlurfte der große alte Mann zum Tor, um zu sehen, was der wunderliche Knabe von ihm wolle. Dieser deutete an, dass er Hunger habe, und also sprach der Riese: »Komm herein.«

Er ließ dann ein Mädchen aus der Nachbarschaft kommen, das Englisch verstand und dolmetschen konnte. Und so erfuhr er von der abenteuerlichen Reise des jungen Inders, und dieser erfuhr, dass er im Hause von Maxim Gorki gelandet war. Gorki, den die Geschichte des Knaben amüsierte – die Abenteuer des spitzbärtigen, rothaarigen Kochs inspirierten ihn später zu der Novelle *Kassimow* –, behielt ihn bei sich. Als er schließlich hörte, dass dessen Herzenswunsch darauf gerichtet war, die Engländer aus Indien zu vertreiben, also ein Freiheitskämpfer zu werden, begann der alte Revolutionär sich ernsthaft für ihn zu interessieren: »Du musst in die Sowjetunion, nur dort bringen sie dir das Notwendige bei. Aber die Vorbereitungen dauern lang. In der Zwischenzeit gehst du am besten auf eine Universität, zum Beispiel nach Berlin, und lernst dort etwas Vernünftiges.«

Gorki hat von 1906 bis 1917 seiner Gesundheit wegen in Capri gelebt; dann war er nach dem Ausbruch der Oktoberrevolution in die Sowjetunion zurückgekehrt, hatte sie aber nach Lenins Tod wieder verlassen, weil ihn die Entwicklung enttäuschte. Er blieb bis 1932 in Sorrent und kehrte dann endgültig nach Moskau zurück. Auch in seinen späteren Jahren hat er sich dort um Satya gekümmert. Zunächst aber kaufte er ihm eine richtige Hose: »Ohne Hose kannst du keine Karriere machen« und ein Billett nach Berlin. Er trug ihm auf, sich dort bei der Liga gegen den Imperialismus zu melden, deren Präsident er war. Auch einen provisorischen Ausweis verschaffte er ihm.

Wenn Satya über seine Ankunft in Berlin erzählt, staunt man, dass er sich an jeden Namen und jede Adresse erinnert, obgleich das Ganze inzwischen Jahrzehnte her ist. »Vom Anhalter Bahnhof«, so berichtet er, »ging ich sofort zur Liga. Sie befand sich in der Friedrichstraße 24, ganz nah bei Aschinger, wo es einen sehr guten, billigen Studententisch gab. Chef der Liga in Berlin war damals ein alter indischer Revolutionär, Virendranath Chattopadhyaya, genannt Chatto, der in der Uhlandstraße 179 wohnte.« Satya erzählt vom indischen Informationsbüro in der Mauerstraße, von seinen Freunden Bindewald in Wannsee, die ihn einluden, in ihrem Haus zu wohnen, und mit denen er immer noch in Verbindung steht. Schlachtensee, Krumme Lanke, Nikolassee, das sind Namen, die ihm ganz geläufig von den Lippen gehen.

Das indische Informationsbüro, das eine Zweigstelle der Kongresspartei war, wurde von Nambia, dem späteren Botschafter Indiens in Bonn, geleitet. Seine Sekretärin, Eva Geissler, die heute in Zürich lebt, half Satya, ein Gesuch an die Universität in Frankfurt aufzusetzen, weil zu den dortigen Linken gute Beziehungen bestanden. Der Antrag hatte Erfolg, Satya wurde zugelassen. Und es fand sich auch ein Professor, der einst in Sanitiketan gewesen war und der sich dafür einsetzte, dass der junge Inder ein Humboldt-Stipendium bekam.

Ein anderer Professor schenkte ihm ein altes Fahrrad – Marke Dürkopp, wie Satya es erinnert –, mit dem er in den Ferien durch Europa radelte. Das erste Mal nach Brüssel und Paris, das nächste Mal nach Hamburg, Kopenhagen, Oslo, Stockholm, Haparanda und wieder zurück. Ich kenne außer Satya niemanden, der stets und überall auf so viel freudige Hilfsbereitschaft stößt und dessen Weg durch so viele glückliche Fügungen gekennzeichnet ist. Freilich würde dies ohne sein unbewusstes Mitwirken sicherlich nicht geschehen: seine besinnungslose Bereitschaft, sich treiben zu lassen, seine fröhliche Begeisterung für alles Neue, Ungewöhnliche und Spannende schließen viele Menschen auf und wecken den Wunsch, wenigstens solange er erzählt, mit ihm auf dem fliegenden Teppich zu sitzen.

Satya bestand sein Doktorexamen in Frankfurt, wobei die prüfenden Professoren wohl beide Augen zugedrückt haben müssen, denn das ganze Studium hat nur knapp drei Jahre gedauert. Als er wieder nach Berlin kam, fand Chatto, es sei nun wirklich Zeit, das bürgerliche Leben hinter sich zu lassen und endlich zum praktizierenden Revolutionär zu werden. Satya wurde heimlich – den Augen der deutschen Polizei verborgen – auf ein sowjetisches Schiff geschleust und reiste gen Leningrad, wo er im April 1932 landete. Dort nahm ihn die Komintern in Empfang, um ihn auszubilden und dann nach Indien zurückzuschicken.

Satya erhielt einen Pass, ausgesellt auf den Namen Alexander Sergewitsch Gregoriew, Geburtsort: Odessa; Geburtsdatum: 8. November 1907. Nun war er also sowjetischer Bürger. »Wieso eigentlich Geburtsdatum 1907?«, fragte ich, »dies ist schon das dritte Geburtsdatum, von dem ich weiß. Was stimmt denn nun eigentlich? Und wie ist das überhaupt mit Ihren Pässen? Wann und wo haben Sie denn den ersten richtigen bekommen?«

Ich bemerkte voller Schrecken, dass der Ton dieser Frage indigniert und vorwurfsvoll klang, aber ich war an der Aufgabe, biographische Ordnung in Satyas Leben zu bringen, bereits total verzweifelt. Er selbst sah auch ganz erschrocken aus, wie sollte er das, was für ihn doch ganz sonnenklar war, jemandem erklären, der offenbar vollkommen andere Vorstellungen hatte. Seine überraschende Antwort lautete: »Einen Pass, so richtig, wie Sie meinen, habe ich noch nie besessen.«

»Ja, aber der jetzige muss doch richtig sein? Zeigen Sie ihn doch mal!« Satya gab mir seinen Pass. Ich las: Name: Sinha – Vorname: Satya, Narain. Geburtsdatum: Oktober 1910.

»Ja, der Vorname stimmt nicht, das sehe ich. Und das Geburtsdatum?«

»Ich sagte schon, ich bin nicht im Oktober 1910, sondern im März 1913 geboren. Der Irrtum mit dem Vornamen ist vielleicht aus meiner deutschen Zeit übriggeblieben. Da meinte man, ich hieße mit Vornamen Satya und mit Nachnamen Narain. Und da mir das ganz und gar gleichgültig war, ließ ich es dabei, und darum ist auch mein Doktor-Diplom auf diesen Namen ausgestellt.« Sinha blickte zögernd vor sich hin – ich hatte das Gefühl, dass noch irgendetwas kommen werde, und wartete geduldig.

»Und wissen Sie«, es klang sehr zögernd, »eigentlich heiße ich auch gar nicht Sinha.«

»Sondern?«

»Mein Vater hieß Sing.«

»Und wo und wann wurde aus dem Sing der Sinha?«

»In Addis Abeba 1936. Der englische Botschafter Sir Sidney Barton dachte, ich sei ein Sohn von Lord Sinha, dem einzigen Inder, der im englischen Oberhaus saß, und weil ich meinen Pass verloren hatte…«

»Es wird immer abenteuerlicher…«

»Sie haben recht. Aber wenn Sie wollen, können Sie ja im *Hansard* nachlesen: Im britischen Parlament hat William Gallacher, ein kommunistischer Abgeordneter, im März 1936 eine Anfrage, meinen Pass und meinen Status in Äthiopien betreffend, gestellt.«

Merkwürdig, da kannte ich Sinha nun seit 15 Jahren, und jetzt stellte sich heraus, dass ich gar nicht Sinha, sondern Sing kannte. Aber ich will den Faden erst einmal wiederaufnehmen, wo er abgerissen ist, in Moskau.

Die ersten Monate in Moskau waren für ihn reich an Enttäuschungen gewesen: die Komintern-Funktionäre hatten keinerlei Respekt vor Indiens Freiheitskampf. Sie erklärten, Gandhi sei ein Agent der britischen Imperialisten und der *National Congress* eine höchst reaktionäre Organisation. Aber an Ausbrechen war nicht zu denken. Satya blieb sechs Monate in Moskau und kam von dort aus im Herbst nach Kowrow, dem militärischen Trainingszentrum der Komintern.

Seine erste Verwendung nach beendeter Ausbildung erhielt er in einer Kosaken-Einheit, die in Sinkiang stationiert war. Sinkiang gehörte damals nominell zu China, aber das ferne Peking war nicht in der Lage, dort wirklich die Herrschaft auszuüben: In Kashgar waren es die Engländer, die als Beherrscher Indiens den Einfluss besaßen. Das gesamte Ili-Tal war in russischer Hand, und in Urumchi, der heutigen Hauptstadt der chinesischen autonomen Region Sinkiang, hatten die Sowjets mehr zu sagen als die Chinesen. Während fast eines Jahrhunderts fanden in Sinkiang ständig Aufstände der islamischen Turkvölker gegen die chinesische Oberhoheit statt, wovon vor allem die Russen profitierten.

Wie die Äußere Mongolei war dieses Gebiet damals eine Art russische Kolonie, ein Pufferstaat zwischen Russland und China. Nach dem Sieg Maos in China wurde Sinkiang erst Provinz und dann autonome Region der Volksrepublik China, die einen Teil der Kasachen, Kirgisen und Uguren umsiedelte und durch Chinesen ersetzte. Diese Maßnahmen haben in den ersten Jahren zu neuen Aufständen in Sinkiang geführt, sicher nicht ganz ohne Zutun der Sowjets, die dort ihren Einfluss eingebüßt hatten.

Stalin, der seinen Einfluss nach Süden auszudehnen gedachte, unterhielt an dieser Front keine militärischen Formationen, sondern Partisanenverbände, die die Aufgabe hatten, in ständigen Vorstößen allmählich immer mehr Land unter Kontrolle zu bringen. Meist mussten sie im Kampf mit dem Gegner erst einmal die Waffen erobern, mit denen dieser dann geschlagen oder vertrieben werden sollte. Satya wurde einer solchen Einheit als Hauptmann zugewiesen, weil man wohl annahm, dass er als Inder dort seine nationalen Interessen gegen den Einfluss der Engländer mit Passion entfalten werde, und weil er auch einige Brocken der dortigen Sprachen beherrsche.

Aus seinen Erzählungen über diese Zeit ist mir außer dem häufig wiederkehrenden Wort »Wodka« nur die Art und Weise in Erinnerung geblieben, wie er das Bevölkerungsproblem dieser Grenzgebiete zu lösen versuchte. In jener Gegend war nämlich das Zahlenverhältnis zwischen Burschen und Mädchen sehr ungünstig: auf jeweils hundert Burschen kamen nur etwa fünfzig Mädchen. Dieser beklagenswerte Zustand war, so hieß es, deswegen schwer zu ändern, weil nach der Sitte des Landes bei jeder Brautwerbung ein Kamel, vier Maulesel und acht Ziegen für ein Mädchen offeriert werden mussten.

Hauptmann Satya erklärte: »Zum Teufel, dann werden wir die Landessitten ändern. Von jetzt ab wird nach buddhistischer Sitte geheiratet. Bis heute Abend«, so befahl er, »holt ihr fünfzig Mädchen von der anderen Seite herüber, nach Sonnenuntergang halten wir dann die Hochzeitszeremonie und machen ein Fest.« Alle mussten »Mano Buddha« sagen – wir beten zu Buddha –, und damit wird die Eheschließung vollzogen. Eine wenig kostspielige Methode, die allergrößten Beifall fand und den Erfinder sehr populär machte.

Im Übrigen lernte Satya in jener Zeit fliegen und entdeckte seine Liebe für Zentralasien.

Als Satya 1934 nach Moskau zurückkehrte, hatten dort die Säuberungsprozesse gerade begonnen. Kirow war bereits umgebracht worden, viele Köpfe rollten, Angst und Schrecken breiteten sich aus. Als er Gorki wiedersah, sagte dieser: »Ich habe dich damals hierhergebracht, ich werde auch dafür sorgen, dass du heil wieder hinauskommst.« So verließ Satya denn nach zwei Jahren die Sowjetunion. Der neue Sowjetbürger verwandelte sich wieder in einen Inder ohne Pass.

Von allen Geschichten aus jener Zeit in der Sowjetunion kann ich die aufregendste auf keine Weise nachprüfen. Darum will ich sie wörtlich, also in seinen Worten – ich bat ihn, sie niederzuschreiben –, hier wiedergeben. Vorausschicken muss ich, dass er während der sechs Monate, die er am Anfang in Moskau war, oft in Gorkis Haus in der Nikitinskie Worota Ecke Tolstoi-Straße zum Vier-Uhr-Mittagessen eingeladen war. Gewöhnlich blieb er dann bis zum späten Abend und lernte in einer Ecke des Studierzimmers Russisch. Übrigens hat er die Sprache so perfekt gelernt, dass er später einen Teil der Unterhaltungen, die Nehru mit Chruschtschow geführt hat, gedolmetscht hat.

In Sinhas Bericht heißt es: »Am 15. Jahrestag der Oktoberrevolution, am 8. November 1932, marschierte ich mit einer Komintern-Einheit auf dem Roten Platz am Lenin-Mausoleum vorbei, auf dem Stalin mit den Mitgliedern des Politbüros Position bezogen hatte – auch Gorki stand dort oben.

An jenem Tage aßen wir erst um acht Uhr abends das übliche Mittagessen. Dann ging Gorki in sein Arbeitszimmer, und ich schwätzte mit Marfa, einer seiner Enkelinnen. Plötzlich erschienen ein paar der grün uniformierten Kreml-Garden, und im nächsten Augenblick betrat Stalin das Zimmer. Dies war keineswegs ungewöhnlich, aber diesmal wirkte sein pockennarbiges Gesicht ganz farblos. An der Hand führte er seine sechsjährige Tochter Swetlana. Er verschwand sofort im Arbeitszimmer von Gorki, während ›Swetoschka‹ sich zu Marfa gesellte. Nachdem Stalin wieder gegangen war, ging ich zu Gorki. Der alte Mann saß da mit geschlossenen Augen, schlug sich mit beiden Händen an die Stirn und stieß flüsternd die Worte aus: ›Dieser Mörder, dieser schreckliche Mörder!‹, und nach einiger Zeit: ›Stalin hat Nadeschda getötet. Er hat Swetlana hierher gebracht, damit sie die Leiche ihrer Mutter nicht sieht!‹«

Satyas Bericht fährt fort: »An jenem Abend blieb ich noch lange bei Gorki. Er nahm Tolstois *Kreuzersonate* zur Hand und bat mich, ihm eine bestimmte Passage daraus vorzulesen. Dann sprach er wieder: ›Stalin hat den Verdacht, dass seine Frau den jungen Krischasanowski liebte, der als Diplomat an der Botschaft in Berlin ist, weil sie sich für ihn einsetzte, als er hingerichtet werden sollte. Das Ganze ist wahrscheinlich nichts als eine Machenschaft der Geheimpolizei. Von nun an ist niemand mehr sicher, auch ich nicht, es sei denn, ich würde Stalin noch lauter preisen, als die anderen es tun.‹«

Im Laufe der Jahre habe ich viele phantastische Geschichten von Satya gehört, aber immer eher zufällig und ohne jede chronologische Ordnung. Einmal beispielsweise sprachen wir über Tiger in Indien und Löwen in Afrika, worauf er von einem weißen *lion cub* zu schwärmen begann, das ihm einmal geschenkt worden sei. »Löwenbabys bekommen nur Kaiser oder sehr hohe Würdenträger geschenkt«, warf ich ein. Er bemerkte sofort den ungläubigen Unterton und sagte trotzig: ›Ich aber bekam es von einem Kaiser geschenkt.«

»Wohl vom Kaiser von China?«

»Nein, vom Kaiser Haile Selassie in Abessinien.«

Wie er denn dorthin gekommen sei, wollte ich wissen.

»Ich war doch Korrespondent für eine Nachrichtenagentur.«

»Und bekam jeder Korrespondent in Addis Abeba vom Kaiser einen jungen weißen Löwen geschenkt?«

»Nein, aber ich habe für den Kaiser gegen die Italiener gekämpft.«

»Aber Korrespondenten schreiben doch und schießen nicht...«

Schließlich kam folgende Geschichte zutage. Irgendwann, nachdem Satya aus Russland zurückgekehrt war, wurde er durch Vermittlung von Hendryk de Man, der bis zum Ausbruch des Dritten Reichs Professor in Frankfurt gewesen war, wo auch ich ihn kennen- und achten gelernt hatte, Korrespondent für die *Europa-Presse*. Hendryk de Man, der später belgischer Ministerpräsident wurde, war damals, 1935, Arbeitsminister in Brüssel. De Man besorgte ihm auch einen Nansen-Pass.

Die Agentur schickte Satya im September 1935 nach Äthiopien, wo sich gerade düstere Wolken zusammenbrauten. Schon die Reise dorthin war reich an Abenteuern. Er kaufte unterwegs an der Grenze zwischen Sudan, Eritrea und Äthiopien eine junge Sklavin frei, um sie wieder nach Hause zurückzubringen. Aber diese Großherzigkeit trug ihr nicht die Freiheit ein, sondern den Tod, weil die Karawane unterwegs von irgendwelchen wilden Stämmen überfallen wurde. Doch will ich hier alle diese Arabesken weglassen, um zum Kern der Sache zu kommen:

Als Satya, der ja den Partisanenkrieg sozusagen an der Quelle studiert hatte, in Addis ankam, stellte er fest, dass die Äthiopier so gut wie überhaupt nicht auf den Krieg vorbereitet waren. Seiner Betriebsamkeit gelang es, von der Schweizer Firma Oerlikon für Äthiopien eine Reihe von 20-mm-Flugabwehrgeschützen zu erwerben. In der ersten Tembienschlacht, die im Frühjahr 1936 stattfand, wurden diese Waffen eingesetzt. Satya hatte sich während dieser Zeit so sehr für die Sache begeistert, dass er seinen Korrespondenten-Status vergaß und Kombattant wurde.

Viel Erfolg als Berichterstatter hatte er ohnehin nicht gehabt. Nur wenige seiner Berichte wurden in der europäischen Presse gedruckt; keiner glaubte ihm die italienischen

Grausamkeiten, die er schilderte, niemand hielt seine Berichte für objektiv – außer dem Kaiser, der von ihnen gehört hatte und Sinha zum Dank jenes weiße Löwenbaby schenkte.

Als Addis im April 1936 erobert wurde, der Kaiser nach England flüchtete und das große Chaos ausbrach, musste auch Satya, der auf der italienischen Fahndungsliste stand, so rasch wie möglich verschwinden. Über Französisch-Somaliland erreichte er Djibouti und fand ein französisches Schiff namens Anger, das nach Schanghai unterwegs war.

Froh, endlich einen roten Faden in der Hand zu haben, fragte ich: »Sind Sie denn damals direkt von Russland nach Äthiopien gegangen?«

»Wissen Sie, als ich von Moskau nach Deutschland zurückkam, sagte man mir, dass ich mein Doktor-Diplom nicht bekomme, solange die Dissertation nicht gedruckt ist. Dafür aber fehlte das Geld. So ging ich im Herbst 1934 für sechs Monate in eine Fabrik, um Geld zu verdienen. Es war eine Zuckerrübenfabrik in Klein Wanzleben bei Magdeburg. Die Fabrik hieß Rabbethge und Gieseke.«

Diese sächsische Einlage bei Rabbethge und Gieseke zwischen Stalin und Haile Selassie schien mir sehr typisch für Sinha, aber höchst originell für einen Abenteurer, der ja wohl auch ohne Doktortitel durchs Leben hätte kommen können. Sinha ist eben nicht nur ein Abenteurer, sondern er ist zugleich überlegt, präzis, konsequent und ausdauernd.

»Ja, und dann, was geschah in Schanghai?«

»Dorthin bin ich nie gekommen. Als wir in Madras vor Anker gingen, war die Versuchung zu groß: Nach sechs Jahren wollte ich endlich wieder einmal in Indien sein. Einem

Techniker, der an Bord kam, gefiel mein Anzug so gut; da tauschten wir, und ich ging als Madrasi-Monteur verkleidet an Land, fuhr nach Kalkutta und von dort aus zu Tagore.«

Offenbar hat Sinha sich dann längere Zeit mit Schreiben über Wasser gehalten; er verfasste eine Serie, in der er seine Erlebnisse für *Ogonjonek*, die größte Illustrierte der UdSSR, schilderte. In einer der Illustrationen, einer Zeichnung, ist auch die Begegnung zwischen Gorki und dem jungen Inder in Sorrent festgehalten worden. Eine ganze Reihe von Büchern, vornehmlich Reisebeschreibungen, entstanden damals, meist in Hindi oder Bengali; später kamen auch fünf oder sechs Bücher in englischer Sprache heraus. In der Rubrik Beruf steht denn auch in Sinhas heutigem Pass: »Autor«.

»Ich kann nicht glauben, Satya, dass Sie der Versuchung, im Freiheitskampf erneut Bomben zu basteln, widerstehen konnten.«

»Doch, einige Jahre schon, ich war damals Lehrer in Benares an meiner alten Schule, aber nachdem der Zweite Weltkrieg ausgebrochen war, verkündete Gandhi die *Do-or-die*-Bewegung, und da habe ich dann auch wieder mitgemacht.«

Als ihm der Boden zu heiß wurde, verließ er Indien und ging nach Tibet. Ein paar Jahre hat er dort gelebt, ist immer wieder heimlich hin- und hergegangen, meist über Sikkim, manchmal über Nepal oder auch Kulu Valley. In jener Zeit hat Satya eine intime Kenntnis von Land und Leuten in Tibet und den Nachbargebieten erworben, die ihm später sehr nützlich sein sollte.

»Also sind Sie ums Gefängnis herumgekommen?«

»Nein, keineswegs. Von 1942 bis zum Kriegsende, also zweieinhalb Jahre lang, war ich eingesperrt.«

»Und warum?«

»Ich hatte sozusagen fünf Engländer getötet.«

»Was heißt sozusagen, Satya?«

»Das heißt, ich war nicht allein, sondern ich war der Führer einer Gruppe von etwa 20 Leuten, die in Bihar, wo ich damals lebte, eine Einheit bildeten.«

Und dann erzählte er folgende Geschichte: Eines Tages, es war Herbst 1942, hatten er und seine Gruppe gehört, dass englische Soldaten in einem Nachbardorf Frauen vergewaltigt hatten. Nach seiner Meinung tun nur Banditen so etwas und nicht Soldaten. Darum mussten sie bestraft werden. Die Gruppe, unter Führung von Sinha, trieb die Engländer in ein Maisfeld, dann, so sagt er, »haben wir sie umzingelt, ihnen die Gewehre abgenommen und sie erschossen«. Abends und am nächsten Morgen beim Appell fehlten sie. Man hat nie herausgefunden, was passiert ist, aber man hatte Sinha im Verdacht, und darum verhaftete man ihn, obgleich bis zu seiner Entlassung im Sommer 1945 keine Beweise vorlagen. Als Zeuge dafür, dass seine Handlung durchaus rechtens war, beruft er sich auf Sir Francis Tucker.

»Was hatte denn der damit zu tun?« Diese Frage förderte wieder eine erstaunliche Geschichte zutage:

»Wissen Sie, 1963 war ich in London. Ich wollte erreichen, dass mein in englischer Sprache geschriebenes Buch über den beginnenden Konflikt mit den Chinesen, *China Strikes*, in England verlegt würde. Aber ich fand keinen Verleger. Verzweifelt und ärgerlich saß ich auf dem Trafalgar Square, da sah ich plötzlich General Timayya vorbeigehen.« Timayya, der von 1957 – 1961 Oberbefehlshaber der indischen Streitkräfte gewesen war, nahm damals als Mitglied des Londoner Institute of Ismaili Studies an einer von dessen Sitzungen teil.

Ich selber hatte Timayya Jahre zuvor in Indien kennengelernt und freute mich, dass er und Sinha auf dem Rückweg von London nach Delhi in Hamburg bei mir zu Gast waren. Auf diese Weise hatte ich auch gleich eine Bestätigung für die Begegnung auf dem Trafalgar Square, die mir sonst vielleicht eher unglaubwürdig erschienen wäre.

Timayya, der das Manuskript kannte, fand einen Verleger, der es aber seinerseits zuvor einem Experten, Sir Francis Tucker, zur Begutachtung vorlegte. Tucker war zu jener Zeit – also Anfang der vierziger Jahre – Kommandeur der IV. Division in Nord-Bihar gewesen, der Provinz, in der Sinha und seine Leute operierten. Tucker bat Sinha zu sich und fragte im Laufe des Gesprächs: »Waren Sie nicht der Mann, der damals fünf englische Soldaten...« – »Wenn es Soldaten gewesen wären, hätten sie gegen Männer gekämpft und nicht Frauen vergewaltigt.« Sinha bestand auf seiner Interpretation. Ob es stimmt, dass Sir Francis Tucker ihm schließlich zustimmte, weiß ich nicht, aber jedenfalls schrieb dieser eine sehr positive Kritik des Buches im britischen *Army, Navy and Airforce Journal*.

Nach dem Krieg und nach der Unabhängigkeitserklärung Indiens wurde Sinha als Diplomat nach Europa geschickt – zunächst als politischer Berater zur Militärmission nach Berlin, später als Erster Sekretär nach Bern. Als aber Nehru 1951, nachdem die Chinesen in Lhasa eingezogen waren, aus Rücksicht auf Peking das Asylgesuch des Dalai Lama abschlug, quittierte Sinha den diplomatischen Dienst und wurde Abgeordneter. Er war zornig über den Mangel an Solidarität und auch darüber, dass seine Vorhaltungen und die Landkarten des Kominform, die er in Prag entdeckt hatte, von Delhi nicht ernst genommen wurden. Dabei zeigten sie doch deutlich, dass die Chinesen im westlichen Himalaja, also in Ladakh, und ebenso im östlichen Himalaja, im Bereich der *North-East Frontier,* territoriale Ambitionen hatten. So löste denn auch seine Jungfernrede im Parlament, die diesem Gegenstand gewidmet war, einen richtigen Aufstand aus. Die *New York Times* vom 4. Juni 1952 schrieb auf der ersten Seite ihrer internationalen Ausgabe: »Ein vollgestopftes Haus hörte mit großer Aufmerksamkeit, ständig durch kommunistische Abgeordnete unterbrochen, eine vorzüglich dokumentierte Rede, in der die Behauptung aufgestellt wurde, dass die sowjetische Strategie auf die Übernahme Indiens abziele. Die Rede wurde von einem 38 Jahre alten Mitglied des Parlaments gehalten, von Dr. S. Sinha, der Hauptmann in der sowjetischen Armee gewesen ist... Bewaffnet mit vielen Dokumenten, Landkarten und Geheimpapieren, belegte er seine Anschuldigungen, dass die Kommunisten in allen Teilen des Landes Aufstände planten. Die kommunistischen Abgeordneten schrien lauthals ›Maul halten‹, wurden aber von den Kongressmitgliedern übertönt.«

Sinha hatte 1950 in Berlin die Geheimprotokolle des Hitler-Stalin-Paktes gesehen, die damals, zu Stalins Lebzeiten, noch nicht bekannt waren, und hatte deren Inhalt nun zum Besten gegeben. In diesen Protokollen wurde festgestellt, wo jeweils das »Zentrum der territorialen Interessen« der

Beteiligten lag: für Deutschland in Afrika, für Italien in Nord- und Nordost-Afrika, für Japan im Gebiet südlich von Japan, für die Sowjetunion »im Süden ihres Territoriums in Richtung auf den Indischen Ozean«! Am Schluss hieß es, dass »die vier Mächte ihre jeweiligen territorialen Aspirationen wechselseitig respektieren werden und deren Verwirklichung nichts in den Weg legen würden«. Die Landkarten, die Sinha gleichzeitig vorlegte, waren ebenjene des Kominform, die die chinesischen Aspirationen in Indien darstellten.

Die Authentizität der Unterlagen wurde sogleich bestritten und die ganze Angelegenheit als *The Sinha Case* einem Parlamentsausschuss zugewiesen. Nach sechs Monaten legte dieser seinen Bericht vor, der die Echtheit bestätigte *(House of the People-Committee of Privileges »The Sinha Case«, Parliament Secretariat, New Delhi,* September 1952). Aber, so schreibt Sinha in seinem Buch *China Strikes,* auch dann waren die Behörden noch nicht bereit, die Eroberung Tibets durch China als den Auftakt der Attacke gegen Indien anzusehen.«

In den folgenden Jahren war sein ganzes Interesse auf die Himalaja-Region, auf Tibet und die chinesische Bedrohung konzentriert. Mit einem kleinen Flugzeug, das er für 800 DM aus den amerikanischen Surplus-Beständen erworben hatte, flog er kreuz und quer durch das Himalaja-Gebiet oder treckte zu Fuß mit seinen Freunden, tibetanischen Karawanenführern, durch die Berge.

Im Mai 1954, ausgerechnet an dem Tag, an dem das Parlament in Neu-Delhi den Indisch-Chinesischen Vertrag debattierte, mit dem Tibets Freiheit verraten wurde, überbrachte ein Lama ihm einen Hilferuf aus Lhasa. In der Präambel jenes Vertrags waren zum ersten Mal die *Panchsheel,* die fünf Prinzipien außenpolitischen Verhaltens, niedergelegt, die die beiden Staaten gegenseitig zu respektieren versprachen: territoriale Integrität und Souveränität, Nichtangriff, Nichteinmischung, Gleichheit, friedliche Koexistenz.

Über diese Debatte berichtete der indische *The Statesman* am 19. Mai 1954: Nehru erklärte, einige Abgeordnete hätten das Abkommen mit China über Tibet kritisiert und behauptet, es beweise nur Indiens Schwäche und es sei falsch gewesen, es abzuschließen. Es sei aber ganz im Gegenteil klar, vernünftig und vertrauensbildend. Wer das nicht verstehe, sei einfach engstirnig… Dr. Sinhas Gerede über die früheren britischen Regelungen und sein Hinweis auf gewisse Landkarten – dazu könne er nur sagen, dies alles sei das Werk britischer Imperialisten. Und, so fügte Nehru hinzu, »die Unterschrift unter den Vertrag über Tibet ist das Beste, was wir im Bereich der Außenpolitik während der letzten sechs Jahre gemacht haben«. Damals ahnte Nehru noch nicht, wie bitter er dies 1962 bereuen sollte.

Sinha aber focht dies alles nicht an. Er flog, treckte und schnüffelte überall herum und versuchte, den Ereignissen und der Entwicklung auf der Spur zu bleiben – auch als er 1957 nicht wieder ins Parlament gewählt wurde. Ein wenig beruhigte ihn, dass er bei einem Besuch in Moskau erfahren hatte, die Sowjetunion werde die Bitte der Chinesen, zehn Divisionen mit Waffen auszurüsten, nicht erfüllen.

Im März 1959 erklärte der Dalai Lama, dessen Position immer unhaltbarer wurde, die Unabhängigkeit Tibets und löste damit eine allgemeine Rebellion im Lande aus. Sofort begann eine großangelegte Jagd auf ihn. Sinha erhielt in jenen Tagen eine Botschaft vom tibetischen Ministerpräsidenten Surkhang Shape, die ein zuverlässiger Karawanenführer namens Lobsam überbrachte. Er war 38 Tage von Lhasa nach Delhi unterwegs gewesen.

Die Botschaft bestätigte, dass der seit langem für den äußersten Notfall vorgesehene Plan am 10. März ausgelöst werde. Der Plan: Eine Karawane würde sich mit einem Pseudo-Dalai-Lama in Marsch setzen, während der richtige Dalai Lama, derweil als armer Lama verkleidet, an anderer Stelle nach Indien hereinschlüpfen sollte. Zusammen mit Lobsam flog Sinha nach Gantock und stieg von dort aus hinauf nach Phari, dem höchsten Dorf der Welt (5000 Meter), das er fünf Tage später erreichte. Dort waren die Khampa-Guerillas, die den Marsch des falschen Dalai Lama abdecken sollten, bereits versammelt.

Sinha und Lobsam übernahmen nun eine Karawane von 17 Maultieren, mit denen das seit Jahren versteckte Gold des Dalai Lama transportiert wurde, um es nach Indien durchzuschleusen. Nach langen gefährlichen Märschen kamen sie an der Grenze an. Eisiger Wind fegte über den 5000 Meter hohen Pass, die chinesische Grenzwache fror zum Glück ebenso wie die »Pilger«, die ihre müden, ausgezehrten Maultiere mit ständigen Schlägen vorantreiben mussten.

»Was führt ihr mit?«

»Gold! Das Gold des Dalai Lama!«

»Macht keine dummen Witze, ihr Idioten, seht zu, dass ihr weiterkommt!«

Noch einmal, in ähnlicher Weise, spielte diese Szene sich bei den indischen Grenzwächtern ab, dann war der tibetanische Schatz gerettet, und der Jubel war groß. Ein Jahr später hatte die Sache noch ein Nachspiel: Als Tschou En-lai im Sommer 1960 nach Delhi kam, wurde Sinha gleich darauf zu Nehru bestellt, der ungemein wütend war. Er hatte vom chinesischen Ministerpräsidenten erfahren, dass es Sinha gewesen war, der das Gold aus Tibet heraustransportiert hatte, und dass seine Begleiter überdies unterwegs drei chinesische Soldaten umgebracht hatten. Nehrus Zorn war groß:

»Du also warst es, der das Gold nach Indien hereingeschmuggelt hat?«

»Geschmuggelt, wieso? Ich habe sowohl den chinesischen als auch unseren Grenzwachen gesagt, dass wir Gold transportieren.«

»Und wer hat dir erlaubt, nach Tibet hineinzugehen?«

»Sie selbst, Sir. Sie haben im Parlament gesagt, Indien hätte nichts dagegen, wenn Dr. Sinha, über welchen Pass auch immer, nach Tibet ginge!«

Sinha ist ein vorzüglicher Kenner Zentralasiens und seiner Probleme. Ich habe viel von ihm gelernt, vor allem, was die chinesisch-sowjetische Rivalität in diesem Gebiet anbetrifft, die sich der europäischen Perspektive im Allgemeinen entzieht. Er hat schon in seinem 1961 erschienenen Buch *The Chinese Aggression* eine Landkarte abgedruckt, in der die indischen Territorien markiert sind, die die Chinesen dann ein Jahr später im Herbst 1962 mit Waffengewalt erobert haben.

Nach seiner Meinung haben die ersten Spannungen zwischen den beiden kommunistischen Großreichen schon 1957 begonnen; bis dahin wurden alle militärischen Lieferungen aus der Sowjetunion über die Eisenbahn nach Fernost geleitet. Von 1957 an ließ Peking dieses Material nur bis an die Grenze von Sinkiang verladen, um es von dort aus nach Kashgar zu schaffen, was den Argwohn der Sowjets wachrief. Außerdem zeigte sich, dass das im Oktober 1957 beschlossene »Abkommen über die neue Technik der nationalen Verteidigung«, das die sowjetische Hilfe beim Bau von Reaktoren und bei der nuklearen Forschung in China festlegte, schon bald darauf wieder in die Brüche ging.

Diese ganze Region südlich und östlich des Pamir, das Gebiet also, in dem die Sowjetunion, China, Indien und Afghanistan mehr oder weniger zusammenstoßen, ist für die Sowjets von allergrößter strategischer Bedeutung. Darum hat Moskau sich auch geweigert, die Bewaffnung für zehn chinesische Divisionen zu liefern, als deutlich wurde, dass diese Waffen für Sinkiang bestimmt waren. Spätestens dann, also zwischen 1957 und 1959, begann Moskau mit seinen Hilfeleistungen für die technische und militärische Ausrüstung Chinas zu zögern, im März 1960 wurden sie dann ganz gestoppt.

Sinha glaubt, dass, wenn je eine bewaffnete Auseinandersetzung zwischen China und der Sowjetunion stattfinden sollte, sie dort in jenem zentralasiatischen Bereich beginnen wird. Er meint, wenn die Chinesen ihren Träumen freien Lauf lassen, dann träumten sie, sie könnten eines Tages die im Nordosten Sinkiangs gelegene Äußere Mongolei auf dieselbe Weise annektieren wie Tibet in den fünfziger Jahren. Er, der ein Landkarten-Fetischist ist und von London bis Hongkong alle entsprechenden Buchläden nach alten und neuen Karten durchwühlt, behauptet, es gäbe auch bereits eine chinesische Karte, auf der die Äußere Mongolei als chinesisches Territorium markiert sei.

Im Jahre 1959 bekam auch Indien zum ersten Mal die Krallen des chinesischen Drachen zu spüren, vor denen Sinha immer wieder gewarnt hatte. Im Oktober jenes Jahres überfielen die Chinesen aus heiterem Himmel die indischen Grenzwachen, die auf 5300 Meter Höhe am Kongka-Pass im Aksai-Chin-Gebiet stationiert waren, um den Zugang von Tibet nach Indien zu überwachen. Sie töteten dort ein Dutzend indischer Soldaten und wären, so glaubt Sinha, zweifellos schon damals über Indien hergefallen, wenn die Russen nicht in ebenjenem Moment den Transport aller Waffen in diesen Teil der Welt gestoppt hätten. Umso ärgerlicher war Sinha über Nehru, der auch jetzt noch nicht aufhörte, die zweitausendjährige chinesisch-indische Freundschaft zu preisen.

Die Chinesen hatten zwar nicht das Land in Aksai-Chin in Besitz genommen, aber sie hatten, ohne dass die Inder es bemerkt hätten, in jener abseitigen und unzugänglichen Ecke des Landes eine für sie lebenswichtige Straße gebaut. Diese Straße, die fast 200 Kilometer weit über indisches Territorium führt, stellt die einzige Verbindung dar zwischen Sinkiang und West-Tibet, das von Peking aus sonst nur sehr schwer zu erreichen war. Drei Jahre später, im Oktober 1962, erfolgte dann der chinesische Überfall auf Indien. Tschou En-lai stand nicht an, später zu erklären, es sei bedauerlich, dass Indien als Werkzeug der amerikanischen Imperialisten den Grenzkonflikt provoziert und die fünf Prinzipien der friedlichen Koexistenz verletzt habe!

Sinha hatte immer behauptet, der Sitz der chinesischen Handelsmission in Kalimpong sei das Hauptquartier des indischen Zweigs der chinesischen Komintern, ausgestattet mit Sendeanlagen und Abhörgeräten. Jedenfalls war die Wahl von Kalimpong strategisch außerordentlich geschickt und der Ort überdies seit langem ein Zentrum für alle asiatischen Geheimdienste. Ich war einmal im Jahr 1966 dort und wurde von Sinha sogleich zu jenem etwas außerhalb gelegenen Gebäude geführt, das er, seit die Chinesen es verlassen hatten, noch nicht besichtigt hatte – was er dann mit großer Gründlichkeit nachholte.

Ich kam damals aus Japan und Vietnam und hatte von unterwegs bei ihm angefragt, ob es möglich sei, zwei oder drei Wochen unter seiner Führung mit Maultieren im Himalaja zu trecken. Auf seine begeisterte Zustimmung hin flogen mein Neffe Hermann Hatzfeldt und ich nach Kalkutta.

Er hatte seine Ehre dareingesetzt, uns dort einen Empfang zu bereiten, wie er sonst nur allerhöchsten Würdenträgern zuteil wird. Weiß der Himmel, was er den Behörden erzählt haben mochte, jedenfalls hatte er es fertiggebracht, die Erlaubnis zu erwirken, ein altes, bresthaftes Taxi auf das Flugfeld zu beordern, von wo aus wir unter Umgehung der üblichen Formalitäten direkt in die Stadt fuhren. Ich hätte nie für möglich gehalten, dass die dem heiligen Bürokratius so freudig ergebenen Inder eine solche Verletzung ihrer Vorschriften zulassen würden. Übrigens rächte sich diese großzügige Geste später bitterlich, indem wir bei der Ausreise die allergrößten Schwierigkeiten hatten: Die Grenzpolizei wollte nicht glauben und konnte sich überhaupt nicht vorstellen, wieso wir ohne Stempel hatten einreisen können.

Inzwischen ist Sinha älter, aber nicht alt geworden. Noch vor einigen Jahren hat er als Mitglied des Sportclubs der Himalaja-Flieger, der HIPA, zu der offenbar auch eine Reihe anderer Abenteurer gehören, ziemlich wilde Sachen unternommen. So haben er und seine Kameraden von einer Dornier 28 zwei, wie er schreibt, *12-feet-new-type teleguided bombs* auf eine chinesische Raketenbasis in Tibet geworfen; so sind sie ferner heimlich in Tibet gelandet, um einen besonders heiligen goldenen Buddha zu entführen, der in der Nähe eines Klosters versteckt war. Unter heftigem Beschuss gelang es ihnen zu starten und den Buddha an einen prominenten Pilgerort in Nord-Indien zu bringen. »Wenn Sie das nächste Mal kommen, zeige ich es Ihnen.«

Es könnte sein, dass Satyanarayan Sinha, der sein ganzes Leben lang von der Hand in den Mund gelebt hat – wobei die Hand oft ganz leer war –, auf seine alten Tage noch richtig reich wird. Er hat ein großes Areal entdeckt mit reichhaltigem Phosphatvorkommen und hochprozentigem Uran, und er hat die Schürfrechte erworben. Auf die Frage, was in aller Welt er denn mit so viel Geld machen werde, antwortete er ohne Zögern: »Tibet befreien!«

Helmut Schmidt
Das Mögliche möglich machen
(1976, ergänzt 1990)

Der Anfang war nicht gerade rosig: Als Helmut Schmidt sechsundzwanzigjährig im Oktober 1945 aus englischer Gefangenschaft – »Wir hatten bis zum Wahnsinn gehungert« – nach Deutschland zurückkehrte, gab es kein Zuhause mehr. Die Wohnung in Hamburg war ausgebombt und seine Frau noch während des Krieges in eine billige Wohnung vor den Toren Berlins gezogen. Dort, in jenem kleinen Ort, liegt auch das erste Kind begraben. Berlin war damals, im Herbst 1945, eine einzige Ruinenlandschaft: Riesige Gebirge von Trümmern und Schutthalden, so weit das Auge reichte, durchschnitten von tiefen Tälern, den ehemals breiten Straßen, die sich nun zu kleinen Fußwegen verengt hatten. Trampelpfaden gleich wanden sie sich bald rechts, bald links um einzelne zu Tal gerutschte Felsbrocken.

Geld hatten die Schmidts nicht, Aussicht auf bezahlte Arbeit auch nicht. Das Ehepaar beschloss, ins heimische Hamburg zurückzukehren. Zwar gab es auch dort nur Trümmer – aber wenigstens waren es vertraute Trümmer. Sie lebten vom Verkauf der Raucherkarte, später verdiente er etwas Geld mit Nebenarbeiten: Steuererklärungen für kleine Geschäftsleute und gelegentlich Schreibarbeiten für die Partei, während seine Frau Loki Lehrerin wurde.

Ein paar Wochen der Besinnung in Hamburg, dann begann Helmut Schmidt zu studieren. »Wir waren erfüllt von dem unbekannten Abenteuer geistigen Nicht-eingeengt-Seins, von der Suche nach einem neuen Deutschland, und wir genossen zum ersten Mal im Leben die Wohltat der Meinungsfreiheit.« Er hatte sich immer für Architektur interessiert, hatte eigentlich Städteplaner werden wollen, aber dann musste er das billigste Studium wählen, das, was am schnellsten ging: Volkswirtschaft. »Ich habe damals unheimlich viel gelesen und diskutiert und dabei mehr gelernt als in der Uni.« Diese Generation hatte schon zu viel hinter sich, als dass sie noch wie die vorangegangene gläubig zu den Professoren hätte aufblicken können – so gesehen begann schon damals der Umbruch, den später dann die Außerparlamentarische Opposition APO vollzog.

»Nachträglich hat sich ja nun herausgestellt, dass dies genau das richtige Studium war – oder halten Sie alles für Zufall?«

»Ich weiß nicht, ich glaube, wenn einer nicht eine ganz spezielle Begabung hat, die ausgebildet und gepflegt werden muss, dann setzt er sich überall durch.«

»Was für Pläne und Absichten verbanden sich denn damals mit diesem Studium?«

»Überhaupt keine. Ich habe in meinem persönlichen Leben eigentlich nie geplant, aber ich hatte genug Selbstvertrauen, um zu wissen, dass ich es schon schaffen würde.«

»Und was war dieses Es?«

»Nicht unterzugehen und etwas Sinnvolles tun zu können.«

Es ist wahr, wenn man Helmut Schmidts Werdegang betrachtet, scheint sich eigentlich immer alles von selbst ergeben zu haben. So war es sicherlich ganz selbstverständlich, dass er als Student Bundesvorsitzender des SDS, des Sozialistischen Deutschen Studentenbundes, wurde; dass er nach Fritz Erlers Tod dessen Nachfolge als Fraktionsvorsitzender antrat; dass er und kein anderer als Nachfolger Willy Brandts ins Bundeskanzleramt einzog, als dieser im Mai 1974 plötzlich zurücktrat.

Und auch die andere Aussage ist zutreffend und überzeugend: Es ging ihm immer darum, etwas für sein Land und für die Allgemeinheit zu tun. Er würde nie sagen: für die Nation oder fürs Vaterland, weil das zu große Worte sind, aber im Grunde meint er genau dies. Der höchste Grad der Beschwörung, der ihm geläufigste Appell lautet: »Sie als Preuße müssen doch...«, wobei für ihn die Hanseaten, denen er sich sehr bewusst zugeordnet fühlt, offenbar in der Nähe der Preußen angesiedelt sind. Schmidt wurzelt sehr bewusst in seiner Vaterstadt. »Bei uns in Hamburg«, pflegte er auch als Bundeskanzler zu sagen.

Im Juli 1962 stand in der Hamburger *Welt* ein Dreisterne-Artikel, der mit den Worten begann: »Wenn ich nicht Berliner wäre, so würde ich gern für immer in Hamburg bleiben wollen, vielleicht auch in München – aber wo sonst noch in Deutschland? In Frankfurt verdienen sie zu viel Geld, in Düsseldorf zeigen sie es außerdem noch, in Stuttgart sind sie mir zu eifrig und in Neu-Bonn zu aufgeblasen. Es bleibt Hamburg, diese großartige Synthese einer Stadt aus Atlantik und Alster, aus *Buddenbrooks* und Bebel, aus Leben und Lebenlassen...«

Aber dann schüttelt der Autor dieses, wie er meint, schlafende Hamburg und zürnt mit ihm. Es sei nicht getan mit Grünflächen-Idyllen in jedem Stadtteil und mit neuen U-Bahn-Strecken: »Es mag genug sein für die Stadt Hamburg – es ist zu wenig für das Land, zu dem wir alle gehören.« Trotz intensiver Recherchen stellte sich erst Jahre später heraus, dass Helmut Schmidt der Autor jenes Artikels war.

Als ich jetzt die Schriften Schmidts aus der Zeit vor der Kanzlerschaft las, war ich verblüfft, wie wenig er sich im Laufe der Jahre verändert hat. Zwar ist er ruhiger geworden und gebraucht nicht mehr so rüde Ausdrücke wie früher, auch hat er nicht mehr so häufig jene spontanen Zornesanfälle, die manchmal merkwürdig unbegründet erschienen – eher physiologisch als intellektuell bedingt –, aber seine Grundanschauung, seine politischen und moralischen Maßstäbe sind die gleichen geblieben.

Im Jahr 1948, damals, als er in Hamburg studierte und alles noch im Fluss war, Psychologie und Soziologie noch nicht popularisiert und vulgarisiert waren, sondern ein verhältnismäßig unbekanntes Feld darstellten, das die Deutschen erst zu entdecken begannen, denkt der junge Schmidt über gesellschaftliche Entwicklungen nach und stellt fest, dass der Klassenaufbau nicht der Vorhersage des Kommunistischen Manifests entspricht. Dass es nicht das Eigentum an Produktionsmitteln ist, das Macht verleiht – siehe die machtlosen Aktionäre im Verhältnis zu den mächtigen Konzernherren –, dass es aber eine »neue Klasse« von Funktionären und Bürokraten gibt, die die Gesellschaft bedrohen. Manch einer hat dies heute noch nicht verstanden. Er argumentiert gegen diejenigen, die da propagieren, die Sozialdemokratie solle eine Klassenpartei bleiben. Er findet, sie soll sich öffnen, soll mehr werden als dies.

Schmidts Forderungen zur Universitätsreform, die er 1948 in einem parteiinternen Mitteilungsblatt der Hamburger SPD veröffentlichte, klingen auch heute noch recht modern. Unter anderem forderte er damals, dass die Universitätsverfassungen den beharrenden Kräften nur die Rolle des Gegengewichts gegenüber den Vorwärtstreibenden einräumen sollten, vor allem auch bei der Berufung neuer Lehrkräfte. Ferner: Die Vorlesung sei zwar für die Darstellung großer Zusammenhänge unentbehrlich, für die Entwicklung der Urteilsfähigkeit und des selbständigen Denkens der Studenten müssten aber viel mehr Seminare eingerichtet werden – »das erfordert Berufung und ausreichende Besoldung einer größeren Zahl junger Dozenten und Assistenten«. Schließlich stellte er fest, Universitäten seien nicht dazu da, »Eintrittsscheine für eine gehobene Laufbahn« zu erteilen. Er wetterte gegen das »Berechtigungs- und Laufbahnwesen«.

Seit jenen Studententagen hat die Politik Helmut Schmidt nicht wieder losgelassen. Unter Berufung auf Max Weber ist er der Meinung, um Politiker zu werden, müsse man drei Eigenschaften besitzen: Leidenschaft, Verantwortungsgefühl, Augenmaß; er selber fügt hinzu: Einfühlungsvermögen, Beredsamkeit und Zivilcourage gehörten ebenfalls dazu. Er hat viel darüber nachgedacht, was eigentlich den Führer in der Demokratie kennzeichnet, denn er ist überzeugt, dass ohne ihn die Demokratie nicht zu überleben vermag. »Sie bedarf der Führer – von Washington und Jefferson bis zu Kennedy, von Disraeli bis zu Churchill, von August Bebel über Friedrich Ebert bis zu Fritz Erler.«

Erforderlich sind nach seiner Meinung Sicherheit des Urteils, Fähigkeit zur umfassenden Analyse und Argumente, die zu überzeugen vermögen. Der Politiker müsse die in der konkreten Situation möglichen Ziele und Wege deutlich machen können; er müsse zweitens in der Lage sein, rasch Entscheidungen zu treffen, und drittens aufzeigen können, was zur Verwirklichung getan werden müsse. Schließlich müsse er auch das Verwalten gelernt haben, sonst sei er zum Scheitern verdammt: »Adenauers hervorragende Eignung zum Regierungschef hing eben zu einem Teil mit der Verwaltungserfahrung des langjährigen Kölner Oberbürgermeisters zusammen.«

Wenn ich beschreiben sollte, warum der Politiker Helmut Schmidt ein so erfolgreicher Staatsmann ist, dann würde ich sein Bild genau aus diesen Mosaiksteinen zusammensetzen: Er, der auf vielen Gebieten kompetent ist – Wirtschaft und Währung, Außenpolitik und Sicherheit –, vermag eine Situation oder ein Problem glasklar zu analysieren; er versteht abzuschätzen, was unter den obwaltenden Umständen machbar ist! Er besitzt Entschlussfähigkeit, um die entsprechenden Entscheidungen zu treffen; und er verfügt schließlich über die notwendige Beredsamkeit und Formulierungsgabe, um die Leute zu überzeugen. Seine Urteilsfindung beginnt, wie er selber bekennt, immer mit einer instinktiven Reaktion, die er dann durch eigenes Nachdenken rational und sachbezogen prüft, um danach die gewonnene Erkenntnis im Gespräch mit mehreren, einzelnen oder in der Diskussion mit einem Team zu erhärten; meist stelle sich dabei heraus, dass der Instinkt recht gehabt habe. Schmidt liebt Diskussionen, vor allem solche, die *braintrust*-Charakter haben, aber nicht um ihrer selbst willen. Seine Devise lautet: »Diskussionen müssen zu Ergebnissen, Ergebnisse zu Entscheidungen und Entscheidungen zu Taten führen.«

»Wenn sich etwas Außergewöhnliches, zum Beispiel ein Fall Guillaume, bei Ihnen ereignete, mit wem würden Sie das Bedürfnis haben, zuerst zu sprechen?«

»Nicht nur mit einem, mit mehreren, sicher mit Wehner, auch mit Brandt. Es kommt darauf an, worum es sich handelt: Beim Parlament ist meine Kontrolle Marie Schlei, in persönlichen Dingen mein Freund Berkhan, in Bezug auf Außenpolitik häufig Sanne.« (Carl-Werner Sanne war Abteilungsleiter im Bundeskanzleramt.) Bei allen Genannten fügt er, quasi als Begründung, hinzu: Der oder die hat nämlich ein ganz unabhängiges Urteil. Die Bonner Korrespondenten und andere Beobachter beschreiben Helmut Schmidts Führungsstil so: Bei der morgendlichen Lagebesprechung, wie auch im Kabinett oder in Parteigremien, oft sogar auf der Rückreise von Gipfelbesprechungen oder Konferenzen, fasst der Bundeskanzler selbst die Ergebnisse für den Protokollführer zusammen und legt dann häufig dabei auch gleich das weitere Verfahren fest. Was sich als noch nicht entscheidungsreif erwiesen hat, wird in den Sitzungen ohne Umschweife abgesetzt. Seine Umgebung, also die unmittelbaren Mitarbeiter, sind so ausgesucht, dass nicht, wie zu Ehmkes Zeiten, hier und da Gerüchte entstehen – alle sind verschwiegen, schnell, präzis und leistungsfähig. Jeder fasst sich kurz, auch die Minister. Debatten, beispielsweise im Kabinett, ufern nicht mehr aus. Willy Brandt habe mit nie endender Geduld endlosen Debatten zugehört. Und oft sei solch eine lange Debatte dann mit der Bemerkung beendet worden, darüber müsse noch einmal geredet werden. »Helmut Schmidt dagegen greift sofort ein, wenn der Entscheidungsprozess zu verschwimmen droht.«

Der Regierungschef, so sagen die Mitarbeiter, sei offen und freimütig im Gespräch, verlange dafür aber äußerste Diskretion. Sein Zwölf- bis Vierzehn-Stunden-Tag ist nach dem Prinzip der größtmöglichen Wirksamkeit eingeteilt; selten, dass einmal etwas Luft bleibt.

Der Präsident des Deutschen Forstwirtschaftsrats, der einmal bei ihm war, um über seine Sorgen zu berichten – vorgesehene Zeit: 20 Minuten –, wurde allerdings über eine Stunde festgehalten und war dann ganz beeindruckt von der Art und Weise, wie der Bundeskanzler die Gelegenheit benutzte, um etwas über ein ihm unbekanntes Gebiet zu erfahren: Wie man den Holzbestand pro Hektar misst, mit welchen Methoden man den jährlichen Zuwachs ermittelt und so weiter.

Der Grund für die ungewöhnliche Verlängerung der Audienz mag auch gewesen sein, dass der Besucher ihm ein Bestimmungsbuch über Wasservögel mitgebracht hatte. Und so drehte sich denn die Unterhaltung eine ganze Weile um den Großen Brachvogel, um Wanderfalken und Strandläufer, während im Vorzimmer drei Minister warten mussten. Ein kritischer Kollege, dem ich diese Geschichte erzählte, meinte, zum ersten Mal erscheine ihm dieser Kanzler richtig menschlich. Ornithologie ist eine geheime Leidenschaft von Helmut Schmidt. Es gibt deren auch noch weitere, beispielsweise Malerei und Musik. Er selbst spielt, wie man weiß, Orgel, und nur ungern verpasst er interessante Ausstellungen, wobei die französischen Impressionisten und die deutschen Expressionisten seine Vorliebe sind. Als ich sein Hamburger Haus zum ersten Mal nach dem Umbau, der nun doch nötig geworden war, wieder betrat, sagte ich bewundernd und ganz naiv: »Das muss aber ein erstaunlich geschickter Architekt gewesen sein.« Ich hatte Helmut Schmidt in zwanzig Jahren nie verlegen gesehen, jetzt aber schien er für einen Moment fast verwirrt: »So ein Lob habe ich noch nie bekommen – ich habe die Pläne nämlich selbst gezeichnet.«

Schmidt lebte für einen Regierungschef, noch dazu des potentesten Landes in Europa, sehr bescheiden. Er ist in dem Haus wohnen geblieben, das zu einer Siedlung der »Neuen Heimat« gehört; es befindet sich in Langenhorn, einem Vorort, in dem »man« in Hamburg eigentlich nicht wohnt. Sein Ferienhaus am Brahmsee in Schleswig-Holstein ist so winzig, dass – nachdem er Kanzler geworden war – daneben noch ein kleines Nebenhaus errichtet werden musste für Büro und Fernschreiber und einen Schlafraum für die Leibwächter. Im ersten Sommer seiner Kanzlerschaft musste er noch jedes Telefongespräch selber abnehmen: Der arglose Anrufer, der sich nur den Weg dorthin beschreiben lassen wollte, bekam einen rechten Schrecken, wenn ihm eine barsche Stimme: »Schmidt«, entgegenschlug.

Helmut Schmidt kann sehr barsch, ja schroff abweisend sein, wenn er jemand nicht leiden mag. Überhaupt ist er in seiner Grundstimmung eher kühl und kurz angebunden, was vielleicht auf einer gewissen Unsicherheit beruht. Es fehlt ihm an Leichtigkeit – Liebenswürdigkeit ist nicht seine Stärke. Man hat oft das Gefühl, dass er ständig auf der Hut ist, jederzeit bereit, sich auf irgendeinen Unglücklichen, der sein Missfallen erregt hat, zu stürzen. So ist er denn auch in der Diskussion oft aggressiver als nötig. Es gibt Leute, die meinen, er habe Ressentiments, die er nicht loswerden könne. Es kann aber auch sein, dass diese scheinbare Wesensart mehr eine unkontrollierte Verhaltensweise ist: die Kehrseite ständiger Konzentration und verhaltener Energie.

In für ihn sehr typischer Weise hat sich damals, 1974, der Kabinettswechsel vollzogen. Brandt war am 7. Mai zurückgetreten und Schmidt am 16. Mai mit 267 von 492 Stimmen gewählt worden. Schon drei Tage nach seiner Nominierung hatte er das neue Kabinett beisammen. Fünf Minister waren sogleich ausgewechselt worden. Eine Woche später war die Regierungserklärung fertig. Im Kabinett änderte er sofort die Sitzordnung. Er setzte Wirtschaftsminister Friderichs und Finanzminister Apel dem Chefplatz gegenüber, »weil die immer am meisten reden müssen«. Und wenn die Fraktionsvorsitzenden hinzugezogen wurden, die bisher in solchen Fällen irgendwo am Rande saßen – was den heutigen Bundeskanzler seinerzeit offenbar geschmerzt hat –, dann wurden sie jetzt an privilegierter Stelle zwischen Friderichs und Apel platziert.

Der Zeitpunkt des Kanzlerwechsels war für Helmut Schmidt weiß Gott nicht günstig. Der große Erdrutsch der SPD bei den Hamburger Wahlen lag erst zwei Monate zurück: Die SPD war dort innerhalb von vier Jahren von 55,3 Prozent auf 44,9 Prozent gesunken. Um den Trend zu wenden, blieb nicht mehr viel Zeit, denn danach folgten die Länderwahlen Schlag auf Schlag: im Juni 1974 Niedersachsen, im Oktober Bayern und Hessen. Nirgends erreichten die Verluste der SPD das Ausmaß des Hamburger Debakels, aber Einbußen von drei Prozent musste die Partei überall hinnehmen.

Schon während der Jahre zuvor hatte Schmidt in privaten Gesprächen seinem Groll oft freien Lauf gelassen und in der Öffentlichkeit eine sehr kritische Sprache geführt. Er fand, es sei vor allem in der Periode von 1969 bis 1972 mehr versprochen worden, als man hätte halten können.

Im März 1974, zwei Monate vor dem Kanzlerwechsel, fand eine Fernsehsendung mit Merseburger und Nowottny statt, in der Schmidt dagegen polemisierte, dass die SPD als Ganzes – nicht nur die Regierung in Bonn – keinen klaren, eindeutigen Eindruck mehr mache; die SPD habe nach 1972 zu vielen neuen Mitgliedern gestattet, irgendwelche schönen Rezepte zu verkünden und so aufzutreten, als sei dies die Meinung der Führung.

Aufgefordert, Beispiele zu nennen, erinnerte Schmidt an den »Maklerbeschluss« (wegen des Maklerunwesens sollte der Berufsstand der Makler abgeschafft werden) und an die Aktion »gelber Punkt« (die den Eindruck erweckte, als sei allein die Gattung Einzelhändler an den Preissteigerungen schuld). Es gehe nicht an, meinte der damalige Wirtschaftsminister Schmidt, dass intelligente, wahrscheinlich gutwillige junge Akademiker in ihrer Eigenschaft als Jungsozialisten politische Programme verkündeten, die dann manche Leute als Programm der SPD ernst nähmen. Die Wähler seien nicht zur CDU gegangen, weil sie diese Partei attraktiver fanden, sondern weil sie den Eindruck gewonnen hatten, »dass die SPD die Interessen junger Akademiker wichtiger nimmt als die Interessen der Arbeitnehmer«.

Und zwei Tage nach dieser Fernsehsendung, in der Sitzung des Parteivorstandes am 8. März 1974, ist seine Kritik noch schonungsloser: »Einer der wesentlichen Eindrücke, den die Menschen in unserem Lande von Regensburg bis Flensburg haben, ist doch der, dass die SPD einen großen Teil, einen zu großen Teil ihrer Energie und Aktivität auf die innere Auseinandersetzung verwendet. Dieses Bild der dauernden inneren Auseinandersetzung, ohne dass irgendwo Klärung und Schlussstriche erfolgen oder neue Standpunkte bezogen werden und dann Schluss ist mit der Sache – dieses Bild ist seit Jahr und Tag gegeben…

Eines erwartet doch jeder Bürger von seiner Regierung: dass sie die klassischen Grundfunktionen des Staates anständig aufrechterhält, zum Beispiel wirtschaftliche und soziale Sicherheit. Wenn wir den Eindruck machen sollten, dass wir selbst das nicht ganz hinkriegen, dann können wir an Programmatik und Reformversprechen oben draufsetzen, was wir wollen. Wir haben zunächst einmal, wie jedwede Regierung in jedem Lande, die klassischen Staatsfunktionen für den Bürger befriedigend zu erfüllen, und dazu gehört neben wirtschaftlicher und sozialer Sicherheit auch: innere Sicherheit, innere öffentliche Sicherheit und nicht die Beschimpfung der Polizisten, die für Sicherheit sorgen.«

»Den Wählern in der Mitte das zu verkaufen, was erst 1990 geschieht, das muss man Robert Jungk überlassen und den Futurologen«, sagte er 1974. »Die Sozialdemokratische Partei ist keine futurologische Seminareinrichtung, sondern eine Partei, die alle vier Jahre und zwischendurch noch in Kommunal- und Landtagskämpfen wieder das Vertrauen braucht, das Vertrauen ihrer eigenen Leute plus dem Vertrauen der Mitte, die sich auch anders entscheiden könnte, falls wir sie verscheuchten.«

Helmut Schmidt spürte voller Unruhe und mit wachsendem Zorn, dass die Partei allmählich zerfranste und die Bürger sich enttäuscht und ärgerlich von ihr abwandten. Er wurde immer grantiger, musste immer häufiger ins Krankenhaus. Für jemand, der zielstrebig ist, der zu wissen meint, was falsch ist und wie es besser gemacht werden könnte, war diese erzwungene Führungspassivität quälend. Lange schon schwankte er zwischen Widerstand und Resignation, und da Resignation dem Wesen eines so aktiven, so ungeduldigen Menschen von Grund auf zuwider ist, geriet er immer mehr in Konflikt mit sich selbst, wurde immer frustrierter. So war es für viele eine Überraschung, dass der während der letzten Jahre häufig kränkelnde Helmut Schmidt nach Übernahme des Kanzleramts nicht unter dem Stress und der größer gewordenen Last der Verantwortung zusammenbrach, sondern ganz im Gegenteil förmlich aufblühte. Unmittelbar nach der Wahl zum Bundeskanzler, noch am selben Tag, also am 16. Mai 1974, fand eine Sitzung der SPD-Bundestagsfraktion statt, in der Helmut Schmidt eine Art Manöverkritik hielt. Er sagte, nach dem Wahlsieg vom Herbst 1972 »haben wir ein wenig das Augenmaß verloren. Wir haben mit einem Teil unserer Wähler keine Tuchfühlung mehr, zum Teil deswegen, weil wir uns übernommen haben und glaubten, man könne in vier Jahren einer Koalitionsregierung das Jahrhundert in die Schranken fordern und Dinge als machbar ankündigen, für die eine Generation erforderlich ist.«

Helmut Schmidt war entschlossen, keine Zeit zu verlieren. Immer hatte er wie ein Verrückter gearbeitet. Als Fraktionschef, als Verteidigungsminister, als Wirtschafts- und Finanzminister hatte sein Arbeitstag nur selten weniger als 14 Stunden betragen, jetzt beflügelte ihn noch größere Aktivität. Wie ein Wirbelwind fuhr er in alle Gassen und Ecken, trieb die Bürokraten zur Eile, rief die Jusos zur Ordnung, redete den Unternehmern ins Gewissen. Auf dem Landesparteitag der SPD in Hamburg im September 1974 herrschte der Bundeskanzler die verdutzten Parteigenossen an: »Was denkt ihr denn, was die Arbeiter interessiert bei Edelstahlwerk Witten AG oder die, die auf Kurzarbeit gesetzt sind bei VW oder bei NSU oder in Wolfsburg oder in Emden? Was denkt ihr denn, was die Angestellten der Hamburger Sparkasse oder der Iduna interessiert? Oder die Leute auf Howaldt? Theoriedebatte ist etwas Notwendiges – mein Gott, ja; man braucht Grundlagen. Ich bilde mir ein, in meinem Leben dazu auch eine ganze Menge beigetragen zu haben – mit mehreren Büchern, mit einer Reihe wissenschaftlicher Aufsätze und auch mit einem ersten Entwurf zu einem Langzeitprogramm. Aber es ist etwas anderes, in seinem eigenen Studierzimmer mit seinen Genossen darüber zu reden oder dieses geistige Ringen quasi als Hauptinhalt einer Partei der öffentlichen Meinung darzustellen. Geht gefälligst hin in die Delegiertenversammlung der Gewerkschaften, in ihre Funktionärsversammlungen, geht gefälligst hin zu den Zusammenkünften der Arbeitnehmer unserer Partei, um zu begreifen, was die Arbeiter wirklich berührt. Und ersetzt dies nicht durch theoretische Bekenntnisse zu den Interessen der Arbeitnehmer.

Es gibt schwerwiegende weltwirtschaftliche Probleme, die 80 bis 100 Entwicklungsländer und 22 Industrieländer

der Welt in diesem Jahr 1974/75 in schwerste Bedrückung bringen mit Inflation und Arbeitslosigkeit und daraus resultierenden sozialen Strukturproblemen. Guckt doch hin nach Italien, nach England, guckt hin nach Amerika mit beinahe schon sechs Prozent Arbeitslosigkeit! Ihr aber philosophiert über die Vergesellschaftung oder Nicht-Vergesellschaftung! Meine Güte noch einmal, dies ist eine Stadt, die genug Möglichkeiten hat, draußen die Welt einzufangen und zu lernen, was daraus zu lernen ist, und auch der Welt draußen zu helfen!

Die Weltwirtschaft ist in eine Krise geraten, die ihr nicht begreifen wollt. Ihr beschäftigt euch mit der Krise des eigenen Hirns statt mit den ökonomischen Bedingungen, mit denen wir es zu tun haben. Ja, ja, ja – es wird ja wohl auch innerhalb der eigenen Partei ein klares Wort erlaubt sein und nicht nur unseren Gegnern der CDU/CSU gegenüber.«

Diese Rede löste bei den jungen Linken große Erbitterung aus. *Konkret* protestierte dagegen, dass jede Meinungsbildung mit der Drohung erstickt werde: »Wer nicht kuscht, hat die nächste Wahlniederlage auf dem Gewissen.« Die Bundesvorsitzende der Jungsozialisten, Heidi Wieczorek-Zeul, hatte Schmidt schon nach seiner ersten Regierungserklärung im Mai 1974 vorgeworfen, er löse nur kurzfristig Stimmenprobleme und verstärke die antiintellektuelle Stimmung in der Bevölkerung. Ihr Stellvertreter, Johano Strasser, meinte, die gegenwärtige Regierungspolitik der SPD sei dazu angetan, die Parteibasis zu zerstören, vielleicht sogar, die Partei zu spalten. Der SPD-Abgeordnete Ulrich Lohmar konstatierte, mit Willy Brandt sei die Strategie der inneren Reformen geopfert worden.

Der neue Kanzler stößt bei vielen Intellektuellen, nicht nur bei den Jusos, auf Abwehr und Argwohn. Er wird als »Macher« oder als »Pragmatiker« abgestempelt – wobei diejenigen, die ihn Macher nennen, es darauf abgesehen haben, ihn zu diskreditieren, während das Epitheton Pragmatiker zwar gelegentlich Anerkennung bezeugt, im Allgemeinen aber auch eher abträglich gemeint ist. Alle diese Kritiker sehen nicht, dass die Situation, in der die Partei und das Land sich befanden und noch auf lange Zeit sich befinden sollten, nur mit einer Politik à la Schmidt gemeistert werden konnte.

Im August 1980 hatten sich drei Intellektuelle – Fritz Raddatz, Siegfried Lenz und Günter Grass – zu einem Streitgespräch mit Bundeskanzler Schmidt gerüstet. Der Hintergedanke: nachzuweisen, dass er nichts von Kunst verstehe und reaktionäre Kunstauffassungen habe – kurz, ihn aufs Kreuz zu legen. Bei der Lektüre der höchst interessanten Unterhaltung, die *Die Zeit* damals veröffentlichte, stellt sich am Schluss die Frage: Ist es nicht eigentlich der Kanzler, der die Wahlstatt als Sieger verlassen hat, oder waren es die drei Schriftgelehrten? Mindestens streiten kann man darüber.

Merkwürdig: Wenn derselbe Helmut Schmidt, wie er ursprünglich vorhatte, Architektur und Urbanistik studiert hätte und dank seiner hohen Intelligenz und ungewöhnlichen Tüchtigkeit heute sicherlich einer der großen Städteplaner Europas wäre, dann würde er als solcher von allen Intellektuellen geschätzt und geehrt werden. Als Politiker aber ist er ihnen in hohem Maße suspekt! Sie lieben ihn nicht, sie achten ihn nicht einmal, aber sie brauchen ihn.

Intellektuelle sind bereit, den Maler, der ein interessantes

Bild gemalt, den Tischler, der ein seltenes Möbelstück vollendet hat, oder den Intendanten, an dessen Theater eine perfekte Aufführung inszeniert wurde, zu loben, zu preisen und zu bewundern. Ein Regierungschef aber, der die höchste aller Künste beherrscht, optimal zu führen und zu verwalten und Menschen, Dinge und Institutionen ohne allzu große Reibungsverluste maximal miteinander zu versöhnen, den kritisieren sie. Dabei gibt es nichts Befriedigenderes als mitzuerleben, wie ein Land anständig regiert wird.

Es muss wohl der antagonistische Widerspruch von Macht und Geist sein, der die Beziehung zwischen Politikern und Intellektuellen vergiftet. Wahrscheinlich ist es der Ärger des Politikers über den Intellektuellen, der angeblich niemandem verantwortlich ist und der, wie die Politiker meinen, immer nur kritisiert, ohne je beweisen zu müssen, dass er es besser machen könnte; und die Abneigung des Intellektuellen gegen den Politiker, der in seinen Augen ein anfechtbares Geschäft mit fragwürdigen Mitteln betreibt, oft dubiose Kompromisse eingehen muss, »fünfe gerade sein lässt«, stets von Freiheit redet, aber seine Zuflucht meist bei der Autorität sucht.

Bis zur Bundestagswahl im Herbst 1976 werde von der SPD viel verlangt, schrieb der Bundeskanzler in einem Artikel zum achtzigsten Geburtstag von Kurt Schumacher im Oktober 1975; »Wir werden dabei unsere Kraft nicht auf Gedankenspiele im Sandkasten des Purismus verzetteln, sondern sie in Solidarität für unsere konkrete politische Arbeit einsetzen.« Da wird der Gegensatz ganz deutlich; und dann noch einmal in dem von ihm bei dieser Gelegenheit zitierten Wort von Schumacher: »Dass unsere Partei sich nicht darauf beschränken kann, Ideen zu wählen. Die Partei steht vor dem Problem, die nächstliegenden praktischen Aufgaben zu meistern.«

Über sein Verhältnis zu den Intellektuellen befragt, ist der Kanzler ungewohnt zurückhaltend. Sie hätten es nicht gern, wenn man sie zwar anhört, aber ihren Rat dann nicht befolge. Philosophen taugten nicht zur Politik, und Politikern müsse man nachsehen, wenn sie für ihre Entscheidungen und ihr Tun nicht jedes Mal die moralphilosophischen Grundlagen mitlieferten.

Was freilich der Politiker haben sollte, ist, so meint er, »ein geschärftes Empfinden für Wahrheit und Unwahrheit, für Gerechtigkeit und Ungerechtigkeit, für Gemeinnutz und Eigennutz«. Helmut Schmidt ist gewiss kein Philosoph, aber er hat ein sehr ausgeprägtes moralisches Koordinatensystem und ein bei allen Erwägungen und Entscheidungen immer wieder durchscheinendes Verantwortungsgefühl für die Allgemeinheit – die Gesellschaft, den Staat.

Er besitzt überdies eine Eigenschaft, über die nicht viele Politiker und auch nur wenige Intellektuelle verfügen – er hat Zivilcourage, und das heißt doch in seinem Fall: Er hat keine Angst, sich unpopulär zu verhalten. Er geht wie ein Terrier auf die dicksten Keiler los: Den Ideologen hat er auf dem Parteitag in Hamburg den Marsch geblasen; den Unternehmern bei der Versammlung des Bundesverbandes der Arbeitgeber im Dezember 1975 die Leviten gelesen: »Hören Sie doch auf, so zu tun, als wenn die Regierung die Löhne in Deutschland festsetzt.« Er geißelte den »verbandsoffiziellen Pessimismus« und empfahl den Unternehmern, sich weder als Ersatzpartei noch als Parteienersatz zu fühlen. Den

Gewerkschaften erklärte er, dass die Gewinne der Unternehmer in diesem Jahr stärker steigen müssten als die Löhne, damit die Investitionsquote wüchse und zukünftige Arbeitsplätze geschaffen würden.

Vielleicht ist es für ihn auch leichter als für andere, keine Rücksichten zu nehmen, weil er seine Position nur sich selbst zu verdanken hat – nicht den Gewerkschaften oder der Grünen Front, nicht Katholiken oder Protestanten.

Beim Kirchentag in Frankfurt im Juni 1975 attackierte er vor den 6000 Menschen, die sich in der überfüllten Kongresshalle drängten, seine Parteifreunde, Pfarrer Albertz und den Bundesverfassungsrichter Helmut Simon. Sie hatten erklärt, dass die staatlichen Maßnahmen gegen den Terrorismus die freiheitlichen Grundrechte bedrohten. Schmidt erwiderte, Unzufriedenheit mit diesem Staat sei überhaupt keine Entschuldigung für rechtswidrige Gewaltanwendung: »Das Grundgesetz ist in diesem Bereich nicht nur ein Angebot freiheitlicher Rechte, sondern ein System aus Angebot und Verboten, die eingehalten werden müssen.«

Bei derselben Veranstaltung stand in der Diskussion ein Mann auf, der »im Namen aller Schlesier« gegen die Preisgabe deutschen Gebietes durch die Regierung Brandt/Scheel protestierte. In der Halle erhob sich ohrenbetäubender Lärm – die Zuhörer übertönten mit rhythmischem Pseudobeifall den Sprecher, dem schließlich auch noch das Mikrofon abgestellt wurde. Gegen Schluss meldete sich Schmidt noch einmal zu Wort, um dem Protestierer zu antworten. In der Sache stimme er ihm in keinem einzigen Punkt zu, aber dann sagte er, an das Publikum gewandt, mit großer Schärfe: »Dass Sie den Mann hier nicht einmal haben ausreden lassen, finde ich einfach skandalös und einer demokratischen Gesellschaft unwürdig.« Der Berichterstatter notierte: Der Saal reagierte mit beschämtem Schweigen.

Helmut Schmidt ist ein strenger Präzeptor – er glaubt nämlich an die diesbezügliche Verantwortung des höchsten Amtes; er weiß, dass man Maßstäbe setzen und auch übermitteln kann, wenn man sie selbst glaubhaft vertritt und wenn man seine Zielsetzungen überzeugend darzustellen vermag. Immer neue Felder beackert er auf diese Weise: die Max-Planck-Gesellschaft, wirtschaftliche Gremien, Universitäten. Seine Fähigkeit, komplizierte Zusammenhänge, vor allem weltwirtschaftliche, einleuchtend darzustellen und Denkanstöße zu vermitteln, fasziniert die Zuhörer fast immer.

In der Paulskirche in Frankfurt am Main warnte er einmal die Mitglieder des Deutschen Sportbundes vor einer Sportideologie. Sie sollten aufpassen, dass sie sich nicht der Kampfideologie kommunistischer Gesellschaften anpassten.

Immer hat er Sorge, Bürokratismus, Zentralisierung und staatliche Autorität könnten den Raum der Freiheit einengen. Darum verteidigt er den Wettbewerb und die Marktwirtschaft wie ein engagierter Liberaler. Als er erfuhr, dass in Hamburg Hunderte von Schauspielern ohne Engagement leben, weil angeblich die Schauspielschulen zu viel Nachwuchs ausbildeten, warnte er davor, hier regelnd einzugreifen: »Ich bin nicht sicher, ob der Staat den künftigen Bedarf an Schauspielern richtig einzuschätzen und zu planen vermag. Er hat auch den künftigen Bedarf an Öl und Kohle nicht richtig einzuschätzen vermocht … Je mehr Berufe wir durch Zugangsprüfungen versperren, umso mehr Rigidität bringen wir in die Gesellschaft und umso mehr Freiheit geht verloren.«

Diese Weltanschauung, von einem Sozialdemokraten vertreten, ärgert natürlich viele: die Systemveränderer, die jungen Ideologen und die alten Orthodoxen. Die von der anderen Couleur, die parteipolitischen Gegner, ärgern sich auch, weil der Bundeskanzler ihnen auf einem Teilgebiet die Möglichkeit zur Polemik nimmt. Und von denen, die keinerlei Parteiinteresse haben, sind viele deshalb ärgerlich, weil sie meinen, Schmidt gäbe vor, alles zu wissen, mindestens alles besser zu wissen. Es habe gar keinen Zweck, sich mit ihm zu unterhalten, nach fünf Minuten belehre er seinen Gesprächspartner doch darüber, dass dieser nichts von dem Gegenstand der Unterhaltung verstehe.

Mag sein, dass dies in manchen Fällen zutrifft, wenn aber der Gesprächspartner kompetent oder über ein entlegenes Gebiet informiert ist, bombardiert Helmut Schmidt ihn mit Fragen und wird nicht müde, ihn auszuquetschen. Er ist eben noch immer neugierig, und man muss staunen, wie hoch sein Informationsstand in sehr vielen ganz verschiedenen Bereichen ist.

Mitte der siebziger Jahre saßen wir in einer kleinen Runde beisammen, die früher regelmäßig zusammenkam. Carl Friedrich von Weizsäcker erzählte von interessanten Messungen, die auf Hawaii vorgenommen worden sind und bei denen sich herausgestellt hat, dass der CO_2-Gehalt der Atmosphäre durch Verbrennung von Öl und Kohle während der letzten Jahrzehnte ständig gestiegen ist. Er erwähnte den Bericht eines Professors, den er vor kurzem gelesen hatte und der daraus einschneidende Veränderungen für unser Klima ableitet, konnte sich aber nicht mehr genau erinnern, wo er ihn gelesen hatte: »Meinen Sie den auf der Wissenschaftsseite der *Neuen Zürcher Zeitung*?«, fragte Schmidt. Ganz recht, den meinte er. Wer wirklich unstillbares Interesse hat, findet eben immer noch Zeit, mehr zu lesen als andere, auch wenn die Akten sich jeden Tag zu neuen Bergen auftürmen.

Richtig ist natürlich, dass Helmut Schmidt über eine gute Portion Arroganz verfügt, die zu verschleiern er sich entwaffnend wenig Mühe gibt. Als ein Interviewer den Kanzler einmal fragte, ob er nicht eine Mannschaft, die ihm zuarbeite, oder wenigstens intellektuelle Gesprächspartner als ständige Begleiter entbehre, antwortete er: »Nein, intelligent bin ich selber. Ich brauch einen Beamten, der mich kontrolliert.« Und ein andermal: »Ich bin nicht vollkommen zufrieden mit meiner Partei, und die nicht mit mir. Aber ich finde keine bessere Partei, und die haben keinen Ersatz für mich.«

Die Besonderheit seiner Intelligenz besteht darin – und das kommt in jenem leicht ironischen Statement gut zum Ausdruck –, dass sie sozusagen doppelgleisig ist. Er besitzt alle Fähigkeiten des Intellektuellen zu Analyse, gleichzeitig aber auch jene praktisch zupackende Intelligenz des »gewusst wo«. Er sagte nicht nur kluge Sachen, er tat auch einfach ungemein viel gescheite Dinge, die vor ihm kein Regierungschef getan hat. So hat er auf seine großen Reisen nach Amerika, Moskau und China jeweils zwei Unternehmer und zwei Gewerkschaftsführer mitgenommen, nicht nur als Statisten, sondern als Mitglieder des engeren Beraterkreises. Sie haben beispielsweise an der Formulierung der Reden mitgewirkt, die der Regierungschef zu halten beabsichtigte. Eine treffende Beobachtung bei solcher Gelegenheit: »Der Kanzler ist ungemein klar, was das Konzept betrifft, stürmisch, was das Tempo der Erörterung angeht, aggressiv, wenn es sich um Passagen handelt, die ihm politisch falsch oder instinktlos erscheinen.«

Helmut Schmidt war immer dann am eindrucksvollsten, wenn es darum ging, mit Katastrophen fertig zu werden. Am Anfang seiner Laufbahn steht die Flutkatastrophe in Hamburg, die im Februar 1962 über die Hansestadt hereinbrach. Über 300 Menschen ertranken, 75 000 wurden obdachlos und verloren all ihre Habe. Eine solche Naturkatastrophe hatte die Stadt seit dem Mittelalter nicht mehr erlebt. Helmut Schmidt, damals Innensenator seiner Vaterstadt, riss das Gesetz des Handelns an sich. Er fragte nicht nach Zuständigkeit und Gesetz, nicht nach Kompetenzen und Dienstregeln, er übernahm das Kommando.

Herbert Weichmann, der damalige Finanzsenator, war sehr erschrocken, als sein Kollege plötzlich entschied, dass jedem Betroffenen – sie hatten ja alle keinen Pfennig zur Verfügung – als erste Hilfe sofort 50 Mark auszuzahlen seien, was in die Kasse des Finanzsenators ein Loch von mehreren Millionen riss. Weichmann Jahre später hierzu: »Natürlich hatte er nicht die Kompetenz dazu. Vom konstitutionellen Standpunkt aus hätte nicht einmal der Senat die Befugnis gehabt, weil ja die Bürgerschaft eine solche Entscheidung hätte billigen müssen. Er aber kümmerte sich nicht um den Bürgermeister, nicht um den Senator für Finanzen, er traf seine Entscheidung – und ich meine, er hatte recht.« Damals begann Helmut Schmidts Höhenflug.

Und noch einmal, im Oktober 1977, bei der Verfolgung der Terroristen, die eine Lufthansa-Boeing 737 mit 87 Passagieren in ihre Gewalt gebracht hatten, lief er zu großer Form auf. Von Donnerstag bis Dienstag wurden die Unglücklichen, eingepfercht auf den engsten Raum der Maschine, um die halbe Welt gejagt: Rom, Zypern, Dubai, Aden, Mogadischu. Immer neue Ultimaten der Gangster: »Wenn nicht bis…, dann sprengen wir die Maschine in die Luft.«

Schmidt, fünf Nächte kaum geschlafen, schwankte keinen Augenblick. Für ihn war klar: Nachgeben kommt nicht in Frage, auch wenn ihm und dem Krisenstab ein katastrophaler Ausgang wahrscheinlicher erschien als ein glückliches Ende.

Eine Spezialeinheit – GSG 9 –, heimlich nach Mogadischu beordert, und der in vielen Abenteuern bewährte Wischnewski zum Gegenspieler der Terroristen bestellt, begann überfallartig das sorgsam geplante, nächtliche Unternehmen. In drei Sekunden waren die Türen aufgebrochen, Blendraketen, die einen Höllenlärm verursachen und minutenlang jede Sicht verhinderten, machten es möglich, die Geiselnehmer blitzartig zu überwältigen. 87 Passagiere waren frei, drei Terroristen tot. Rund um die Welt wurden des Bundeskanzlers Willensstärke und Führungskraft gepriesen.

Sein Renommee im Ausland ist nur mit Superlativen zu beschreiben. Meist ist er es, der, wenn es schwierig wird, erfolgreich in die Bresche springen muss. Mich hat am meisten beeindruckt, dass ein englischer Botschafter nach der berühmten Rede, die Helmut Schmidt vor dem Labour-Parteitag in England gehalten hatte, zu mir sagte: *»You know, we would take him any day as our Prime Minister«* – das von einem Engländer über einen Deutschen!

Zu jenem Ereignis, das auf dem Höhepunkt der innerenglischen Auseinandersetzung über den Austritt aus der EG stattfand, war Helmut Schmidt als Gastdelegierter gefahren. Die Antieuropäer hatten schon zuvor erklärt, sie würden den Saal verlassen, wenn er versuchen sollte, sie mit Belehrungen zu traktieren; die Diplomaten hatten ihm geraten, das Thema ganz und gar zu meiden, und letzte Warnung: Vor der Westminster City Hall, dem Tagungsort, krakeelten Demonstranten mit Plakaten – Schmidt aber sah hier eine Aufgabe, und darum wagte er es dennoch. Er gab Ratschläge erst nach geschickten ökonomischen Analysen in Form von witzigen Metaphern, seine Zurechtweisungen glichen werbenden Appellen: »Wir wissen, dass eure Entscheidung noch aussteht, aber eure Genossen auf dem Kontinent wollen, dass ihr bleibt. Werft das bitte in die Waagschale, wenn ihr von Solidarität redet.« Der Beifall wurde schließlich zur Ovation, die sogar die Erzwidersacher Europas, Tony Benn und Peter Shore, mitriss.

Die *Sunday Times*, die ihm als Kanzler eine ganze Seite widmete, nannte Schmidt den ersten westeuropäischen Führer von globaler Statur seit Charles de Gaulle. Kein anderer Regierungschef unserer Zeit sei so prädestiniert, so optimal geeignet für diesen »Job«: ein mitreißender Redner, einer der drei oder vier Bonner Parlamentarier, die zu einer wirklich improvisierten Debatte in der Lage sind, ein fast legendärer Arbeiter, ein Fachmann für Wirtschaft, Verteidigung, internationale Beziehungen und Innenpolitik.

Weil er diese Eigenschaften besitzt und weil er seine Kenntnisse und damit seine Urteilsfähigkeit auf weltwirtschaftlichem Gebiet immer *à jour* gehalten hat, ist er als Gesprächspartner und als Redner heute noch genauso gefragt wie damals, als er Kanzler war. Der heutige Herausgeber der *Zeit* ist viel auf Reisen. Aber für gelegentliche Ausstellungen, häufiger für Konzerte, findet er immer noch Zeit. Der Sinn für Musisches ist trotz aller Hektik noch nicht verdorrt.

Fritz-Dietlof von der Schulenburg
Frondeur, Patriot, Verschwörer
(1994)

Unter den mir befreundeten Angehörigen des Widerstands gab es nur einen, der zu Beginn ein begeisterter Nationalsozialist gewesen ist: Fritz-Dietlof Graf von der Schulenburg, ein entfernter Verwandter des Botschafters Schulenburg, der nach dem 20. Juli auch am Galgen endete. Er war dreißig Jahre alt, als er im Februar 1932 in die Partei eintrat.

Schulenburg, von seinen Freunden Fritzi genannt, war ein leidenschaftlicher, kompromissloser tapferer Draufgänger, der immer mit vollem Einsatz spielte. Er hoffte, diese neue Bewegung, die so vital, aktiv und revolutionär auftrat, würde endlich neue Wege aus der kläglichen Resignation weisen. Er war überzeugt, sie würde die Regierung dieses armen, von Reparationen gequälten, von Arbeitslosigkeit zerrütteten, von Ratlosigkeit geplagten Landes auf Trab bringen. Vielleicht war auch ein bisschen Lust am Provozieren dabei, denn in seiner Umgebung rümpfte man damals allenthalben die Nase über den Gefreiten Adolf Hitler.

Schulenburg galt schon in jungen Jahren als glänzender Verwaltungsfachmann. Es gab viele Denkschriften von ihm über den Aufbau der zukünftigen Verwaltung und vor allem über den richtigen Typ des Beamten. Sein Ideal war ein revolutionärer preußischer Staatsbeamter; er schätzte ein freies, offenes Wort und verachtete Unterwürfigkeit. Seine Prioritäten waren: Unbestechlichkeit, Ehre, Verantwortung für das Ganze, Zivilcourage. Geld interessierte ihn nicht. Für Geld hatte er weder Interesse noch Achtung. Pathos und äußerer Glanz riefen bei ihm vorwiegend Spott hervor. Es gibt unzählige Geschichten über den saloppen Aufzug, in dem er auch bei feierlichen, offiziellen Gelegenheiten aufzutreten pflegte. Seinen Frack hatte er einem Kellner geschenkt, der ohne dieses Kleidungsstück die ihm zugesagte Stelle nicht hätte antreten können – er selber lebte fortan ohne Frack.

Schulenburgs geistige Grundhaltung wurzelte im Preußischen: »Vorbild kann nur sein, wer alles zuerst von sich fordert und wer sich härtester Zucht unterwirft.« Manchmal konnte man meinen, ihm schwebte eine Partei vor, die wie ein Orden beschaffen wäre: eine Gemeinschaft der Besten zur Auslese und Erziehung der führenden Schicht. Immer wetterte er gegen Bonzentum und Vetternwirtschaft und verdammte die als Requirierung getarnte Ausplünderung der besetzten Gebiete. Als er einmal von Paris zurück nach Berlin fuhr und Freunde ihm heimlich ein paar Kisten Wein in sein Abteil gestellt hatten, ließ er diese in Regensburg ausladen, um den Wein unter den dort gerade eingetroffenen Bombenflüchtlingen aus Hamburg zu verteilen.

Den Beitritt zur NSDAP hatte Schulenburg den Freunden, Mitarbeitern und seinem Vorgesetzten, einem Landrat, mitgeteilt. Die meisten Freunde und Mitarbeiter schüttelten den Kopf und machten kritische oder verärgerte Bemerkungen. Der Landrat war ganz entsetzt: »Sind Sie verrückt geworden, Schulenburg?« Ihn ärgerte wahrscheinlich am meisten, dass er – da in Preußen den Beamten die Mitgliedschaft in der NSDAP verboten war – die Entlassung Schulenburgs einleiten musste.

Schon das erste Dienstzeugnis, 1926 vom Landrat in Kyritz für den Referendar Schulenburg ausgestellt, entwirft ein Bild seiner Qualitäten, das auch für seinen späteren Lebensweg Gültigkeit besaß: Als Assessor trat er für Vergesellschaftung der Schlüsselindustrien ein, ferner für ein Mitbestimmungsrecht und für Gewinnbeteiligung der Belegschaft.

Schon der Referendar ist in seinem politischen Weltbild erstaunlich unabhängig und in seinem Urteil überraschend selbständig. Er karikiert den Wilhelminismus und kritisiert die reaktionäre Einfalt der »Deutschnationalen«, die nur an die Erhaltung ihrer Plüschsessel, Aktienpakete, Großgüter und an die Wiederherstellung verstaubter Privilegien dächten. Sein Weltbild ist sozial geprägt und sozialistisch gefärbt. *Preußentum und Sozialismus*, ein Buch von Oswald Spengler, das in den zwanziger Jahren erschien und dessen Ideen auch mich damals in seinen Bann geschlagen hatten, beschäftigte ihn sehr. In seinem Elternhaus wurde viel über Politik geredet: Beck und Stülpnagel, die beide Mitarbeiter seines Vaters gewesen sind und später die führenden Köpfe des militärischen Widerstands waren, verkehrten dort. Oft ist er als der »rote Graf« bezeichnet worden, aber sein Sozialismus erwuchs aus preußischen und christlichen Wurzeln, nicht aus marxistischem Gedankengut.

Fritzi war seit je von ungewöhnlicher Lesewut besessen: Von Gandhi über Spengler bis Marx und Lenin hatte er alles verschlungen, was des Nachdenkens wert war: Max Weber, Paul Tillich und Walter Rathenau standen in seiner Bibliothek, in der auch Ernst Jünger, Moeller van den Bruck und Haushofer nicht fehlten. Sein Biograph, Albert Krebs *(Zwischen Staatsräson und Hochverrat)*, berichtet, dass er seine Bücher schon als Gymnasiast, aber auch später noch, stets in der Buchhandlung Jaeckel in Potsdam kaufte, deren Inhaber Noetzel für ihn väterlicher Freund, Berater, gelegentlich auch Kreditgeber war. So hatte Noetzel einmal auf der Bücherrechnung eine Schuld von 300 Mark verbucht: für eine Reise nach Südamerika, da von dem gestrengen Vater für diesen Zweck nichts zu erwarten war. Daraufhin fuhren der zweiundzwanzigjährige Schulenburg und sein Hamburger Freund Kurt Stücken – beide als Tellerwäscher – im Jahre 1924 für drei Monate nach Südamerika, um etwas von der Welt zu sehen.

Nach bestandenem Assessorexamen und einer Anstellung im westlichen Industriegebiet wurde Schulenburg als Regierungsrat nach Ostpreußen versetzt und avancierte dort zum Leiter des Politischen Amtes der Gauleitung und zum Persönlichen Referenten des Gauleiters Erich Koch. Er hatte sich viel von dieser Versetzung versprochen. Ostpreußen, die gefährdete Provinz – durch den Polnischen Korridor vom Reich getrennt –, schien die erwünschte Herausforderung darzustellen, und Koch, der sich gern als »Preuße« stilisierte und viel von Schlichtheit redete, könnte, so meinte Schulenburg, ein Kristallisationspunkt sein für die begabten und revolutionären jungen Leute, die Schulenburg in Königsberg um sich geschart hatte. Sie alle, einschließlich des Gauleiters, bewunderten Gregor Strasser, der in gewisser Weise ein Rivale Hitlers war und beim Röhm-Putsch am 30. Juni 1934 ermordet wurde.

Sehr bald aber wurde Schulenburg von Koch enttäuscht, der den Verführungen seines Amtes nicht zu widerstehen vermochte: Machtgenuss, Luxusbegehr, Byzantinismus und Korruption ergriffen von ihm Besitz. Schulenburg schrieb dem Gauleiter zu Neujahr 1935 einen Brief, der den Adressaten an die Ideale und Vorsätze der »Kampfzeit« erinnerte und seine Amtsführung scharf kritisierte. Die Folge: Schulenburg wurde als Landrat nach Fischhausen an die Peripherie der Provinz abgeschoben. Aber schon im Sommer 1937 wurde er auch dort zum Ausscheiden gezwungen.

Als ihm daraufhin angeboten wurde, stellvertretender Polizeipräsident in Berlin zu werden, nahm er dieses Angebot an und nutzte die Gelegenheit, dort gleichgesinnte Menschen zu sammeln. Seither wurde er, wie Ulrich Heinemann in seinem Buch *Ein konservativer Rebell* sagt, zu dem »zentralen Verbindungsmann des Widerstands«. Schulenburg selbst erklärte damals: »Ich hatte mich zu entscheiden, ob ich meinen Dienst quittieren oder der Fouché Hitlers werden wollte. Ich habe das Zweite gewählt.«

Die Geschehnisse um Blomberg und Fritsch erlebte der stellvertretende Polizeipräsident aus dienstlicher und nächster Nähe. Bei dem Verhör vor dem Volksgerichtshof nach dem 20. Juli 1944 hat Schulenburg selber den Zeitpunkt genannt, an dem er sich definitiv vom Nazisystem getrennt hat: Es war nach dem Fall des Generalobersten von Fritsch, der auf Betreiben der NS-Führung und infolge einer erfundenen Verleumdung aus dem Heer ausscheiden musste.

Im Winter 1938/1939 sann Schulenburg, so schreibt Eberhard Zeller in *Geist der Freiheit*, erschüttert durch die Judenverfolgung und den drohend heraufziehenden Krieg, zusammen mit dem ihm befreundeten Nikolaus Graf Uexküll auf Umsturz. Beide trugen ihre Gedanken Claus Stauffenberg vor, der damals als Rittmeister in Garnison am Rhein stand. Der Vize-Polizeipräsident Schulenburg hatte übrigens die nach der sogenannten Kristallnacht willkürlich verhafteten Juden auf eigene Verantwortung entlassen, was ihm eine wütende Attacke von Goebbels eintrug.

Nikolaus Uexküll – Nux, wie wir ihn nannten –, ein Bruder von Stauffenbergs Mutter, kam damals häufig mit Schulenburg zusammen. Beide redeten vom Umsturz und träumten von der Befreiung, die es zu vollziehen gelte. »Nux« war ein wunderbarer, wirklich einzigartiger Mensch, ritterlich, weltoffen, warmherzig, humorvoll. Ihn umgab etwas von der Weite und Toleranz des habsburgischen Reiches, in dem er aufgewachsen war und als Soldat gedient hatte.

Ich kannte und verehrte ihn, seit ich fünfzehn Jahre alt war. Nie, auch später nicht, bin ich je wieder jemandem begegnet, der in Geist und Gestus so sehr die Verkörperung des Ritters ohne Furcht und Tadel darstellt. Unvergesslich das Bild, wenn Nux sich bei feierlichen Gelegenheiten verabschiedete: Dann stand er in einer unnachahmlichen Mischung aus Gelassenheit und Ehrerbietung da, verbeugte sich leicht und deutete mit ausgestrecktem rechten Arm in einer weit ausholenden Geste seine zustimmende Verehrung an.

1938/1939 sammelten sich viele Freunde in Berlin um Schulenburg: Hofacker, der später in Paris während des 20. Juli 1944 eine wichtige Rolle spielte, Peter Yorck, Nikolaus Uexküll, Ulrich-Wilhelm Schwerin, Witzleben und andere Militärs; und natürlich wurde die Verbindung zur Abwehr, also zu Oster und Canaris, immer enger.

Schulenburg war gelegentlich von leichtfertiger Offenheit und bedenkenloser Zivilcourage. Als dem renommierten Verwaltungsfachmann von Himmler persönlich nahegelegt wurde, er möge doch einen höheren Dienstgrad in der SS annehmen, lehnte Schulenburg mit dem Argument ab, er könne diesen Schritt mit seinem im Christentum wurzelnden Gewissen nicht vereinbaren. Und im Sommer 1943, zornig und zum Äußersten entschlossen, sagte er in einem Berliner Café zum General der Waffen-SS Steiner, seinem früheren Kompanieführer in Königsberg: »Wir werden Hitler totschlagen müssen, bevor er Deutschland völlig zugrunde richtet.« Wegen einer ähnlichen Äußerung im Casino seines Regiments, dem IR 9 in Potsdam, ist er im gleichen Jahr einmal für vierundzwanzig Stunden verhaftet worden.

1939 forderte der Gauleiter und Oberpräsident Joseph Wagner, der gleichzeitig Reichspreiskommissar war, Schulenburg als seinen Stellvertreter für Schlesien an. In Wagners Behörde arbeitete Peter Yorck, dem Wagner gesinnungsmäßig nahestand. Yorck war es auch, durch den Wagner und Schulenburg miteinander bekannt wurden. Zeller schreibt: »Von Schulenburg bestärkt, schreckte Wagner, als sich nach der Niederwerfung Polens in den neu zu Schlesien gekommenen Gebieten die Übergriffe mehrten, nicht davor zurück, die Verantwortlichen zu maßregeln.«

Im Frühjahr 1940 wurde Schulenburg als »politisch untragbar« aus der Partei ausgeschlossen und musste von seinem Amt zurücktreten. Er meldete sich zur Front. Einige Kommentatoren haben Schulenburg gründlich missverstanden, wenn sie schreiben, der »Blitzsieg« in Frankreich habe ihn so beeindruckt, dass er sich im Sommer 1940 freiwillig an die Front gemeldet habe. Die Unterstellung, Lust am Soldat-Sein sei sein Motiv gewesen, ist ganz und gar abwegig.

In einem Brief vom 4. Juni 1940 schrieb er an seine Frau: »Für mich ist die Entscheidung klar. Da sich sonst keine wesentliche Aufgabe im Staat für mich ergibt, werde ich Soldat…«, und zu mir sagte er damals: »Das ist die einzige Lebensform, in der man noch mit einigem Anstand existieren kann.«

Aber die Situation ließ den Aufrührer nicht zur Ruhe kommen. Er wusste, dass die Entscheidung »innen« fallen würde; darum hatte er sich bemüht und auch erreicht, im Winter 1941 zum Wirtschaftsministerium nach Berlin abkommandiert zu werden, wo er die alten Fäden wiederaufnehmen konnte. Einmal, es muss im Jahr darauf gewesen sein, sagte Peter Yorck, als ich ihn in Berlin besuchte: »Etwas ganz Wichtiges ist geschehen, Fritzi ist zum Stab von General von Unruh abkommandiert worden.« Die Aufgabe des »Heldenklau«, wie Unruh damals genannt wurde, war es, die militärischen und zivilen Stäbe in der Etappe durchzukämmen: eine willkommene Gelegenheit für die Widerstandskämpfer, um die in ihrem Sinne »Brauchbaren« auf wichtigen Posten zu erhalten und die »Unbrauchbaren« auszukämmen.

Schulenburg ist nun also wieder in Berlin, hält die Verbindung mit den Widerstandsgefährten aufrecht und gewinnt neue Gesinnungsfreunde dazu. Auch führt er Verschworene aus den verschiedenen Kreisen zusammen. Er ist der Mittler zwischen Kreisau und den Offizieren, auch zwischen Kreisau und Goerdeler – hier übrigens mit nur geringem Erfolg. Er knüpfte Fäden zwischen Stauffenberg und Leber – eine Beziehung, die bei beiden zu gegenseitiger Freundschaft und Bewunderung führt; auch pflegt er über Hofacker Verbindung mit Paris.

Den Überfall auf die Sowjetunion hat er in vollem Einverständnis mitgemacht; es gehe, so schrieb er, um die Ausrottung des Bolschewismus und die Errichtung eines Großwirtschaftsraums in Europa. Er hasste den Kommunismus Stalinscher Prägung. Er strebte nach einer neuen Gesellschaftsordnung, die den – wie er gelegentlich sagte – »parasitären Kapitalismus« ersetzen sollte.

Das Jahr 1943 findet die Verschwörer dann fest entschlossen, das Attentat so schnell wie möglich durchzuführen. Bis dahin hatten die Bedenken überwogen. Viele fürchteten, dass in einer Zeit siegreichen Vormarsches wieder eine Dolchstoßlegende entstehen würde, weil der Vorwurf, Feiglinge und Deserteure seien den tapferen Soldaten in den Rücken gefallen und hätten den genialen, siegreichen Führer ermordet, auf fruchtbaren Boden fallen könnte.

Schulenburg war der geborene Revolutionär. Dem alten Frondeur dauerte alles viel zu lang. Die Kreisauer, die ihrer selbstgestellten Aufgabe entsprechend verfassungs- und staatsrechtliche Entwürfe für die Zeit nach Hitler erarbeiteten und die Aktion selber absichtlich den Militärs überließen, bespöttelte er gelegentlich als »Flagellanten«.

Seine eigenen Ziele hat Schulenburg selber in einem Gespräch mit Gerhard Ziegler deutlich formuliert. Auf eine Frage von Ziegler, der während Schulenburgs Zeit in Schlesien Landesplaner war, antwortete er: »Wohl den meisten Mitverschworenen geht es wie mir. Sie wollen keine Ämter und Vorteile. Sie wollen dienen und helfen. Sie sind etwas und wollen nicht etwas werden. Die Mehrzahl denkt nur an Deutschland und an die Rettung der Welt vor innerer und äußerer Versklavung.«

Ende 1942 hat mich Schulenburg gefragt, wer in Ostpreußen unser bester Mann sei, wer also wohl als Landesverweser – so sollten die Chefs der Länder heißen – geeignet sei. Ich nannte ihm Graf Heinrich Dohna, Generalmajor a. D., Vorstand der Bekennenden Kirche in Ostpreußen, der seinen Besitz Tolksdorf bewirtschaftete und in allen Kreisen – militärischen wie zivilen – ungemein geachtet war. Nachdem Schulenburg mit Stauffenberg und einigen anderen gesprochen hatte, bekam ich den Auftrag, zu Heinrich Dohna zu fahren und ihn »anzuwerben«. Dohna, ein nobler Mann, sagte zu, obgleich er genau wusste, was für ihn dabei auf dem Spiel stand. Er ist, wie alle anderen, in Plötzensee am Galgen gestorben – ein mich lange quälender Vorwurf.

Ein hoher Offizier in Ostpreußen, den ich gleichfalls gewinnen sollte, konnte sich nicht entschließen, den Eid zu brechen, und ein ziviler Führer auch nicht. Schließlich bestand eine meiner Aufgaben, die ich ordnungsgemäß ausführen konnte, darin, Carl Jacob Burckhardt, den früheren Völkerbundkommissar und damaligen Präsidenten des Internationalen Roten Kreuzes, mit dem mich seit Jahren eine enge Freundschaft verband, in der Schweiz aufzusuchen und zu informieren. Er wurde gebeten, sofort nach erfolgter Tat die Engländer und Amerikaner ins Bild zu setzen.

Die entscheidenden Militärs – Beck, Olbricht, Tresckow – waren sich 1943 einig, dass endlich gehandelt und Hitler beseitigt werden musste. Den »Walküre-Plan«, also die offizielle Generalstabsplanung für den Fall eines inneren Notstandes, so umzufunktionieren, dass die Maßnahmen auch bei einem Umsturz die Aufrechterhaltung der Ordnung garantieren – diesen Plan gab es schon 1941/1942; Schulenburg hatte neben Tresckow daran entscheidend mitgewirkt.

Nun also begann die lange Serie nicht zustande gekommener oder missglückter Attentatspläne – der letzte im Juli 1944: am 11. Juli war Stauffenberg zur Lagebesprechung auf den Obersalzberg geflogen, zwischen dienstlichen Unterlagen hatte er den Sprengstoff in seiner Aktentasche verstaut. Es kam nicht zur Auslösung. Am 15. Juli, bei einer Lagebesprechung, diesmal in der Wolfsschanze in Ostpreußen, war Stauffenberg wieder mit seiner Mappe zugegen, aber kurz nach Beginn verließ Hitler den Raum und erschien nicht wieder.

Ursprünglich war nicht vorgesehen, dass Stauffenberg, der in Nordafrika ein Auge, eine Hand und zwei Finger der anderen Hand verloren hatte, das Attentat ausführen würde. Aber in den letzten Monaten zeigte sich, dass er, der stets zur Lagebesprechung hinzugezogen wurde, der Einzige war, der an Hitler herankam; darum musste der Plan geändert werden.

Ich habe Fritzi zum letzten Mal Anfang Juni 1944 in Ostpreußen gesehen. Er kam aus Insterburg, wo er Axel Bussche im Krankenhaus besucht hatte, zu mir nach Quittainen. Wir haben eine lange Nacht am Kamin geredet. Es waren die Tage der Invasion in Nordfrankreich, und Schulenburg war voller Sorge, denn auch im Osten hatte die russische Front sich bereits nahe an die deutsche Grenze herangekämpft. Würde überhaupt noch etwas anderes als Kapitulation möglich sein? Das Attentat musste unter allen Umständen und so bald wie möglich versucht werden, kein Tag war mehr zu verlieren. Zumal in diesen Tagen, am 4. und 5. Juni, die beiden Sozialisten Reichwein und Leber – von einem kommunistischen Spitzel verraten – verhaftet worden waren, während Moltke dieses Schicksal schon im Januar ereilt hatte. Das Verhängnis rückte also immer näher.

Schulenburg nannte mir bei seinem Besuch keinen Tag, aber es war klar, dass der entscheidende Moment gekommen war. Ich sollte ihn wissen lassen, wann ich in Berlin sein könnte. Da ich keine Möglichkeit fand, ihn zu benachrichtigen, schickte ich in Unkenntnis, wie gefährlich dieses Datum war, am 19. Juli ein Telegramm an seine Adresse. Der Wortlaut: »Bin *ceteris paribus* am 20. in Berlin, wohne bei Peter (gemeint war Peter Yorck). Unterschrift: Marion.« Ich musste befürchten, dass dieses Telegramm sofort zu meiner Verhaftung führen würde, denn *ceteris paribus* – womit ich nur sagen wollte, wenn die Russen, die bereits die ostpreußische Grenze überschritten hatten, nicht noch weiter vordringen würden –, dieses Wort musste in den Ohren der Gestapo zweifellos nach Konspiration klingen. Merkwürdigerweise aber passierte gar nichts, obgleich ich nachträglich erfuhr, dass Schulenburg am 19. und 20. Juli gar nicht mehr in seiner Wohnung gewesen ist, das Telegramm also der Gestapo direkt in die Hände gefallen sein musste.

Ich rauchte damals Pfeife, eine elegante Dunhill-Pfeife, mit überlangem Mundstück und kleinem Kopf. Fritzi bewunderte sie sehr, fand sie besonders schön und offenbar begehrenswert, also gab ich sie ihm mit – als Talisman.

Der Haupteindruck, der mir von jenem langen Abend in Quittainen geblieben ist, war seine Verzweiflung über die

Zerstörung Deutschlands, die Pervertierung des Rechtsstaates, die Korrumpierung der Bürger, die von einem verlogenen Wertesystem indoktriniert würden. Sein Zorn über Diktatur und Tyrannei war grenzenlos.

Wenige Wochen später stand Schulenburg vor dem Volksgerichtshof in Berlin – ebenso souverän und furchtlos, wie er gelebt hatte. Voller Ruhe sagte er zu dem geifernden und tobenden Richter, Roland Freisler: »Wir haben diese Tat auf uns genommen, um Deutschland vor namenlosem Elend zu bewahren. Ich bin mir klar, dass ich daraufhin gehenkt werde, bereue meine Tat aber nicht und hoffe, dass sie ein anderer in einem glücklicheren Augenblick durchführen wird.«

Nach dem 20. Juli hatte ich natürlich in Ostpreußen keine Ruhe und fuhr nach Berlin. Wo immer ich anrief, kam die Antwort: »Ist verreist, Rückkehr unbekannt«, bei Adam Trott, bei Hassell… Bei Schulenburg meldete sich niemand. Ich hatte ausfindig gemacht, wer der Offizialverteidiger von einigen der Verhafteten war, fuhr zu ihm und stand vor einem keineswegs unangenehmen älteren Herrn. Er hatte neben anderen auch Schulenburg im Gefängnis besucht und war imponiert von dessen Gelassenheit. Ganz nebenbei erwähnte er, Schulenburg habe die ganze Zeit mit einer merkwürdigen, überlangen Pfeife gespielt, von der er sich offenbar nicht zu trennen vermochte.

George F. Kennan
Ein unbestechlicher Beobachter des Weltgeschehens
(1990)

Im Januar 1947 – George Marshall war seit kurzem Außenminister, Dean Acheson sein Unterstaatssekretär – wurde George Kennan eines Tages zu Acheson gerufen, der ihm mitteilte, General Marshall habe beschlossen, einen Planungsstab im State Department einzurichten, und er, Kennan, solle dessen erster Direktor werden.

Kennan, der zuletzt Botschaftsrat in Moskau gewesen war, hatte noch keinen selbständigen größeren Posten gehabt. Sein Name war außerhalb des State Department nur den Russland-Spezialisten bekannt. Als aber im gleichen Jahr in der Juli-Ausgabe von *Foreign Affairs* ein Artikel erschien, der den Titel trug »Sources of Soviet Conduct«, und als die *New York Times* dann noch herausfand, dass der Autor, der mit Mr. X gezeichnet hatte, George Kennan war, der Chef des neuen Planungsstabs, da änderte sich dies mit einem Schlag.

Die Kommentatoren griffen zu Papier und Feder. In allen europäischen Kabinetten wurde der Artikel, seine Analyse und die Perspektiven, die er aufzeigte, diskutiert. Jedermann meinte, nun endlich das offizielle Konzept Washingtons zu erfahren – dabei handelte es sich im Grunde nur um Kennans persönliche Meinung. Dennoch sollte jene Spekulation sich bestätigen, denn Kennans Schlussfolgerungen wurden sehr bald zur offiziellen Politik. Seine Analyse war das Fundament für die von Truman und Acheson eingeleitete Politik der Eindämmung des sowjetischen Imperialismus.

Nie zuvor und nie wieder seither hat ein Artikel eine solche Resonanz, eine so nachhaltige Wirkung gehabt. Immer wieder wurde er nachgedruckt, Jahre hindurch zitiert. Walter Lippmann schrieb im Sommer und Herbst jenes Jahres eine Serie von zwölf Folgen, die sich kritisch mit Kennans Gedanken auseinandersetzte. Und auch heute, Jahrzehnte danach, weiß jeder politische Kommentator, was gemeint ist, wenn vom Artikel des Mr. X die Rede ist.

Ein Wort zur Genesis dieser sensationellen Niederschrift: James Forrestal, *Secretary of the Navy,* hatte Kennan einen Aufsatz über Russland geschickt mit der Bitte, ihn sein Urteil wissen zu lassen. Kennan fand es einfacher, seine in vielem abweichende Meinung in einem eigenen Papier zum Ausdruck zu bringen, denn während der letzten zwei Jahre in Moskau hatte er nichts anderes getan, als über das Wesen der sowjetischen Macht nachzudenken und darüber, welche Probleme sie für die amerikanische Politik aufwirft. Als er bald darauf über dieses Thema vor dem Council on Foreign Relation in New York sprach, wo auch Hamilton Armstrong, der Chefredakteur von *Foreign Affairs,* ihn hörte, bat dieser ihn, einen Artikel dazu zu schreiben. Kennan fragte Forrestal und das State Department um Erlaubnis und schickte Armstrong das für Forrestal konzipierte Papier.

Er schickte es, ohne die geringste Ahnung zu haben, was da auf ihn zukommen würde, und vor allem ohne schließlich die geringste Freude an seinem Erfolg zu haben. Einiges war missverstanden worden: Er fand seine Empfehlung, *con-*

tainment of Russia – Eindämmung Russlands –, als Grundorientierung gedacht, zur Doktrin erhoben. George Kennan, der selber sagt: »*When I think about foreign policy, I do not think in terms of doctrines. I think in terms of principles*«, litt schwer. Als hoher Beamter des State Department konnte er zu all diesen Interpretationen nicht Stellung nehmen, auch nicht auf Lippmanns Serie antworten. Am Ende lag er mit Magengeschwüren im Hospital: »Ich fühlte mich wie einer, der einen Felsbrocken auf einer Bergspitze losgetreten hat und nun hilflos zusehen muss, wie dieser seinen verhängnisvollen Lauf ins Tal unaufhaltsam fortsetzt.«

Im ersten Band seiner Memoiren schildert Kennan, was ihm vorgeschwebt hat, als er den X-Artikel schrieb. Er fand, dass Amerika während des Krieges und auch in der Periode danach der sowjetischen Expansionslust zu viele Konzessionen gemacht hatte, in der Hoffnung, auf diese Weise eine positive Zusammenarbeit zwischen Amerika und der Sowjetunion für die Nachkriegszeit sicherstellen zu können. Er fürchtete, dass die vielen Leute und manche Regierungen, die die Vergeblichkeit dieses Bemühens beobachtet haben, alle Hoffnung würden fahren lassen und sich dem Defätismus anheimgeben könnten, anstatt sich gemeinsam gegen die sowjetische Expansion zu wappnen. Eben darum *containment of Russia* als wichtigste Aufgabe. In dem Artikel hieß es, es sei notwendig, die Russen mit einer wirklichen Gegenkraft zu konfrontieren.

Nun hatte Kennan aber nicht so sehr militärisches als vielmehr politisches Containment gemeint – hier saß das Missverständnis. Sein Plan war es nicht, rund um die Sowjetunion militärische Stützpunkte aufzubauen, um auf diese Weise jede Aggression zu verhindern. Er war überzeugt, dass die Sowjetunion keine Lust hätte, noch weitere Gebiete zu annektieren. Die Sowjets haben sich einmal, in Finnland, die Finger verbrannt, so räsonierte er, auch scheuten sie die Verantwortung, die eine offene Invasion mit sich bringe, und arbeiteten darum sehr viel lieber politisch über Agenten und Strohmänner. »Wenn ich politisch sage«, fügte er hinzu, »heißt dies keineswegs ohne Gewalt, sondern, dass die Gewalt innenpolitisch ist, nicht international – dass es sich also, wenn man so will, um eine Polizeiaktion handelt, nicht um ein militärisches Unternehmen.«

Zwei Grundüberzeugungen ziehen sich durch alles, was Kennan während der letzten vierzig Jahre in Artikeln, Interviews, Büchern und bei Hearings im Senat immer wieder und mit großer Konsequenz vorgetragen hat. Erstens: Es ist falsch, alle Energien immer nur auf das Militärische zu konzentrieren. Zweitens: Viel wichtiger ist die geistige, soziale und ökonomische Situation eines Landes.

Er war gegen die Errichtung der Nordatlantischen Allianz und der Nato, jedenfalls in der schließlich vollzogenen Form. Er meinte, durch die ständige Diskussion des militärischen Ungleichgewichts und durch die Stimulierung militärischer Rivalität werde die Gefahr, die man bannen wolle, erst richtig heraufbeschworen. Auch war er überzeugt, der Aufbau einer umfangreichen Militärmaschine werde die notwendige Konzentration auf das wirtschaftliche Wiederaufbau-Programm behindern und große Teile der dafür dringend benötigten finanziellen Mittel beanspruchen. Heute sieht er sich bestätigt: »Die militärische Rivalität sowohl auf den Meeren als auch hinsichtlich der Nuklearwaffen erhält jetzt ihr eigenes Momentum; unaufhaltsam bewegt sie sich vorwärts wie ein Objekt im Weltraum« *(riding along on its own momentum like an object in the space).*

Überdies hielt Kennan den Prager Coup im März 1948, der ja die Gründung des Nordatlantikpaktes ausgelöst hatte, für kein so einschneidendes Ereignis. Er hatte diese Entwicklung schon im Herbst 1947 kommen sehen. Am 7. November 1947 hatte er Marshall eine Analyse der Weltsituation übergeben, in der er voraussagte, die glücklicherweise erfolgreiche »Eindämmung« der Sowjetunion müsse ja dazu führen, dass Moskau nun an der westlichen Peripherie des Imperiums die Schotten dichtmachen werde. Solange der Kommunismus immer weiter nach Westen vordrang, diente es, so meinte er, den russischen Interessen, in der CSSR zu zeigen, wie »frei« man im östlichen Orbit leben könne – nun aber werde dies anders werden: »Wir müssen uns darauf gefasst machen, dass sie die demokratischen Institutionen einfach wegfegen werden, um die kommunistische Macht zu konsolidieren.«

Kennan fand es auch falsch, Deutschland wiederzubewaffnen, weil er befürchtete, Osteuropa und die Sowjetunion könnten dann aus Angst vor Deutschland zu einem Block zusammengeschweißt werden, wodurch die Teilung nicht nur Deutschlands, sondern Europas verewigt würde. Er hat schließlich den Krieg in Vietnam tief beklagt, weil er ihn von Anfang an für ungerechtfertigt und überflüssig hielt und für sinnlos auch im Sinne der Protagonisten dieses Unternehmens; er meinte, dass dieser Kriegsschauplatz die Aufmerksamkeit von den eigentlichen wichtigen Problemen, der Kontrolle und der schrittweisen Eliminierung der Atomwaffen, ablenken werde.

In einem einstündigen Fernsehinterview mit Eric Sevareid im Juli 1975 antwortete Kennan auf die Frage, wie er sich erkläre, dass es überhaupt zu Vietnam hatte kommen können: »Ich komme beim Nachdenken immer wieder zurück auf die hypnotische Kraft des Syndroms, das wir ›Kalter Krieg‹ nennen. Es ist dem politischen Leben Amerikas in der Zeit des McCarthyismus und während der Auseinandersetzung über unsere China-Politik aufgezwungen worden. Mir scheint, dass seither jede Regierung Angst hatte, sie könne beschuldigt werden, nicht antikommunistisch genug zu sein.«

Dies sagt ein Mann, der nicht naiv nach Osten blickt, sondern einer, der Russland, seine Geschichte und Zeitgeschichte wie ganz wenige andere kennt und der sehr früh feststellte, dass der sowjetische Imperialismus nur dann gestoppt werden kann, wenn er auf Widerstand stößt. Immer schon hatte Kennan vor dem Machtanspruch der Sowjets gewarnt.

Dean Acheson schreibt in seinen Erinnerungen *Present at the Creation*, George Kennan, der damals Chargé d'Affaires in Moskau war, habe auf Anforderung einen Kommentar zu der überraschend feindlichen Rede gekabelt, die Stalin am 9. Februar 1946 festgehalten hatte. Der Außenminister schreibt: »Ein langer, wahrhaft bemerkenswerter Bericht, der einen tiefen Eindruck auf das Denken innerhalb der Regierung machte – auch wenn es noch ein ganzes Jahr dauerte, bis die Regierung sich entschloss, entsprechend den Beweisen für die kennanschen Thesen, die dann vorlagen, zu handeln. Kennan diagnostizierte auch den Grund der sowjetischen Neurotik, mit der Moskau die weltpolitischen Probleme betrachtet: Jahrhunderte von Furcht – physischer Furcht der Bürger und politischer Furcht der Herrscher. Für die Regierung – sowohl zaristischer als auch bolschewistischer Prägung- war immer Infiltration durch den Westen die größte Gefahr.«

Acheson fährt fort: »Kennan sagte voraus, sowjetische Politik werde es sein, jedes Mittel zu nutzen, um den Westen zu unterwandern, zu teilen und zu schwächen; die Mittel würden die kommunistischen Parteien, die Diplomatie, die internationalen Organisationen einschließen; die Sowjets würden alles, was ihnen nicht passt, blockieren, Finten ersinnen, schwache Stellen ausfindig machen...«

George Kennan meint, es sei ein großer Fehler gewesen, die amerikanische Öffentlichkeit so schlecht vorbereitet zu haben auf den Umschwung von der Kriegsallianz – »die tapferen und beklagenswerten russischen Verbündeten!« – zur Rivalität der Nachkriegszeit – »die bösen sowjetischen Störenfriede«. Die Konsequenz der daraufhin einsetzenden Enttäuschung sei jener aggressive Antikommunismus gewesen, der Ende der vierziger Jahre durch Moskaus immer neue Vorstöße in Osteuropa reichlich Nährstoff bekam. Als eine Art Faustregel im Umgang mit Russen formulierte er einmal: »Nur diejenigen können mit den Russen auskommen, die bewiesen haben, dass sie ebenso gut ohne sie auskommen können.«

Hieß seine eine Grundregel: Nicht alles auf das Militärische konzentrieren, so war seine andere, bei vielen Äußerungen immer wieder durchscheinende Überzeugung die Komplementärgröße zu der ersten, nämlich: Die geistig-moralische und sozial-ökonomische Verfassung eines Gemeinwesens ist wichtiger als die militärische Stärke. Er meint, wenn man der tiefsitzenden Angst der Leute nachgehe, dann stelle man fest, dass sie sich gar nicht von außen bedroht fühlten, sondern dass ihre Unsicherheit vielmehr aus dem Inneren wachse, aus dem Bewusstsein, die eigene Zivilisation sei schwach geworden: »Die Schwäche einer übertrieben materialistischen Zivilisation, die Unfähigkeit, sich zusammenzureißen und der Bevölkerung im Frieden irgendeine Disziplin oder gar ernsthafte Opfer abzuverlangen.«

Vielleicht kann man diesen Grundzug George Kennans nur dann verstehen, wenn man sich Rechenschaft darüber gibt, dass er das Endprodukt einer langen Reihe landgebundener Generationen ist. Alle seine Vorfahren waren Farmer. Wie sehr er selber noch diesem Lebenskreis verhaftet ist, merkt man erst, wenn man bei ihm auf seiner Farm in Pennsylvania ist oder wenn man ihn in Norwegen, der Heimat seiner Frau, besucht, wo die beiden stets einige Wochen im Sommer verbringen.

Dort auf dem Lande, in Pennsylvania oder Norwegen, da lebt Kennan nicht wie ein Botschafter auf seinem Sommersitz, sondern wie ein Bauer, der alles selber bastelt, der gelernt hat, sich zu bescheiden. In derben Stiefeln und alter Joppe stapft er umher, baut an einem Schuppen, legt eine neue Steintreppe an, zimmert ein Fenster, konstruiert eine Seilwinde. Seine Werkstatt, in der alles erdenkliche Handwerkszeug sauber der Größe nach aufgehängt ist, verrät eine gewisse Pedanterie. Sich abfinden und sich einschränken, diese Tugenden hat er dort, auf dem Lande, wo nicht alles machbar, nicht alles für Geld zu haben ist, schätzen und praktizieren gelernt.

Aus diesem Gefühl stammt wohl auch die Antwort, die er einmal auf die Frage gab, warum denn der Marxismus für die Jugend trotz Prag und Solschenizyn noch immer so viel Anziehungskraft besitze. Kennans Antwort: »Ich kann mir dies nur als die sublimierte Form einer Aversion gegen die moderne Gesellschaft erklären; gegen ihren Materialismus, ihren Mangel an Idealen, ihren ständigen Appell, den sie nicht an die Bereitschaft, für das Ganze Opfer zu bringen, richtet, sondern an private, egoistische Zielsetzungen. Ich denke, wir alle zusammen haben die Jugend in mancher Beziehung sitzengelassen, und ich meine, dass vielmehr dies als irgendein tiefes Verständnis für den Marxismus der Grund dafür ist, dass sie sich dieser Slogans bedient.«

Seitdem ich George Kennan Anfang der fünfziger Jahre bei Ernst Kantorowicz in Princeton kennenlernte, habe ich mich oft gefragt, worin eigentlich das Charisma besteht, das er unbestreitbar besitzt. Wieso hat er, so frage ich mich, einen so starken Einfluss auf junge Leute, auch wenn sie manche bittere Wahrheit von ihm zu hören bekommen? Wie kommt es, dass die jeweilige Regierung in Washington seit Roosevelts Zeiten und bis heute mit gespannter Aufmerksamkeit lauscht, wenn er deren Politik kritischer Betrachtung unterzieht?

Ist es der Historiker, dessen glasklare, emotionslose Analyse der jeweiligen Situation fasziniert, oder die kenntnisreiche, differenzierte Betrachtungsweise des weltoffenen Diplomaten oder schließlich die brillante Darstellung, die den großen Schriftsteller verrät, der, auch wenn er nicht ein bedeutender Historiker und einflussreicher Diplomat wäre, mit seinen Werken in das Pantheon eingehen würde?

Ich weiß, dass er dies alles auch ist, aber wichtiger bei der Beantwortung jener Frage scheint mir etwas anderes zu sein. Das, was George Kennan zu einer ziemlich einmaligen Erscheinung macht, ist seine moralische Autorität:

Seine Unbestechlichkeit Erfolg und Ruhm gegenüber. (Als ich ihm vor Jahren einmal voller Stolz vom Erfolg der *Zeit* berichtete, sagte er nur: »*Oh, Marion, beware of success!*«)

Ferner sein Unangefochtensein durch Rücksichtnahme auf Karriere oder Popularität. Es ist erstaunlich, mit welcher Bedenkenlosigkeit ein übertrieben korrekter Beamter und eher schüchterner Mensch sich nie gescheut hat, offene Kritik an der höchsten Führung zu üben, wenn die Sache dies nach seiner Meinung erforderte – beispielsweise bei der Deutschlandpolitik oder bei Vietnam.

Schließlich seine Unabhängigkeit gegenüber allem, was gerade Mode ist, was bewundert oder kritisiert wird, was als modern, kultiviert oder als reaktionär verdammt wird. (Er findet, Apartheid ohne soziale Diskriminierung entspreche bei Rassenverschiedenheit dem normalen Bedürfnis aller Beteiligten.)

Jeder denkende Mensch meidet Klischees, aber George Kennan entlarvt auch die, die man noch gar nicht als solche erkannt hat: »Dass der Frieden unteilbar ist« – wer hätte diese Metapher nicht schon benutzt –, »dies«, sagt er, »ist einfach nicht wahr und war zu keiner Zeit wahr. Immer wird es Konflikte geben, und die Sicherheit kann nur darin liegen, diese Konflikte zu isolieren und zu entschärfen. Wenn man darauf wartet, dass der ungeteilte Frieden sich einstellt, dann muss man in alle Ewigkeit darauf warten, anstatt zu handeln.« Oder: »Von allen Klischees, die zum Repertoire der Nato gehören, gibt es keines, das weniger mit der Wirklichkeit zu tun hat als das Gerede von einer ›nuklearen Erpressung‹. Wo, wann, gegen wen ist sie denn je eingesetzt worden?«, so fragt er.

»Sie behaupten, George sei emotionslos«, sagte ein gemeinsamer Freund, mit dem ich über Kennan sprach, und fuhr fort: »Ich kenne niemanden, der so sehr Stimmungen unterliegt, der so leicht deprimiert ist, so sehr an der Welt, der Menschheit, dem eigenen Schicksal leidet.«

Es ist richtig, Kennan ist im Grunde ein melancholischer, sensibler Mensch, den jedes Ereignis in Schwingung versetzt, aber das meine ich nicht. Solche Emotionen befähigen ihn, das Tragische im Ablauf der Geschichte zu spüren, die hoffnungslose Diskrepanz zwischen Denken und Handeln, zwischen Planen und Vollenden. Dies ist es, was George Kennan eine Dimension mehr verleiht, als die meisten Beobachter besitzen. Aber wenn es ums akademische Analysieren geht – und daran dachte ich –, dann ist er ganz unbestechlich, ganz unangefochten durch eigene Wünsche, Absichten oder Emotionen.

Es ist wahr, er hat es schwer mit seiner Dünnhäutigkeit. Immer ist er von allen Spannungen, Katastrophen und Unbilden betroffen – ob sie sich auf weltpolitischer Bühne ereignen oder im Familien- und Freundeskreis. Sich selbst gegenüber ist er von äußerster Radikalität in seinen Forderungen. Für andere hingegen bringt er viel Geduld auf. Er versteht es, zuzuhören, auch dann noch, wenn er längst gemerkt hat, dass es sich nicht lohnt; er drängt niemandem seine Erkenntnisse auf, hält nie belehrende Vorträge, aber er weiß sehr genau, was sein Urteil wert ist. Mit anderen Worten: Er kennt seinen Rang und ist dennoch von äußerster Bescheidenheit.

Im Februar 1945 – in Jalta tagte die Kriegsallianz im Hochgefühl und Überschwang des bevorstehenden Sieges über Hitler – erhielt Chip Bohlen, der als Berater und Dolmetscher Roosevelts an der Konferenz teilnahm, einen Brief von George Kennan aus Moskau, den er in seinem Buch *Witness to History* erwähnt. Bohlen schreibt: »Kennan, der sechs Monate zuvor als Botschaftsrat an die Botschaft nach Moskau gegangen war, war von tiefem Pessimismus erfüllt. Er hielt nichts von den optimistischen Äußerungen, die im Licht der militärischen Erfolge allenthalben gemacht wurden. Er sah voraus, dass die Konflikte unvermeidbar sein würden, die aus dem Wunsch der Alliierten, in Europa gesicherte, unabhängige Nationen zu etablieren, einerseits und dem sowjetischen Drängen nach Westen andererseits entstehen mussten.«

Kennan hatte damals schon eine Reihe von Vorstellungen hinsichtlich der politischen Richtlinien, die er dem Freund in Jalta an die Hand gab. Was Deutschland anbetraf, so war sein Rat, dass die Vereinigten Staaten die Teilung Deutschlands als Faktum akzeptieren, weil es unmöglich sei, gemeinsam mit den Russen eine Verwaltung zu führen, dass aber sofort begonnen werden müsse, zusammen mit England und Frankreich eine westeuropäische Föderation zu gründen, die Westdeutschland einschließt.

George Kennan hat die Fähigkeit, ganz ohne Illusionen, aber auch ohne jede Ranküne zu analysieren und zu diskutieren. In einem Interview, das *Foreign Policy* im Sommer 1972 veröffentlichte, konterte er eine Betrachtung seines Gesprächspartners: »Sie führen eine Reihe von Dingen an, die Russland zur Last gelegt werden: die Entsendung seiner Flotte in ferne Ozeane, Programme für militärische und industrielle Entwicklungshilfe, Verträge mit den Arabern und mit Indien, ausgedehnte Handelsbeziehungen mit bestimmten Ländern. Das ist alles richtig. Aber gibt es irgendeinen Grund, warum ein Land von der Größe Russlands und seines ökonomischen Potentials diese Dinge nicht tun sollte? Gibt es etwas in dieser Aufzählung, was wir Amerikaner nicht tun, worin wir nicht vorangegangen wären?« Irgendeine Sonderstellung für Amerika zu fordern entspricht nicht Kennans Weltbild. Und den Missionseifer, mit dem einige seiner Landsleute vor allem zu Dulles' Zeiten die Welt zu beglücken trachteten, findet er politisch abwegig schon deshalb, weil dadurch Erwartungen geweckt und Verpflichtungen eingegangen werden, die höchst lästig sind oder werden können. Darum war er 1947 auch entschieden gegen gewisse Passagen der Truman-Doktrin, beispielsweise gegen den Satz des Präsidenten: »Ich glaube, es muss die Politik der Vereinigten Staaten sein, diejenigen freien Völker zu unterstützen, die der Unterdrückung durch bewaffnete Minderheiten oder auswärtigen Druck widerstehen.« Kennan konnte nicht verstehen, warum man die spezifische Hilfe für Griechenland in den Mantel universaler Deklaration kleidete.

Als ihn jemand einmal fragte: »Ist es eigentlich den Russen gelungen, uns zu überrunden?«, antwortete Kennan: »Nein, wir – wie auch die Russen – haben uns unsere Niederlagen selbst beigebracht; keiner von beiden war den eigenen anmaßenden Prätentionen früherer Jahre gewachsen.« Kennans sachliches und ungemein objektives Verhältnis zur Sowjetunion und zum Kommunismus hat die Ideologen und Fanatiker jeglicher Couleur verärgert: Die einen tadeln ihn als *appeaser,* die anderen als Kalten Krieger. Dulles nannte seine Konzeption »negativ, nutzlos und unmoralisch«.

George Kennan kümmert dies alles wenig. Er scheut sich nicht, öffentlich zu erklären, dass er gegen eine egalitäre Gesellschaft ist. Er bezeichnet sich selbst als »Elitisten«, also als jemanden, der an Eliten glaubt. Er hoffe, dass sein Land nie ohne eine Elite sein werde, denn was sei die Alternative anderes als graue Mittelmäßigkeit.

Zuweilen hat er Ansichten, die ihn nach landläufiger Terminologie zum »Reaktionär« stempeln – aber ich habe nie gehört oder gelesen, dass er als solcher bezeichnet worden wäre. Jedermann spürt, dass er viel zu nuanciert ist, um in solche Kategorien gepresst zu werden. Auch gewährt Lauterkeit wahrscheinlich eher Sicherheit gegen unqualifizierte Angriffe als der übliche Panzer aus Arroganz und banalen Modewahrheiten. Manchmal bringt das, was er beispielsweise über die Dritte Welt oder über Südafrika von sich gibt, auch mich in Harnisch, aber seine Begründungen sind so differenziert, dass ich mich hinterher frage, ob nicht vielleicht doch ich unrecht habe und nicht er. In der Zeit, in der die entscheidenden Fundamente für die Epoche nach dem Zweiten Weltkrieg gelegt wurden: Truman-Doktrin, Marshallplan, Japan-Politik, war George Kennan als Chef des Planungsstabs im State Department instrumental und verantwortlich an den Entscheidungen beteiligt.

Es ist interessant, von ihm zu hören, wie kurz entschlossen ein so gewaltiges Werk wie der Marshallplan in Szene gesetzt worden ist – von den ersten Denkanstößen bis zur

Verkündung sind nur fünf Wochen, allerdings intensivster Arbeit, vergangen.

Am 28. April 1947 kam George Marshall höchst deprimiert von der Außenministerkonferenz in Moskau zurück. Ihm war klar geworden, dass die Sowjets ein Interesse am wirtschaftlichen Niedergang Europas als Vorstufe zur »Machtergreifung der Kommunisten« hatten und dass es keinerlei gemeinsame Politik der Sieger geben könne. Er ließ Kennan kommen, der den Posten im Planungsstab noch nicht übernommen hatte, und trug ihm auf, einen Ad-hoc-Stab zusammenzustellen und in möglichst kurzer Zeit einen Bericht zu verfassen, der die wichtigsten Empfehlungen für das, was in Europa geschehen müsse, aufzeige; denn, so die Begründung, der Zustand dort verschlechtere sich in rapider Weise.

Am 5. Mai war der Stab beisammen. Es waren etwa ein halbes Dutzend Leute, von denen jeder Zugang zu den Erfahrungen einschlägiger Experten in verschiedenen Ministerien und Abteilungen hatte. Sie arbeiteten Tag und Nacht. Am 23. Mai legten sie Außenminister Marshall ihren Bericht vor, bei dem sie zwischen kurzfristigen und langfristigen Empfehlungen unterschieden. Der Außenminister versammelte am 28. Mai die Spitzen des Amts und die zuständigen Abteilungsleiter in seinem Büro und ließ die Arbeit in allen Einzelheiten diskutieren. Dann wurde Kennan aufgefordert, zu der Kritik Stellung zu nehmen. Er begründete noch einmal die wesentlichen Richtlinien, von denen er und der Planungsstab ausgegangen waren: Erstens: dass Deutschland wirtschaftlich wieder voll und ganz auf die Beine gestellt wird und dass dies einen entschiedenen Beitrag für ein wiedererstarkendes Europa abgeben soll. Zweitens: dass die Europäer selber die Initiative für ein solches Programm ergreifen und Verantwortung übernehmen müssen. Drittens: dass das Angebot ganz Europa – also auch den Osteuropäern – gegenüber abgegeben werden soll, damit, wenn denn Europa schon geteilt werden müsse, dies durch die Antwort der Russen und nicht durch die Offerte der Amerikaner geschieht.

Diese Grundgedanken und Erkenntnisse sind dann in vollem Umfang in die berühmte Rede eingegangen, mit der General Marshall am 7. Juni 1947 in Harvard das »European Recovery Program« verkündete.

In jener ersten Phase der Nachkriegszeit, in der die Welt sozusagen neu geschaffen wurde, in der die Strukturen verändert, andere soziale Muster erprobt und neue Allianzen gebildet wurden, kam dem Planungsstab so viel Bedeutung zu, wie er seither nie wieder gehabt hat. Dies lag zum Teil daran, dass die Politiker und auch die Bürokratien in den Ministerien damals mit akuten Problemen so vollständig ausgelastet waren, dass der Planungsstab für seine langfristigen Überlegungen unangefochtenen Spielraum bekam, und zum anderen lag es in der Person George Kennans.

Anders als die meisten Politiker und fast alle politischen Beobachter, die im Allgemeinen nur die Anregungen anderer weiterdenken oder ergänzen, ist er ein originärer Denker. Damals, an jenem Wendepunkt in der Geschichte, hat er die Welt und ihre Entwicklungstendenzen sowie die Akteure und deren Ambitionen neu zu durchdenken vermocht – nicht als Politiker, der von tausend Dingen abhängig ist, sondern als kreativer Mensch mit großem historischem Wissen und politischer Phantasie.

Nachdem die Planung für Europa konzipiert und von höchster Stelle verkündet worden war, wandte sich die Aufmerksamkeit des Planungsstabs im Herbst 1947 Asien und dem anderen besetzten Gebiet – Japan – zu. Kennan sah die Entwicklung sehr zutreffend voraus: »Solange die chinesischen Kommunisten eine Minderheitsbewegung sind, die um ihr Leben kämpft…, müssen sie gute Beziehungen zu Moskau unterhalten. Sollten sie zu einer Mehrheit werden, sollte es ihnen gelingen, einen größeren Teil Chinas unter ihre Kontrolle zu bekommen, dann könnte es sein, dass ihre Beziehung zu Moskau von da ab nicht viel anders sein wird als heute diejenige Tschiang Kai-sheks – denn dann wären sie viel eher in der Lage, eine unabhängige Position Moskau gegenüber einzunehmen.«

In Washington gab es damals kein Konzept für Japan. Die Vorstellung war ganz einfach, dass nach vollzogener Entmilitarisierung und nach Sicherstellung der Reparationsleistung die Besetzung beendet und ein Friedensvertrag abgeschlossen werden würde. Im Juli 1947 hatte das State Department auf Vorschlag McArthurs an die elf Mitglieder der Far East Commission Einladungen zu einer Vorkonferenz geschickt, die den Entwurf des Friedensvertrags vorbereiten sollte. Russen und Nationalchinesen widersprachen diesem Plan heftig. Glücklicherweise, meint Kennan, denn wäre zu diesem Zeitpunkt ein Friedensvertrag zustande gekommen, wäre also Japan geräumt und dann sich selbst überlassen worden, hätte niemand sagen können, was aus dem Land geworden wäre. Nicht nur, weil es in einem vollständig wehrlosen Zustand und nach Abtretung der Kurilen und Südsachalins an die Russen auch noch von sowjetischen

Stützpunkten eingekreist war, sondern weil auch die kommunistischen Fortschritte in China nicht ohne Einfluss auf Japan hätten bleiben können.

Niemand, weder in Washington noch bei den alliierten Regierungen, hatte sich den Kopf darüber zerbrochen, auf welche Weise das Land sich werde schützen können. Der Chef des Planungsstabs, George Kennan, legte darum im Oktober jenes Jahres seine Besorgnis in einem Papier für Außenminister Marshall nieder und schlug vor, die Vorbereitung eines Friedensvertrages einstweilen zurückzustellen.

Ende 1948 wurde Kennan von Marshall nach Japan geschickt, um die Situation zu studieren. Seine Schilderungen waren niederschmetternd: Millionen ausgebombter Leute, die Besatzungskosten auf etwa ein Drittel des staatlichen Budgets angestiegen, Chaos in der Industrie, wo laut Befehl die großen Konzerne aufgelöst werden mussten, ohne dass gesagt worden wäre, was weiter geschehen solle. Säuberungsprozesse, die ein gigantisches Ausmaß angenommen hatten – allein 120 000 Lehrer, insgesamt 700 000 Personen waren bereits mit Methoden und nach Gesichtspunkten, die für niemanden durchsichtig waren, »entnazifiziert« worden, und noch war das Ende dieser Massenveranstaltung nicht abzusehen.

Kennans Bericht enthielt detaillierte Empfehlungen: Lockerung des Besatzungsregimes, mehr Verantwortung für die Japaner; weniger Reformen, mehr wirtschaftlicher Wiederaufbau; Stopp der Reparationen und der Reinigungsprozesse; Reduzierung der Besatzungsarmee und der Besatzungskosten auf ein Minimum; Verstärkung der japanischen Polizei, Ausrüstung einer starken Küstenwache und maritimer Polizeikräfte. Bei all seinen Empfehlungen behielt er immer das Ziel vor Augen, letzten Endes mit den Russen zu einem Arrangement zu kommen: Rückzug der amerikanischen Verbände aus Japan (mit Ausnahme von Okinawa) gegen gewisse russische Zusicherungen in Korea.

Jene Empfehlungen, die Ende 1948 vom National Security Council und vom Präsidenten genehmigt worden waren, sind dann zur Grundlage der neuen Politik in Japan geworden.

Im ersten Band seiner Memoiren schreibt George Kennan abschließend: »Ich habe das Gefühl, dass, nach der Arbeit am Marshallplan, mein Anteil am Zustandekommen dieser Veränderungen der wichtigste konstruktive Beitrag gewesen ist, den ich für die Regierung in all den Jahren habe leisten können.«

Damit allerdings sollte seine offizielle Tätigkeit auch ihr Ende finden. Am 1. Januar 1949 hatte Dean Acheson die Führung des State Department übernommen. Kennans Beziehungen zu diesem Chef waren anders und schwieriger als die zu Marshall. Und als im Herbst 1949 die obere Etage des State Department plötzlich verlangte, dass die Papiere des Planungsstabs von den Unterstaatssekretären und Abteilungsleitern diskutiert werden sollten, ehe sie den Außenminister erreichten, dass sie also diesem nicht mehr direkt vorgelegt werden dürften, sah Kennan keinen Sinn mehr in seiner Tätigkeit. Der Zweck des Planungsstabs war es ja gerade gewesen, den Minister mit Informationen und Ansichten zu konfrontieren, die er auf dem üblichen Instanzenweg nicht bekam.

Es fiel Kennan umso leichter, das State Department zu

verlassen, als er hinsichtlich des Atlantik-Paktes anderer Auffassung war als das State Department, weil er, wie schon dargestellt, die Gefahr einer russischen Offensive nach Westen nicht gegeben sah.

Sein Konzept ging – im Gegensatz zum State Department – von zwei Voraussetzungen aus. Erstens: Deutschland darf nicht wiederbewaffnet werden und muss außerhalb der Nato bleiben. Zweitens: Es muss alles getan werden, um den Weg für eine spätere Überwindung der Teilung Europas offenzuhalten. Der Abfall Titos von Moskau im Juni 1948 bestärkte ihn in der Ansicht, es müsse möglich sein, in Europa eine Zone militärischer Neutralität zu schaffen, aus der sich zu gegebener Zeit sowohl die Amerikaner als auch die Russen zurückziehen könnten. Weder die US-Regierung noch die europäischen Alliierten teilten seine Meinung: »Meine Freunde, denen die Teilung Europas weniger Kummer bereitete – manchen machte sie sogar Freude –, dachten nur daran, wie sie einen sowjetischen Angriff, den die Militärs für Anfang der fünfziger Jahre voraussagten, am besten abschrecken könnten.«

Im Juni 1949 verließ Kennan Washington. Noch schied er nicht endgültig aus dem Dienst aus, sondern trat einen langen, unbezahlten Urlaub an, der nur im Mai 1952 unterbrochen wurde, als das State Department ihn zum Botschafter in Moskau ernannte. Aber schon nach acht Monaten wurde er von Moskau zur *persona non grata* erklärt und musste die Sowjetunion wieder verlassen. Als Dulles dann im Frühling 1953 plötzlich erklärte, für George Kennan sei kein Platz mehr im diplomatischen Dienst und auch nicht in der Administration – Kennan hatte nämlich in einer Rede dessen

Wahlkampfparolen vom *roll back* des Kommunismus und der »Befreiung der Satelliten« scharf angegriffen –, wurde der ehemalige Diplomat als Historiker nach Princeton zum Institute for Advanced Studies geholt, wo damals die weltbewegenden Geister der Zeit arbeiteten: Albert Einstein, Robert Oppenheimer, Johann von Neumann…

Das Institut – kein riesiges Gebäude, eher ein großes Landhaus – liegt in einem Park am Rande von Princeton, es ist eine einzigartige Einrichtung. Es gibt dort keine Studenten und auch keinerlei Verpflichtungen für die Berufenen. Es ist einfach ein Platz, der denen, die zu außerordentlicher Leistung befähigt sind, ein Gehalt und ideale Arbeitsmöglichkeiten bietet: Spezialbibliotheken, Schreibkräfte, ruhige Arbeitsräume. Dort sind viele Bände des kennanschen Œuvres entstanden.

Eigentlich ist es unverzeihlich, dass das State Department nicht versucht hat, Botschafter Kennan mit allen Mitteln zu halten; schließlich war er einer der ersten Karriere-Diplomaten Amerikas. 1924 war der diplomatische Dienst als selbständige Laufbahn eingerichtet worden; im gleichen Jahr war George Kennan nach Abschluss des Studiums eingetreten. Und mit den Jahren ist er dann wirklich zu einem Modell des modernen Diplomaten geworden: Er spricht drei Fremdsprachen fließend: Russisch, Französisch und Deutsch; er kennt die Geschichte und Kultur – insbesondere die Literatur – Russlands und Deutschlands *à fond*; er hat eine besondere Gabe zur Analyse, und seine Berichte zu lesen ist ein Genuss. Überdies: George Kennan – großgewachsen, schlank, gutaussehend – ist charmant, liebenswürdig, musikalisch… Welcher Auswärtige Dienst würde sich nicht glücklich schätzen, durch einen solchen Mann repräsentiert zu sein. Vielleicht aber ist es ein »Naturgesetz«, dass ein so eigenständiger Geist in den großen modernen Apparaturen keinen Platz finden kann.

Noch einmal von der Kennedy-Administration ernannt, war Kennan von 1961 bis 1963 Botschafter in Belgrad. Aber er hielt es nicht lange aus: der Kongress, der den Jugoslawen die Meistbegünstigung verweigerte und gewisse schon zugestandene Vorteile zu streichen drohte, machte es ihm unmöglich, dort zu wirken. Er quittierte den Dienst und ging zurück nach Princeton. Längst freilich hatte sich gezeigt, dass seine Wirkungsmöglichkeit durch Artikel und Vorträge an Universitäten und im Rundfunk weit größer war als auf einem Botschafterposten. Nie zuvor habe ich erlebt, dass vom gesprochenen Wort so viel Wirkung ausgehen kann wie von seinen *Reith-Lectures* im Jahr 1957. Er war damals für ein Studienjahr in Oxford und hatte diesen jedes Jahr von der BBC ausgestrahlten Zyklus von sechs halbstündigen Vorträgen übernommen. Jeden Sonntagabend saßen die politisch interessierten Hörer gebannt am Rundfunk, von Woche zu Woche wuchs ihre Zahl – schließlich waren es Millionen, nicht nur in England, auch auf dem Kontinent.

Was sie zu hören bekamen, war eine Bilanz der Ost-West-Beziehungen aus ganz neuer Sicht. Zwei Themen waren besonders brisant: sein Vorschlag, beide – die östlichen wie die westlichen – Besatzungstruppen zurückzuziehen, also ein *disengagement* herbeizuführen, wozu eine Rede Chruschtschows vor dem Parlament der DDR am 8. August 1957 eine gewisse Anregung bot, und seine Warnung, die kontinentaleuropäischen Mitglieder der Nato nicht mit taktischen

Atomwaffen auszurüsten, weil dadurch später mögliche Abrüstungsverhandlungen enorm erschwert würden. Denis Healey sagte damals, dass seit den berühmten Reden Churchills die *Reith-Lectures* von George Kennan die bei weitem größte Breiten- und Tiefenwirkung gehabt haben. Kennan selbst war von dem Widerhall seiner Vortragsreihe vollkommen überrascht. Als ich ihn kurze Zeit danach in Oxford besuchte, meinte er, er habe sehr lange überlegt, ob er die Reihe wirklich übernehmen solle, denn er hätte immer gefürchtet, dass diese Vorträge ganz langweilig sein würden.

Natürlich war die Resonanz nicht nur positiv. Das offizielle Washington und selbstverständlich auch das damalige Bonn waren wütend: George Kennan sei unrealistisch, sei naiv – Acheson bezeichnet die *disengagement*-Idee als »furchtsame und defätistische Rückzugspolitik«. Die *Neue Zürcher Zeitung* füllte dreimal hintereinander alle vier Spalten ihrer ersten Seite mit zornigen Kommentaren. Sie wetterte gegen »die studierstubenbedingten Vorstellungen George Kennans«, gegen seinen Neutralismus und seine »gewagt optimistische Einschätzung der Immunität innerhalb gesunder Staaten«. Es wäre interessant zu wissen, wer angesichts der Situation in Italien, Spanien und Portugal auch heute noch daran zweifelt, dass soziale und ökonomische Gesundheit den Staaten besseren Schutz gegen kommunistische Pressionen gewähren als militärische Stärke.

Die in den *Reith-Lectures* dargelegte Hauptthese war im Grunde die gleiche, die er schon in den vierziger Jahren vertreten hatte: Den Russen steht der Sinn nicht nach weiteren militärischen Eroberungen, sie halten politische Expansion für risikoloser. Darum muss alles für die wirtschaftliche

Gesundung und die soziale Entspannung der europäischen Staaten getan und unter allen Umständen verhindert werden, dass die Teilung Europas zur Permanenz wird. Sein Vorschlag: *disengagement* der Großmächte, also das Auseinanderrücken der östlichen und westlichen Militärmacht.

Immer war er der Meinung gewesen, das Wichtigste sei es, die Russen wieder aus Zentraleuropa herauszubringen. Er konnte nicht verstehen, warum die Europäer sich von den Amerikanern so abhängig dünkten, dass sie lieber die russischen Divisionen in Kauf nahmen, als auch die US-Truppen abziehen zu sehen.

Das Argument: Die Russen gehen nur hinter die Weichsel, die Amerikaner müssen hinter den Ozean zurück, war für seine Lagebeurteilung unerheblich. Und auf den Einwand, konventionell seien die Russen den Europäern turmhoch überlegen, lautete seine Antwort: Auch während des vorigen Jahrhunderts haben sie stets eine Militärmacht unterhalten, die weit größer war als notwendig – »das war schon 1840 so; es war nach der Revolution von 1917 nicht anders als vor der Revolution«. Neu und bedrohlich sei nur die Tatsache, dass die Russen zum ersten Mal mit ihren Armeen im Herzen Europas stehen. Wenn es gelinge, sie zum Rückzug zu bewegen, dann wäre, so meinte er, die Situation für Westeuropa nicht viel anders als während der ausgehenden Zarenzeit.

Bis Mitte der fünfziger Jahre erschien es mir durchaus zweifelhaft, ob Kennans Theorien den verängstigten Europäern (»Die Sowjets rollen doch in zwei Tagen durch bis zum Atlantik«, hieß es damals) psychologisch ausreichende Sicherheit gewähren könnten. Aber 1958, nach Stalins Tod, nach den Ereignissen in der DDR, in Ungarn und Polen, die doch alle bewiesen, dass es keine monolithischen Kommunisten mehr gab, und angesichts des großen wirtschaftlichen Wiederaufschwungs in Europa erschien mir seine Theorie höchst einleuchtend. Die Entrüstung über ihn aber, so meinte ich, konnte doch nur ein Zeichen dafür sein, dass das Denken der Kritiker auf den alten Schienen eingerostet war und sie von neuen Fakten keine Notiz nahmen. Wie fehl am Platz der Vorwurf war, er sei ein naiver Träumer, zeigen schon wenige Passagen aus jener Vortragsreihe:

»Mir scheint es prinzipiell sehr viel wichtiger, die russischen Truppen aus Mittel- und Osteuropa herauszubringen, als eine neue deutsche Armee aufzustellen, die den Russen, solange sie da sind, widerstehen kann.«

»Gewalt ist und bleibt ein unvermeidlicher Begleiter unseres Daseins. Die Alternative zur unentrinnbaren Gewalt ist nie und nimmer Gewaltlosigkeit… Aus allem, was ich gesagt habe, folgt darum nicht, dass man einseitig auf die atomare Abschreckungswaffe verzichten soll – aber militärische Vorkehrungen sind nicht Selbstzweck, sondern Mittel zum Zweck.«

»Die Nato ist kein Ersatz für Verhandlungen. Der Gegensatz zu den Sowjets ist so komplex, dass wir uns nicht auf ein einziges Mittel verlassen können: weder nur auf Politik noch allein auf militärische Maßnahmen.«

Nichts in der Ostpolitik war während der letzten 25 Jahre bei uns so umstritten wie die sowjetische Note vom März 1952. Nicht nur damals, auch heute entzünden sich gelegentlich noch vehemente Kontroversen an diesem Thema. Darum fragte ich George: »Kannst du mir einmal erklären, warum die drei Siegermächte die sowjetische Note vom 10. März 1952 sogleich abgelehnt haben, anstatt die dahinter stehenden Absichten erst einmal auszuloten?«

Mit dieser Note, über die jahrelang diskutiert wurde und die die Bundesrepublik zeitweise in zwei Lager zu spalten drohte, hatten die Russen offenbar erreichen wollen, dass die Ratifikation des Deutschlandsvertrags und des Vertrags über die Europäische Verteidigungsgemeinschaft erst einmal aufgeschoben wurde. Der Lockpreis: ein der Note beigefügter Friedensvertrag, der die Wiedervereinigung Deutschlands vorsah sowie den Rückzug aller fremden Truppen binnen Jahresfrist; dafür sollte den Deutschen gestattet werden, eigene Streitkräfte, soweit sie zur Verteidigung notwendig sind, zu unterhalten; zur Bedingung wurde gemacht, dass Deutschland keinerlei Militärbündnis eingeht, das sich gegen einen der ehemaligen Kriegsgegner richtet; schließlich wurden Deutschland im Friedensvertrag die demokratischen Rechte einschließlich der Pressefreiheit garantiert.

Kennan antwortete, dass eine Koalition zu schwerfällig sei, um auf derartig plötzliche Angebote reagieren zu können. In diesem konkreten Fall sei die gemeinsame Politik – Eingliederung Deutschlands in die Nato – von langer Hand vorbereitet worden. Alle seien darauf festgelegt gewesen, vor allem England und Frankreich, die damals mehr Angst vor Deutschland gehabt hätten als vor der Sowjetunion. Es würde also viel zu lange gedauert haben, die drei Regierungen und danach auch noch die drei Hochkommissare zu einem neuen Übereinkommen zu bringen. Auf diese Weise haben wir leider nie erfahren, welchen Preis die Russen für den Nicht-Beitritt Deutschlands zur Nato zu zahlen bereit gewesen wären.

Gerd Bucerius, Verleger der *Zeit*, der 1952 noch CDU-Abgeordneter war und den die Frage, ob Adenauer damals richtig gehandelt habe, lange Zeit quälte, hat Kennan gelegentlich gefragt: »War es richtig, dass Adenauer und die CDU/CSU-Fraktion beschlossen, erst die beiden Verträge zu ratifizieren und dann mit den Russen zu verhandeln – schon um nicht den Rapallo-Komplex der Verbündeten zu wecken –, oder hätten Sie uns zur umgekehrten Reihenfolge geraten?«

George Kennans Antwort: »Wenn man wirklich hätte herausfinden wollen, ob die Russen es ernst meinten, dann hätte man die Sache offenhalten und sie, solange man noch eine gewisse Handlungsfreiheit besaß, mit dem Kreml diskutieren müssen. Es war müßig zu glauben, dass ein Deutschland, das Teil der EVG oder der Nato geworden war, noch in der Lage sein könnte, mit den Russen die Frage zu besprechen, die sie am allermeisten interessierte: die Frage der militärischen Zukunft Deutschlands und seiner Allianz.«

In den siebziger Jahren hat Kennan sich mit der Epoche beschäftigt, die zum Ersten Weltkrieg führte: mit dem letzten Viertel des vorigen Jahrhunderts – insbesondere mit der russisch-französischen Allianz. Monatelang ist er herumgereist und hat in den Archiven gearbeitet: in Paris, Moskau, Wien und Bonn sowie in Helsinki, wo eine außerordentlich reiche Sammlung russischer Zeitschriften archiviert ist.

Er hat alte russische Provinzzeitungen gelesen und sich im Hinblick auf den Coburger Ferdinand von Bulgarien sogar um das Hausarchiv in Coburg gekümmert. Übrigens ist dabei ein Nebenprodukt angefallen: die Geschichte von der Wahl des jungen Prinzen Alexander von Battenberg zum bulgarischen Herrscher, die sich vor dem Hintergrund der französischen und russischen Machenschaften, gewürzt mit Bismarcks Pfeffer, umrankt von der Liebesgeschichte Alexanders mit einer preußischen Prinzessin, wie ein Politkrimi liest. Man muss hoffen, dass er dieses Kabinettstück historischer Recherchen, das ganz neue Zusammenhänge aufdeckt, einmal gesondert herausgeben wird.

Wahrscheinlich war George Kennan in gewisser Weise erleichtert, als ihn das Schicksal aus der praktischen Politik entließ und er sich als Historiker und politischer Beobachter der Zeitgeschichte zuwenden konnte. Vor 20 Jahren schrieb er im ersten Band seiner Memoiren den unvergesslichen Satz: *»It helps to be the guest of ones own time and not a member of his household.«* Kennan ist ein wunderbar einfühlsamer »Gast« mit vielen Antennen. Er spürt das Kommende, längst ehe es sich manifestiert, und vermag das Vergangene in einer Tiefendimension zu deuten und zu artikulieren, wie es sonst allenfalls nur Dichter können.

In seinem letzten, 1989 erschienenen Buch beschreibt er in dem Kapitel »Wiedersehen mit Berlin« einen Abend, an dem wir 1960 gemeinsam über das Trümmerfeld von Ost-Berlin wanderten. Diese wenigen Seiten sind von so tiefer Einsicht, sind so eindringlich geschrieben, beschwören die Tragik des menschlichen Daseins und die Aussichtslosigkeit, dem Leben einen Sinn zu geben, in so endgültiger Form, dass ich daraus zitieren möchte. Es sind die Gedanken und Visionen eines Menschen, der Chronist, Moralist und Dichter zugleich ist:

»Mittlerweile war die Abenddämmerung hereingebrochen, jenes lang dahindämmernde Zwielicht nördlicher Nächte.

Unter den Bäumen dunkelte es schon, aber der Himmel war noch hell. Ein Hauch von Gold erfüllte die Luft. Vor uns lag der große Platz, der an die riesige Ruine des wilhelminischen Doms grenzt. Der weite Raum wirkte unendlich still und leer. Nur ein Liebespaar, das unter den Bäumen am Zeughaus stand, entfernte sich betroffen, als wir uns ihm näherten. Um uns herum nichts als Ruinen, die Skelette riesiger alter Bauten, halbdunkle Silhouetten vor dem hellen Himmel. Im ursprünglichen Zustand mögen es anmaßende Imitationen gewesen sein, jetzt vermittelten sie den Eindruck einer so majestätischen Größe, wie ich es noch nie gesehen hatte – nicht einmal in Rom.

Die Einmaligkeit dieses Momentes wurde uns beiden so deutlich, als hätte ein Blitz die Landschaft erleuchtet. Nie zuvor hatte ich solche Stille und Schönheit erlebt, solche Traurigkeit und Zeitlosigkeit. Tod – der Tod war greifbar nah, erfüllte die Luft, ein schweigsamer, erhabener, schwer lastender Tod – sonst nichts.

Hier hatte die unermessliche Tragödie des Zweiten Weltkrieges, die Millionen Toten, das Meer der Trauer und des Kummers, das Verlöschen von Glauben, Leben und Hoffnung ihre Endgültigkeit gefunden. So überwältigend war dieser Eindruck, dass wir nur noch zu flüstern wagten, so, als befänden wir uns in einer feierlichen Kathedrale.

Niemand, keine Menschenseele war mehr in Sicht. Doch nein, hoch oben, auf den obersten Stufen der gewaltigen Treppe, die zu den Überresten des Domes führte, sahen wir auf dem Sockel einer geborstenen Marmorsäule drei halbwüchsige Jungen sitzen. So bewegungslos, als seien sie selbst Statuen, schweigend, unendlich allein und verlassen; ihre verlorenen, trotzigen Gestalten brannten sich tief in mein Gedächtnis ein, so dass ich sie heute noch vor mir sehe: die Ellbogen aufs Knie gestützt, das Kinn in der Hand ruhend, ein Sinnbild der Verlassenheit des Menschen und seiner Ziellosigkeit, die Verkörperung seiner Einsamkeit, Hilflosigkeit und Wehmut – seiner Unfähigkeit zu begreifen.

Schweigend fuhren wir zurück über die totenstille Straße, die einst ›Unter den Linden‹ hieß, zum Brandenburger Tor, durch den Tiergarten. Als wir zurückkamen in das helle Licht und geschäftige Treiben West-Berlins, erschien uns dies alles verspielt und trivial: eine großsprecherische Zivilisation, aufgedonnert und vergänglich. Nichts von alledem schien mehr von Belang.«

Kennan hat weit mehr als ein Dutzend gelehrter Bücher über Russland geschrieben und ist – dies sollte man über seiner literarischen Begabung nicht vergessen – einer der bedeutendsten Sowjetologen Amerikas: kompetent, präzis, klar – ein Kenner von Geschichte, Kultur und Philosophie Russlands, der Russisch spricht wie seine Muttersprache. Er war in Russland zur Zeit der großen Stalin-Prozesse; er war in Berlin, als Hitler Amerika den Krieg erklärte. Unter Truman diente er als Botschafter in Moskau, und unter Kennedy führte er die Botschaft in Belgrad.

Das Dichterische, Sensible, Emotionale ist nur die eine Seite von George Kennan; er ist gleichzeitig ein Historiker hoher Qualität, eine Mischung von politischem Praktiker und weitschauendem Visionär. Im Koreakrieg warnte er – wie sich bald herausstellte: mit Recht – davor, den 38. Breitengrad zu überschreiten, weil dies die Sowjets oder die Chinesen zum Eingreifen zwingen würde.

Und Vietnam? Schon 1950, noch zur französischen Zeit, warnte er Acheson in einem Memorandum, ja nicht die Aktivitäten der Franzosen zu garantieren, »die weder sie noch wir, noch auch wir gemeinsam meistern können«.

Im Jahr 1967 schrieb er zum Abschluss eine Betrachtung über Deutschlands gefährliche Hinneigung zum Nationalismus: »Wenn es denn vereinigt werden sollte, dann muss Deutschland Teil einer größeren Einheit werden. Eine Wiedervereinigung Deutschlands wäre nur erträglich als integraler Teil eines wiedervereinigten Europas.«

Vor einigen Jahren erschien in Amerika ein Buch von Walter Isaacson und Evan Thomas, *The Wise Men: Six Friends and the World They Made*. Diese sechs Weisen, die von den Autoren als die Architekten des amerikanischen Jahrhunderts bezeichnet werden, waren jedenfalls die Architekten der neuen Welt, die aus den Trümmern des Zweiten Weltkrieges entstand. Neben George Kennan rechneten die Autoren dazu: Robert Lovett, John McCloy, Averell Harriman, Charles Bohlen und Dean Acheson. Der einzige heute noch lebende ist George Kennan.

Er wird bis heute, wie stets in den letzten vierzig Jahren, um seine Ansicht gefragt, wenn es um Russland geht. Im Januar 1990 wurde er vom Senat zu einem Hearing über die Sowjetunion geladen. Er schilderte die ungeheuren Probleme, mit denen Gorbatschow konfrontiert ist. Er sei zwar in Gefahr, aber Kennan meinte, es sei nicht sehr wahrscheinlich, dass schon bald ein anderer an seine Stelle treten werde, weil die Schwierigkeiten so groß seien und so akut, dass nicht einmal ein Rivale diesen Job anstrebe. Im Übrigen, so sagte er, wäre Gorbatschow wahrscheinlich nicht mehr im Amt, wenn sein internationales Prestige nicht so große Bedeutung besäße für die Sowjetunion.

Ein Jahr zuvor hatte er ebenfalls vor dem Senat aussagen müssen. Damals, als noch viele Leute an die Gefahr einer militärischen Intervention Moskaus in Osteuropa glaubten, machte er ganz deutlich, dass dies keine realistische Option für Gorbatschow sei. Er erhob im Übrigen eindringliche Vorwürfe gegen die übertriebene Rüstungspolitik der Regierung.

George Kennan sprach in seiner ruhigen, bestimmten Art, ohne Emotionen, ohne Theatralik, kenntnisreich und überzeugend. Als er geendet hatte, erhoben sich wie auf ein Kommando alle Senatoren und das ganze Publikum von ihren Plätzen, um ihm Respekt zu erweisen. Das hatte man in Washington noch nicht erlebt.

Reden

Reden hielt Marion Dönhoff, deren bevorzugtes Metier das Schreiben war, nur selten und aus besonderem Anlass: als Dank für einen ihr verliehenen Preis oder Ehrendoktortitel, Einführungsvorträge bei Konferenzen, zu denen sie eingeladen worden war, und auch mal vor Schülern.

Ein Herzensanliegen war Marion Dönhoff der 20. Juli. Kein Jahrestag verging, an dem sie nicht in der *Zeit* an das fehlgeschlagene Attentat erinnerte. In einem Vortrag, gehalten in Oxford 1985, fasste sie das Thema des Widerstands weiter und forderte vom Bürger Zivilcourage.

Vom Ethos des Widerstands

Vor einigen Wochen hatte ein junger Kollege von mir in der *Zeit* über einen Film berichtet, der den Geschwistern Scholl gewidmet ist, die 1943 zusammen mit anderen Studenten in München wegen Hochverrats und Widerstands gegen den Nationalsozialismus hingerichtet worden sind. Am Schluss seiner Rezension schrieb er, das Beispiel der Geschwister Scholl wirke ermutigend für jene Jugendlichen, die heute voller Misstrauen gegen den Staat sind. Sophie Scholl sei, so meinte er, wie heute Ulrike Meinhof eine »Identifikationsfigur von moralischer Rigorosität«.

Dieser Irrtum zeigt, wie schwer es ist, eine klare Abgrenzung zu finden für das, was man unter Widerstand versteht. Auch die Umweltschützer, Atomgegner und Hausbesetzer berufen sich heute gern auf ein Widerstandsrecht, wenn sie gegen Anordnungen der Obrigkeit revoltieren oder wenn sie gegen Gesetze, die auf demokratische Weise beschlossen wurden, mit Gewalt vorgehen.

Die RAF-Gruppe, die in Italien wegen Mord, illegalem

Waffenbesitz und Entführung des amerikanischen Generals James Lee Dozier vor Gericht steht, wird von einem Anwalt der extremen Linken verteidigt. Dieser plädiert für Freispruch mit dem Argument: »Ihr Feldzug gegen die Nato war nicht terroristisch, weil nicht gegen die demokratische Staatsordnung gerichtet, sondern dazu bestimmt, die nuklearen Kriegspläne der USA und des Atlantischen Bündnisses zu verhindern; ein Krieg für den Frieden – also gegen Krieg – kann nicht als Verbrechen verurteilt werden.« Man sieht: die Verwirrung könnte nicht größer sein.

Zur Klärung ist zunächst einmal festzustellen, dass das Widerstandsrecht ein Recht sozialer Notwehr ist gegenüber einem Missbrauch durch die Staatsgewalt – im Extremfall gegenüber einer verbrecherischen Obrigkeit. In einem Rechtsstaat sollte Widerstand nicht gerechtfertig sein, auch wenn die Bundesrepublik im Paragraphen 20 des Grundgesetzes – übrigens als einziges Land der Welt – ein Recht auf Widerstand postuliert. Ferner ist festzustellen, dass das Recht auf Widerstand erst dann gegeben ist, wenn alle legalen Mittel erschöpft sind.

Ulrike Meinhof, die in einem funktionierenden Rechtsstaat lebte und deren Widerstand nicht auf Wiederherstellung von Rechtsverletzungen durch den Staat gerichtet war, sondern auf Etablierung eigener Willkür, konnte sich also bei ihren Gewalttaten nicht auf ein Widerstandsrecht berufen. Wer individuellen Terror praktiziert, Politiker entführt, Bomben legt, Geiseln festsetzt, hat nichts gemein mit den Studenten von 1943, die in einem Unrechtsstaat lebten und helfen wollten, die Grundrechte wiederherzustellen.

Sophie Scholl, ihr Bruder und einige Freunde, alle im Alter zwischen 21 und 25 Jahren, starben auf dem Schafott, weil sie zum passiven Widerstand gegen die Verbrechen des Nationalsozialismus aufgerufen hatten. In allem, was sie taten, auch in den Texten der Flugblätter, die sie verbreiteten, wird die ethische Gesinnung, aus der heraus sie handelten, so deutlich, dass man von einem Aufstand des Gewissens gesprochen hat.

In den Flugblättern, die sie im Sommer 1942 mit der Post verschickten oder zu Tausenden nachts in den Straßen verstreuten, bis sie sich schließlich eines Tages aus Verzweiflung und Ungeduld dazu verleiten ließen, sie in der Universität in München zu verteilen, heißt es: »Verbergt nicht eure Feigheit unter dem Mantel der Klugheit. Denn mit jedem Tag, da ihr noch zögert, da ihr dieser Ausgeburt der Hölle nicht widersteht, wächst eure Schuld gleich einer parabolischen Kurve höher und immer höher.«

Oder: »Nicht der militärische Sieg über den Bolschewismus darf die erste Sorge für jeden Deutschen sein, sondern die Niederlage der Nationalsozialisten.«

Oder: »Der deutsche Name bleibt für immer geschändet, wenn nicht die deutsche Jugend endlich aufsteht, rächt und sühnt zugleich, ihre Peiniger zerschmettert und ein neues geistiges Europa aufrichtet.«

Sie empfinden schmerzlich die grenzenlose Einsamkeit, in der sie leben müssen: immer auf der Hut, nie einem Dritten Vertrauen schenken dürfen. Niemand, der je in einem solchen System gelebt hat, kann sich eine Vorstellung von jenem Lebensgefühl machen. Aus ihm, aus dieser gesteigerten Sensibilität, erklärt sich der eschatologische Aspekt, unter dem die Studenten der Weißen Rose denken und schreiben, aber auch die Unbedingtheit, mit der sie handeln.

Es ist nicht so sehr der politische Kampf gegen eine verbrecherische Regierung, der sie inspiriert – es ist mehr das moralische Ringen mit dem Bösen schlechthin, gegen das man, wie sie sagen, ohne Gott wehrlos ist. Selbst bei ihren abenteuerlichen nächtlichen Unternehmungen, wenn sie zornige Verdammungen an die Häuserwände malen oder ihre Flugblätter ausstreuen, haben sie weniger direkte politische Ziele vor Augen als die Schuld, die auf den Deutschen lastet.

Dies ist wohl das Wesen des echten Widerstandes: die Erkenntnis nämlich, dass man sich nicht auf Institutionen verlassen kann, nicht auf die Kirche, nicht auf die Universitäten, nicht auf Parteien. Es kommt einzig auf den Freiheitswillen des Bürgers an, auf seinen geschärften Humanitätssinn. Man kann sich in solchen Zeiten nur schützen, indem man sich immer wieder auf das Recht des Einzelnen besinnt und auf die überlieferten moralischen Grundsätze metaphysischen Ursprungs.

Man kann sich kaum vorstellen, dass die Untaten, gegen die diese jungen Idealisten und viele andere, die Widerstand geleistet haben, in irgendeinem anderen Land hätten geschehen können. Ich meine diese Eskalation des Verbrechens und die Präzision und Perfektion, mit der sie ausgeübt wurden: die Erfindung industrieller Tötungsmechanismen, die Erforschung und Produktion von spezifischem Gas zur Vernichtung von Menschen, die Erstellung von Fahrplänen für Tausende von Zügen, mit denen die Unglücklichen aus ganz Europa nach Auschwitz transportiert wurden.

Aber vielleicht ist auch die Komplementärgröße typisch

deutsch: dieses Hingegebensein mit ganzer Seele an den Widerstand, jenes bedingungslose, opferbereite Festhalten an den höchsten moralischen Maßstäben auch in der äußersten Grenzsituation des Lebens. Die einundzwanzigjährige Sophie Scholl, ein scheues junges Mädchen, hat vor dem Volksgerichtshof – ein paar Stunden vor ihrer Hinrichtung – den versammelten roten Roben den Satz ins Gesicht geschleudert: »Unsere Köpfe rollen heute, aber die Ihren rollen auch noch.«

Man muss sich einmal vorstellen, welcher Mut dazu gehörte, vor dem Volksgerichtshof so aufzutreten, wo jede Sitzung damit begann, dass der Vorsitzende die Angeklagten erst einmal lautstark moralisch fertigmachte als Vaterlandsverräter, als Leute, die den Brüdern im Felde in den Rücken fallen. Sophies Bruder Hans rief, bevor er am gleichen Tag das Haupt aufs Schafott legte: »Es lebe die Freiheit!«

Schon ein Jahr zuvor, im Frühjahr 1942, schrieb Helmuth von Moltke, der bei der Abwehr im Oberkommando der Wehrmacht dienstverpflichtet war und der daher mehr Informationen hatte als andere: »Die Tyrannei, der Terror, der Zerfall aller Werte ist größer, als ich es mir je hätte vorstellen können. Die Zahl der Deutschen, die im November auf legalem Weg durch Verurteilung vor ordentlichen Gerichten getötet worden sind, beträgt 25 täglich und vor dem Kriegsgericht wenigstens 75 täglich.«

Ähnlich motiviert wie die Münchner Studenten war das Verhalten des damaligen Generalstabschefs Generaloberst Ludwig Beck, der schon im Sommer 1938, als immer deutlicher wurde, dass Hitler die Tschechoslowakei zu überfallen plante, alles tat, um dies zu verhindern. Er rief die Generale zusammen und versuchte, sie zu einem gemeinsamen Schritt bei Hitler zu bewegen und, wenn notwendig, geschlossen zurückzutreten.

Der Chef des Generalstabs wusste, wie schwer der Eid wiegt, den ein Offizier seinem obersten Kriegsherrn geschworen hat, und darum führte er aus: »Ihr soldatischer Gehorsam hat dort eine Grenze, wo Ihr Wissen, Ihr Gewissen und Ihre Verantwortung die Ausführung eines Befehls verbietet.« Beck ermahnte seine Kollegen, als Soldaten in höchster Stellung ihre Aufgabe nicht nur im begrenzten Rahmen militärischer Aufträge zu sehen, sondern sich »der höchsten Verantwortung vor dem gesamten Volk bewusst zu werden«.

Als alles nichts nutzte, auch die Denkschriften an den Oberbefehlshaber des Heeres von Brauchitsch keinen Erfolg hatten, nahm er im August 1938 seinen Abschied mit der Erklärung, er könne die »gefährliche Kriegspolitik« Hitlers nicht länger verantwortlich mittragen. Von da an arbeitete Beck mit dem Widerstand zusammen.

Oberstleutnant Graf Schwerin, der im Generalstab des Heeres die Gruppe England-Amerika leitete, sagte einmal: »Es gab im damaligen Berlin nur zwei geistige Inseln: die Abwehrabteilung im Oberkommando der Wehrmacht unter Admiral Canaris und Major Oster sowie den Kreis um Generaloberst Beck.«

Im Jahr 1938 und vor allem 1939 vor der Polenkrise waren die Mitglieder der Opposition überzeugt, alles müsse unternommen werden, um Hitler klarzumachen, dass Außenminister Ribbentrops Behauptung, England sei dekadent und werde für Polen nicht kämpfen, absolut falsch war. Darum wurde Schwerin im Juli 1939 auf Veranlassung von Oster und anderen Freunden des Widerstands gebeten, in seinem Urlaub nach England zu gehen, einmal, um sich über die Stimmung zu informieren, und zum anderen, um den entscheidenden Leuten zu erklären, sie müssten Hitler gegenüber ganz anders auftreten. Schwerins Auftrag lautete, den Engländern zu sagen: Schickt ein Flottengeschwader nach Danzig, zeigt dem deutschen Luftwaffenchef eure neu aufgebaute Luftflotte, treibt den Militärpakt mit der Sowjetunion voran, denn das Einzige, was Hitler von weiteren Abenteuern abhalten kann, ist ein drohender Zweifrontenkrieg.

Schwerin bewirkte nichts, die Engländer wollten ihn nicht hören. Als er nach der Rückkehr seinen Bericht dem Oberkommando der Wehrmacht vorlegte, wurde er mit sofortiger Wirkung aus dem Generalstab entlassen, denn auch das Oberkommando wollte nicht hören, was er über die Stimmung in England mitzuteilen hatte.

Das hatte es in der preußisch-deutschen Geschichte noch nicht gegeben: ein Chef des Generalstabs, der die Generale zur Opposition aufruft, und ein Generalstabsoffizier, der sich am Vorabend des Zweiten Weltkriegs über die patriotische Euphorie hinwegsetzt und den angeblichen Feind warnt.

Aber dies alles nützte gar nichts, die draußen versagten sich der Mitwirkung, und drinnen war das Volk noch nicht so weit. Schließlich war 1938 der Höhepunkt von Hitlers Erfolgen. Österreich war zur Freude der begeisterten Österreicher angegliedert worden. Später im Jahr folgte, ohne dass ein Schuss abgegeben wurde, das Sudetenland, wo drei Millionen Deutsche lebten. Und schließlich: Hatte es 1933 noch sechs Millionen Arbeitslose gegeben, so herrschte jetzt praktisch Vollbeschäftigung.

Hitler versäumte nicht, am 30. Januar 1939, also am sechsten Jahrestag seiner Machtergreifung, sich damit zu brüsten. In einer Rede vor dem Reichstag sagte er: »Am 30. Januar 1933 zog ich in die Wilhelmstraße ein, erfüllt von tiefer Sorge für die Zukunft meines Volkes. Heute, sechs Jahre später, kann ich zu dem ersten Reichstag Großdeutschlands sprechen! Sechs Jahre genügten, um die Träume von Jahrhunderten zu erfüllen.« Und in der Tat, er hatte, wie es damals hieß, »die Ketten von Versailles abgeschüttelt«, und er hatte ein Wirtschaftswunder geschaffen, das dem späteren Ludwig Erhards keineswegs nachstand.

Der Theologe Dietrich Bonhoeffer hat später in einem Brief aus dem Gefängnis geschrieben: »Die große Maskerade des Bösen hat alle ethischen Begriffe durcheinandergewirbelt. Dass das Böse in der Gestalt des Lichts, der Wohltat, des geschichtlich Notwendigen, des sozial Gerechten erscheint, ist für den aus unserer tradierten, ethischen Begriffswelt Kommenden schlechthin verwirrend; für den Christen dagegen, der aus der Bibel lebt, ist es geradezu die Bestätigung der abgründigen Bosheit des Bösen.«

Maskerade ist ein richtiges Stichwort. Eugen Kogon, der Verfasser des *SS-Staates*, der aus langjähriger KZ-Erfahrung die erste, noch immer unübertroffene Analyse der nazistischen Herrschaft geschrieben hat, schildert einprägsam jene Mischung aus Terror und pseudoreligiöser Verheißung. Einerseits wurde an alle positiven Instinkte appelliert: an Glaube, Opferbereitschaft, Gehorsam, Hingabe, Treue. Diejenigen, die Gefolgschaft leisteten, wurden mit großen Privilegien belohnt, ihnen waren Anerkennung und Ehre, Einfluss und Reichtum sicher. Den anderen, den Ungläubigen und Verrätern und denen, die Widerstand leisteten, wurde mit Terror nicht nur gedroht, an ihnen wurden alle Schrecken des Terrors praktiziert. Hausdurchsuchungen, Diffamierungen, Deklassierung, Verfolgung, Sippenhaft, Folter, Tod.

Die Höhe der Strafe entsprach dabei reiner Willkür – es gab keine festgelegten Normen, wodurch der psychische Terror noch erhöht wurde. Man musste mit allem rechnen: Ein katholischer Geistlicher wurde hingerichtet, weil er den Attentatsplan, von dem er durch die Beichte erfahren hatte, nicht zur Anzeige gebracht hatte.

Kogon sagt: »An den Missbrauch der Macht gewöhnt sich der Mensch – wenn die Mitmenschen es zulassen – so rasch wie der Automobilist ans Schnellfahren.« Darum, so möchte man hinzufügen, sind wahrscheinlich die Mitläufer viel gefährlicher als die Radikalen, von denen es ja immer nur wenige gibt.

Der Maskerade, also einer Tarnung der Verbrecher als Wohltäter, entsprach auf Seiten der Opposition die Doppelrolle: einerseits hoher Beamter oder Politiker und andererseits heimliches Mitglied des Widerstandes. Unter dieser Schizophrenie, diesem Verlust an Identität, haben die meisten sehr gelitten. Trott hat darüber geklagt, und Moltke schreibt in seinen Briefen, wie ihn diese unsinnige Existenz anwidert, bei der er, um anderer Ziele willen, diesem Verbrechersystem dienen muss.

Es ist wichtig, sich vor Augen zu halten, dass die Opposition gegen Hitler ja keine Revolte im Sinne einer politischen

Revolution war und auch keine Arbeitererhebung im Sinne einer sozialen Revolution – es war vielmehr der Aufstand hoher und höchster Beamter sowie angesehener Persönlichkeiten des öffentlichen Lebens, die aus moralischen Gründen den Verbrechern in den Arm zu fallen versuchten. Denn das war sehr bald klar geworden: Ein totalitäres System kann im Frieden nur von innen bekämpft werden; und Erfolg kann ein solches Unterfangen nur haben, wenn auch Leute, die an den Schaltstellen der Macht sitzen, zum Widerstand gehören.

Neben den Technokraten, die die Hebel bedienen, waren auch Vertreter des geistigen Establishments unentbehrlich, weil das Sich-bewusst-Werden über die religiösen und philosophischen Grundfragen der menschlichen Existenz und Probleme wie das des Tyrannenmordes für die Opposition zur Rechtfertigung ihres Tuns von großer Bedeutung waren.

Es gab in Berlin eine Einrichtung, die schon aus dem 19. Jahrhundert stammte, die sogenannte Mittwochsgesellschaft. Ihr gehörten jeweils nur 16 Mitglieder an: die bedeutendsten Wissenschaftler des Landes sowie angesehene Persönlichkeiten des öffentlichen Lebens. Man traf sich zweimal im Monat, wobei einer von ihnen über sein Spezialgebiet referierte.

Von diesen 16 Persönlichkeiten sind vier von den Nazis hingerichtet worden, und zwar General Ludwig Beck, Finanzminister Popitz, Botschafter von Hassell und der frühere Leipziger Oberbürgermeister Goerdeler. Ein fünfter, der Universitätsprofessor Werner Weisbach, wurde zur Emigration gezwungen, mit der bemerkenswerten Begründung, für Leben und Zukunftsentwicklung des deutschen Volkes sei es wichtig, die Verbundenheit der Art und des Blutes zu pflegen – wörtlich hieß es: »Durch Ihre Eigenschaft als Nichtarier sind Sie außerstande, eine solche Verpflichtung zu empfinden und anzuerkennen.«

Der Widerstand im Dritten Reich war eine Sache der Qualität, nicht der Quantität. Aber es ist interessant, sich ein paar Zahlen zu vergegenwärtigen. Insgesamt wurden nach dem 20. Juli 1944 etwa 200 Personen hingerichtet, darunter 19 Generale, 26 Obersten und Oberstleutnants, zwei Botschafter, sieben weitere Diplomaten, ein Minister, drei Staatssekretäre sowie der Chef der Reichskriminalpolizei, ferner mehrere Oberpräsidenten, Polizeipräsidenten, Regierungspräsidenten. Für das Jahr 1943 hat das Justizministerium 5684 Hinrichtungen registriert, für 1944: 5764. Doch sind dies nur die offiziellen Exekutionen; daneben gab es auch halboffizielle und inoffizielle.

Die Ansichten der verschiedenen Gruppen des Widerstands, die aus Sicherheitsgründen keine Verbindung untereinander hatten, meist auch nicht voneinander wussten, waren nicht einhellig. Helmuth von Moltke, Peter Graf Yorck und einigen anderen im Kreisauer Kreis fiel der Gedanke schwer, dass die neue Zeit, die doch neue Maßstäbe setzen wollte, mit einem Mord beginnen sollte. Die Kreisauer waren darum nicht auf das Attentat ausgerichtet, sondern ganz konzentriert auf die Zeit nach Hitlers Tod.

In ihren Denkschriften, Briefen und Gesprächen werden die Umrisse einer neuen Lebensform – nach der wir im Grunde heute noch suchen – deutlich. Wollte man sie charakterisieren, so würden die Stichworte wohl lauten: Skepsis gegen den technischen Fortschritt, Vorbehalte gegen den Kapitalismus, Verschmelzung von konservativen und sozialistischen Werten, betont religiöse Bindungen, asketische Lebensformen, Hoffnungen auf einen europäischen Zusammenschluss. Bei den Plänen zur staatlichen Neuordnung fiel immer wieder das Wort: »überschaubare Einheiten« schaffen, also Dezentralisierung.

Die große Schwierigkeit für die Opposition war während der ganzen Zeit das richtige *timing*. Solange Hitler auf allen Schlachtfeldern siegte, hätte der Versuch, ihn auszuschalten, nur eine neue Dolchstoßlegende gezeitigt. Man musste also warten, bis das Blatt sich wendete – aber man durfte nicht warten, bis die Alliierten das Interesse an Verhandlungen mit dem Widerstand verloren, weil sie ohnehin kurz vor dem Sieg standen.

Als Hitler am 30. Januar 1933 die Macht übertragen bekam, war es im Grunde schon zu spät. Frage: Hätte man mithin schon in der Weimarer Zeit, also vor Eintritt des Zustands berechtigter Notwehr, Widerstand leisten müssen?

Noch einmal: Wo ist die Grenze zwischen der Gehorsamspflicht, die wir ja dem Staat schulden, der das Gewaltmonopol besitzt, und dem Recht auf Widerstand? Niemand hat darüber so viel nachgedacht und geschrieben wie Martin Luther. Luther, der im 16. Jahrhundert in der Zeit der großen sozialpolitischen Auseinandersetzungen zwischen Bauern und Rittern, Städten und Fürsten, Kirchen und Kaiser lebte, wurde durch seinen Ablass-Streit zwangsläufig in diese Kämpfe hineingezogen. Die einen wie die anderen machten sich seine Argumentation zunutze.

Von 1521 bis 1546, also 25 Jahre lang, lebte er als Verfolgter und Aufrührer, von der Kirche gebannt, vom Kaiser geächtet. In all seinen Schriften geht es immer wieder um das Problem des Widerstands, wobei er – je nach den Zeitläuften und je nach der Herausforderung – zwischen dem Recht auf gewaltsamen Widerstand bis hin zum Tyrannenmord und dem Gebot der Gewaltlosigkeit und der Leidensbereitschaft schwankt. Luther fordert Zivilcourage als politische Grundtugend.

Das entscheidende Stichwort heißt also Zivilcourage. In der heutigen Massengesellschaft, die nach dem Gesetz des Konformismus angetreten ist, so dass selbst die erklärten Nonkonformisten sich in Kleidung, Denken und Gebräuchen streng konformistisch verhalten, ist dies eine seltene Qualität. Natürlich haben die Massenmedien unserer Zeit die Neigung zum Konformismus ganz außerordentlich verstärkt, gleichgültig, ob es sich um Moden in der Kunst, im Bereich bestimmter sozialer Emotionen, um philosophische Ideen oder auch um das handelt, was heute fälschlicherweise »Widerstand« genannt wird. Es gehört Mut dazu, eben Zivilcourage, auch in diesen Bereichen eine abweichende Meinung zu vertreten und gegen den Strom zu schwimmen.

Der echte, existentielle Widerstand allerdings wird immer nur eine Sache von Einzelnen sein, denn er beruht auf Gewissensentscheidung; und das Kriterium für die Frage, wann er berechtigt ist, muss, so scheint mir, unabhängig vom Nutzen für das eigene Ich sein. Mit anderen Worten, er muss dem Gemeinwohl dienen. Stauffenberg hat einmal in Hinblick auf die Beseitigung Hitlers gesagt: »Wird die Regierungsgewalt zum offensichtlich schweren Schaden des regierten Volkes missbraucht und ist kein anderer Weg offen, noch Schlimmerem vorzubeugen, so gibt es eine Pflicht zum Hochverrat für diejenigen, die nach ernster Prüfung sich dazu berufen fühlen. Sie dürfen ihrer Verantwortung nicht ausweichen, auch wenn sie in verschwindender Minderheit sind gegenüber den vom Wahn umstrickten Vielen.«

Denkt man noch einmal an Weimar zurück und an die Frage, hätte man schon damals Widerstand leisten sollen, so muss man in der Tat feststellen, dass der Umschlag vom Rechtsstaat zum Unrechtsstaat nicht an einem bestimmten Tage – beispielsweise am 30. Januar 1933 – stattfand, sondern sich in einem längeren Prozess bereits vorher angebahnt und vollzogen hatte.

Seit 1930 war die sich auflösende Demokratie allmählich in ein autoritäres Regime übergegangen, das mit Notverordnungen ohne parlamentarische Mehrheit regierte. Der Geist, in dem in Weimar Rechtsprechung praktiziert wurde, entsprach längst nicht mehr der Verfassung. Politische Rechtsverletzungen, von Linken begangen, wurden schwer geahndet, Verstöße von Rechten dagegen mit schonender Milde behandelt. Niemand fühlte sich dieser Demokratie verpflichtet: die Beamten nicht, die Soldaten auch nicht und das Establishment schon gar nicht.

Notwendig ist also, dass unterhalb der Schwelle des großen Widerstandes jede Abirrung vom Rechtsstaat sozusagen mit konventionellen Mitteln bekämpft wird. Veranlassung dazu ist stets gegeben. Denn die Grenzen zwischen Rechtsstaat und Unrechtsstaat sind fließend, weil Politiker, wie andere Menschen auch, nun einmal fehlbar sind.

Der Rechtsstaat ist kein Endzustand, der, einmal erreicht, als gesicherter Besitz gelten kann. Im Gegenteil, er muss immer wieder verteidigt werden. Darum kommt es auf die staatsbürgerliche Haltung jedes Einzelnen an: Auf Mut zu unerwünschter Kritik, Aufdeckung von staatlicher Anmaßung, Misstrauen gegenüber den Mächtigen und den Interessenvertretern, aber auch auf die Bereitschaft, sich als reaktionär bezeichnen zu lassen, wenn man sich weigert, angeblich progressive Unternehmungen mitzumachen, wozu oft mehr Mut gehört als dazu, die sogenannten Mächtigen anzugreifen. Auch das ist Zivilcourage.

Ein Blick in das Innenleben einer liberalen Zeitung. Dankesrede zur Verleihung des Heinrich-Heine-Preises in Düsseldorf 1988.

Aus der Werkstatt der »Zeit«

Ich habe lange überlegt, welches Thema für die Verleihung des Heinrich-Heine-Preises wohl geeignet sein könnte. Schließlich habe ich mir gesagt, wenn die Stadt Düsseldorf so großzügig ist, diesen bedeutenden Preis einem ephemeren Journalisten zu verleihen und nicht einem Künstler, der doch für die Ewigkeit schafft, oder einem Historiker, der in Jahrhunderten denkt, dann sollte ich vielleicht die Gelegenheit ergreifen und einmal die Aufgaben schildern, die Begrenzungen und Anfechtungen, die heute diesen Beruf ausmachen und begleiten.

Heine selbst war ja neben allem anderen auch Journalist – verzweifelt über Zensur und Repression, ging er 1831 als Korrespondent der *Augsburger Allgemeinen Zeitung* nach Paris. Übrigens beweisen seine Klagen und der Ärger darüber, wie seine Artikel in der Redaktion »mancherlei bedenkliche Umänderungen erleiden«, dass sich in 150 Jahren in diesem Metier nicht viel geändert hat.

Journalismus, das ist ein weit gespannter Bogen, unter dem ganz verschiedene Kriterien gelten, je nachdem, ob es sich um Boulevardblätter oder um Meinungspresse handelt, um Provinzblätter, überregionale oder internationale Zeitungen. Ich vermag nur aus der Werkstatt einer liberalen Wochenzeitung zu berichten – einer Zeitung also, die versucht, neben der Information auch über den Tag hinaus die großen Linien der Entwicklung zu analysieren, sie zu kommentieren, Argumente gegeneinander abzuwägen, sich in die Situation der Beteiligten zu versetzen und diese darzustellen.

Lassen Sie mich zunächst einmal kurz umreißen, was mit »liberal« gemeint ist. Nicht gemeint ist liberal im Sinne einer politischen Partei; gemeint ist vielmehr Liberalismus als Geisteshaltung, als Lebensauffassung, als Verhalten im Alltag.

Im Liberalismus steckt immer auch ein Element des Kontradiktorischen, denn alles Geistige existiert im Widerspruch, nur durch Widerspruch lässt sich die Wahrheit finden. Widerstand ist notwendig, nicht nur gegen die Macht einer absolutistischen Regierung, sondern im Gegenhalten gegen die herrschenden Moden der Zeit; auch gehört das Relativieren der sich absolutistisch gebärdenden jeweiligen Ideologien dazu – gleichgültig, ob es sich nun um kirchliche Orthodoxien, Freud'sche Monokausalität oder um einen verspäteten Neomarxismus handelt. Das Wesen des Liberalismus und zugleich die Voraussetzung für die ihm zugrundeliegende Toleranz ist es darum, abweichende Ideen nicht als Häresien zu diffamieren und Kritik an Bestehendem nicht als Ketzerei zu verfolgen, sondern die Minderheiten zu schützen und Offenheit zum Gegensätzlichen zu praktizieren.

Für einen Liberalen kann nicht, wie für den Konservativen, der Wille zum Bewahren an erster Stelle stehen; er muss, im Gegenteil, immer wieder alles von neuem durchdenken, es verwandeln, einiges ergänzen, manches weglassen, um im Einklang mit der Geschichte zu bleiben, die ja ein Prozess ist und kein Zustand. Auch die Dogmen und Heilsbotschaften der Linken sind nicht Sache des Liberalen, denn für ihn gibt es kein System, das einen befriedigenden Endzustand garantiert. Im Grunde gibt es nur einen legitimen Platz für den Liberalen: den zwischen allen Stühlen.

Und noch ein ganz wichtiger Grundsatz gilt für den echten Liberalen: Er muss wissen, dass es nicht so sehr auf das Ziel ankommt, weil schließlich jeder meint, hehre Ziele zu haben. Dass vielmehr alles von den Mitteln und Methoden abhängt, mit denen jenes Ziel erreicht werden soll. Noch jede Revolution begann mit dem Versprechen, Freiheit zu bringen, und endete binnen kurzem damit, dass die Befreier zu neuen Unterdrückern wurden.

Aber nun zu der liberalen Zeitung: Wie ist es um deren Führung bestellt – oder hat sie, wie manche Leute meinen, vielleicht gar keine? Kann in einer liberalen Zeitung jeder schreiben, was er will? Führung im Sinne einer Partei, eines Industrieunternehmens oder eines wissenschaftlichen Instituts gibt es nicht. Der Chef einer liberalen Zeitung kann nicht, wie der Bundeskanzler, die Richtlinien der Politik angeben, er kann nur – nein, er muss: – die richtige Personalpolitik treiben. Er muss also Mitarbeiter engagieren, die kompetent sind und deren moralisches und politisches Koordinatensystem dem Geist der Gemeinschaft, die da beisammen ist, entspricht. Dann aber muss er sie gewähren lassen und kann nur hinterher Kritik üben – freilich, wenn nötig auch scharfe Kritik.

Wenn Leser sich hin und wieder beklagen, dass beispielsweise die *Zeit* nicht aus einem Guss ist, dass vielmehr der politische Teil liberal, die Wirtschaft eher konservativ und das Feuilleton links sei, dann lässt sich dazu nur sagen, Gott sei Dank ist es so. Wäre es anders, würde dies bedeuten, dass jener böse Spruch wahr ist, der da sagt: »Im Kapitalismus ist Pressefreiheit die Freiheit von 200 Leuten, ihre Meinung zu sagen« – wobei mit jenen 200 Leuten die Eigentümer gemeint sind.

Ein anderer Vorwurf lautet, die liberalen Zeitungen stehen ja gar nicht objektiv in der Mitte zwischen rechts und links, sondern meist ein wenig links von der Mitte. Beweis: Sie regen sich enorm über Entgleisungen der Rechten auf, während sie die Missgriffe der Linken offenbar halb so schlimm finden.

Dieser Vorwurf trifft gelegentlich zu, aber das getadelte Verhalten erklärt sich unschwer aus der deutschen Geschichte, denn schließlich entstand der Nazismus ja aus einer Pervertierung konservativer Wertvorstellungen und nicht aus marxistischer Ideologie. Darum ist erhöhte Wachsamkeit und scharfe Kritik an Rückfällen in illiberale Grundtendenzen – die es auch vor den Nazis gab – so wichtig.

Man darf nicht vergessen, dass es zu den Aufgaben der Presse gehört, Kontrolle zu üben. Es gibt viele Ecken, in die sonst niemand hineinleuchtet, entweder weil, wie man sagt, »eine Krähe der anderen nicht die Augen aushackt« oder weil Regierungspartei und Opposition »gemeinsam eine Leiche im Keller haben«.

Viele Fälle von Korruption und Vergehen, deren Aufdeckung und Ausräumung für soziale Hygiene notwendig waren, wären wahrscheinlich ohne den *Spiegel* nie ans Tageslicht gekommen: beispielsweise die Barschel-Affäre. Oder sie wären ohne das permanente Drängen der Presse rasch wieder zugedeckt worden, weil dies im Interesse aller Beteiligten lag, so beispielsweise die Parteispendenaffäre.

Zur Kontrolle gehört auch, die Bürger davor zu warnen, sich nicht aus Bequemlichkeit oder aus Gewohnheit gewissen Untugenden der Regierung anzupassen. So sollte die Denaturierung der Menschenrechte zur Waffe im Ost-West-Kampf immer wieder kritisiert werden. Der Westen pflegt scharfe Kritik an Polen oder der Sowjetunion zu üben, aber nirgendwo werden heute Menschenrechte gravierender verletzt als in Südafrika, wo im vorigen Jahr 30 000 Schwarze ohne Rechtsverfahren monatelang im Gefängnis saßen und jedes Jahr mehrere von ihnen an den Folgen von Folterungen sterben.

Nicht viel anders ist es in Israel, wo Woche für Woche ein halbes Dutzend Palästinenser den Tod finden. Kürzlich wurden an einem Tag ein zweijähriges Mädchen und ein fünfzehnjähriger Junge erschossen, ohne dass es zu einem Aufstand oder auch nur zu moralischer Entrüstung bei den Freunden Israels kam. Als aber in der gleichen Woche ein israelischer Soldat ermordet wurde, sind, wie die französische Agentur meldet, zur Vergeltung in einem Dorf 114 Häuser dem Erdboden gleichgemacht, 800 Menschen deportiert und einige Brunnen mit Dynamit gesprengt worden.

Zweierlei Maß im eigenen Gesellschaftssystem – dagegen muss es Selbstkritik geben, dagegen muss die Presse aufstehen. Sie muss die verlogene Methode bekämpfen, die eigenen Rebellen als Freiheitskämpfer zu verherrlichen, die der Gegenseite aber als Terroristen zu brandmarken. Denn, das darf man nicht vergessen, zur politischen Bildung über den Tag hinaus beizutragen, das gehört auch zu den Aufgaben der Presse.

Wie aber kommt es zur Meinungsbildung in der Zeitung, wenn es keine Direktive des Chefs gibt? Die Antwort lässt sich in zwei Worte fassen: durch Diskussion.

In der Ressortkonferenz der Politik – vorbereitend am Freitag und endgültig am Montag – wird das wichtigste Problem der Woche ins Auge gefasst respektive »beschlossen« und dann unter den verschiedensten Aspekten debattiert. Je nachdem, ob es sich um Fragen der Innen-, Außen-, Sicherheits- oder Rechtspolitik handelt, werden die jeweiligen Experten verstärkt in Aktion treten, aber nicht nur sie, sondern alle diskutieren intensiv, auch die jungen Kollegen.

Diskutiert wird, bis ein Konsens sich herausgebildet hat oder bis derjenige, der sich qua Fachwissen als Autor empfiehlt, die Gesichtspunkte der anderen mindestens aufgenommen hat. Ob er sie dann verwendet, bleibt ihm überlassen.

Es kommt aber auch vor, dass bei ganz grundsätzlichen Problemen zwei unversöhnliche Standpunkte einander gegenüberstehen. Dann werden gelegentlich auch beide Meinungen nebeneinander dargestellt. Der Leser soll die Möglichkeit haben, die Argumente pro und contra zu prüfen.

Ein Beispiel: die Diskussion um das Problem des Terrorismus. Veranlasst wurde diese Auseinandersetzung im März 1975 durch die Geiselnahme des Berliner Oppositionsführers Peter Lorenz. Eine Woche lang tanzte die Staatsgewalt nach der Pfeife der Geiselnehmer. Was immer die Kidnapper verlangten, ihre Forderungen wurden erfüllt. Schließlich wurden sie sogar in den Nahen Osten ausgeflogen.

In der *Zeit* kristallisierten sich damals zwei Meinungen heraus; die einen meinten, auf die Empörung der Bürger über das Verhalten der Regierung antwortend: »Der Staat hat sich doch nicht den Terroristen gebeugt, sondern dem Gesetz, nach dem er angetreten ist, dem Gesetz der Humanität, also der Forderung, dass der Staat für die Menschen da ist, nicht umgekehrt. Besser, dass die Obrigkeit hilflos ist, als dass sie herzlos sei.«

Die andere Seite entgegnete: Ist der Staat wirklich für den Einzelnen da? Obliegt es ihm nicht, gerade den Bestand und das Funktionieren der Gesellschaft zu garantieren? Bei der Bonner Entscheidung, als Antwort auf die Erpressung, fünf rechtskräftig verurteilte Kriminelle aus dem Gefängnis herauszulassen, geht es doch gar nicht um Humanität, sondern es geht um den Rechtsstaat, also um die Fundamente der Gesellschaft. Diese Seite erinnerte an den preußischen König Friedrich Wilhelm I., der das Kriegsgericht angewiesen hatte, dem Hermann von Katte, wenn ihm das Todesurteil verkündet wird, zu sagen, dass es dem König leid täte. Aber es wäre besser, dass er stürbe, als dass die Justiz aus der Welt käme.

Diese beiden Meinungen wurden gleichwertig nebeneinander abgedruckt.

Die Antwort auf die Frage, wie kommt die Meinung der Zeitung zustande, lautet also: Durch Diskussion, die zum Konsens führt, und wenn der in wichtigen grundsätzlichen Fragen nicht zu erreichen ist, dann lässt man die Vertreter gegensätzlicher Auffassung mit ihren Argumenten zu Wort kommen.

Bleiben noch folgende Fragen: Erstens: Was sind denn die

ungeschriebenen Gesetze und Maximen, die das Koordinatensystem der *Zeit* bilden? Zweitens: Was möchten wir bewirken? Und drittens: Auf welche Weise soll dies geschehen?

Zur ersten Frage: Welche Ziele haben wir vor Augen? Neben aktueller Information und Analyse ist es unser Bestreben, immer wieder über die großen Probleme unserer Zeit zu reflektieren und sie von verschiedenen Standpunkten aus zu beleuchten. So haben beispielsweise in einer Serie über Arbeitslosigkeit Wissenschaftler, Industrielle, Gewerkschafter Stellung genommen. In der gleichen Weise werden ständig Probleme der Umwelt behandelt, wie auch Fragen der Sicherheit, und in gewissen Abständen werden die Parteien und ihre Entwicklung immer von neuem durchleuchtet.

Und die Ziele? Vielleicht lassen sie sich so typisieren: Bei Informationsartikeln soll dem Leser gut recherchiertes, möglichst objektives Material zur eigenen Urteilsbildung mitgeliefert werden; wobei zu sagen ist, dass es Objektivität im Sinne absoluter Wahrheit gar nicht gibt – allein die Auswahl dessen, was berichtenswert und was weniger wichtig erscheint, beruht auf individuellen Entscheidungen.

Wer glaubt, der Friede könne nur durch Druck und immer mehr, immer modernere Waffen gesichert werden, wird die Nato zitieren. Wer die Sicherheit durch Entspannung und diese durch politische Abkommen und Abrüstung besser gewährleistet sieht, wird der Gegenseite das Wort geben. Doch solange es bei der Presse Konkurrenz und Pluralismus gibt, ist, selbst wenn sich hier und da Subjektivität einschleicht, eine freie Meinungsbildung gewährleistet. So weit die Informationsartikel.

Bei Meinungsartikeln soll nach ausführlicher Diskussion der Schreiber mit offenem Visier – also mit Namen – zustimmen oder kritisieren und begründen, warum er so und nicht anders denkt.

Dabei muss er versuchen, das zu tun, was in der Politik das Schwierigste ist, zu ermitteln und dann zu vermitteln, wo die Grenze verläuft:

– zwischen Pragmatismus und Opportunismus,
– zwischen Freiheit und Autorität,
– zwischen Interessen und Idealen,
– zwischen Bewahren und Verwandeln.

Dafür gibt es keine Maximen oder Richtlinien, das muss von Fall zu Fall neu durchdacht und intuitiv erspürt werden. Daran wird besonders deutlich, warum in diesem Beruf, der immer wieder über Personen berichtet und über ihren Stil, ihre Entscheidungen, ihr Verhalten urteilt – warum der Charakter und menschliche Qualitäten so wichtig sind.

Journalisten, besonders sehr junge, geben sich oft keine Rechenschaft über die Verantwortung, die mit diesem Beruf verbunden ist. Sie vergessen zuweilen den Zweifel, den sie Dritten gegenüber nur allzu gern zum Ausdruck bringen, auf sich selber anzuwenden, also dem eigenen Urteil zu misstrauen, es immer wieder zu überprüfen. Groß ist die Versuchung, seine eigenen Überzeugungen, nur weil sie unwidersprochen bleiben, für gültige Wahrheiten zu halten. Aber was ist Wahrheit? Niemand ist ganz frei von Vorurteilen, kaum einer, der nicht auf der Jagd nach der Wahrheit – seiner Wahrheit – genau die Spuren entdeckt, die zu finden er ausgezogen war.

Nicht jeder erkennt, dass es ein Privileg ist, öffentlich in tausendfacher Auflage seine Meinung sagen und ein Urteil abgeben zu können. Ein solches Privileg aber lässt sich nur rechtfertigen, wenn ihm das Bewusstsein einer besonderen Verantwortung zugeordnet ist.

Und die Frage: Was möchten wir bewirken? Wir möchten dazu beitragen, Herrschaft durchschaubar zu machen, um auf solche Weise Kontrolle zu ermöglichen. Wir möchten helfen, die Probleme zu rationalisieren und die Atmosphäre zu entemotionalisieren.

Freilich erzeugt die Presse schon allein durch die Vielzahl der Zeitungen – überlagert von Funk und Fernsehen – einen kumulativen Effekt. Sie verstärkt die jeweils herrschende Atmosphäre und nährt damit den Verdacht, sie übe allzu große, noch dazu kontrollierte Macht aus. Meist allerdings verweilt das Interesse nur kurz bei einem Gegenstand, um sich dann rasch wieder neuen Ereignissen zuzuwenden. Diese Hektik erzeugende Wirkung liegt aber nicht an der Mentalität der Journalisten, sondern am Wesen des Marktes und dem viel gepriesenen Wettbewerb – in diesem Fall ist es der Ehrgeiz, der Erste zu sein, der eine Information meldet und kommentiert.

Wir in der *Zeit* möchten ferner verhindern, dass der notwendige Schutz des Staates den Freiraum des Bürgers ungebührlich einengt. Die meisten Menschen wissen, dass der Staat sie schützt und dass auch der Staat geschützt werden muss, aber viele wissen nicht oder haben vergessen, dass der Bürger sich unter bestimmten Umständen auch gegenüber dem Staat und seinen Staatsschützern schützen muss.

Beispiele für eine solche Situation gab es an der Wende der sechziger zu den siebziger Jahren, also während der beginnenden Rebellion, als immer mehr junge Leute den langen Marsch durch die Institutionen propagierten und versuchten, das bestehende System von innen her aus den Angeln zu heben.

Damals glaubten die Regierung und die amtierenden Länderchefs, sie könnten ohne den Radikalenerlass, der die Feinde der Demokratie von der Beamtenlaufbahn ausschloss, nicht auskommen. Dieser Erlass, der von den Linken bald als Berufsverbot abgestempelt wurde, löste eine Eskalation von Druck und Gegendruck aus, so dass Mitte der siebziger Jahre die Bundesrepublik mancherwärts – beispielsweise in Frankreich – als Polizeistaat verunglimpft wurde.

Tatsächlich ging dies schließlich so weit, dass der Staat jedes abweichende politische Verhalten mit äußerstem Argwohn betrachtete. Jeder unbequeme Zeitgenosse, jeder, der einmal an einer Demonstration teilgenommen oder Flugblätter verteilt hatte, wurde scharf beobachtet, oft auch fotografiert.

In solchen Zeiten, in denen der Ruf nach Sondergesetzen laut wird, besteht die Gefahr, dass gerade das, was geschützt werden soll, nämlich die Demokratie, zu Tode geschützt wird; da ist es denn Sache einer verantwortlichen liberalen Zeitung, immer wieder auf diese Gefahr hinzuweisen und zum Pragmatismus zu ermahnen.

Letzte Frage: Auf welche Weise sollen jene Ziele erreicht werden? Antwort: dadurch, dass Toleranz zur obersten Priorität erhoben wird, denn es soll ja die ganze Palette der Meinungen – auch die von Minderheiten – zur Geltung kommen. Ferner dadurch, dass man sich immer wieder daran erinnert, dass die eigene, oft emotional bedingte Einstellung durch intellektuelle Präzision und Skepsis kontrolliert werden muss.

Und schließlich durch antizyklische Reaktion. Wenn also eine Polarisierung der öffentlichen Meinung eingetreten ist, dann dämpfen; wenn vor lauter Pragmatismus die moralische Werteskala oder ethische Standpunkte verwischt werden, dann diese wieder in den Vordergrund rücken.

Ich habe geschildert, was die Ziele sind und auf welche Weise versucht wird, sie zu erreichen – aber es sei fern von mir, behaupten zu wollen, dass es immer gelingt, dieses »Soll« in ein »Ist« zu verwandeln. Da gibt es menschliche Irrtümer, technische Unzulänglichkeiten, Missverständnisse, oft ist es auch einfach Schlamperei, die das Erreichen jenes Zieles verhindert.

Dieser Blick in die Werkstatt sollte deutlich machen, wie schwierig es ist, zwischen Informationen von Interessenten, Desinformationen, oft auch getürkten Fakten, zwischen Fallstricken und Anfechtungen aller Art die angeblich objektive Wahrheit zu ermitteln. Sie ist weder so doppelbödig, wie die skeptischen Zyniker meinen, noch so simpel, wie der Idealist sie sich vorstellt.

Am 2. Dezember 1989 wird Marion Dönhoff achtzig Jahre alt. Die *Zeit*-Redaktion beschließt, ihr zu Ehren ein großes Fest zu veranstalten, zu dem ihre Familie, die Kollegen und ihre Freunde aus aller Welt eingeladen werden. Der ungewöhnliche Ort: die alte Kampnagelfabrik im ehemaligen Hamburger Arbeiterviertel Barmbek. Die Gäste sitzen an kleinen Tischen, auf Holzstühlen und Bänken, reden, essen und trinken miteinander. Und lachen gemeinsam über Loriot, den Überraschungsgast. Sogar sein berühmtes Sofa wird auf die Bühne gestellt. In der einen Ecke sitzt Loriot, in der anderen Evelyn Hamann, seine kongeniale Partnerin in vielen seiner Sketche. Sie spielen ein Ehepaar. Der Sketch heißt: »Heute gehen wir zu Gräfin Dönhoffs Geburtstag«. Als Letzte spricht Marion Dönhoff zu den Geburtstagsgästen.

Die Mühe, achtzig Jahre alt zu werden, hat sich doch gelohnt

Nachdem ich so viele nette Dinge zu hören bekommen habe, scheint mir, dass die Mühe, die ich aufwenden musste, um achtzig Jahre alt zu werden, sich doch gelohnt hat. Ich bin nun sehr gespannt auf die Nekrologe und Nachrufe, die man mir eines Tages widmen wird; allerdings werde ich die dann nur von oben herabschauend wahrnehmen können. Aber wahrscheinlich werde ich sie aus dieser Perspektive besonders genießen – denn hier, im irdischen Bereich, hindert mich meine preußische Erziehung daran, das, was das herkömmliche Maß an Zustimmung übersteigt, für bare Münze zu nehmen. Ich weiß nicht mehr, ob es ein Engländer oder ein Amerikaner war, der gesagt hat: »*Flattery does not hurt as long as you don't believe it.*«

Ich muss gestehen, ich hatte bisher gar nicht wahrgenommen, dass ich inzwischen dieses hohe Alter erreicht habe. Aber nun, da ich auf so unsanft-sanfte Weise darauf gestoßen werde, habe ich angefangen, darüber nachzudenken. Und nun staune ich, was alles in diesem Jahrhundert in so ein Leben hineingepresst worden ist.

Ich habe als Kind noch die Monarchie erlebt, dann Weimar mit den goldenen zwanziger Jahren und der tödlichen Polarisierung der Innenpolitik, anschließend das tausendjährige Reich, dann die Besatzungszeit und schließlich jetzt vom ersten Tage an die Bundesrepublik.

Kaum einer von Ihnen, die heute hier sind, kann sich vorstellen, wie das Leben damals zu Beginn meiner Lebenszeit war: kein Radio, kein Fernsehen, keine Autos... Ein solches Leben ohne Zerstreuung, ohne das Einbezogensein in die täglichen Ereignisse der größeren Welt war eben in jeder Beziehung, auch politisch, von ganz anderer Art. Ohne Radio hätte Hitler das Volk nie in solche Kollektivekstase versetzen können, ohne Fernsehen hätte nicht die ganze Welt an dem Freudentaumel teilnehmen können, den die Öffnung der Mauer in diesen Tagen ausgelöst hat. Auch haben die Bilder von Leipzig auf den Fernsehschirmen sicher eine gewisse Kettenreaktion bewirkt.

Ich lese gerade das Tagebuch des jungen Schweizers Henri de Catt, der während einiger Jahre der intimste Mitarbeiter, Sekretär und Gesprächspartner Friedrichs des Großen war.

Dieser Catt schildert, wie er als Student bei einer Schiffsreise nach Amsterdam den preußischen König kennenlernte oder vielmehr, wie er ihn nicht kennenlernte, denn der König reiste inkognito – und zwar als Kapellmeister des polnischen Königs. Niemand auf dem Schiff erkannte ihn, auch der Student nicht, an dessen Intelligenz und Bildung der König so großen Gefallen fand, dass er ihn in seine Kabine holte und sich während der ganzen Nacht mit ihm unterhielt. Erst Wochen später, als Catt einen Brief aus Potsdam bekam, erfuhr er, mit wem er gereist war.

Um zu begreifen, in wie anderen Zeiten wir heute leben, muss man sich nur einmal vorstellen, Bundespräsident von Weizsäcker würde inkognito von Amsterdam nach Köln reisen wollen. Aber nicht nur der technische Fortschritt hat unsere Welt während dieser achtzig Jahre total verändert, auch die politischen Gewichte haben sich vollständig verschoben. Damals, als ich geboren wurde, gab es fünf Großmächte in Europa: England, Österreich, Frankreich, Deutschland, Russland. Die übrige Welt existierte nicht. Als ich vor einiger Zeit einmal für irgendeine Arbeit die Akten des Auswärtigen Amtes studierte, die die letzten Monate vor Ausbruch des Ersten Weltkrieges betreffen, stellte ich mit Verblüffung fest, dass bei den Erwägungen, die man damals anstellte – also bei dem Abwägen der Risiken –, Amerika nicht einmal erwähnt wurde. Man fragte sich, wie beispielsweise Bulgarien reagieren werde – an Washington aber dachte man im Ministerium für äußere Angelegenheiten nicht.

Vielleicht die gravierendste und in ihren Folgen bedrohlichste Veränderung, die während dieser achtzig Jahre begonnen hat, ist aber die demographische Entwicklung. Als ich geboren wurde, gab es 1,6 Milliarden Menschen in der Welt, heute sind es 5,2 Milliarden, und wenn Ted Sommer – nein, wenn Robert Leicht – mein Alter erreicht hat, werden es aller Voraussicht nach 11 Milliarden sein. Und deshalb bin ich froh, dass ich heute achtzig werde und nicht fünfzig.

Die nachfolgenden zwölf Thesen hat Marion Dönhoff für ein Symposium mit dem Thema »Zukunft des Liberalismus« verfasst, das am 18. November 1995 auf dem Hambacher Schloss stattfand.

Zwölf Thesen gegen die Maßlosigkeit

These 1:

Ohne Selbstbeschränkung und Selbstdisziplin kann kein Gemeinwesen leben. Jede Gemeinschaft braucht Spielregeln und Normen, nach denen der Einzelne sich richten kann, auch bestimmte Bindungen und Traditionen sind unentbehrlich.

Unlimitierte Liberalisierung, Freiheit ohne Selbstbeschränkung, führt ins Chaos und schließlich zu ihrer Antithese: dem autoritären Zwang. Jede Gesellschaft braucht einen ethischen Minimalkonsens, ohne ihn zerbröselt sie. Ralf Dahrendorf, der Liberale, warnt vor dem Schreckgespenst, dass »Freiheit zu jenem existentialistischen Alptraum wird, in dem alles geht und es auf nichts mehr ankommt«.

These 2:

Das ungebremste Streben nach immer neuem Fortschritt, nach immer mehr Freiheit, nach Befriedigung ständig steigender Erwartungen zerstört jede Gemeinschaft und führt schließlich zu anarchischen Zuständen. Harmonie und Stabilität kann es unter solchen Umständen nicht mehr geben.

These 3:

Die wichtigste Forderung an den Einzelnen und an die Gesellschaft heißt Maßhalten, heute aber lautet die Losung: Maximierung – alles muss immer größer werden, es muss immer mehr Freiheit, Wachstum, Profit geben.

Das Wesen der Marktwirtschaft ist der Wettbewerb, und der Motor des Wettbewerbs ist der Eigennutz. Wenn jeder so viel wie möglich produziert und konsumiert, dann ist angeblich für die Gemeinschaft das Optimum erreicht. Aber der Zwang zur Gewinnmaximierung zerstört jede Solidarität und lässt ein Verantwortungsbewusstsein gar nicht erst aufkommen.

Wenn jeder sich nur auf seine Leistung konzentriert und auf seinen Lustgewinn und die Verantwortung für das Gemeinwohl dem Staat überlässt, dann geht die Gemeinschaft vor die Hunde.

These 4:

Die Überbetonung von Leistung, Geldverdienen und Karriere – die das Wirtschaftliche in den Mittelpunkt des Lebens stellt – führt dazu, dass alles Geistige, Humane, Künstlerische an den Rand gedrängt wird.

Unsere Zeit ist charakterisiert durch totalen Positivismus. Eine ausschließliche Diesseitigkeit schneidet aber den Menschen von seinen metaphysischen Quellen ab; denaturiert ihn zur Maschine und liefert ihn ohne Korrektur seinem eigenen Dünkel und Machtstreben aus.

Ein solches System als einzige Sinngebung kann den Menschen auf die Dauer nicht befriedigen, weil es jede Tiefendimension vermissen lässt. Max Weber hat von der

»entzauberten Gesellschaft« gesprochen, »in die der aus der Heilsgewissheit Herausgelöste entlassen worden ist«.

These 5:
Gerade in der heutigen Welt mit ihren vielfältigen Versuchungen und Reizangeboten wächst das Verlangen nach moralischer Grundorientierung und einem verbindlichen Wertesystem.

Vieles von dem, worunter wir leiden: zunehmende Kriminalität, Brutalisierung des Alltags, Korruption bis in die höchsten staatlichen Stellen, hängt damit zusammen, dass es keine ethischen Normen und keine moralischen Barrieren mehr gibt.

These 6:
Es ist verständlich, dass nach der langen Periode autoritären Missbrauchs staatlicher Macht der Drang nach Freiheit besonders groß war, aber Freiheit ohne Grenzen mündet eben am Ende automatisch in ein autoritäres Regime. Vor allem im Zeitalter der Marktwirtschaft, wo die Leute ihren Ehrgeiz darauf richten, möglichst viel Geld zu verdienen – egal wie –, hat sich die Bereicherungsmentalität über alle Gebiete verbreitet. Darum gibt es so viele Filme und Videos, die Gewalt, Sex and Crime zum Thema haben, weil sie höchste Einschaltquoten und damit den höchsten Verdienst garantieren.

Die American Psychological Association berichtet, dass ein Fünfzehnjähriger in seinem Leben etwa 6000 Morde auf der Mattscheibe gesehen hat sowie 10 000 Gewalttaten und dass er mehr Stunden vor dem Fernseher zugebracht hat als in der Schule.

These 7:

Vor allem im Bereich der Wirtschaft herrscht bedenkenlose Maßlosigkeit. Immer wieder heißt es, Wachstum sei notwendig als Antwort auf Armut und Unterentwicklung. Nicht bedacht wird, dass Wachstum unter Umständen ärmer macht, weil die ökologischen Kosten (noch mehr abgeholzte Wälder, noch mehr CO_2, noch mehr Giftstoffe für die Landwirtschaft) den Nutzen aus dem Wachstum übersteigen.

Wir verbrauchen das Kapital kommender Generationen durch wachsende Verschuldung und verringern dadurch die Möglichkeit zukünftigen Konsums. Wir haben ferner, ohne genügend darüber nachzudenken, den Grad sozialer Wohlfahrt so weit gesteigert, dass manche Länder und viele Gemeinden kurz vor dem Zusammenbruch stehen.

These 8:

Niemand hat heute eine Vision. Niemand sagt, was werden soll und wo es langgeht. Das geistige Leben ist durch Ratlosigkeit und beklemmende Leere charakterisiert. Aldous Huxley 1922 mit der Utopie *Brave New World* und 1935 George Orwell in der ironischen Fiktion *1984* orakeln, welche Entwicklung unsere Zivilisation nehmen wird. Heute gibt es niemanden, der orakelt.

These 9:

Heute sind die Politiker frustriert und die Bürger verdrossen, die großen klassischen Parteien ziehen immer weniger Wähler an, die Wahlbeteiligung geht zurück, und das Misstrauen gegenüber den demokratisch legitimierten Institutionen des Staates nimmt zu. Die Demokratie ist bei uns nicht durch rechtsradikale Gruppen gefährdet, sondern allein durch sich selbst; durch Übertreibung ihrer eigenen Prinzipien, also durch ausufernde Marktwirtschaft und unbegrenzte Freiheit.

Wenn diese Entwicklung so weitergeht, dann kann ich mir vorstellen, dass in zehn Jahren der Kapitalismus ebenso zugrunde geht wie der Marxismus.

These 10:

Was kann, was muss geschehen? Leider gibt es in der Politik keine Rezepte wie in der Küche: Man nehme ein Pfund Zucker und sechs Eier ... Notwendig ist, dass die Maßstäbe, das Klima, ja die Menschen selbst sich ändern. Das aber kann nicht durch Gesetz oder Anordnung veranlasst werden; das kann nur aufgrund von Sensibilisierung des Rechtsbewusstseins geschehen. Denkbar ist auch, dass eines Tages die Bürger die Nase voll haben und sich etwas ganz anderes – wahrscheinlich dann das Gegenteil wünschen; auf das dialektische Gesetz ist immer noch Verlass.

These 11:

Die Frage hieß: Haben wir uns zu Tode liberalisiert? Die Antwort lautet: Die ungebremste Liberalität hat zu übergroßer Laxheit geführt. Das Unrechtsbewusstsein der Amtsträger, die Entscheidungen zu treffen haben oder Genehmigungen erteilen, ist im Schwinden begriffen. Übrigens: Wenn der Staat selbst die sogenannten nützlichen Abgaben, das heißt die Schmiergelder, die die industriellen Unternehmen zahlen, um im Ausland einen Auftrag zu bekommen, als

»steuerabzugsfähig« anerkennt, dann braucht man sich nicht zu wundern, wenn Steuerhinterziehung als Kavaliersdelikt betrachtet wird.

These 12:

Der Rechtsstaat, also Gewaltenteilung, Pluralismus, *the rule of law*, das sind nur die Voraussetzungen und der Rahmen für eine zivile Gesellschaft. Entscheidend ist, was die Bürger daraus machen, also die Gesinnung der Menschen und ihr Verhalten. Diejenigen, die Verantwortung tragen, sollten ihren Eigennutz nicht über das Gemeinwohl stellen.

Es kann doch nicht sein, dass eine säkularisierte Welt notwendigerweise bar aller ethischen Grundsätze ist. Es muss doch möglich sein, die marktwirtschaftlichen Strukturen so zu ergänzen, dass die Menschen veranlasst werden, sich menschlich zu verhalten und nicht wie Raubtiere nach Beute zu gieren.

Dankesrede, die Marion Gräfin Dönhoff 1994 in Dresden aus Anlass der Verleihung des Erich-Kästner-Preises hielt.

Zivilisiert den Kapitalismus!

Während der Hitler-Zeit haben wir uns nach dem Rechtsstaat gesehnt, nach Freiheit und Gerechtigkeit. Hier, im östlichen Teil Deutschlands, hat man noch vierzig Jahre länger auf diese Segnungen warten müssen.

Schließlich war es eines Tages für uns alle so weit; doch nun entdecken wir, dass zwar die Voraussetzungen gegeben sind: Rechtsstaat, Gewaltenteilung, Pluralismus, dass die Gesellschaft aber keineswegs so ist, wie wir sie uns gewünscht haben und wie wir sie auch nach dem Ende der totalitären Regime für selbstverständlich hielten.

Warum ist das so? Was fehlt denn? Worauf haben wir all die Zeit gewartet? Antwort: Auf die *civil society*, eine zivile Gesellschaft also. Aber was wir bekamen, ist eine reine Konsumgesellschaft, manche sagen, eine Raff-Gesellschaft.

Ich glaube, wir müssen uns über eins klar sein: Liberalismus und Toleranz, die Vorbedingungen der *civil society*, sind dem Menschen nicht von Natur aus angeboren, er muss erst dazu erzogen werden, durch Elternhaus, Schule und Gesellschaft. Die Eigenschaften Liberalismus und Toleranz wie auch die Bürgergesellschaft sind ein Ergebnis der Zivilisation. Erst die Aufklärung, der Ausbruch aus der, wie Kant sagt, »selbstverschuldeten Unmündigkeit«, hat die Voraussetzungen für die Bürgergesellschaft geschaffen.

Rule of law, Gewaltenteilung, Pluralismus und Offenheit sind zwar Voraussetzungen, aber sie allein genügen nicht. Es kommt darauf an, was die Bürger daraus machen, auf ihre Gesinnung kommt es an, auf ihr Verhalten und darauf, wie sie ihre Prioritäten setzen. Also: Nicht nur die Regierungen tragen die Verantwortung, jeder einzelne Bürger ist für das Ganze mitverantwortlich.

Die Gesinnung der Bürger, das Klima in der Gesellschaft, hat sich in den verschiedenen Epochen immer wieder gewandelt. Im 18. und frühen 19. Jahrhundert war Europa – ganz Europa – ein geistiger Raum, zu dem selbstverständlich Petersburg, Krakau und Prag genauso gehörten wie Rom oder Paris. Damals war Deutschland das geistige Laboratorium Europas, hier war die Heimat von Albert Einstein und Karl Marx, jenen Männern, die die Welt veränderten.

In der zweiten Hälfte des 19. Jahrhunderts stehen dann Wissenschaft, Technik und die großen Erfindungen im Vordergrund. Und nun, in unserer Zeit, nach den beiden Weltkriegen, die so viel zerstört haben, sind es wirtschaftliche Interessen, auf die der Ehrgeiz gerichtet ist: Bruttonationaleinkommen, Produktion, Handel und vor allem Geld. Deutschland ist von einer Kulturnation zu einer Konsumnation geworden.

Noch einmal die Frage: Warum ist unsere Gesellschaft so unbefriedigend, obgleich heute alles, was einen Rechtsstaat ausmacht, gewährleistet ist? Warum treten die Leute aus der Kirche aus? Warum verlieren Parteien und Gewerkschaften angestammte Mitglieder? Warum schimpfen die Bürger auf die Politiker und die Politiker auf die Medien? Kurz gesagt: Warum so viel Frust, wo es doch den meisten so gut geht wie nie zuvor?

Natürlich gibt es eine ganze Reihe von Gründen. Wir stehen zweifellos an einer Zeitenwende, die durch Globalisierung, Computertechnologie und elektronische Informationspraktiken gekennzeichnet ist und die wahrscheinlich größere gesellschaftspolitische Veränderungen verursachen wird als seinerzeit das Hereinbrechen des technisch-wissenschaftlichen Zeitalters.

Wir sehen also einer Zeit neuer Ungewissheiten entgegen, und das macht Angst. Im Übrigen, was soll werden, wenn die Arbeitslosigkeit unaufhaltsam wächst, wenn Betriebe nur rentabel werden, indem sie Arbeiter entlassen, Städte nur saniert werden können, wenn sie Angestellte auf die Straße setzen? Ferner die quälende Frage: Was wird aus Russland werden – drohen neue Gefahren im Osten?

Konkrete Probleme hat es immer gegeben. Heute aber gibt es noch etwas anderes, etwas Unwägbares, ganz und gar Unkonkretes, was die Menschen bedrückt, oft ohne dass sie sich darüber Rechenschaft geben. Alles Metaphysische, jeder transzendente Bezug ist ausgeblendet, das Interesse gilt ausschließlich dem wirtschaftlichen Bereich: Produzieren, Konsumieren, Geldverdienen. Eine Zeitlang war das ganz schön, aber dann spüren plötzlich viele: Dies kann doch nicht der Sinn des Lebens sein.

Allen großen Umbrüchen in der Geschichte sind neue philosophische Erkenntnisse vorausgegangen: Ohne Montesquieus Ideen ist die Französische Revolution nicht denkbar und die amerikanische Unabhängigkeitserklärung auch nicht. Unser Zeitalter dagegen hat keine geistigen Voraussetzungen. Es gab nur Ideologien, und die sind auch noch pervertiert worden: Die konservative durch Hitler, der alle Wertvorstellungen der Rechten ad absurdum geführt hat, und die der Linken durch Stalins Brutalisierung des Sozialismus. Was übrig blieb, ist die Marktwirtschaft.

Als Wirtschaftssystem ist die Marktwirtschaft unübertroffen. Für eine Sinngebung hingegen reicht sie wirklich nicht aus. Sie ist sehr possessiv. Die Marktwirtschaft beansprucht den Menschen ganz und duldet keine Götter neben sich. Ihr Wesen ist der Wettstreit und ihr Motor der Egoismus: Ich muss besser sein, mehr produzieren, mehr verdienen als die anderen, sonst kann ich nicht überleben. Die Konzentration auf dieses Prinzip hat dazu geführt, dass alles Geistige, Kulturelle an den Rand gedrängt wird und schließlich immer mehr in Vergessenheit gerät.

Dieser Zustand ist im Wesentlichen auf das Zusammenwirken von Säkularisierung und Kapitalismus zurückzuführen, aber es wäre grundverkehrt, nun zu meinen, man könne die Säkularisierung rückgängig machen – das ist unmöglich. Allerdings ist in den letzten zweitausend Jahren die Religion schon mehrfach abgeschafft worden, das letzte Mal zugunsten der Vernunft während der Aufklärung. In Notzeiten aber haben die Menschen sich ihrer dann erinnert und ihr den legitimen Platz wieder eingeräumt.

Was den Kapitalismus und die Marktwirtschaft angeht, so muss man sie unter allen Umständen erhalten und sie nicht abschaffen wollen – sie müssen nur sozusagen zivilisiert werden. Grenzen müssen gesetzt werden: Freiheit ohne Selbstbeschränkung, entfesselte Freiheit also, endet auf wirtschaftlichem Gebiet zwangsläufig in einem Catch-as-catch-can und schließlich in dem Ruf nach einem »starken Mann«, der alles wieder richten soll. Notwendig ist allerdings, dass zuvor gewisse politische Strukturen gesetzt werden.

Aber nicht nur im Osten, auch im Westen sehen wir die Folgen einer Lebensweise, die nur auf den Eigennutz gestellt ist, ohne Verantwortung für das Ganze. Eine Entfesselung aller Begierden ist unvermeidlich: Nie zuvor hat es so viel Korruption bis in die höchsten Kreise gegeben, überall in Europa werden Minister wegen Korruption aus den Kabinetten entlassen, in Italien wurde ein Ministerpräsident zu acht plus fünf Jahren verurteilt, und in Deutschland wird zur Zeit gegen 1860 Ärzte wegen Bestechlichkeit ermittelt. Der Oberstaatsanwalt von Frankfurt am Main erklärte kürzlich, dass seit 1987 in seinem Amtsbezirk 1500 Manager und höhere Beamte (meist solche, die für die Erteilung von Genehmigungen zuständig sind) wegen Bestechlichkeit untersucht wurden.

Erst vor vierzehn Tagen wurden der Vorstandsvorsitzende von Thyssen und fünf Personen aus der obersten Etage des Konzerns wegen Korruptionsverdachts verhaftet und nur gegen Kaution wieder freigesetzt. Und in Recklinghausen wurde in dieser Woche der vierzehnte Mitarbeiter der Stadtverwaltung wegen des Vorwurfs der Bestechlichkeit festgenommen.

Das normale Rechtsempfinden, das Gefühl für das, was man tut und nicht tut, ist durch das Fehlen ethischer Grundsätze und moralischer Barrieren so verkümmert, dass man sich fragen muss: Kann eine Gesellschaft unter solchen Umständen überhaupt leben?

Zu allen Zeiten hat es stets jenseits des Sachlich-Positivistischen etwas gegeben, was die Gesellschaft zusammenhielt. In den primitiven Gesellschaften waren es der Ahnenkult oder irgendwelche Traditionen, später dann Religion oder das Bewusstsein gemeinsamer Kultur. In jedem Fall gab es immer etwas, das Verhaltensnormen schaffte, denn ohne sie kann eine Gesellschaft nicht existieren.

Ohne einen ethischen Minimalkonsens wird auch die Brutalisierung des Alltags immer weiter zunehmen; schon heute vergeht kein Tag, an dem die Zeitungen nicht berichten, dass jemand erschossen worden ist, weil er irgendeinem im Wege stand. Oder dass Kinder einen Obdachlosen töteten, um mal zu sehen, wie das ist, oder Halbwüchsige einen Farbigen erschlugen, weil der angeblich hier nichts zu suchen hat.

Dass es so nicht weitergehen kann, ist klar, das Problem ist nur, auf welche Weise können ethische Werte wieder inthronisiert werden – Autorität hilft da wenig und Verordnungen auch nicht. Gibt es überhaupt noch ein potentielles Reservoir an Gemeinschaftsgefühl, das wieder aktiviert werden könnte?

Ich meine, jene Lichterketten, die Millionen von Bürgern bildeten, um gegen die Ausländerfeindlichkeit zu demonstrieren, beweisen, dass Solidarität sehr wohl aktiviert werden kann. Und auch das immer wieder laut werdende Verlangen nach Partizipation, nach mehr Teilnahme an Entscheidungen, macht dies deutlich. Denn es ist ja nicht so, dass die Bürger der Politik überdrüssig sind. Sie finden nur, dass die Politiker engagierter und entschiedener handeln sollten.

Eines allerdings muss man wissen. Es gibt kein System, das eingeführt, keine Aktion, die gestartet werden könnte, um die notwendige Bewusstseinsveränderung hervorzubringen. Sie kann nur durch die Bürger selbst zustande gebracht werden. Es kommt wirklich auf uns an, auf jeden Einzelnen von uns.

Anhang

Zeittafel

- 1909 Marion Gräfin Dönhoff wird am 2. Dezember in Friedrichstein/Ostpreußen geboren.
- 1920 Tod des Vaters, Marion ist erst zehn Jahre alt.
- 1924 Sturz mit Auto in den Fluss Pregel in Königsberg, Marion Dönhoff überlebt knapp.
- 1929 Abitur in Potsdam; Besuch einer Haushaltsschule in Samedan, Schweiz; anschließend Rundreise durch die USA.
- 1930 Dreimonatiger Aufenthalt bei ihrem Bruder Christoph in Ostafrika.
- 1931 Studium der Volkswirtschaft in Frankfurt am Main.
- 1933 Fortsetzung des Studiums in Basel bei dem Ökonomen Edgar Salin.
- 1935 Promotion zum Dr. rer. pol.
- 1936 Gemeinsam mit ihrem zehn Jahre älteren Bruder Heinrich verwaltet sie die dönhoffschen Familiengüter Friedrichstein und Quittainen.
- 1937 Erste von mehreren Reisen mit ihrer Schwester Yvonne im Cabrio quer durch Europa.
- 1939 Bruder Heinrich wird eingezogen, Marion Dönhoff verwaltet den Familienbesitz allein.
- 1942 Bruder Heinrich verunglückt bei einem Flugzeugabsturz tödlich.
- 1944 20. Juli: gescheitertes Attentat auf Adolf Hitler. Mehrere Freunde Marion Dönhoffs, die an dem Attentat beteiligt waren, werden in den folgenden Wochen und Monaten hingerichtet.
- 1945 Im Januar Flucht zu Pferde aus Ostpreußen. Ankunft in Westfalen sieben Wochen später, im März.

1946 Eintritt in die Redaktion der neu gegründeten Wochenzeitung *Die Zeit.* Sie lebt jetzt in Hamburg.
1950 Verantwortlich für das politische Ressort der *Zeit.*
1954 Verlässt vorübergehend die *Zeit* aus Protest gegen die politische Linie des Blattes. Arbeit beim *Observer* in London
1955 Rückkehr zur *Zeit*, erneut verantwortlich für das politische Ressort.
1968 Chefredakteurin der *Zeit.*
1970 Einladung von Willy Brandt, ihn anlässlich der Unterzeichnung des deutsch-polnischen Vertrags nach Warschau zu begleiten; schließlich nimmt sie die Einladung nicht an.
1971 Marion Dönhoff erhält den Friedenspreis des Deutschen Buchhandels.
1973 Herausgeberin der *Zeit.*
1979 Soll auf Wunsch von Willy Brandt für das Amt des Bundespräsidenten kandidieren. Sie lehnt ab.
1982 Gründung des Vereins für Entlassene Strafgefangene Marhoff e.V.
1988 Gründung der Marion Dönhoff Stiftung für Völkerverständigung und Versöhnung.
1989 Erste Rückkehr in die ostpreußische Heimat Friedrichstein.
1992 Enthüllung des Kant-Denkmals in Kaliningrad, das Marion Dönhoff gestiftet hat.
1995 In Mikolajki/Polen wird eine Schule nach Marion Dönhoff benannt. Sieben weitere Schulen in Deutschland werden folgen.
1996 Initiierung der Neuen Mittwochsgesellschaft.
1999 Ehrenbürgerin der Hansestadt Hamburg und Ehrendoktorin der Universität Kaliningrad.
2002 Marion Gräfin Dönhoff stirbt am 11. März auf Schloss Crottorf im Siegerland.

Marion Gräfin Dönhoff erhielt zahlreiche Auszeichnungen, u. a.: die Ehrendoktorwürden des Smith-College, MA (1962), der Columbia University New York (1982), der New School for Social Research, New York (1987), der Georgetown University Washington, der Nikolaus-Kopernikus-Universität in Toruń (1991), der Universität Birmingham (1999) und der Universität Kaliningrad (1999); Joseph-E.-Drexel Preis (1964), Theodor-Heuss-Preis (1966), Friedenspreis des Deutschen Buchhandels (1971), Erasmus-Preis (1979), Ehrensenator der Universität Hamburg (1982), Goldplakette der Gewerkschaft der Polizei (1982), Wolfgang-Döring-Medaille (1984), Preis der Louise-Weiss-Stiftung (1985), Heinrich-Heine-Preis (1988), Kulturpreis der Stadt Herdecke (1993), Brücke-Preis Görlitz (1993), Professor honoris causa der Universität Hamburg (1994), Roosevelt-Freiheitspreis (1994), Reinhold-Maier-Medaille (1995), Erich-Kästner-Preis (1996), Bruno-Kreisky-Preis (1999), Georg-Dehio-Preis Danzig (1999), Ehrenbürgerschaft der Freien und Hansestadt Hamburg (1999), Hermann-Sinsheimer-Preis (1999), Europäischer St.-Ulrichs-Preis (2000).

Sie war u. a. Mitglied der Freien Akademie der Künste in Hamburg, Ehrenmitglied der Deutschen Gesellschaft für Auswärtige Politik, die sie mit begründet und als Vizepräsidentin bis 1981 geleitet hatte, Honorary Trustee des Aspen Institutes, Mitglied des PEN-Zentrums Ost und West, Vorsitzende des Deutschen Polen-Instituts Darmstadt.

Bibliographie (Auswahl)

Namen, die keiner mehr nennt. Ostpreußen – Menschen und Geschichte, Diederichs Verlag, Düsseldorf, 1962
Menschen, die wissen, worum es geht, Hoffmann und Campe, Hamburg, 1976
Kindheit in Ostpreußen, Siedler, Berlin, 1988
Um der Ehre willen. Erinnerungen an die Freunde vom 20. Juli, Siedler, Berlin, 1994
Zivilisiert den Kapitalismus. Grenzen der Freiheit, DVA, Stuttgart, 1997

Der Effendi wünscht zu beten. Reisen in die vergangene Fremde,
   Siedler, Berlin, 1998
Was mir wichtig war, Hg. Haug von Kuenheim und Ted Sommer,
   Siedler, Berlin, 2002
Ein Leben in Briefen, Hg. Irene Brauer und Friedrich Dönhoff,
   Hoffmann und Campe, Hamburg, 2009

Sekundärliteratur

Schwarzer, Alice: *Marion Dönhoff. Ein widerständiges Leben,* Kiepenheuer & Witsch, Köln, 1996

Von Kuenheim, Haug: *Marion Dönhoff. Monographie,* Rowohlt, Hamburg, 2000

Dönhoff, Friedrich: *Die Welt ist so, wie man sie sieht,* Hoffmann und Campe, Hamburg, 2002; überarbeitete Neuausgabe: Diogenes, Zürich, 2012

Harpprecht, Klaus: *Die Gräfin. Eine Biographie,* Rowohlt, Hamburg, 2008

Quellenverzeichnis

Alle Texte wurden erstmals in *Die Zeit* veröffentlicht, mit Ausnahme von:

Tagebuchaufzeichnungen und Briefe
   In: *Ein Leben in Briefen*

Portraits Sinha, Schmidt, Kennan:
   In: *Menschen, die wissen, worum es geht*

Portrait Schulenburg:
   In: *Um der Ehre willen*

Vom Ethos des Widerstands:
   In: *Was mir wichtig war*

Rede anlässlich des achtzigsten Geburtstags
In: *Ein Leben in Briefen*

Folgende Texte sind bereits in Anthologien erschienen:

Wolken, Wasser, neuer Kontinent; Der Effendi wünscht zu beten
Ich würde eine Dattelpalme pflanzen; Träumer, Weltverbesserer
und Rationalisten; In Polen wurden aus Romantikern Pragmatiker; Prag und Budapest
In: Marion Gräfin Dönhoff, *Der Effendi wünscht zu beten. Reisen in die vergangene Fremde.* Copyright © 1998 by Wolf Jobst Siedler Verlag, München, in der Verlagsgruppe Random House GmbH

Fritz-Dietlof von der Schulenburg
In: Marion Gräfin Dönhoff, *Um der Ehre Willen. Erinnerungen an die Freunde vom 20. Juli.* Copyright © 1994 by Wolf Jobst Siedler Verlag, München, in der Verlagsgruppe Random House GmbH

Ein Kreuz auf Preußens Grab; Der Alte Fritz und die neuen Zeiten; Vom Ethos des Widerstands; Zivilisiert den Kapitalismus!
In: Marion Gräfin Dönhoff, *Was mir wichtig war.* Hg. Haug von Kuenheim und Ted Sommer. Copyright © 2002 by Wolf Jobst Siedler Verlag, München, in der Verlagsgruppe Random House GmbH

Tagebuchaufzeichnungen 1926-1932; alle Briefe mit Ausnahme desjenigen an Willy Brandt vom 1. Dezember 1970 sowie des Briefs an eine Leserin vom 27. März 1974; Die Mühe, achtzig Jahre alt zu werden, hat sich doch gelohnt
In: Marion Gräfin Dönhoff, *Ein Leben in Briefen.* Hg. Irene Brauer und Friedrich Dönhoff. Copyright © 2009 by Hoffmann und Campe Verlag, Hamburg

Ritt gen Westen; Brief aus dem Nichts; Die Flammenzeichen rauchen; Des deutschen Michels Schlaf; Quittung für den langen Schlaf; Vom Irrsinn des Wettrüstens; Nicht für die Ewigkeit bestimmt; Am Ende aller Geschichte?
In: Marion Gräfin Dönhoff, *Im Wartesaal der Geschichte. Vom*

Kalten Krieg zur Wiedervereinigung, Deutsche Verlagsanstalt, Stuttgart, 1993

Erst kommt das Geld – dann die Moral; Zwölf Thesen gegen die Maßlosigkeit; Aus der Werkstatt der Zeit
In: Marion Gräfin Dönhoff, *Zivilisiert den Kapitalismus. Grenzen der Freiheit,* Deutsche Verlagsanstalt, Stuttgart, 1997

Polen – Ernüchterung nach Wende und Vertrag
In: Marion Gräfin Dönhoff, *Polen und Deutsche. Die schwierige Versöhnung. Betrachtungen aus drei Jahrzehnten,* Luchterhand Literaturverlag, Frankfurt a. M., 1991

Bücher auf dem Scheiterhaufen; Brandfackeln des Hasses; Eine Weltmacht wird müde
In: Marion Gräfin Dönhoff, *Amerikanische Wechselbäder. Beobachtungen und Kommentare aus vier Jahrzehnten,* Deutsche Verlagsanstalt, Stuttgart, 1985

Das heimliche Deutschland der Männer des 20. Juli; Für eine deutsche Nationalhymne; Sechs Herrenmenschen; Finis Germaniae; Zurück zur Bescheidenheit; Besser wäre, dass einer stürbe; Was soll, was darf die Kirche?; Die Deutschen – wer sind sie?; Wer einigte Deutschland?; Was heißt eigentlich Ehre?; Menschen im Abteil
In: Marion Gräfin Dönhoff, *Macht und Moral. Was wird aus der Gesellschaft?* Kiepenheuer & Witsch Verlag, Köln, 2000

Auflehnung – warum?; Wirklich ein gerechter Krieg?; Ein dubioser Sieg
In: Alice Schwarzer, *Marion Dönhoff. Ein widerständiges Leben,* Kiepenheuer & Witsch Verlag, Köln, 1996

Alle übrigen Texte erscheinen hier zum ersten Mal in einer Anthologie.

Bildnachweis

Alle Portraits stammen aus der Marion Dönhoff Stiftung, mit Ausnahme der Fotos auf

- S. 154 und 440: © Bettina Flitner/laif
- S. 186: © Frank Ossenbrink Media Group
- S. 222: © Michael Zapf

Friedrich Dönhoff
Die Welt ist so, wie man sie sieht
Erinnerungen an Marion Dönhoff
Mit zahlreichen Farbfotos

Marion Dönhoff, gesehen durch die Augen des 60 Jahre jüngeren Großneffen: Diese Erinnerungen sind das Dokument einer generationenübergreifenden Freundschaft.

Viele Jahre lang war Marion Dönhoffs Großneffe Friedrich einer der Menschen, die ihr am nächsten standen. Er begleitete sie im Alltag und auf Reisen. Wenn er davon erzählt, ist die tiefe Vertrautheit in jeder Zeile spürbar. Humor und Streitlust, Offenheit und Neugierde prägten diese ungewöhnliche Freundschaft – auch die eingestreuten Fotos aus dem Familienalbum vermitteln das.

Das Buch enthält auch ein letztes Gespräch, das der Autor wenige Wochen vor ihrem Tod mit Marion Dönhoff führte. Darin erzählt sie von ihrer ostpreußischen Heimat, spricht über Familie und Glauben und zieht ein Resümee ihres Lebens.

»Selten war Marion Gräfin Dönhoff derart persönlich zu erleben.« *Die Zeit, Hamburg*

Auch als Diogenes Hörbuch erschienen,
gelesen von Friedrich Dönhoff

Friedrich Dönhoff

Savoy Blues
Ein Fall für Sebastian Fink

Roman

Sommer in Hamburg – und ein Lied in aller Ohren: *Savoy Blues*. Der Swing-Song von Louis Armstrong aus den dreißiger Jahren in der brandneuen Coverversion von DJ Jack ist der Megahit des Jahres. Auch dem jungen Hauptkommissar Sebastian Fink schwirrt das Lied im Kopf herum, während er sich an die Aufklärung seines ersten eigenen Falls macht: den Mord an einem pensionierten Postboten. Ein Krimi, der trügerisch leicht daherkommt und uns unbemerkt in die Untiefen jener Zeit lockt, als die Swing-Musik verboten war.

»Ein spannender Krimi mit einem grandiosen Finale.«
Westdeutsche Allgemeine Zeitung, Essen

Der englische Tänzer
Ein Fall für Sebastian Fink

Roman

Das erfolgreiche Musical *Tainted Love* kommt von London nach Hamburg. Doch vor der Premiere wirft ein seltsames Ereignis einen unheimlichen Schatten voraus: Eine Backstage-Mitarbeiterin sieht im Theatersaal einen Toten von der Kuppel hängen. Als Kommissar Fink am Tatort eintrifft, ist die Leiche aber verschwunden. Alles nur eine Halluzination? In seinem zweiten Fall ermittelt Sebastian Fink hinter den Kulissen der Musicalwelt. Es geht um Eitelkeiten, versteckte Rivalitäten und sehr viel Geld. Jeder beobachtet jeden. Und doch will niemand gesehen haben, wie ein Mensch aus ihren Reihen zu Tode kam.

»Bitte weitere Missionen für Sebastian Fink!«
Die Welt, Berlin

Seeluft
Ein Fall für Sebastian Fink
Roman

Zwischen den Aktivisten von Ökopolis und der Hamburger Reederei Köhn herrscht Streit. Den einen geht es um die Umwelt, den anderen um ihre Konkurrenzfähigkeit. Als am Fischmarkt die Leiche eines Reeders gefunden wird, nimmt Kommissar Sebastian Fink die Ermittlungen auf.

»Friedrich Dönhoff hat einen kristallklaren Stil. Mit Sebastian Fink hat er einen sehr zeitgeistigen Ermittler geschaffen, der in ungewöhnlichen ›Familienverhältnissen‹ lebt und Erfahrungen in der Single-Szene macht. Ein aufsteigender Stern!«
New Books in German, London

Heimliche Herrscher
Ein Fall für Sebastian Fink
Roman

Sebastian Fink plant seinen Italienurlaub mit seiner neuen Freundin, der DJane Marissa. Doch Sonne und Meer müssen warten, denn ein Serienmörder versetzt die Hamburger Bevölkerung in Angst und Schrecken. Die Opfer hatten nichts gemeinsam – außer ihrem Engagement in der Flüchtlingsdebatte. Ist das die Spur, die zum Mörder führt?
Nach vielen Umwegen gelangt Sebastian Fink an einen Ort des Grauens, über den niemand spricht, obwohl ihn jeder kennt.

»Mit Sebastian Fink hat Friedrich Dönhoff eine neue Identifikationsfigur geschaffen: sympathisch und klug.« *Frankfurter Neue Presse*

Im Allgemeinen will kein Mensch alte Artikel lesen, aber wenn sie von stets dem gleichen Autor geschrieben wurden – die wesentlichen Ereignisse also immer durch dieselbe Brille betrachtet worden sind –, dann ist es interessant. Interessanter als eine nachträgliche Betrachtung, weil dann die Spontaneität des Augenblicks – Freude und Bewunderung oder Schrecken und Entrüstung – unverfälscht durch den Zeitablauf zum Ausdruck kommen.

>Marion Dönhoff, in:
>*Im Wartesaal der Geschichte*